'포스트제국'의 동아시아

담론 · 표상 · 기억

지은이

현무암 玄武岩, Hyun Moo-am

도쿄대학(東京大學) 대학원 인문사회계연구과 박사과정 수료. 박사(사회정보학). 현재, 홋카이도대학 대학원 미디어 · 커뮤니케이션연구원 교수. 연구분야는 미디어문화론, 한일관계론. 저서로 『코리안 네트워크 – 미디어 · 이동의 역사와 공간』(홋카이도대학출판부, 2013), 『'반일'과 '혐한'의 동시대사 – 내셔널리즘의 경계를 넘어서』(벤세이출판, 2016), 『〈포스트제국〉의 동아시아 – 담론 · 표상 · 기억』(2022, 세도샤) 등이 있다.

옮긴이

김경옥 金慶玉, Kim Kyung-ok

도쿄대학(東京大學) 학술박사. 지역문화연구 전공. 한림대학교 일본학연구소 HK연구교수.

김남은 金男恩, Kim Nam-eun

고려대학교 문학박사. 일본지역학 전공. 한림대학교 일본학연구소 HK연구교수.

김현아 金炫我, Kim Hyun-ah

쓰쿠바대학(筑波大學) 문학박사. 역사학 전공. 한림대학교 일본학연구소 HK연구교수.

김혜숙 金惠淑, Kim Hye-suk

한양대학교 국제학박사. 일본학 전공. 한림대학교 일본학연구소 HK연구교수.

박신영 朴信映, Park Shin-young

경희대학교 문학박사. 일본고전산문 전공. 한림대학교 일본학연구소 HK연구교수.

서정완 徐禎完, Suh Johng-wan

도호쿠대학(東北大學) 문학박사. 일본근대사 전공. 한림대학교 일본학연구소 소장.

이미애 李美愛, LEE Mi-ae

도쿄대학(東京大學) 학술박사. 지역문화연구 전공. 한림대학교 일본학연구소 HK연구교수.

전성곤 全成坤, Jun Sung-kon

오사카대학(大阪大學) 문학박사. 일본학 전공. 한림대학교 일본학연구소 HK교수.

조수일 趙秀一, Cho Su-il

도쿄대학(東京大學) 학술박사. 재일조선인문학 전공. 한림대학교 일본학연구소 HK교수.

'포스트제국'의 동아시아 – 담론 · 표상 · 기억

초판인쇄 2023년 10월 20일 **초판발행** 2023년 10월 31일

지은이 현무암 **옮긴이** 김경옥 · 김남은 · 김현아 · 김혜숙 · 박신영 · 서정완 · 이미애 · 전성곤 · 조수일

기획 한림대학교 일본학연구소

펴낸이 박성모 **펴낸곳** 소명출판 **출판등록** 제1998-000017호

주소 서울시 서초구 사임당로 14길 15 서광빌딩 2층

전화 02-585-7840 **팩스** 02-585-7848

전자우편 somyungbooks@daum.net **홈페이지** www.somyong.co.kr

값 38,000원

ISBN 979-11-5905-831-8 93910

ⓒ 한림대학교 일본학연구소, 2023

이 도서는 2017년도 정부(교육부)의 재원으로 한국연구재단의 지원을 받아 한림대학교 일본학연구소가 수행하는 인문한국플러스지원사업의 일환으로 이루어진 연구임 (2017S1A6A3A01079517)

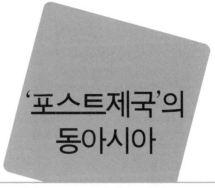

'포스트제국'의 동아시아

담론·표상·기억

East Asia in Post-Imperial Japan
Discourse, Representation and Memory

현무암 지음

김경옥·김남은·김현아·김혜숙·박신영
서정완·이미애·전성곤 ·조수일 옮김
한림대학교 일본학연구소 기획

"POSUTO-TEIKOKU" NO HIGASHI AJIA : GENSETSU · HYOSHO · KIOKU
by Hyun Mooam
© 2022 by Hyun Mooam
Originally published in 2022 by Seidosha, Tokyo
This Korean edition published 2023
by Institute of Japanese Studies, Hallym University, Chuncheon
by arrangement with Seidosha, Tokyo

'포스트제국'의 동아시아 __ '친밀성'을 통해 바라보는 '한일연대'

　이 책은 해방 후 한일관계사에 있어서 밑으로부터 형성된 초국경적인 공공영역이라 할 수 있는 '한일연대'를 키워드로 한다. 하지만 역사적으로 전개된 '한일연대'에 대해서 사례를 소개하거나 그 정치사회학적 의의에 대해서 논하는 것이 아니다. 그것보다 '한일연대'를 재생하기 위하여 그 역사적 경험과 담론을 통해 한일 시민사회의 공조를 재구축하는 조건에 대해서 고찰한다. 특히 피해국/가해국으로 단순화된 도식에서 배제된 피해자 개인들의 보편적 인권을 기반으로 하는 연대의 필요성을 제시하는데 있어서, 초국가적인 시민사회의 연대는 국가-국민이라는 연결고리의 밖 경계에서 시작된다는 점을 뒷받침하는 개념으로 '친밀성'에 주목한다.

　'한일연대'는 1970년대부터 80년대에 걸쳐 한국의 민주화운동을 지원하는 일본의 시민사회에 의해 제기되었다. 이후, 한국 정치가 민주체제로 이행하면서 과거의 것으로 인식되게 되었다. 민주화로 인해 '한일연대'는 그 정치적 역할을 다했는데, 결국 초국경적인 공공영역으로서의 실천직·상징적 이미지를 구축하지 못하고 한일 시민사회의 연대에 형식적으로나 내용적으로나 단절을 가져왔다. 여기에는 당시 '한일연대'가 정치적·사회적 제약으로 말미암아 '연대'의 본래 의미가 아닌 일방적인 지원에 그친 것도 한몫했다.

하지만 1990년대 이후에 부상한 역사문제뿐만 아니라, 젠더, 환경, 이주자, 평화 등 신자유주의 확대에 따르는 글로벌한 사회·경제의 뒤틀림으로 인한 이슈에 대처하기 위해서도 한일 시민사회의 연대는 과거와 다른 쌍방향·상호작용의 모습으로 더욱 필요로 하고 있다. '한일연대'를 21세기 한일관계에 어울리는 개념으로 재생하기 위해서 필요한 조건이 '친밀성'이라 할 수 있다.

2023년 3월 6일, 한국 정부는 한일관계의 현안 사항인 강제동원 배상 문제에 대한 외교적 해결안을 발표했다. 일본 미디어는 대체로 환영하는 자세를 나타냈다. 하지만 국가 간의 이해관계를 위한 '해결안'은 일본에서 '전후보상재판'을 통해 인정된 수많은 피해의 실태나 비인도적 행위까지 부정하는 정치가의 발언에 정당성을 부여하고, 짧게는 하급심을 파기한 2012년 대법원판결 이후 10여 년에 걸쳐 한일의 시민사회가 모색해 온 대화의 방향성을 원래 위치로 되돌려 놓았다. 일본 정부가 '한국 내부에서 해결하는 문제'라고 공언하는 것은 양국의 정치적 공공성이 '한미일 의사동맹 관계'벡터 차를 가동하려는 신제국주의의 논리에 포섭된 것을 의미한다.

이처럼 2018년 대법원판결에 의해 최종적으로 양국의 '정의규범의 타당성'가 분단됨으로써 위기를 맞이한 한일의 정치적 공공성은 지극히 정치적인 '해결안'에 의해 후퇴하고 있다. 그렇다고 한국 정부의 '해결안'을 시민사회가 '반인권적·반국가적·반헌법적'이라고 규탄하는 것만으로는 '정의의 분단'을 극복하기 어렵다. 우리는 강제동원 피해자의 목소리에 공공성의 영역에서만이 아니라 '친밀성'의 영역에서도 귀 기울일 필요가 있다.

한국의 미디어는 정부의 '해결안'에 대해서 강제동원 피해자 양금덕 씨가 "동냥처럼 주는 돈은 받지 않겠다"고 비판한 것을 전했다. 하지만 재일동포 3세로 서울에서 활동하는 서대교 기자는 일본 포털사이트 야후 재팬YAHOO! JAPAN에 기고한 글에서 정부 발표 직전에 광주에서 들은 다음과 같은 발언에 주목했다. "내가 왜 일본을 갔던가. 가슴이 답답하고 원통하다. 우리 조선에서 공부를 했으면 내가 뭐든 했을텐데, 선생을 하고 싶어서 간 것이 이렇게 아무것도 아니게 돼버리고⋯⋯." 여자근로정신대로 동원된 피해자들은 전후보상재판의 과정에서 이러한 자신의 이야기에 공감하는 일본 지원자들과의 '친밀성'에 기반한 관계를 통해 존엄을 회복하고 또한 인권활동가로 거듭날 수 있었다.

1990년대에 들어서 일본 제국주의에 의해 강제동원된 피해자와 유족단체가 일본의 국가배상과 사죄를 요구하여 제소하게 되는데, 한국의 민주화가 활성화시킨 탈식민주의 과제로서의 역사문제는 구 식민지의 피해자가 발하는 목소리에 일본 시민이 응답하여 '전후보상운동'으로 나타났다. 양금덕 씨도 그 중심에서 선 활동가 중 한 사람이다. 이른바 '관부재판'에서도 원고가 되어 법정이나 재판 보고 집회에서 힘차게 발언했는데, '관부재판을 지원하는 모임'의 하나후사 에미코花房惠美子 씨는 자택에서 가진 교류모임에서 할머니의 한국에서의 힘들었던 삶에 대해 이야기를 듣고, 그것이 '일본의 전후책임'을 더욱 무겁게 했다고 '관부재판뉴스'6호에 기록하고 있다.

일본 시민사회의 연대가 없으면 이러한 전후보상재판은 애초에 불가능했다. 그리고 전후보상재판을 일본 시민사회가 지원하고, 그것이 '전후 일본의 전쟁책임론'에도 변화를 가져다 주었듯이, 전후보상운동은 한일 양국의 시민사회가 상호작용을 통해 자기혁신을 거듭하고 식민주의를 넘어서는 공동작업인 것이다. 전후보상재판이 비록 일본에서는 패소했으나, 이러한 공동작업을 통해 강제동원 피해자에 대한 명예회복과 보상에 있어서 큰 획을 긋는 2018년 대법원판결로 이어진 것은 말할 것 없다. 이는 장기적인 연대를 통해 한일 양국의 시민사회가 이루어 낸 커다란 성과이다.

지금 한일관계는 이른바 '65년 체제'를 재생하느냐 대체하느냐의 기로에 서 있다. 한일관계의 새로운 틀을 만들어 낼 필요가 있지만, 한일관계는 '65년 체제'에 전면적으로 의존하는 것이 아니었다. 전후보상운동처럼 '65년 체제'에 도전하면서 구축해온 시민운동의 성과도 적지 않다. 따라서 전후보상재판이 일본과 한국에서 서로 대립하는 판결을 내리는 '정의의 분단'에 의해 위기에 놓인 양국의 정치적 공공성은 '65년 체제'의 극복을 향한 시민사회의 각고의 노력에 대해 두 정부가 호응하는 것으로밖에 회복할 수 없다. 그렇다면 이러한 '정의의 분단'을 어떻게 넘어설 것인가.

한국 정부의 '해결안'은 동아시아에서 일본 제국주의 기억에 대한 감정, 감각, 그 외의 정동적 태도에 대해 대중문화를 통해 분석한『반일 — 동아시아의 감정의 정치』한국어판, 리오 T.S. 칭, 『안티 재팬 — 탈식민 동아시아의 감정의 정치학』, 2023의 저자인 레오 T.S. 칭의 다음 말을 상기시킨다. "국민국가는 무조건적인 화해가 창출되는 장소로서 중요하지 않다. 왜냐하면 그 기본적인 운영이 조건부 협상에 있기 때문이다. 그러므로 반일주의·친일주의를 극복하기 위해서는 국가 간 관계를 대신하는 협력 관계를 모색하고 다른 형태의 화해를 창조해야 한다." 칭은 국가 간의 정치에 따르는 화해의 외부에 또 다른 관계성을 구축하기 위해 '친밀성을 이론화'하는 것이 중요하다고 갈파한다.

사실 이러한 '친밀성'은 전후보상운동에서 강제동원 피해자 원고와 일본 시민사회와의 관계 속에서 구축되어왔다. 일본에서 제기한 재판에는 일본 시민단체의 '지원'과 '협력'이 불가결했지만, 한국에서는 이러한 일본 시민사회의 역할을 정당하게 평가하지 않았다. 대부분의 경우 일본 시민사회의 역할을 가해국의 당연한 '업보'로 치부하고, 일본 시민사회 또한 가해자로서의 '의무'로 여겼기 때문이다. 따라서 '한일연대'의 역사적 경험과 현재적 의미를 한일관계 속에 위치 지우지 못한 채 남아있다.

여기에는 한일 간의 역사문제에 있어서 시민사회가 '국가'를 짊어지는 것도 무시할 수 없다. 결국 한일 간의 역사문제가 정치적 '공공성'을 우선시했기 때문에 '친밀성'은 불가시한 영역으로 밀려나게 되었다. 하지만 '한일연대'로 발현되는 집합행동의 내적이고 문화적인 역동성에 주목하면 양국 시민사회가 가꿔온 신뢰와 연대, 규범과 가치를 포착할 수 있다. 사회운동론에서의 문화론적 접근법을 활용하면 전후보상운동 등 한일 시민사회의 초국경적 연대가 '공공성'만이 아니라 '친밀성'에도 기반하고 있으며, 나아가 '친밀성'이 '공공성'을 활성화시키는 점도 부각될 것이다.

이처럼 '친밀성을 이론화'하는 것이 필요한 이유는 사회의 지배적 담론 편성에 있어서 이것이 '공공성의 서사'와 더불어 '친밀성의 서사'라는 틀을 제공하기 때문이다. 전후보상재판에서 승소에만 가치를 부여하는 '공공성의 서사'가 아니라, 그 과정에서 원고 및 피해자들과 지원자들이 함께 싸워가는 가운데 신뢰를 쌓고 성장해 간 것은 '한일연대'의 중요한 장면이다. 이러한 신뢰가 형성되지 않는다면 '연대'의 가능성은 제한되고, 한국에서 보면 일본의 활동가에게 '양심적 일본인'으로서의 윤리적 책무를 지우는 것에 그치고 만다.

저자는 2020년부터 한국국제교류재단의 지원을 받아 지금까지 '한일연대포럼'을 주재하고 있다. 이 포럼은 한일관계에 관심을 갖는 연구자 및 활동가들이 평화연구를 기반으로 해서 포스트 냉전 시대에서의 새로운 한일관계의 모습에 대해서 대화하고, '한일연대'의 새로운 패러다임을 연구자와 시민사회가 공유하는 것을 목적으로 한다. 이러한 목적을 위해 '한일연대'를 실천해온 일본 각 지역의 제 단체 및 개인의 연구자나 활동가를 강사로 초빙하여 정기적으로 모임을 갖고 있다.

이렇게 각 지역의 일본 시민사회의 활동을 접하다 보면 그 전문성과 지속성에 압도될 때가 많다. 또한 '연대'라는 거창한 슬로건을 내세우지 않더라도 역사·사회·문화·예술 등 다방면에서 긴박한 국가 간 관계에 아랑곳하지 않고 교류하는 현장과 마주하게 된다. 한일관계는 정부나 기업 간의 공식적인 관계에만 국한하지 않으며 사회·문화 영역에서의 비공식적인 시민운동이나 민간교류 등도 중요한 측면이다. 이처럼 '한일연대'를 정치적·운동론적인 시점에 가두지 않고 사회적·경제적 영역으로 넓혀 21세기 한일관계에 어울리는 개념으로 재생하여, 이것을 평화연구와 접속시키고자 하는 것이 한일연대포럼의 취지이다.

한일 양국의 시민사회가 역사문제만이 아니라 제 분야에서 연대의 네트워크를 형성하고 있는 것은 '한일연대'가 한일관계에서 구축된 공공영역의 일부임을 시사한다. 이렇듯 깊이와 폭을 갖는 '한일연대'지만 그 역사적·현재적 의의는 아직까지 충분히 검토되지 않았다. 그것은 시민연대론의 틀이 충분히 정밀화되지 않은 탓도 있지만, 무엇보다 '한일연대'의 다양한 경험이 축적되지 않았기 때문이다. 이러한 일본 시민사회의 역할을 소개하는 것도 물론 중요하겠지만, 우리에게 주어진 과제는 '한일연대'라는 접촉지대의 역사문화적인 쌍방향성의 계보를 더듬고, 거기에서부터 한일 양국의 시민적 연대를 추동하는 담론과 구조를 꼼꼼히 도출해내는 작업이다.

'친밀성'은 이러한 '한일연대'를 작동시키는 운동의 내적이고 문화적인 역동성을 파악하는 데 도움이 된다. 식민지배가 발단이 되는 제 문제에 대한 일본 시민사회의 대응은 상호작용을 통해서 국가폭력에 대항하는 초국경적 저항으로 변화할 잠재성을 가지고 있다. 그리고 이 잠재성은 논리적이고 수단적이기보다 정동적인 유대와 연대의 감각을 포함하는 공동성을 통해 창출되고 발현된다. '한일연대'의 역사적·현재적 의미에 주목하면 국가 간 관계가 흔들려도 시민사회가 그것을 지탱하고, 또한 국가권력이 폭주할 때에는 연대하며 저항하는 비전을 찾을 수 있을 것이다.

이 책을 통해 1970~1980년대 한국 민주화를 위해 연대한 한일시민운동과, 1990년대 이후에 본격화하는 전후보상운동 등 시민사회의 교류와 협력이 연속되어있는 '한일연대'의 담론과 행동의 메커니즘을 어렴풋하게나마 발견할 수 있다면 저자의 소임은 다할 수 있을 것이다. 이러한 문제의식에 교감해준 한림대학교 일본학연구소 서정완 소장님을 비롯한 연구자 여러분에게 감사의 말씀을 드린다. 지난한 번역 작업을 떠맡아 주었기에 한국어판이 출간되어, '한일연대'의 역사적·현재적 의미에 대해서 새롭게 논의하는 기틀이 마련되는 것은 저자에게 더할 나위 없는 기쁨이다. 행여 애매하거나 논쟁적일 수 있는 표현이 있다면 그 책임은 오로지 저자의 몫이다.

한림대학교 일본학연구소가 '포스트제국'이라는 틀을 통해 동아시아에서 전개된 국민국가의 재편에 대해 다각적으로 접근하는 프로젝트에 있어서, '한일연대'가 제국주의를 계승하려는 권력의 동태를 추궁하는 하나의 담론으로 기여할 수 있기를 기대한다.

2023년 6월 23일
오키나와 위령의 날에 현무암

차례

한일연대의 '허망虛妄'에 걸다

일본제국의 유산을 전쟁이라는 비참한 경험을 성찰하는 평화로서 계승할 것인가, 아니면 경제적인 번영을 가져다준 영광으로 계승할 것인가의 문제는 전후戰後 일본에서 대립하는 이데올로기의 한 단면을 보여준다. 그런데, 역사 인식이 아닌 근대주의, 국민주의라는 관점에서 바라보면, 이 둘에는 상호경합이 아닌 상호보완적인 접점이 보인다. 국민국가에서 확대한 일본제국이 패전으로 인해 다시 국민국가로 수축하는 과정은 단순히 지배영역의 변동만을 뜻하는 것이 아니라, 여기에는 공간의 배치를 둘러싼 역사의 '단절'과 '연속'의 정치학이 작동한다.

실제로 평화와 영광은 모순을 보이면서도 하나로 합류해서 안전보장과 번영을 공적 사회의 총화總和로 추구해온 것이 전후 일본의 역사이기도 하다. 그러나, 평화라는 것이 전쟁에 가담한 사실에 대한 죄책감에서 나와서 그 내실을 다지는 것이라면, 쇼와 천황昭和天皇이 이른바 '옥음방송玉音放送'에서 제국신민에 대한 메시지인 「종전의 조서詔書」를 읽은 8월 15일은 정치학자 마루야마 마사오丸山眞男의 말처럼, 군국주의에 종지부를 찍은 나라의 미래가 "국체國體가 절대성을 상실하고 나서야 비로소 처음으로 자유로운 주체가 된 일본국민"에게 맡겨진 날이었다.[1] 마루야마에

---

1   丸山眞男, 『現代政治の思想と行動』(新装版), 未来社, 2006, p.28.

게 '8·15'가 '새 일본의 건설'을 '결의'한 '시작'이었다는 것[2]은 전전戰前·
전중戰中과 전후의 '단절'을 결정짓고 말았다.

'8·15'의 '단절'에 의해서 연합국군 점령하에서 비군사화와 민주화
라는 개혁을 기초로 성립한 '전후민주주의戰後民主主義'를 둘러싼 논의가
'전후 20년'이 가까워지면서 격해졌다. 문예평론가 에토 준江藤淳은 '전후
민주주의'를 절대시하려는 풍조를 '새로운 국체'라 부르며 비판했으며,
"20년 전 8월 15일에 모든 것이 변했다는 환상"에 대해서 이의를 제기했
다.[3] 그러나 이런 에토도 "예전의 국체가 지닌 불가침성이 패전에 의해 픽
션으로 바뀌는 것을"[4] 봤듯이, '허탈'이라는 형태일지언정 '단절'이라는
의미로 '8·15'를 경험했다는 점에서는 다르지 않다.

결국, 일본제국의 유산이 "빛"이었느냐 "그림자"였느냐의 문제와는
관계없이 평화국가로서 다시 태어난 일본은 제국주의 그리고 단절된 전
후 세계라는 두 세계를 살아간다는 공통인식 위에 성립한 것이다. 가령
제국주의를 전쟁이나 식민지배와 같은 폭력을 수반하는 세력 확대와 통
치구조라고 한다면, 전후 일본은 확연하게 그런 폭력에 의존하지 않고
국제질서 속에서 평화와 번영을 구가해왔다. 일본제국의 과거에 대한 반
성이냐 복고냐를 둘러싼 대립은 현실정치를 움직이게 하는 기제機制이지
만, 지금 그 평화와 영광이 크게 흔들리고 있다.

제2차 세계대전에서 패배한 대일본제국은 붕괴했고, 광대한 식민지

2   丸山眞男, 『丸山眞男 第八卷』, 岩波書店, 1996, p.358.
3   江藤淳, 『江藤淳著作集6 政治·歷史·文化』, 講談社, 1967, p.106. 초출은 『朝日新聞』,
     1965.4.19(석간).
4   Ibid., p.105.

를 잃었다. 파멸적이었던 패전은 '식민지 제국'이 해체되는 상실감을 가져다주는 한편으로, 식민지를 지배했었다는 사실에 대한 책임을 불문에 부치고, 식민지를 분리하는 아픔을 느끼지 못하게 만들었다. 제국헌법은 평화헌법으로 대체되었지만, '탈제국화'는 일본제국의 군사 시설이나 지명에 '평화'라는 말을 덧칠해서 가린다고 이루어지는 것이 아니다. 물론 '전후민주주의'를 상징하는 마루야마 마사오가 전후의 고도경제성장에 패배한 것이라면,[5] 전후 일본의 번영이 일본제국의 유산을 상속한 것인 한, '전후민주주의'는 제국주의에 의해 먹힌 것이 된다.

대외적으로는 전후 동아시아에서는 미국이 추구한 제국주의 헤게모니제국주의적인 패권적 지배권력 아래에서 '탈식민지화'는 '전후처리' 라는 문제로 축소되고 말았다. '전후처리'에 의해 봉합된 것처럼 보였던 탈식민지화의 과제가 냉전체제가 흔들리자 역사문제로 부상해서 오늘에 이르기까지 한일관계를 비롯한 국제정치에 영향을 미치고 있다. 탈식민지화에 실패한 아시아 각국은 냉전체제하에서 자국에서 벌어진 국가폭력을 단죄해서 화해를 위한 '탈냉전화'를 시도하고 있다. 이러한 미완성의 탈제국화와 탈식민화, 그리고 탈냉전화에 대해서 우리는 어떤 자세로 마주해야 하는가?

이들 프로젝트는 개별적으로 존재하는 것이 아니라, "하나의 역사 과정에서 서로 엮인 것"으로서 동시에 진행해야 한다.[6] 이처럼 동아시아의 공간성 그리고 제국과 제국 이후의 연속성이라는 선상에서 '가해'와 '피

---

5   伊東祐吏, 『丸山眞男の敗北』, 講談社選書メチェ, 2016, p.152.
6   陳光興, 『脱帝国－方法としてのアジア』, 以文社, 2011, p.22.

해' 문제에 접근하면, 구 식민지로부터 들려오는 '목소리'에 구 식민지배국이 '그 목소리를 듣게 되는 데'서 보이기 시작하는 지평地平이 있다. 이를 '연대'라고 부른다면, '연대'를 실천하는 '종주국'이라는 공간을 명확히 하기 위해 이 책에서는 "패전으로 일본이 상실한 것은 '식민지'가 아니라, '제국'이다"는, 모순어법이라고도 할 수 있는 논리를 내세웠다. 이 '작업가설作業假說'을 전제로 하는 '포스트제국'이라는 시점에 서서 일본제국의 판도에 포함된 구 지배국과 피지배국이 '새로운 관계'를 발견하는 길을 제시하고자 한다.

왜 이러한 접근이 필요한가 하면, 평화와 영광을 단순히 제국의 유산으로 보기에는 일본제국과 전후 일본의 연속성, 그리고 여기서 규정되는 동아시아의 지리적 공간이 너무나도 실체적이기 때문이다. '8·15'를 전전·전중과 전후를 나누는 경계로 본다면, 근대와 현대, 폭력과 평화, 통제와 자유, 군국과 민주, 계급과 평등, 전체와 개인은 언뜻 보기에는 급격히 변화한 것처럼 보일 것이다. 빈곤에서 풍요로움으로의 전환은 한국전쟁에 의한 '조선 특수'를 끼고 진행되었지만, 전전과 전후를 나누고 단절하는 공통인식은 사회적 사실로서 정착되어 있다. 그러나 이러한 공통인식에는 함정이 있다.

앞에서 언급한 에토 준의 '전후민주주의' 비판도 이러한 간극을 지적한 것이다. 1960년대, 전후 일본의 정치사상에서 전쟁책임과 민주주의에 대한 논의가 첨예해진 시기에 '대동아전쟁긍정론'[7]이 주창된 것은 군

---

7   林房雄,『大東亜戦争肯定論』, 番町書房, 1964.

국주의와의 '단절'이라는 방향으로 움직이기 시작한 전후의 흐름을 반전시키려는 의도였음에 틀림이 없다. 다만 마루야마 마사오가 『현대정치의 사상과 행동』 증보판[1964] 후기에서 "대일본제국의 '실재實在'보다도 전후민주주의의 '허망虛妄' 쪽에 건다"고 갈파한 것[8]은 단순히 과거로 되돌아가려는 복고를 저지하기 위함이 아니었다. 정치사상사연구를 하는 시미즈 야스히사清水靖久가 마루야마의 초고까지 분석해서 풀이한 것처럼, 마루야마는 "전후민주주의를 '점령민주주의'라는 이름으로 한데 묶어서 '허망'이라고 하는 신화"를 더 이상 간과할 수 없었던 것이다.[9] 그러나 이러한 '전후신화戰後神話'의 '조잡한 단계 구분'에서 마루야마 자신도 자유롭지는 못했다.

'전후민주주의'가 제국과 제국 이후의 '단절'에 기댄다고 해서 보수의 주장이 그 '연속'을 대표한다고 단정할 수는 없다. 왜냐하면 그것은 제국주의로의 복귀거나 아니면 제국과 제국 이후 양쪽 모두를 픽션이라고 주장하는 회의주의의 토로에 불과하기 때문이다. 문제는 '제국주의적 노스탈지nostalgie'를 보수파가 전유하는 한편, 혁신파는 연속하는 제국주의에 대해서 정치경제학적 비판에 머물다가, 그러한 분위기가 가라앉자 연속하는 '제국'의 정치적·사회적 의미마저도 잃었다는 점이다. 여기에는 모두에서 언급한 것처럼, 마루야마가 「초국가주의의 논리와 심리」[1946]에서[10] '국체'에 의한 속박으로부터 해방된 날로 '8·15'에 의미를 부여하고, 전

---

8   丸山眞男, op.cit., 2006, p.585.

9   清水靖久, 『丸山真男と戦後民主主義』, 北海道大学出版会, 2019, pp.16~25.

10   米谷匡史, 「丸山真男と戦後日本—戦後民主主義の〈始まり〉をめぐって」, 情況出版編集部編, 『丸山真男を読む』, 情況出版, 1997, pp.127~128.

중과 전후의 '단절'을 선명하게 제시함으로써 '전후민주주의'의 '시작'을 신화화한 것이 일조했다.[11]

물론 마루야마는 자기가 촉발시킨 '전후민주주의'를 둘러싼 옹호와 부정 양쪽 모두에 거리를 두면서, 민주주의를 지키는 것이 아니라, '민주주의의 원리를 관철'하려 했었다고 한다.[12] 그렇기 때문에 마루야마는 '전후민주주의'가 '바깥으로부터' 그리고 '위로부터' 오는 것으로 보는 경향이 강한데, '바깥으로부터' 오는 압력은 부정할 수 없다고 하더라도, '밑으로부터' 시작해서 쟁취했다는 면을 강조했다.[13] 일본의 고유성과 동일성을 전제로 하는 마루야마 마사오의 정치학이 '국민주의적'인 것은 제국주의·식민주의를 포함해서 "모든 제도나 기구를 작위作爲의 소산으로서 제어할 수 있는" 이론체계라는 점에서 보면 필연적인 결과라 할 수 있다.[14]

이러한 마루야마의 이론은 사상사 연구자 요네타니 마사후미米谷匡史가 지적하듯이, 군국주의·초국가주의를 배격한다는 문맥을 가진 '단절'을 표명하면서도, 평화적·민주적인 천황제의 모습을 제시하고, 이를 국민통합의 상징으로 삼음으로써 전후 일본의 체제를 만들어가는 '연속'에 대한 유효한 비판을 제시하지 못했다.[15] 즉 마루야마에게 전전과 전후란, 천황제와 경합하면서도 동시에 상호보완적인 '연속'이었던 것이다. 오히

---

11   丸山眞男,「超国家主義の論理と心理」, 丸山眞男, op.cit., 2006.

12   清水靖久, op.cit., p.23.

13   Ibid., p.27.

14   姜尙中, 『反ナショナリズム―帝国の妄想と国家の暴力に抗して』, 教育史料出版会, 2003, p.153.

15   米谷匡史,「丸山真男と戦後日本」, 情況出版編集部 編, op.cit., 1997, p.149.

려 일본이 군국주의·초국가주의에 빠져서 폭주하는 '파쇼시대'가 예외였던 것이다.

이러한 까닭으로 가령 입헌체제의 '단절'은 있어도, 그것을 짊어질 국민의 기저에 있는 공동성共同性은 '연속'하는 것으로 이해된 것이며, 따라서 이런 근대적인 국민 결집의 선구가 된 '제2의 개국'메이지유신, 明治維新이라는 실험을 한 번 더 철저하게 하는 것이 전후라는 제3의 '개국'에 대한 과제가 된다고 마루야마는 의식하고 있었던 것이다.[16] 국민의 기저에 있는 공동성의 '연속'이 홋카이도北海道나 오키나와沖縄를 포함해서 '식민지제국'이었던 사실에 대한 '망각' 위에 성립하고 있다는 것은 자명하다.

한편, '전후민주주의'를 '허망'이라는 말로 단언함으로써 1960년대 논쟁에 불을 붙인 경제학자 오쿠마 노부유키大熊信之는 패전에 의해서 "일본민족이 자기를 상실한" 것을 '굴욕'이라고 받아들였다. 그런 의미에서 '8월 15일'은 "일본민족으로서 기억해야 할 하루"였다. 다만 "일본인이 갑자기 변한 것은 '점령', '정복'이라는 이름으로 수행된 약 7년간의 전쟁 과정 때였다"고 말하는 것처럼, 오쿠마에게 전전과 전후의 '단절'이란 "점령통치기"를 말한다.[17]

마찬가지로, 보수도 이러한 '단절'을 '굴욕'으로 받아들였다면, 샌프란시스코강화조약에 의한 점령통치의 종료로 그 '굴욕'에서 일정량 벗어날 수 있었을 것이다. 그리고 보수는 경제 레벨에서는 일본제국의 영광을 계승해서 고도경제성장기를 향해 질주하고, 정치 레벨에서는 '전후민

---

16   姜尙中,「丸山眞男における〈国家理性〉の問題」,情況出版編集部 編, op.cit., 1997, p.15.

17   大熊信行,「日本民族について」,『世界』,岩波書店, 1964.1, p.72.

주주의'를 '점령민주주의'로 비하함으로써 '제국'의 연속성을 회복하게 된다. 지금도 '굴욕'을 견뎌내면서 천황 신격화의 길로 복귀하려는 우익을 제외하면, 보수에게 제국과 제국 이후는 연속하는 것이며, 패전 후의 '점령통치기'야말로 예외적인 것이다.

이렇게 본다면, 전전·전중과 전후가 단절되었다는 공통인식을 가진 것처럼 보였던 혁신파든 보수파든 실제로는 일본의 근대주의·국민주의라는 점에서는 '단절'이라는 것은 없었다. 각자의 정치적인 입장에서 '파쇼시대'와 '점령통치기'라는 다른 해석으로 일시적인 '예외현상'을 바라보는 시점의 차이는 있을지언정, 국민주의적인 내셔널리즘이 좌우 이데올로기의 차이를 넘어서 전후사상의 중추였던 것이다.[18] 제국에서 국민국가로 변모하는 과정에서 분절한 '파쇼시대'와 '점령통치기'가 '단절'과 '연속'의 폴리틱스를 통해 절합節合, articulation해서 전후 일본의 내셔널 아이덴티티를 창출하고 있다.

일본에서 민주주의는, 전후에 들어서 바깥으로부터 그리고 위에서부터 주어졌다는 면과 함께, 아래로부터 민중이 껴안았다는 면도 있고, 전전 때부터 민중이 갈구해왔다는 면도 있다.[19] 또한, 전전의 일본은 결코 풍요로웠다고는 할 수 없으며, 전쟁으로 불탄 도시와 폐허라는 혼란상태도 전쟁 수행을 위한 통제경제체제로서는 연속적이다. 오키나와 전투나 히로시마広島, 나가사키長崎에 대한 원자폭탄 투하, 도쿄東京와 오사카大阪에 대한 대공습, 패전으로 식민지에서 철수할 때의 도피행 등, 군국주의·

---

18 姜尚中, op.cit., 2003, p.66.
18 姜尚中, op.cit., 2003, p.66.
19 清水靖久, op.cit., p.6.

초국가주의가 몰고온 비참한 결말은 '피해'로서 그리고 '피해자의식'이 되어 계속되고 있다. 전후 일본은 제국의 유산을 계승했다기보다는, 그 생성과 발전, 팽창과 충돌, 쇠퇴와 소멸의 최종국면에 있다고 보아야 하지 않는가? '포스트제국'은 제국으로 걸음마를 내디딘 근현대 일본의 '연속'에 주목한다.

그런데 전후의 번영을 가져다준 제국의 유산은 이미 모두 다 소진해버린 것처럼 보인다. 근래에 들어서 일본의 국제경쟁력이나 경제적 지위를 나타내는 지표가 구 식민지였던 한국이나 타이완에 추월당했다는 기사를 접하는 것은 흔한 일이 되었다. 전후 일본의 평화와 영광도 '전후 70년'이 지나면서 사양길로 접어들기 시작하고 있다. 그 유산의 은혜를 입는 일조차 없는 세대가 사회의 중심을 차지했을 때, '전쟁의 기억'의 탈문맥화는 되돌릴 수 없는 속도로 다가올 것이다. '전쟁의 기억'이 '연속'도 '단절'도 아니고, 역사적 사실에서 도려내진 듯 서술된다면 일본제국 시대를 일본 중세의 전국시대 장수 이야기처럼 소비하는 대중문화의 흐름은 더더욱 가속화될 것이다.

그러나 계승되어야 할 '전쟁의 기억'에 대한 서사를 생산하고 소비하는 과정에는 일본이 과거에 식민지배한 아시아 각국과의 관계가 투영될 수밖에 없다. 게다가 마루야마 마사오가 '바깥으로부터' 주어졌다는 것을 부정할 수 없는 일본의 '전후민주주의'와는 대조적으로, 타이완이나 한국은 '안으로부터' 일어나서 민주화를 실현했다. 이들 나라와의 가해-피해의 대립 구도를 넘어선 새로운 관계를 향해서 동아시아에서는 서로가 공감할 수 있는 이야기를 어떻게 만들어낼 수 있을까? 제국주의에서

'포스트제국'으로의 긴 '제국'의 시대를 평화와 영광의 종언으로 소멸시킬 것인가, 아니면 탈제국화를 통해서 극복할 것인가의 기로에 지금, 일본이, 그리고 동아시아가 서 있는 것이다.

'제국'을 아직 과거로 몰아넣어서는 안 된다는 것을 이들 징조와 과제가 환기해준다. 포스트콜로니얼의 의제로서 '제국' 비판의 시좌를 제시하는 것은, 냉전이 흔들리는 1990년대 이후의 손때 묻은 주제이다.[20] 이는 마치 반세기 전에 「초국가주의의 논리와 심리」를 세상에 내놓은 마루야마 마사오가 1996년에 세상을 떠나고, 대표적인 전후 지식인의 사상적·실천적 영위를 회고하기 위해 일어난 '마루야마 붐'과도 무관하지 않을 것이다. 그러나 그 한가운데에 있는 '전후 50년'은 정치학자 강상중姜尚中이 지적하듯이, 초국가주의의 '병리'를 낳은 '국체' 도려내기를 사명으로 하는 마루야마의 분석에 결락된 부분이 드러나는, 전후 일본의 전환기였다. 즉 그 이후 '네오 내셔널리스트'들이 이구동성으로 '마음心'이나 '혼魂'과 같은 말을 국민적 아이덴티티의 중추에 두고 국가론의 권장을 주창하기에 이른다.[21]

이처럼 '정동精動의 정치'가 고개를 드는 현대 내셔널리즘의 새로운 대두를 배경으로 시작되는 탈냉전화는 그동안의 탈식민지화의 한계를 노출시키는 한편으로, 미국의 신자유주의적인 제국주의 헤게모니가 세계를 석권하는 시대에 석출析出된 탈제국화의 과제와도 밀접하게 엮여

---

20 예를 들면 酒井直樹·米谷匡史, 「〈帝国〉批判の視座」, 『情況』 第2期 8(10), 情況出版, 1997.12.

21 姜尚中, op.cit., 2003, pp.166~167.

있다. 이 책에 새로움이 있다면, 동아시아에서 실패한 탈식민지화, 탈냉전화, 탈제국화를 '동일한 역사 과정 안에서 엮인 것'으로서 접근하는 구체적인 사례를 과거의 '종주국'에 중심축을 두고 '연대'를 주제어로 제시하고 있는 점일 것이다.

떼려야 뗄 수 없는 제국과 식민지의 각각의 영역을 특정하려는 것은 '포스트제국'의 시점이 식민자 2세로서의 원죄의식을 스스로의 원점에 두고 고뇌를 한 모리사키 가즈에森崎和江의 '월경하는 연대의 사상'에 의거하기 때문이다. 피지배자의 시선을 통해서 스스로를 불안한 상황으로 내몬 모리사키 가즈에의 감수성은 영국의 문화이론가 스튜어트 홀Stuart Hall이 '아이덴티티'를 기원起源과 내적 동일성으로 닫힌 것이 아니라, 그것이 배제하려는 것에 의해서 불안정해지는 것이라고 한 해석과 중첩된다. 말하자면, "'호소'하려는 시도, 이야기하려는 시도, 특정 담론의 사회적 주체가 되어 우리 공간으로 불러들이려고 시도하는 담론, 실천 그리고 주체성을 생산하고, 한편으로는 '(상대방이) 말을 걸어올 수 있는 (그래서 그 이야기를 들어줄 수 있는)' 주체로서 우리를 구축하는 과정과의 만남의 접점"으로서 '아이덴티티'라는 말을 사용하는 것을 말한다.[22]

스스로가 '불안정'한 자리에 선다는 것은 타자가 느끼는 간극을 상상하는 것과 같다. 그리고 그 간극을 초월하는 이성과 상상력만이 화해와 연대에 내실을 가져다준다.[23] 이처럼 '말을 건네는 것'과 '말을 건네받는'

22　スチュアート・ホール,「誰がアイデンティティを必要とするのか?」, スチュアート・ホール / ポール・ドゥ・ゲイ 編, 宇波彰 監訳,『カルチュラル・アイデンティティの諸問題―誰がアイデンティティを必要とするのか?』, 大村書店, 2001, p.15.

23　重田園江,『隔たりと政治―統治と連帯の思想』, 青土社, 2018, pp.177~182.

'만남'이 '가해'와 '피해'라는 이항대립을 넘어서 연대를 가져다준다면, 과거의 '종주국'의 공간에서 '제국'을 생각할 여지는 아직 많이 남아 있다.

오래되어 낡아빠진 '연대'라는 말을 주제어로 삼으려 하니, 어쩔 수 없이 되살아나는 기억이 있다. 대학원생 때 정치사상이 전공인 지도교수한테서 수도 없이 "전후민주주의의 '허망' 쪽에 건다"는 앞에서 말한 마루야마 마사오의 한 구절을 들었던 기억이다. '연대'도 결국은 '허망'한 것이 아닌가? 그러나 이것 외에 혼돈의 한일관계를 극복할 수 있는 희망은 보이지 않는다.

갑작스럽게 모두에서 '전후민주주의'를 거론한 것은 이른바 '65년 체제'가 흔들리는 뉴노멀 시대에 "한일관계의 '실재'보다는 한일연대의 '허망' 쪽에 걸겠다"고 호언하기 위해서가 아니다. 한국에서 온 일개 유학생이 대학원 수업이나 연구회에서 마루야마 마사오를 읽는다는 것은 결코 쉬운 일이 아니었다. 거의 토론에 따라가지 못했지 않나, 싶다. 그렇지만 저자의 연구영역이 전후 일본의 정치사상이나 일본제국의 역사적, 지리적 공간에서 떼어낼 수 없게 되었으며, 어려워서 고전을 면치 못했던 당시에 주고받은 많은 내용과 결국 이어지고 있다는 것을 절실하게 느끼고 있다. 지도교수가 저자를 연구회에 참석하게 한 것은 이 때문이 아니었나, 라는 생각이 지금 든다.

「들어가며」는 대학원생 때의 과제를 늦게나마 제출하는 느낌의 것이다. 주로 1990년대 문헌을 구사한 한 바퀴 늦은 이야기인 것도 그래서이다.[24] 부족함이 많았던 학생이 반성을 담아서 쓴 에세이 정도로 이해를 해주면 고맙겠다. 그렇지만 대학원 당시 읽은 마루야마 마사오론을, 단순히 지난 과거의 논의를 꺼내기 위함이 아니고, 그렇다고 현시점에서 이들 이야기에 어떤 의미를 부여할 것이냐의 문제도 아닌, 탈식민지화 및 탈냉전화라는 과제에 임하려는 시대의 지적 공간에서 탈제국화로 향하는 첫걸음으로 자리매김하는 의미는 있을 것이다.

---

24 시미즈 야스히사는 마루야마에 대해서 "전중, 전후를 단절하는 신화를 창작한 것은 아니었다", 또한, 후에 "전후민주주의에 대한 의문이나 회의는 매우 바람직하다고 태도를 바꾸었다"라고 옹호하고 있다. 清水靖久, op.cit., p.34.

서장

서로의 본질을 소통하는 동아시아 연대로

1. '포스트제국'의 동아시아 __ 시각과 과제

일본제국의 '지리적으로 문맥화된 역사'

동아시아에서 '전후戰後'의 탈식민지화는 예나 지금이나 결코 단순한 문제가 아니었다. 제국주의에 냉전 구조가 중첩되는 형태로 폭력의 연쇄 속에 휘말려 들었기 때문이다. 그리고 냉전 해체라는 세계사적 전환을 통해 어떻게 국가폭력의 시대를 극복하고 정의를 회복하며 화해할 것인가라는 과제와 마주해왔다. 이 책은 그러한 폭력에 노출된 전후의 동아시아가 나라와 지역을 초월하며 트랜스내셔널하게 전개해온 '기억과 화해'의 정치를, '과거의 극복'을 향한 '포스트제국'의 연대로 규정하고 그 실천적 의미를 되묻고자 한다.

동아시아에서 '과거의 극복'은 주로 일본제국주의가 초래한 전쟁책임과 식민지배를 둘러싼 전후보상의 문제로서, 포스트콜로니얼의 과제로 여겨져왔다. 그러나 극복해야 할 과거의 대립축은 지배와 피지배의 내셔널한 경계선에 국한되지 않는다. 냉전체제하에서 맹위를 떨친 반공주의는 각국 내부에서도 엄청난 국가폭력을 낳았고, 피해자들 대부분은 침묵을 강요당해왔다. 따라서 동아시아에 있어 '포스트제국'의 정치 환경하에서 불의를 바로잡기 위한 투쟁은 오히려 국가 내부에서 더욱 치열했다. 이 국가폭력에 대한 이의제기에, 지배국이었던 일본의 시민사회가 관여하며 각각의 지역과 연대해온 정치적·역사적 배경에는 시공간을 초월한 일본제국의 자장이 작용하고 있다. 그리고 이는 1990년대 이후 활성화되는 포스트콜로니얼리즘 연구·운동을 동아시아에서 어떻게 수용할 것인가라는 물음을 던진다.

식민지 타이완의 타이완인 아이덴티티 형성에 대해 고찰한 레오 칭 Leo T.S. Ching은 식민지 제국 간의 역사적·공간적 차이를 과도하게 강조하며 일본제국주의와 식민주의를 이질적이고 유니크한 것으로 특수화하는 것을 경계하면서도, 그 현지화와 특이성에 대한 주장의 중요성을 인정한다.[1] 물론 근대식민주의가 그 형태에 있어 대개 일정한 보편성을 공유한다는 시점은 중요하다. 타이완 근현대사 연구자인 고마고메 다케시 駒込武가 지적하듯, 일본제국에 의한 (타이완)식민지배를 "특수한 일본적'인 일로 가두"지 않는 것은 "글로벌한 제국주의 체제의 일부로 인식한 상태에서 그것을 비판하기 위한 입각점을 구축"하기 위해서도 필요하다.[2]

하지만 일본제국에서 근대라는 시대는 한반도와 구 만주를 향한 심상지리와 지정학적 상상력이 결합함으로써 성립되었다. 따라서 지리적인 특색을 뒤로 미뤄놓고 전후 동아시아를 표상할 수는 없는 것이다. 무엇보다 동아시아라는 지역에 뿌리를 내리고 식민지를 영토의 연장주의주권선로, 혹은 방위선이익선으로 규정하며 특수권익생명선을 확대해 나간 일본제국의 '지리적으로 문맥화된 역사'[3]는 이를 유니크한 존재로 정의하기 위해 중요한 것은 아니다. '재식민지화로서의 탈식민지화'를 강요당하며

---

1   レオ・チン, 菅野敦志 訳, 『ビカミングへ〈ジャパニーズ〉―植民地台湾におけるアイデンティティ形成のポリティクス』, 勁草書房, 2017, pp.21~22.

2   駒込武, 『世界史のなかの台湾植民地支配―台南長老教中学校からの視座』, 岩波書店, 2015, p.11. 고마고메는 일본제국에 대한 비판이 구미 제국의 옹호가 되고 마는, 식민지 연구를 둘러싼 '적대적인 공범 관계'의 덫에 걸리는 것을 피하면서 그것을 일본제국과 관련된 역사적 경험에 입각한 재정의를 시도한다. Ibid., pp.28~29.

3   ジョン・モリッシーほか, 上杉和央 監訳, 『近現代の空間を読み解く』, 古今書院, 2017, p.2.

30   '포스트제국'의 동아시아

'차가운 전쟁cold war'의 최전선에 떠밀린 전후 동아시아의 국제정치에 직접 연동되기 때문에 중요한 것이다.[4]

이러한 연동성에서 '아시아'의 제국이었던 "일본제국의 경계가 문화적·인종적 동일성이라는 단일성에 의해 확정되어 있었다"[5]는 것은 레오 칭의 유보와는 별개의, 동아시아의 현재를 구성하는 역사적·정치적·문화적 의미를 제시한다. 강상중의 말을 빌리자면, 이러한 일본제국의 경계는 식민지를 일본의 국가 프론티어로 삼아 공간적 확장 속에서 끊임없이 끌어안았던 "폭력적 형태의 리저널리즘지역통합"이었다. "이 리저널리즘이 유감스럽게도 제국이라는 형태를 통해서만 일어설 수 있었"던 것이고, 따라서 "냉전이라는 문제를 좀 더 역사와 공간론적으로 봐야 한다"는 것이다.[6]

일본제국의 '지리적으로 문맥화된 역사'는 제국 이후 다음과 같이 연동된다.

제2차 세계대전 이후 일거에 모든 해외영토를 상실하며 구 식민지의 독립과 함께 대량의 '인양자引揚者'[7]가 발생했고, 말 그대로 '제국 이후'라

---

4   '재식민화로서의 탈식민지화'에 대해서는 『人びとのなかの冷戦世界—想像が現実となるとき』(増田肇, 岩波書店, 2021)를 참조.

5   レオ·チン, op.cit., p.27.

6   姜尚中, 「丸山真男と国民の心象地理」, 『空間·社会·地理思想』 4号, 大阪市立大学地理学教室, 1999, pp.41~42.

7   [역자주] 1945년 8월 15일의 패전으로 군인·군속(軍属)과 더불어 일반 방인(邦人) 또한 해외에서 모은 자산 등을 포기하고 귀국해야만 했는데, 이때 일본에 돌아온 것을 '인양(引き揚げ)'이라 하고, 돌아온 사람들을 '인양자(引き揚げ者)'라 부른다(佐々木毅, 鶴見俊輔, 富永健一, 中村政則, 正村公宏, 村上陽一郎 編, 『戦後史大事典 増補新版』, 三省堂, 2005, p.767). '인양'에 대해서는 일본어 원음인 '히키아게' 혹은 '귀환', '인양자'에 대해

부를 수 있는 상황에 놓인 근대 제국은 일본뿐이다.[8] 레오 칭은 그에 따른 일본 식민주의의 차이에 대해, 제국 해체 시의 탈식민지화 과정의 결여가 일본과 타이완의 특수한 식민주의적 관계를 낳음과 동시에 일본이 총체적인 식민지 유산과 마주하는 것을 저해해 왔다고 지적한다.[9] 물론 이는 일본과 타이완에 그치지 않고 일본과 한반도의 관계에서도 마찬가지다.

더욱이 오키나와 전투를 비롯해 전후에도 한국전쟁부터 베트남전쟁에 이르는 이른바 '동아시아 30년 전쟁'이라는 '뜨거운 전쟁hot war'이 벌어진 동아시아에서는 반공주의를 국내에 휘두름으로써 권위주의 체제는 주저 없이 국가폭력을 발동했다.[10] 타이완 국민당 정권에 의한 공포정치를 상징하는 '백색테러' 역시 중국 본토의 내전을 타이완으로 확대한

서는 '히키아게샤' 혹은 '귀환자'라는 용어를 사용하는 경우도 있으나, 이 책에서는 '인양'과 '귀국', '인양자'와 '귀국자'의 구분 문제를 다루고 있고, 또 고유명사 번역에서 나오는 혼동을 피하기 위해 '인양'과 '인양자'로 번역 용어를 통일했다. 이른바 '인양문제'에 관한 연구에 대해서는 가토 기요후미(加藤聖文), 김경옥·김남은·김현아·김혜숙·박신영·서정완·송석원·전성곤 역, 한림대 일본학연구소 기획, 『'해외인양' 연구와 포스트제국-잊혀진 대일본제국의 역사와 만들어진 기억』, 소명출판, 2022을 참조 바람.

8   沼崎一郎, 「台湾における日本語の日本文化/日本人論ー「ポストインペリアル」な読解の試み」, 桑山敬己 編, 『日本はどのように語られたかー海外の文化人類学的·民俗学的日本研究』, 昭和堂, 2016, p.392. 누마자키는 제1차 세계대전 후에 해외 식민지를 상실한 독일과, 제2차 세계대전 와중에 아프리카 식민지를 연합국에 점령당한 이탈리아는 일본과는 상황이 다르다고 하면서도 이탈리아가 일본과 같은 포스트임페리얼적인 상황에 있는 것인지 아닌지에 대해서는 비교 검토가 요구된다고 지적한다.

9   レオ·チン, op.cit., p.22.

10   한편, 중국 대륙과 북한에 있어서는 '반제국주의'라는 대의명분이 대량 학살과 내전을 초래한 점은 말할 것도 없다. 거기에 내셔널리즘과 콜로니얼리즘, 동서 냉전의 폴리틱스를 찾아내 지탄할 수도 있지만, 그것은 이 책의 테마를 넘어서는 부분이다. 蘭信三ほか 編, 『シリーズ 戦争と社会1 「戦争と社会」という問い』, 岩波書店, 2021, p.1.

결과 일어난 "내전의 연장"이었다.[11] 타이완의 문화연구가인 천꽝싱陳光興이 말하듯, 장기적이고 글로벌한 정치사로 볼 때 냉전이 식민주의를 연명시키는 구조적 조건이 된 것에 비춰보면 1990년대 이후 '냉전이 끝났다'라는 말은 분명 구 제국의 핵심인 서구의 것이었다.[12]

　일본제국의 붕괴 이후 미국의 제국주의 헤게모니에 포섭된 동아시아에서는 바로 냉전이 식민주의를 연명시키는 구조적 조건 속에서 '재식민지화로서의 탈식민지화'가 시작된다. 그리하여 미일안보체제 하에서 신제국주의의 일익을 담당하는 일본이었으나, 한편 이에 반발하며 아시아와 상호 마주하기를 외치는 시민운동이 대두된다. 1974년에 제1회 '아시아인 회의'가 개최된 것은 "아시아의 일부인 일본이 아시아를 재차 지배하려 했기 때문"이었다.[13] 1977년에는 아시아에 대한 군사적·경제적 침략에 가담하지 않는 여성해방 운동을 지향하는 '아시아 여성들의 모임'현 아시아여성자료센터이 결성되었다. 제국주의로의 복귀를 염려하는 일본의 시민사회에 대해 아시아 국가들이 경제성장과 민주화로 응답한 것이 냉전체제였다.

　냉전이 흔들리자 이번에는 일본제국에 전시 동원된 구 식민지의 피해자들이 발하는 목소리에 일본의 시민들이 응답하며 전후보상운동이 활성화되었다. 그러나 이 역시 어떻게 보면 "서구의 인종주의에 대한 아시아인의 증오에 호소"함으로써 선전된 '대동아공영권' 이데올로기를

11　吳叡人, 駒込武 訳, 『台湾, あるいは孤立無援の島の思想－民主主義とナショナリズムのディレンマを越えて』, みすず書房, 2021, p.62.

12　陳光興, 『脱帝国－方法としてのアジア』, 以文社, 2011, p.86.

13　小田実 編, 『アジアを考える－アジア人会議の全記録』, 潮新書, 1976, p.3.

뒷받침하는 전시동원체제의 귀결이었다.[14] 미국의 역사학자 존 다우어 John W. Dower가 "가차 없는 전쟁"이라 칭한 미일전쟁의 배경에 있는 문화 적·인종적 편견은 "전쟁의 문화"로서 한국전쟁과 베트남전쟁에서 반복 되었고, 작금의 미중 대결에서도 그 요소는 드러나고 있으며 일본인들도 무관하지 않다.[15]

정치철학자 한나 아렌트Hannah Arendt는 "전체주의 기원"에는 제국주 의가 낳은 "인종주의"가 있다고 지적하고, 외교적 성격을 가지고 비유럽 대륙의 광대한 영토를 병합한 해외 제국주의에 대해, 구체적인 팽창으로 서 "식민지를 대륙 내 본국 영토와 직접 인접한 나라들에게" 요구했던 대 륙 제국주의를 대치시켰다.[16] 일본제국주의는 이 두 가지 성격을 겸비하 고 있었다. 제국주의에 발단하는 구 지배국과 피지배국의 관계가 유럽과 일본의 식민주의에 있어 각기 다른 공간적 특색을 띤다면, 동아시아의 '과거 극복'은 유럽중심주의적인 담론이 아니라, 동아시아의 역사적·정 치적·지리적 특색을 시야에 넣은 '포스트제국'의 개념으로 접근해야 하 지 않을까. 여기에 이 책의 각 장을 횡단하는 문제의식이 있다.

---

14 酒井直樹,『ひきこもり国民主義』, 岩波書店, 2017, p.87.

15 ジョン・W・ダワー, 三浦陽一 監訳,『戦争の文化－パールハーバー・広島・九・一一・イラ ク』, 岩波書店, 2021, p.viii.

16 ハンナ・アーレント, 大島通義・大島かおり 訳,『全体主義の起原2 帝国主義』, みすず書房, 1972, pp.161~170.

'역사적 컨텍스트'와 '공시적共時的 리듬'

그렇다면 '포스트제국'의 개념이 사정거리로 삼는 영역은 어떠한 것일까?

실제 문제로서 한일 간 역사 인식은 포스트콜로니얼의 문제의식이 전경화되면서 그 차이가 커졌고 양측의 대립은 갈수록 심해지고 있다. 무엇보다도 일본에서는 중국·타이완 관계와 대비되는 형태로, 혹은 동남아시아 국가들의 대일감정을 들고나오는 방식으로 한국의 '반일내셔널리즘'이 비판받기 쉽다는 점을 생각하면 알 수 있듯, 양국 간 대립 해소를 지향하기만 하면 된다는 것도 아니다. 근년의 역사지리학적 안목에서 볼 때 내셔널 아이덴티티와 그 역사적 발전에 대한 이해는 다른 스케일을 가진 아이덴티티와의 복잡한 교차를 고려해야만 비로소 가능해진다.[17]

예를 들어 타이완과 한국에서는 '친일'과 '반일'의 온도차가 있다고 일컬어진다. 이는 각각의 지역적·역사적 상황에서 나타난 식민지배 관계의 고유성='역사적 컨텍스트'을 전제로 하는데, 세계사적 상황으로서 국제사회를 양분한 냉전이 규정하는 전후 체제하의 국가폭력='공시적 리듬'을 빼놓고 생각할 수 없다.[18] 타이완이 '친일'이라고 한다면, 거기에는 장기간에 걸친 계엄령하에서의 '백색테러'를 야기한 반공주의가 밀접하게 얽혀 있는 것이다.

그럼에도 불구하고 '친일' 타이완 / '반일' 한국이라는 대립적 구도가

---

17 ジョン·モリッシーほか, op.cit., p.62.

18 '역사적 컨텍스트'와 '공시적 리듬'이라는 용어에 대해서는 『台湾における脱植民地化と祖国化』(丸川哲史, 明石書店, 2007)에서 차용했다.

안이하게 받아들여지고 있는 감이 있다. 이 담론은 고바야시 요시노리小林よしのり의『신 고마니즘 선언 SPECIAL 타이완론』2000으로 대표되듯 에스닉 문제성적(省籍) 모순로 인한 비틀림이나, 제국주의에 냉전 구조가 중첩된 폭력의 연쇄를 무시한 채 식민지배의 성공담을 타이완에서 찾는 일본 우파세력이 부추기는 것이다.[19] 국민-인종에 대한 본질주의적 시점을 통해 식민지 간의 차이를 포착하는 이러한 시각은 '반일'을 '친일'과 떼어놓고 말할 수 없다는 것의 방증이기도 하다.

포스트콜로니얼 연구는 각각의 역사적 배경 속에서 식민지배가 남긴 유제가 탈식민지 국가의 문화적이고 정신적인 감정 구조의 문제 영역으로 눈을 돌리게 했고, 계속되는 식민주의로 파고들 수 있게 했다. 한편, 일본사상사 연구자인 테사 모리스 스즈키Tessa Morris-Suzuki가 말하듯, 식민지화된 사회에 외래의 사상을 단순히 강요하는 것이 아니라 동화와 차이화, 적응과 저항의 작용을 반복한 끝에, 모순을 내포하는 착종된 복합물을 낳는 것=복합적 프로세스을 들이밀었다.[20] 근대가 이질적인 사람들의 사회적 만남이 일으키는 모종의 폭력적 변용의 동태를 의미한다는 점에서[21] 식민주의 자체가 근대화의 본질인 것이다.

한편, 포스트콜로니얼 논의에서는 이러한 '복합적 프로세스'의 해명

---

19 東アジア文史哲ネットワーク 編,『〈小林よしのり『台湾論』〉を超えて一台湾への新しい視座』, 作品社, 2001.

20 テッサ・モーリス＝鈴木,「偽りのアイデンティティへの権利一あるポスト・コロニアルの権利」, 栗原彬・小森陽一・佐藤学・吉見俊哉 編,『越境する知 6 知の植民地一越境する』, 東京大学出版会, 2001, p.195.

21 酒井直樹, op.cit., p.74.

이 자기목적화되었고, 그 작업의 대부분은 담론과 표상의 문제에 초점을 맞춰, 문화론적 설명에 특권을 주었다고도 비판을 받는다. 더불어 설명의 기본적인 틀로써 식민자/피식민자를 구분하는 이항대립적인 논리는 그 식견을 한정적인 것으로 하며, 글로벌화해 가는 세계의 복잡함을 충분히 파악할 수 없게 한다.[22] 포스트콜로니얼 연구가 식민자/피식민자의 구분을 특권화하면 피식민자가 탈식민지화의 주체로 끌어올려지고, 식민자가 나설 자리는 한정되는 것이다. 포스트콜로니얼리즘 운동을 이끈 사람들 대부분이 구 식민지 출신 지식인이기 때문이다.[23]

　이리하여 포스트콜로니얼 연구가 '식민자'를 도려내는 것은 가능할 것이다. 오키나와沖繩 연구자인 노무라 고야野村浩也가 지적하듯, 일본인에 특화해 말하자면 식민자를 일관되게 문제화함으로써 그 정치성을 해명하고 식민주의를 지속시키는 권력적 메커니즘에서 일본인이 벗어날 수 있는 방법을 구상할 수 있는 것이다.[24] 그러나 고발만으로는 식민자들이 어떠한 실천을 통해 식민주의를 종식시킬 것인지 그 방법을 도출할 수 없다. 『가라유키상からゆきさん』아사히신문사, 1976의 저자로 알려진 조선 출생 식민자 2세 모리사키 가즈에森崎和江, 1927~2022가 전후에 조선인과의 '만남'을 결단한 것은, 스스로의 '착란錯亂의 상자'를 여는 것이야말로 식민자와

22　ゼバスティアン・コンラート, 小田原琳 訳, 『グローバル・ヒストリー――批判的歷史叙述のために』, 岩波書店, 2021, pp.53~56.

23　沼崎一郎, op.cit., p.372.

24　野村浩也, 「日本人という植民者」, 野村浩也 編, 『植民者へ――ポストコロニアリズムという挑戦』, 松籟社, 2007, p.41.

피식민자의 '공동 작업'으로 이뤄져야 한다고 생각했기 때문이다.[25]

더구나 가해-피해의 대립 구도를 복잡하게 만들 수 있는 '복합적 프로세스'는 식민주의적인 지배와 종속으로서뿐만 아니라 냉전 구조 속에서 불어닥친 국가폭력과 한국군에 의한 베트남전쟁 중 민간인학살로도 반복된다. '한강의 기적'으로 불리는 한국의 경제적 도약을 뒷받침한 두 개의 바퀴가 '대일 청구권 자금'과 '베트남 특수'였다는 점에서 보면, 구식민지의 근대화 경험은 식민주의뿐만 아니라 반공주의에 입각한 개발 독재도 그것의 본질로 삼는다.

결국, 제국주의에 냉전구조가 중첩되는 지배의 연속과 교체를 포괄하는 국제정치의 연동성으로 파고드는 시점을 포스트콜로니얼리즘이 찾아내고 있는가 하면, 그렇다고는 할 수 없다. 그도 그럴 것이 '역사적 컨텍스트'로서의 식민지배의 자세가 전후의 '공시적 리듬'으로서의 권위주의 체제로 인해 비뚤어진 점에, 이제까지 많은 관심이 기울여지지 못했다.

그것은 존 다우어의 말처럼 일본이 군국주의와 식민지배의 피해자인 주변국들을 배제하고, 동아시아 지역의 제 문제들을 도외시하는 구조를 구축해온 데 따른 것이다.[26] 이러한 구조가 만들어진 요인으로서, 이른바 샌프란시스코 체제하에서 본토의 미국 기지를 오키나와에 '억압 이양마루야마 마사오'함으로써 평화주의를 추구하며 고도경제성장에 전념했던 전후 일본의 냉전체험이 오키나와나 아시아의 그것과는 결정적으로 달랐던 점이 크다.

---

25 森崎和江, 『ははのくにとの幻想婚』, 現代思潮社, 1970, p.179.

26 ジョン・W・ダワー / ガバン・マコーマック, 明田川融・吉永ふさこ 訳, 『転換期の日本へ―「パックス・アメリカーナ」か「パックス・アジア」か』, NHK出版新書, 2014, pp.23~26.

강상중은 패전과 점령의 기간이라는 정화 장치로 '식민지'를 은폐하고, 그것을 사상으로도 이데올로기로도 제대로 파악하지 못한 것이 전후 정치 속에서 대립하며 보완하는 '냉전형 담론구조'의 가장 큰 문제임을 일찌감치 간파하고 있었다.[27] 그런데 '역사로서의 냉전'은 일본 내에서 총괄되지 않았고, 더구나 이러한 '담합적 구조'는 미일 관계에 국한되지 않고 신 제국주의미국와 구 식민지국한국·타이완 간의 관계에서도 구축되었다. 이 '담합적 구조'에서 중화민국 총통 장제스蔣介石가 항일전쟁을 주도했는지, 한국 대통령 박정희가 일본제국의 군인이었는지와 같은 '역사적 컨텍스트'는 그다지 중요하지 않다. 냉전체제가 요구한, 반공주의가 뒷받침하는 권위주의 체제로서의 '공시적 리듬'이 무엇보다 중요한 지점이었다.[28]

또한, 일본에서 '반일'은 '반일자학사관', '반일 매스컴'과 같이 '비국민'인 '반일 일본인'을 지칭하기도 한다. 앞서 언급한 레오 청은 최근 동아시아에 있어 일본제국의 기억에 대한 감정, 감각, 기타 정동적 태도를, 대중문화를 통해 분석한『반일─동아시아의 감정 정치』일본어판를 출간했

---

27 姜尚中·小森陽一,「知のオリエンタリズム─言説の冷戦をこえて」, 栗原彬·小森陽一·佐藤学·吉見俊哉 編, op.cit., pp.164~165.

28 근년의 냉전사 연구에서는 냉전 시대의 실재성을 소여의 것이 아니라, 냉전의 역사적·사회적 구축성에 주목한다. 대표적인 연구가 마스다 하지메(増田肇)의 저작『사람들 속의 냉전 세계(人びとのなかの冷戦世界)』이다(주석 4). 이 책은 한국전쟁 시기 각지에서 동시에 발생한 사회숙청운동이 단순히 세계적 냉전의 국내적 귀결이 아니라, 각각의 사회에서 질서안정장치로서 기능함으로써 냉전이라는 상상 위의 '현실'을 만들어내, 그것을 계속 유지함으로써 공헌했다고 주장한다. 이러한 냉전의 역사적·사회적 구축성에서 볼 때 냉전을 로컬사(史)와 글로벌사(史)를 엮어내 '역사적 컨텍스트'로서 이해하고, 제국주의에 의한 식민지배도 '공시적 리듬'으로 파악하는 것도 가능하다. 그럼에도 공포·불안·적의·증오에 의해 '상상이 현실이 되었을 때', 거기에 세계 각지에서 일어난 냉전의 동시성·유사성이 있음은 틀림없다.

다. 거기서 '반일'이라는 키워드는 동아시아에서 사회운동의 한 축이 되어온 동시에, 일본에서는 우파운동의 은어로 전유되어 왔다고 지적한다.[29] 이는 일본이 탈제국화에 실패했음을 보여준다.

나아가 레오 칭은 같은 책에서 '반일주의'가 탈제국화와 탈식민지화의 실패로 초래되었음을 지적하고, 그것이 동아시아 국가들의 화해에 대한 만병통치약은 아닐지언정 "일본 젊은이들이 탈식민지 과정으로의 출발점으로 아시아와 마주하기 위해" 중요한 담론이 될 것이라고 적극적으로 의미를 부여한다.[30] 반미주의가 글로벌 자본주의에 대한 대항과 비평의 필요하고, 중요한 계기가 되는 것으로 통하는 정치적 효과를 '반일주의'에서 찾으려는 것이다.

사상사 연구자인 사카이 나오키酒井直樹는, 일본인들은 자신들이 믿어온 것에 대해 숙고하고 의문시하는 일이 전후의 탈식민지화에 의해 이루어졌을 터였지만, 그러한 반성은 끝내 이뤄지지 않았음을 지적한다.[31] 그것은 패전으로 인해 일본이 상실한 것이 '식민지'가 아니라 '제국'이었기 때문이다. 즉, 일본은 패전에 따른 제국의 해체로 전승국이 전후에 직면한 것과 같은 탈식민지화 과정에서 부담해야 할 대가를 치르지 않고 지나갔던 것이다. 그렇기 때문에 동아시아에 있어 헤게모니로서의 '제국의식'은 남아 있는 반면, 식민지배의 역사는 망각하는 사태가 발생한 것이다.

레오 칭은 이러한 비틀림이 일본의 전후 정치에 실패를 가져왔다고 보

---

29 レオ・チン, 倉橋耕平 監訳,『反日－東アジアにおける感情の政治』, 人文書院, 2021.

30   Ibid., p.232.

31   酒井直樹, op.cit., p.29.

고, 우파에 전유되며 언론에서도 무의식적으로 그 용법을 답습하는 '반일'
로 불리는 일방적 악의 이미지를 탈제국화의 잠재적 가능성 속에 재배치
한다. '반일'은 아시아인들이 식민지배에 대한 일본의 역사적 책임에 대해
'호소'하려는 시도이다. 이러한 "특정 담론의 사회적 주체로서의 우리 장
소로 불러들이려 시도하는 담론·실천"에 대해[32] 『반일』의 독자는 그것을
'기억과 화해'의 정치를 통해 '말을 건네받는' 것이다. 여기서 '반일주의'가
'친일주의'와 같은 레벨로 언급되고 있는 것에도 주목하고자 한다.

　이처럼 '반일'이 여러 '역사적 컨텍스트'와 '공시적 리듬'에 의해 명징
하게 드러날 때의 동태와 교착, 침투는 더 이상 개별적으로 포착할 수 없
게 되었다. 이 책의 각 장이 제시하는 것 역시 단지 한일관계나 타이완·
베트남에서 볼 수 있는 포스트콜로니얼의 문제가 아니다. 전후의 미군
점령과 통치, 패전 국민과 구 피지배자와의 '이별'과 '만남', 종전 직후의
타이완2·28사건이나 제주4·3사건, 반공주의에 뿌리를 둔 독재정권에
의한 '백색테러'와 광주항쟁, 베트남전쟁 시기 한국군에 의한 민간인학
살, 이러한 국가폭력에 대항하는 트랜스내셔널한 연대 등 일본종주국과 아
시아 각국식민지의 양자 관계로 담을 수 없는 일본제국의 판도로서 동아시
아를 관통하는 공간성과 '전전·전중戰前戰中'=제국과 전후戰後=제국 이후로 이
어지는 연속성이 거기에 있다.

32　スチュアート·ホール, 「誰がアイデンティティを必要とするのか?」, スチュアート·ホー
　ル／ポール·ドゥ·ゲイ編(宇波彰監訳), 『カルチュラル·アイデンティティの諸問題―誰
　がアイデンティティを必要とするのか?』, 大村書店, 2001, p.15.

역사적 시점의 포지셔널리티

'탈제국' 이론가인 천꽝싱은 미국이 동아시아에 내재하며 동아시아의 주체성을 구성하는 일부가 됨으로써, 미국의 신제국주의가 일본의 식민주의를 절단함과 동시에 계승까지 해버렸다고 지적하고, 냉전을 식민주의와 신제국주의를 중개하는 것으로 규정한다. 그렇기 때문에 "포스트 식민지의 규범을 더욱 비틂으로써 탈식민지화와 탈제국화의 시야에서 모든 것을 재검토하는 것", 나아가 이를 바탕으로 현대 동아시아의 다른 지역에 있어 주체성의 복잡성을 인식하고 국가주의를 기본으로 하는 틀을 넘어서는 것이 요구되는 것이다.[33]

이 책이 제시하는 사례 역시 '역사적 컨텍스트'에 의한 '포스트콜로니얼의 동아시아'를 한층 더 비틂으로써 '공시적 리듬'을 뚫고 나온 "포스트제국' 동아시아'라는 틀에서 접근할 수 있다.

이러한 접근은 "패전으로 일본이 상실한 것은 '식민지'가 아니라 '제국'이다"라는 앞선 명제에 의거한다. 제국주의와 식민주의의 차이에 대해 에드워드 사이드가 '제국주의'라는 것은 "원격의 영토를 지배하는 곳에 있어 종주국 중추의 실천과 논리"이고, '식민주의'라는 것은 "대부분 늘 제국주의의 귀결이며, 원격지에 거주 구역을 정착시키는 것"이라고 하는 공간적 구별을 단서로 삼으면 이해하기 쉽다.[34]

고마고메 다케시의 연구에서 알 수 있듯, 일본제국에 의한 식민지배의 뿌리에 혈족 내셔널리즘에 의한 이민족 배제의 체제가 있었다고 한다

---

33   陳光興, op.cit., p.48.
34   E・W・サイード, 大橋洋一訳, 『文化と帝国主義1』, みすず書房, 1998, p.40.

면, 식민지 제국에서 국민국가로 수축하는 과정에서 마루야마 마사오가 말하는 제국주의의 두 측면, 즉 '내셔널리즘의 발전'과 '내셔널리즘의 부정'이라는 양가적인 사태는 애초부터 분리될 수 있는 구조로 구성되어 있었다.[35] 애당초 이론상으로는 심연深淵에 의해 떨어져 있는 내셔널리즘과 제국주의가 결합한 것은 한나 아렌트가 지적했듯, 자본주의 경제의 팽창 시스템인 근대제국주의의 속성에 기인한다. "정치 수단으로서의 팽창은 과잉 자본의 소유자에게만이 아니라 국민 전체와 관련된 것이었"기 때문에 "제국주의 정책에 대한 진정한 민중적 저항이 전혀 없었다"라는 기묘한 현상이 벌어진 것이다. 즉 "과잉의 자본과 과잉의 노동력이라는 양자를 처음 연결·연계하여 고국을 떠나게 한" 것이 제국주의였던 것이다.[36]

이러한 '내셔널리즘적 형태를 취한 제국주의'는 팽창정책이 좌절된 이상, 그 상반되는 두 측면의 분리를 피할 수 없다. 어떻게 보면 그것은 제국주의에 의해 '타락'한 내셔널리즘을 '본연의 모습'으로 되돌린 것뿐이지만, 일본의 경우에는 국가가 팽창하는 공간적 재편성이었던 제국이 패전으로 인해 타율적인 형태로 돌연 해체의 길로 내몰렸다. 그 과정에서 일본은 마루야마가 말하는 제국주의의 두 측면 중 후자의 '내셔널리즘의 부정'을 떼어냈다. 다만, 제국과 국민국가를 교환함에 있어 포기한 것은 '종주국'이라는 장소에서 팽창하는 공간의 지배이지, 그 귀결로서의 식민지배는 아니었다. 식민지는 유기되었던 것이다.

전후 일본에서 탈식민지화를 위한 반성이 없었던 것은 '식민지'를 유

---

35 駒込武,『植民地帝国日本の文化統合』, 岩波書店, 1996.
36 ハンナ·アーレント, op.cit., pp.42~57.

기한 것을 위장하려 했기 때문인데, '내지연장주의'이냐 '식민주의'^{이법역} (異法域)냐로 흔들리는 제국 지배의 공간 편성이 내포하는 "형해화形骸化가 약속된 이념"에도 기인했다고 할 수 있다.[37] 따라서 식민지 제국으로서의 '종주국' 자리에서 동아시아에 대해 다시 물음을 던지는 것이 '포스트제국'의 방법적 시좌를 구성한다. 노골적인 식민주의는 대체로 종언을 고했지만, 제국주의는 특정의 정치적·이데올로기적·경제적 영역과 사회 관습의 실천적 영역뿐만 아니라 문화 일반과 관련된 영역에도 사라지지 않고 머물러 있다는 사이드의 테제는 너무나 유명하다.[38]

포스트콜로니얼 연구가 유럽중심주의적 세계사 서술과 대치해 왔다는 점을 감안하면 '포스트제국'이라는 얼터너티브는 동아시아 지역의 포치布置 관계를 강조하는 문화적 특수성으로도 보인다. 더구나 '제국'은 종교와 문명 등을 포함한 기존의 공간적 단위를 깨기는커녕 '제국주의적 향수'를 불러일으키며 내셔널한 서사에 수렴될 우려도 있다. 그러나 한편 이러한 공간적 단위는 본래 트랜스리저널한 렌즈를 통해 접근되어왔다.[39]

독일의 역사가 제바스티앙 콘라드Sebastian Conrad가 역사서술에 있어 유럽중심주의의 시정을 위해 제시한 역사적 관점의 포지셔널리티는 결코 문화나 담론만의 산물이 아니다. "지금 '문화'로 불리며 칭양稱揚되고 있는 것 자체가 제국주의나 자본주의적 통합, 냉전과 같은 강력한 힘의 작용을 받아왔다. 이러한 전통을 회복하려는 어떠한 시도도 말하는 바의

---

37   駒込武, op.cit., 1996, p.367.
38   E·W·サイード, op.cit., p.41.
39   ゼバスティアン·コンラート, op.cit., p.116.

오점 없는 문화적 본질에서가 아니라 낡은 형태의 지역적 귀속과 '문명'이 재가공된, 그 과정을 재구축하는 데서부터 시작해야 한다."[40] '포스트제국'은 바로 동아시아의 역사적 관점이라는 포지셔널리티를 가리키며 '문제 발견을 위한 장치'이다.

이 같은 포지셔널리티는 모리사키 가즈에가 "도대체 다른 자본주의 국가들의 식민지 대책이 식민자 / 피식민자의 정신에 미치고 있는 상처는 어떤 상태일까"라는 물음을 던지며 "나는 조선인에 대한 문제를 인종차별이라는 문제 일반으로 해소시켜 사상의 뿌리를 얕게 만드는 것을 염려한다"라고 한 것과 일맥상통한다.[41] 모리사키의 고민이 한일 간의 문화적 특수성을 보여주는 것이 아니라 '다른 생활원리를 가진 집단에 대한 주체적 접촉의 시도'라는 점은 그의 '민중 차원에서의 독자적 만남의 사상'을 통해서도 엿볼 수 있다.

오키나와에 대해 생각할 때 내 마음에 가장 걸리는 것은 특정 지역에 대한 지배의 특수성이 아니라, 그러한 특수성을 안고 있는 지배 / 피지배의 영향하에 있기는 하겠지만, 오키나와 및 본토의 민중은 민중 차원에서의 독자적 만남의 사상을 확립한 것인가라는 점이다. 그리고 이는 오키나와에 대해서만 국한되지 않고, 민중 사이의 만남이라는 본연의 모습을, 즉 민중은 생활공동체의 내정內政이 아니라 외정外政을 스스로 파악하고 창조하려고 해왔는가라는, 이질 집단과의 접촉이라는 사상과 관련된

---

40   Ibid., p.181.
41   森崎和江, op.cit., 1970, p.196.

측면이 마음에 걸리는 것이다.[42]

에드워드 사이드가 『문화와 제국주의』에서 베르디의 오페라 〈아이다〉를 "제국주의적 스펙터클"로 규정한 것은 거기에 유럽에서 멀리 떨어진 이집트라는 공간적 격차가 투영되어 있었기 때문이다. 제국주의를 강화하는 앎과 권력의 원근법에 의해 〈아이다〉에 있어 서양의 무대와 이집트적 성격이 "카이로라는 식민지 도시의 원주민을 제국화된 지구에서 분단되는 상상의 벽"으로 차단될 수 있는 것이다.[43] 사이드는 제국의 중심과 주변의 문화적 균열이 현재화顯在化하는 것을 보여주는 '분리의 미학'을 밝혀냈지만, 중요한 것은 그것을 대신하는 옛 제국과 식민지의 새로운 관계를 어떻게 구상하느냐에 있다. 모리사키 가즈에가 말하는 '포스트제국'에 있어서의 민중의 독자적 '만남'은 '분리의 미학'을 반전시켜, 직접 '서로의 본질을 소통한다'라는 '접촉의 미학'을 체현하는 것이다.[44]

2. '포스트제국'의 계보
─ 식민주의와 신제국주의를 중개하는 냉전

탈식민지화 · 탈냉전화 · 탈제국화

"현대 동아시아의 각기 다른 지역에 있어 주체성의 복잡함을 인식하고 국가주의를 기본으로 하는 틀을 넘어서는 것"이라는 과제를 둘러싸

---

42 森崎和江, 『異族の原基』, 大和書房, 1971, p.154.
43 E·W·サイード, op.cit., p.242.

고, 천쾅싱은 "탈식민지화, 탈냉전화, 탈제국화는 동일한 역사의 과정 중에 얽히고설킨 것"이라는 이론을 펼친다. 거기서 "냉전이 식민주의와 신제국주의를 중개한다"라고 한다면 지금까지의 탈식민지화가 내포하고 있던 문제와 가능성에 대해 구식민지에 있어 피해자 의식의 억압과 반공주의의 굴레로부터 자유롭게 재검토할 수 있는 위치에 서는 것이 탈제국화를 향한 조건이 된다. 그것이 바로 탈냉전화이다.

식민지배를 받은 나라에서는 냉전이 해체되는 1990년대에 "냉전이라는 얼음으로 가득 채워져 있던 일본의 전쟁책임 문제가 해빙과 동시에 아무것도 해결되지 않은 채 그 상흔을 드러내며 나타나"게 된다.[45] 그런데 거기에 나타난 것은 일본의 전쟁책임 문제만이 아니었다. 그 냉전의 얼음판 아래 펼쳐진 국가폭력의 문제 역시 날것의 형태로 드러난 것이다. 냉전은 그저 끝난 것이 아니라, 이러한 문제들을 해결해야 하는 탈냉전화가 이제 막 시작되려 하고 있었다.

냉전이 식민주의와 신제국주의를 중개함을 가장 명료하게 보여준 것은 제국으로부터 제국 이후로 연동되는 폭력이 연쇄적으로 분출한 점이다. 이러한 전후의 아시아에서 냉전과 그에 따른 국가폭력에 대한 성찰은 1990년대에 탈냉전화가 시작되었고, 동아시아의 국가와 지역이 직접 소통함으로써 궤도에 오르기 시작했다. 동서냉전의 붕괴로 인한 미국의 글로벌 헤게모니 확립은 민주화와 경제성장을 이루며 역설적으로 시민

---

44   森崎和江, op.cit., 1971, p.101.

45   林博史, 「戦後50年をどうとらえるか―戦争責任の視点から」, 『教育』 45(3), 教育 / 教育科学研究会, 1995, pp.92~100.

사회가 성장하는 동아시아 각국이 미국을 경유하지 않고 등신대로 마주하는 것을 가능케 했다.

한국의 군사정권에 의해 국가폭력을 당한 서승이 기획하는 국제심포지엄 '동아시아의 냉전과 국가테러리즘'이 1997년 타이베이台北에서 개최되었다. 이후, 이 심포지엄은 '동아시아의 인권과 평화'로 명칭을 바꿔 제6회까지 개최된다. 1998년에는 제주4·3사건 50주년을 기해 제주도에서 2회째가 개최되었고, 그 후 오키나와·광주·교토京都·여수로 이어졌다. 교토리쓰메이칸(立命館)대학 외에는 모두 동아시아에 있어 국가폭력의 시대를 극복하고 화해를 이루는 과제와 마주해온 지역이다.[46] 세기의 전환기, 재빨리 동아시아에 있어 전후의 제국적 지배의 지속과 포스트콜로니얼 상황 속에서 발생하는 국가폭력에 주목한 '동아시아의 냉전과 국가테러리즘'은 '포스트제국' 논의의 착화점이라 할 수 있다.

이 시기에 비로소 타이완의 2·28사건과 '백색테러', 제주4·3사건의 진상규명 및 명예회복이 타이완과 한국의 민주화 도래와 더불어 움직이기 시작하고 있었다. 일련의 국제심포지엄은 동아시아에 있어 국가폭력의 전체상을 그려내고자 했으며, 국가폭력에 대한 국제적 네트워크를 구축하는 선구적 역할을 다했지만, 이러한 트랜스내셔널한 연대를 구동하는 '동아시아'의 재개념화를 통해 상호인식의 틀을 구축하는 것은 아니었다. 그 역사 인식과 운동의 방법론 역시 제국주의 헤게모니와 민중 투쟁의 대항관계로 파악함으로써 형성되는 것이었다. 그리하여 이 심포지

---

46 7년에 걸친 국제심포지엄 활동의 기록은 『東アジアの冷戦と国家テロリズム—米日中心の地域秩序の廃絶をめざして』, 徐勝 編, 御茶の水書房, 2004에 수록되어 있다.

엄은 미일 중심의 패권주의적인 지역 질서를 민중 중심으로 전환하여 냉전에 해체의 압력을 가하려고 한다. 그것은 민중의 생활사를 동아시아의 동시대적인 관련에서 파악하고, 그 냉전체제 속에서 발생한 희생을 파헤쳐 역사 속에 올바르게 자리매김하는 데서부터 시작된다.[47] 국제심포지엄 '동아시아의 냉전과 국가테러리즘'은 동아시아의 '공시적 리듬'에 주목했던 것이다.

한편, 때를 같이하여 포스트콜로니얼리즘의 발상에서 동아시아의 탈냉전화를 촉구하는 움직임이 대두된다. 『현대사상現代思想』의 특집기획 '탈냉전과 동아시아'2000년 6월호와 '전후 아시아와 미국의 존재'2001년 7월 임시증간호가 대표적이라 할 수 있다. 그러나 이러한 논의에서는 미국의 제국주의 헤게모니 하에 있는 '동아시아 속 일본'을 대상화해 전후 일본의 국가나 국민의 본연적 자세를 비판적으로 포착하면서도 '일본 속의 동아시아'라는 문제에 대한 관심은 희박했다.

예를 들어 후자의 기획은 국제공동연구프로젝트 '총력전 체제 후의 사회와 포스트콜로니얼의 문화'가 2001년 1월에 개최한 회의 '전후 동아시아와 미국의 존재―"포스트콜로니얼 상황"을 동아시아에서 생각한다'의 기록인데, 토론자로 참여한 사상사 연구자 윤건차가 지적했듯, 일본 혹은 일본인에게 동아시아는 어떤 의미를 갖는가라는 문제가 애매하게 남겨진 채로 회의는 끝났다. 포스트콜로니얼 연구가 "문화론적 설명에 특권을 부여한다"라는 비판도 받았다.[48]

---

47   Ibid., p.4.
48   尹健次, 「脱近代 = 脱植民地主義の問題設定」, 『現代思想』 2001年7月臨時增刊号, 靑土社,

따라서, 이 절에서는 동아시아의 주체성을 안쪽에서 확립하려고 하는 동아시아론에 주목하고자 한다. 위에서 언급한 『현대사상』의 전자쪽 기획의 흐름을 잇는 동아시아에 있어 "서로 관련되지 않거나 모순되는 사상 과제를, 역사의 문맥 속에서 그 관련 가능성을 추구"하는 포스트 '동아시아'의 논의이다.[49] 여기에서 가해-피해는 이항대립적이 아니라 중층적 연쇄 구조로 간주된다. 왜냐하면 '식민지'는 식민지를 포함하는 구조와 함께 소멸되는 것이어야 하기 때문이다.[50] "동아시아 안에서의 다양한 독자적 역사를 논하면서 그 독자성을 열린 것으로" 만들고자 하는 '동아시아'의 카테고리[51]는 '역사적 컨텍스트'를 중시했다.

포스트 '동아시아'의 시점에서 보자면, 한국혹은 조선이 '식민지'에서 일본에 내재함으로써, 즉 일본의 식민지임을 승인하는 역설을 통해 일본을 대면할 때 비로소 일본제국의 유제를 해체할 가능성과 만날 수 있는 것이다.[52] 이는 식민주의를 철저히 거절·추궁하는 '동아시아의 냉전과 국가 테러리즘'하고는 반드시 공명하는 것이 아니었다. 양자 모두 "윤리적 정당성은 항상 약자-패배자-노예로부터 생성된다"라는 것에 변함은 없지만, 포스트 '동아시아'에서는 '가해'와 '피해'의 경험에 대한 기억에 사로잡히지 않는 전제 위에 섬으로써 가해-피해의 대립 구도가 와해될 수 있는 것이다.[53]

---

49 孫歌·白永瑞·陳光興編,『ポスト〈東アジア〉』,作品社, 2006, p.4.
50 柳浚弼,「〈東アジア〉を問うということ―竹内好を通した註釈」, Ibid., p.158.
51 Ibid., p.4.
52 Ibid., p.158.

이처럼 가해-피해의 도식에 대한 인식의 골이 동아시아의 국가폭력에 대항하는 '실천과제'와 미국에 의해 정의된 동아시아의 재개념화를 도모하는 '사상과제' 사이에 존재했을 터이다. 무엇보다 국제관계의 관점에서 보면, 거기에는 중국의 존재를 어떻게 자리매김할 것인가라는 문제가 가로놓여 있다. 여기서도 미국의 군사적 존재에 대한 종언을 전제로 한다는 데에는 일치하지만, 그 방향성은 새로운 지역 질서를 구상하는 출발점을 동아시아의 문명권으로 할 것인지, 아니면 제국주의 헤게모니로서의 패권으로 할 것인지의 차이에서 분기된 것이기도 하다. 애당초 동아시아의 동시대적인 관련에서 파악하는 '실천과제'와 역사의 문맥 속에서의 관련 가능성을 찾는 '사상과제'는 벡터가 달랐던 것이다.

'실천과제'와 '사상과제'를 가교架橋하다

그럼에도 신자유주의가 세계를 석권하는 미국의 글로벌 헤게모니와, 그것에 도전하면서 대두하는 중국과의 패권 다툼을 앞에 두고 '실천과제'와 '사상과제'는 접근하지 않을 수 없다. 포스트 '동아시아'의 논자 중 한 명인 천쾅싱이 논의를 발전시켜 제창한 '탈제국'은 바로 미국의 신제국주의에 보호받는 서브제국주의의 일본, 오키나와, 타이완, 한국이 '내부의 미국'을 되묻고 그 주체성을 회복하기 위한, 글로벌 신자유주의에 맞서는 운동의 개념이다.[54] 거기에 '제국주의 헤게모니에 대한 민중 투쟁'을 트랜스내셔널한 연대의 다이나미즘으로 삼는 전략적 방법이 포함

---

53 Ibid., p.161.
54 陳光興, op.cit., p.27.

되어 있다고 한다면, 동아시아 냉전의 해체로 문제의식을 정한 '실천과제'의 선구적인 특성은 오늘날 시사하는 바가 크다.

또 다른 논자로 중국사 연구자인 백영서를 들 수 있다. 백영서 역시 동아시아의 담론과 연대 운동을 되돌아보고 대안적 학술 이념과 제도를 모색하며 '핵심현장'에서 아시아 공생사회의 길을 찾기 위해 '실천과제로서의 동아시아'를 키워드로 하여 논의를 발전시켰다. 이를 통해 종래의 포스트 '동아시아'론에 있어 '사상과제'와의 접합을 도모한 것이다. 여기서 '핵심현장'이란 중화제국-일본제국-미제국으로 이어지는 중심축 이동에 의해 서열화된, 동아시아 질서의 역사적 모순이 응축된 지역이다. 구체적으로는 오키나와와 타이완, 분단된 한반도 등 식민지와 냉전이 중첩되는 영향 아래 공간적으로 크게 분열되고 갈등이 응축된 장소를 가리킨다.[55]

이처럼 현실에서 촉발된 문제의식을 가지고 역사적·사상적 과제를 읽어내려는 시도는 포스트콜로니얼 연구의 한계를 의식하며 구미 이론에서 벗어나 식민지 체제와 아직 끝나지 않은 냉전체제의 연속성에서 동아시아의 과제에 접근하는 최근 한국의 조류에서도 찾아볼 수 있다.

한림대학교 일본학연구소는 인문한국플러스HK+지원사업으로 2017년부터 2024년까지 동아시아의 소통과 이해, 연대와 협력의 통합적 전망 제시를 목표로 하는 아젠다 '포스트제국의 문화권력과 동아시아'를 수행하고 있다. 이 사업에서는 일본제국의 패전으로 '탈제국'의 시대가

---

55   白永瑞, 趙慶喜監 訳, 『共生への道と核心現場－実践課題としての東アジア』, 法政大学出版局, 2016, p.28.

열렸을 터임에도 불구하고, 탈제국-탈식민지의 과제가 냉전 구조에 의해 억압·은폐되었다고 지적한다. 그리고 오늘날 은폐된 제국의 기억과 욕망이 부활하는데, 동아시아라는 심상지리의 흔적이 다양한 앎의 형태와 문화적 경험, 일상의 규율 속에서 위장되고 변용하며 재생산되고 있는 지점에 문제의 소재를 둔다. 그 주안점을 '문화권력'에 두면서 제국과 포스트제국의 연속과 단절에 주목하며, 새로운 인식을 만들어내는 실천의 필요성을 제창하는 것이다. 그리고 이를 위해 동아시아의 독자적 역사와 문화의 실태가 서구 중심의 포스트콜로니얼리즘 개념으로 회귀·귀속시키지 않고 그러한 틀에 대한 균열의 야기를 시도한다.[56]

2018년 한국에서 설립된 학술단체 식민과냉전연구회도 식민주의와 냉전의 상관관계를 '냉전식민주의'라 명명하고, 제국의 폭력뿐만 아니라 일국 내의 국가폭력도 반대하며 유린당한 인권과 왜곡된 일상을 회복하기 위해 연구와 활동을 추진하고 있다. 식민지와 냉전에 대한 본질적인 연구 활동을 지향하는 이 연구회는 전후에도 제국의 지배는 계속되고 있으며, 냉전은 제국 간의 냉전에 불과하다 보고, 그 이해관계가 침투한 비서방 지역에서는 지금도 여전히 열전이 벌어지고 있음을 직시한다. 그 대부분의 지역에서 냉전 및 제국의 동맹을 구실로 독재와 국가폭력이 정당화된 것에 초점을 맞추는 것이다. 그리하여 서구 중심의 학문을 극복하고 부당하게 분리된 모든 종류의 경계를 넘어 본질적인 포스트콜로니얼 연대의 출범을 선언한다.[57]

---

56   한림대 일본학연구소 편, 『문화권력-제국과 포스트제국의 연속과 비연속』, 小花, 2019, 5~7면.

이같이 냉전하에서 발생한 국가폭력에 관심이 쏠리는 동향에 비추어 볼 때 '냉전은 식민주의와 신제국주의를 중개한다'라는 '탈제국' 입론立論은 포스트콜로니얼 연구의 한계를 넘어 동아시아에서 새로운 지역상을 구상하는 조건으로서 지금 서서히 수용되고 있다 할 수 있을 것이다. 앞서 언급한 『반일』의 저자 레오 칭 역시 탈식민지화는 냉전 구조 속에서 실패했다고 하는 천꽝싱의 문제 제기에 응답하며, 아시아를 재고하고 다시 연계하기 위해 탈식민지화, 탈제국화, 탈냉전화라는 세 개의 축을 방법으로써 제안한다.[58]

일본에서는 인류학자 누마자키 이치로沼崎一郎가 '탈제국'의 시점을 모색하고 있다. 누마자키는 포스트콜로니얼리즘의 상대개념으로 포스트임페리얼리즘, 즉 '탈제국'을 사용한다. 앞서 서술한 바와 같이 포스트콜로니얼리즘 운동을 주로 이끌었던 것이 구식민지 출신 지식인이었던 데반해, 누마자키는 구제국 출신 인류학자인 자신의 포지셔널리티에 끊임없이 질문을 던져왔다. 그리고 자신의 포지셔널리티가 구식민지 측이 아니라 구제국 측에 있다고 하며, 일본의 포스트임페리얼한 과거와 상황을 다시 찾아 상기하고 심문한다. 누마자키는 임페리얼한 과거를 '나쁜 과거'로 단죄함으로써 현대에서 잘라내고, '전후' 일본으로 이어지는 것으로 간주하지 않았던 점에 대해 창끝을 돌리며 포스트임페리얼 비평을 전개한다.[59]

57　「植民と冷戦研究会」ホームページの学会紹介を参照. https://accskr.wordpress.com.

58　レオ・チン, op.cit., 2021, p.36.

59　沼崎一郎, 「台湾における日本語の日本文化 / 日本人論」, 桑山敬己編, 『日本はどのように語られたか』, op.cit.; 沼崎一郎, 『人類学者, 台湾映画を観る―魏徳聖三部作『海角七号』・『セデ

천쾅싱이 말하는 '탈제국'은 반드시 이 책의 '포스트제국'과 일치하는 것은 아니다. 이 책 역시 미국의 제국주의 헤게모니를 은폐한 냉전 구조를 전제로 하지만, 그 패권에 도전하며 탈식민지와 탈제국주의운동을 전개하는 것과 같은, 글로벌 자본주의에 대치하는 '탈脫'의 논의를 전개하고 있는 것은 아니기 때문이다. 여기서는 과거 제국의 영광과 욕망이 계속되는 '이후post'의 담론·표상·기억을 아젠다로 삼는다. 그러나 "구식민자와 피식민자가 함께 식민지 제국주의의 역사가 남긴 상처를 마주함"으로써 글로벌한 연대를 형성할 수 있다는 '탈제국'의 착안[60]은 '포스트제국'의 개념에 있어서도 핵심적인 요소를 제공한다.

3. '포스트제국'의 연대 조건 _ 트랜스내셔널한 친밀성과 공공성

서로의 본질을 소통한다

이 책이 1990년대 이후의 동아시아론에 있어 '실천과제'와 '사상과제'를, 혹은 그 역사공간의 '역사적 컨텍스트'와 '공시적 리듬'을 가교한다면, 그것은 동아시아가 각각의 트라우마에 대한 공감에 기초한 국가폭력으로의 월경하는 저항을, 제국과 제국 이후의 연속성에서 포착함으로써 그러한 담론에 접근함에 있어서일 것이다. 즉, '실천과제'가 전제로 하는 '제국주의 헤게모니와 민중투쟁의 대항관계'의 트랜스내셔널한 연대

ック・パレ』『KANO』の考察』, 風響社ブックレット, 2019.

60   陳光興, op.cit., p.36.

의 다이나미즘을, '사상과제'가 투사하는 '전 식민자와 전 피식민자 사이에 가로놓인 친밀성'으로 유용함으로써 이끌어낼 수 있는 실천적 의미를 제시하는 것이다.[61]

이 실천적 의미의 핵심이 되는 '포스트제국'의 연대 조건은 가해-피해의 대립 구도를 어떻게 초월하는가라는 점이다. 거기서 관건이 되는 것이 식민자와 피식민자의 관계를 직접적으로 '서로의 본질을 소통'함으로써 전화轉化하는 '친밀성'의 잠세력潛勢力이다. 반대로 '친밀성'은 민중의 독자적인 '만남'에서 발생하지 않는다면, 제국주의를 강화하는 것으로 이어지는 것이다.

2013년에 문학연구자 박유하는『제국의 위안부-식민지배와 기억의 투쟁』을 출판하여 물의를 빚었다.본서 제4장[62] 한국에서 재판까지 가게 된 것은 이 책이 '식민자와 피식민자의 밀접한 관계'를 보여주기 위해 제시한 '제국의 위안부'와 '제국군인'의 '동지적 관계'는 '제국'을 매개로 하는 것이지, 직접적으로 '서로의 본질을 소통'하는 것에 기초한 것은 아니었기 때문이라고 할 수 있다. 이 책에서 박유하는 '가라유키상'을 '제국의 위안부'의 전사前史로 규정하고, '위안부' 역시 제국의 확대에 따른 우발적인 사건인 것처럼 호도한다. 그러나 '서민의 생존과 국가의 의도라는 숙적과도 같은 관계'를 간파한 모리사키의 사상에 비추어 보면 제국의 지배 권력에 의해 세밀화된 피해자적 만남은 극복되어야 한다.[63]

61　レオ・チン, op.cit., 2021, p.206.
62　朴裕河,『帝国の慰安婦-植民地支配と記憶の闘い』, 朝日新聞出版, 2014.
63　玄武岩,『「反日」と「嫌韓」の同時代史-ナショナリズムの境界を越えて』, 勉誠出版, 2016, p.403.

『제국의 위안부』를 둘러싼 재판 사태는, 박유하는 모리사키 가즈에를 오독했고, 한국 사람들은 모리사키 가즈에를 읽지 못해 일어난 일이라고도 할 수 있다. 그러한 의미에서 '서로의 본질을 소통'하는 것이 '포스트제국'에 있어 '친밀성'의 핵심이 된다. 모리사키 가즈에의 연대 사상은 '포스트콜로니얼'이라기보다는 '포스트제국'에 근접해 있었다.

'친밀성'에 대해 설명하기 전에 또 하나 '포스트제국'의 연대 조건이 되는 트랜스내셔널한 공공성의 현재 상황에 대해 진단한다. 최근 한일관계 악화의 원인이 그럭저럭 정부 간 교섭이나 시민사회의 노력을 통해 진행되어온 '전후보상'의 좌절에 있다고 여겨지기 때문이다.

방법으로서의 제국신민

탈식민지의 근대화가 식민주의와 반공주의를 본질로 한다면, '포스트제국'의 연대는 그 '식민지 근대'와 '개발독재 근대'하에 횡행한 국가폭력을 넘어서는 것이어야 한다. 한국이 식민지와 군사독재 시대의 국가폭력을 극복하기 위해 추진해온 '과거청산'은 일본을 타깃으로 한 '반일내셔널리즘' 혹은 국가권력에 대한 단순한 정치적 반응이 아니다. 그것은 가해와 피해를 막론하고 한국 국민 스스로가 관여한 민중에의 권력형 폭력에 대한 총체적인 재검토인 것이다.

그런데 일본에서는 '과거사 재탕'으로 여기며 그것을 '반일'의 문맥에서밖에 보지 않는다. 한편, 한국에서도 전전戰前은 독립운동가를, 전후戰後는 민주화 운동가를 투옥한 구 서대문형무소가 현재는 서대문형무소역사관으로서 '항일'을 주요 전시로 삼고 있는 것에서 보듯 포스트콜로니얼의 문제로서 전전과 전후를 분리하고 있다. 민중의 입장에서는 식민지 배나 군사독재 모두 극복해야 할 과거지만, 국민국가 체제 안에서 그 문제들은 분단된 채 개별적 영역으로 여겨져왔다. 그러나 지금까지 살펴본 바와 같이 제국과 제국 이후의 연속과 단절을 의식하는 것이 '포스트제국'의 연대를 향한 첫걸음이다.

일본에서는 일본국헌법이 일본 사회를 크게 변혁시켰지만, 제국과 제국 이후는 '국체의 호지護持'라는 면에서 연속성을 지닌다. '패전과 점령의 기간이라는 정화 장치'에 의해 식민지를 망각한 것은 단절이 아니라 오히려 그것을 이어지게 하기 위한 무의식의 선택이었다. 쇼와昭和 천황의 면죄는 동시에 메이지明治헌법의 법체계하에서 일본이라는 국가를 위해 일한 모든 신민이 결국 법적 책임으로부터 면제되는 것을 의미했다.[64] 그렇다고 해서 '모든 신민'이 전쟁피해에 대한 구제 면에서 동등하게 취급된 것은 아니며, 제국 상실 후 일본에서 여러 국적으로 분리되었다. 전전과 전후는 국민 공동체에 대한 차이를 둔 정의 위에 성립한 것은 분명하다.

일본은 전후보상 문제에 있어 과거의 '제국신민'을 일본 국적 유무로 구별하고 있는 듯하며, 그것은 제국과 제국 이후의 단절을 떠올리게 한다. 그러나 본래 전쟁피해에 대한 보상과 수인受忍의 구분은 '국가와의 특별한 관계'에 있는지 여부에 따라 결정되며, 거기에서는 이른바 '전쟁피해수인론'이라는 국가주의 논리가 근거가 된다. 총동원체제를 추진한 법령이 오늘날의 관점에서 보더라도 합법적임은 물론이다.

---

64   酒井直樹, op.cit., p.25.

그것은 필연적으로 '식민지배는 불법'으로 간주하는 한국 측 주장과 부합하지 않는다. 지금까지 정치론으로서 통용되어온 이 논리는 2012년 한국 대법원의 판결로 사법의 영역에서도 준용되었다. 그리하여 강제동원 피해자의 존엄성 회복이 내셔널한 틀로 회수됨으로써 한일을 갈라놓는 '정의의 분단'으로 귀착되었다. 1990년대 이후 일본제국의 전시동원에 있어 피해 실태와 가해 책임이 시민 차원에서 교차하는 지점에 형성된 전후보상 문제가 결국 정부 간의 정치적 해결에 의거할 수밖에 없게 된 것은 일본의 전후책임을 묻는 동아시아의 트랜스내셔널한 공공성이 위기에 빠졌음을 의미한다.

다만, 한국의 사법부는 처음부터 식민지배를 '불법'이라고 한 것이 아니라, 이전까지는 일본의 판례를 답습해왔다. 그런데 최근의 이 막판 전환은 한국의 전시동원 피해자들이 일본의 시민단체와 연대하여 일본에서 제기한 전후보상 재판이 모조리 패소하는 가운데 피해자들을 구제하기 위해 한국 헌법에 비추어 대한민국임시정부의 법통으로 거슬러 올라간 결과라 할 수 있다. '식민지'가 '식민지를 포함하는 구조와 함께 소멸하는 것'이라고 한다면, 식민지배가 '합법'이었다고 하는 도마 위에 올려놓을 수밖에 없지만, 이같은 어긋남으로 인해 일본과 한국 사법기관의 법 해석이 정면으로 대립하게 된다.

이것은 한국의 사법판단이 여론에 좌우되기 쉽다는 단순한 문제가 아니다. 이러한 한국의 '사법적극주의'에 대해 일본에서는 '골대를 움직인다'라는 식의 '반일' 담론 프레임으로 일축한다. 그러나 현재의 인권 수준에서 한 번 확정된 사법판단의 한계를 시정하는 일은 민주화의 성과로서 한국 사회가 쟁취해온 '과거청산'의 형태이다.

한국에서는 박정희 유신독재하에 발령된 대통령긴급조치에 위헌·무효 판결이 내려지자, 긴급조치 위반으로 유죄판결을 받은 피해자들이 재심을 청구하여 대부분 무죄판결을 얻어내고 있다. 조작이나 고문으로 인해 '빨갱이'로 날조된 사람들의 재심청구 사안은 이승만 정권하에서의 사건이나 미군정기에 발생한 제주4·3사건까지 거슬러 올라간다. 재심 무죄에는 보상이 따르지만, 이러한 독재정권의 국가폭력에 대한 '과거청산' 형태를 역사문제 해결을 위한 프로토콜로써 일본에 요구하는 것이다.

또, 한국에서 사법부 이상으로 여론이나 학계에서 잘못 파악하고 있는 것은 일본에서의 전후보상 재판이 원고의 패소로 끝난 것의 본질적 요인이 '한일청구권협정'에 있다고 인식하고 뜻밖에도 일본 측의 논리를 그대로 받아들이고 있다는 점이다. 상세한 것은 이 책의 제3장에서 논하겠지만, 일본의 법원이 원고의 소를 기각하는 논거로 삼은 것은 오히려 '전쟁피해수인론'이었다. '전쟁피해수인론'은 일본과 한국의 국적에 관계없이 과거의 '제국신민'에 동일하게 적용된다. 즉, 전후보상운동에 있어 '한일청구권협정'보다 '전쟁피해수인론'이 가장 큰 장벽인 것이다. 그리고 이 '전쟁피해수인론'을 가지고 제국과 제국 이후는 이어지고 있다.

한국과 일본의 전쟁피해자들이 합심하여 '전쟁피해수인론'에 맞서 투쟁하는 데 연대의 의의가 있다고 한다면, 식민주의의 해체는 물론이거니와 일본의 '제국의식' 및 한국의 '피해자 우월의식'을 극복할 필요가 있다. 이때 필요한 전략이 '방법으로서의 제국신민'이다.

한일기본조약1965에 있는 '한일병합조약은 이미 무효'라는 조문은 한일 양국에서 각기 편리하게 해석할 수 있다. 이러한 미봉책으로 말미암아 수면 아래 잠들어 있던 일본제국의 조선 식민지배의 합법성을 둘러싼 문제가 2012년 한국 대법원 판결에 의해 다시 정치문제로 부상하자, 그것은 한일 양국에서 내셔널 히스토리를 구성하는 역사 인식을 둘러싼 메우기 어려운 깊은 골로 존재하고 있었음이 명백해진 것이다. 민주당 정권 때 간 나오토菅直人 총리가 '한일병합조약은 우격다짐으로 이뤄진 것이었지만 통치 자체는 합법'이라는 판단을 표명했듯, 일본 정부가 그 선을 넘는 것은 우선 생각할 수 없다. 한국 역시 헌법 전문에 내걸고 있는 '식민지배의 불법성'을 부인할 수는 없다.

그러나 식민지배 전체를 '불법'으로 간주한다면, 군국주의 세력에 의한 인권의 억압과 위법적인 국가폭력이 모두 식민지배의 불법성에 의해 가려진다. 그보다 더 이상 지울 수 없는 지배의 역사를 짊어지고, 그 과정에서 벌어진 국가폭력을 철저하게 추궁하는 것이 '정의의 분단'을 극복하기 위한 보다 실효성 있는 방법이 되지 않을까 생각한다. 즉 '제국신민'의 위치를 받아들이면, 한국의 '과거청산' 방법에 준거함으로써 조선 민족이 입은 억압뿐만 아니라 일본인의 인권 억압 역시 국가폭력에 의한 범죄로 재단을 할 수 있는 길을 열 수 있는 것이다. 극동국제군사재판도쿄재판 등 일본 국내외의 연합국 전쟁범죄 법정의 재판을 '승자의 심판'이라는 주장이 있는 이면에, 일본은 여전히 자기 손으로 군국주의 시대의 '과거청산'을 하지 않고 있다.[65] 전후 일본의 내셔널 아이덴티티가 근대주

---

65 일례로서 치안유지법에 의한 전시하 최대의 언론탄압사건인 '요코하마(横浜) 사건' 재심이 인정되었지만, 무죄가 아니라 면소(免訴) 판결이었다. 이에 피고인 유족이 청구한

의·국민주의로서 일본제국과 '연속'된다는 점에서 볼 때 이것이 추궁당할 일도 없다.

이처럼 '정의의 분단'을 넘어 '과거의 극복'을 위한 정치적 공간이 되는 공공영역을 재생하는 것이 '방법으로서의 제국신민'이라는 개념이 의도하는 바이며, 식민주의를 '식민지를 포함하는 구조와 함께 소멸하는 것'으로 하는 것의 실천 형태이다. 이러한 전략을 가지고 한국의 전쟁피해자들은 일본의 지원단체와 연대는 물론이거니와 일본에서 버림받은 전쟁피해자들과도 함께 투쟁함으로써 '전쟁피해수인론'을 타파할 길을 만들어낼 수 있는 것이다.

그것은 '식민지배의 불법성'이라는 정치적 규범을 폐기하지 않고 "구체적인 타자에 대한 삶의 배려 / 관심을 매개로 하는 어느 정도 지속적인 관계"로서 그 정치적 역할이 주목되는 '친밀권" 개념을 도입함으로써[66] 전후보상운동에 활용될 수 있을 것이다. 그러나 한국에서는 여전히 '친밀성'에 근거하여 일본의 전쟁피해자에게 '호소'할 수 없는 상태이다. 예를 들어, '피해자 우월의식'의 일종인 히로시마広島·나가사키長崎에의 원폭 투하는 조선의 식민지배로부터의 해방을 위해 어쩔 수 없었다고 하는 '원폭 해방론'에서도 한국은 벗어나지 못했다.

형사보상에 대해서는 사실상 '무죄'로 판단하여 지불이 결정되었지만, 별도의 국가배상청구소송에 대해서는 패소가 확정되었다. 거기서 근거로 삼은 것은 전후보상 재판에서 원고의 소를 기각할 때 이용된 '국가무책임'론이다.

66   斎藤純一, 『政治と複数性』, 岩波書店, 2008, p.196.

'접촉의 미학'이 체현하는 친밀성

'포스트제국'의 연대 조건은 식민주의가 본질로 하는, 또 '역사적 컨텍스트'와 '공시적 리듬'이 연동되는 '복합적 프로세스'로부터 가해-피해를 대립적이 아닌 중층적 연쇄구조로 간주하는 것이다. 가해-피해의 대립 구도가 와해될 수 있다는 것은 그 식민지의 상처를 경시하는 것을 의미하지 않는다. 오히려 '가해'와 '피해'를 확실히 받아들이는 데서부터 시작된다. 이것 자체는 포스트콜로니얼의 과제로서 전혀 새로울 것은 없지만, 지금 요구되고 있는 것은 연대를 저해하는 가해-피해의 대립 구도를 어떻게 '복합적 프로세스'로 치환할 수 있는가에 있다. 이러한 구체적인 실천 방법에 대해서는 어떤 방책이 나왔다고는 할 수 없다.

포스트콜로니얼 연구는 전쟁과 식민지배의 문제를 해결하기 위한 노력에서 정치권력이나 국가 간의 관계 회복에 그치지 않는, 피해자 중심이라는 원칙을 정립하는 데 있어서도 중요한 관점을 제공한다. 그러나 피해자 중심주의는 화해의 대표가 되어야 할 사람들을 주변화하고, 서로의 차이와 공약불가능성을 우선시하면[67] 그것은 교섭 과정에서 쉽게 '피해자 우월의식'으로 변모한다. '과거의 극복' 과정에 있어 '피해자 우월의식'이 돌출되면 '가해자'는 종속적인 위치로 밀려나고 연대는 일방적인 지원에 그치거나 도의적 책임의 영역을 벗어나지 않는다.

그렇다면 '과거의 극복'을 통한 '화해'는 어떻게 지향하면 좋을까? 그것은 예전의 식민자와 피식민자가 쌍방향적·상호작용적으로 '공동작업'을 함으로써 가해-피해의 대립 구도를 와해의 길로 몰아넣고, 각각의 전쟁피해에 대한 공감에 기초한 신뢰와 경의를 키우는 데서부터 시작된다.

그런데 레오 칭의 말처럼 국민국가는 그 기본적인 운영이 조건부 교섭에 있기 때문에 무조건적인 화해가 창출되는 장으로서는 중요하지 않다. 따라서 반일주의親日주의를 극복하기 위해서는 국가끼리의 관계를 대체할 협력관계를 모색하고 다른 형태의 화해를 창조하는 '친밀성을 이론화한다'라는 것이 필요한 것이다.[68]

실제로 가해-피해를 이항대립이 아닌 중층적 연쇄구조로 파악함으로써 싹트는 '친밀성'은 연대가 본래의 의미로 실천되는 1990년대 이후의 전후보상운동에서 한국의 전시동원 피해자와 이를 지원하는 일본 시민단체의 관계에서 찾을 수 있다. 그러나 대부분 '피해자 우월의식'으로 인해 그러한 연대의 가능성은 좁아지고, 한국 입장에서는 일본의 지원자에게 '양심적 일본인'으로서의 윤리적 책무를 지우는 것으로 귀착된다. 그것은 일본과의 교류를 중시하는 장면에서도 다음과 같은 사례로 나타난다.[69]

전후보상운동에서 '한일연대'가 수행해온 역할이나 일본 측의 지원에 대한 정당한 평가를 한국에서는 그다지 찾아볼 수 없다. 그 상징적인 사건이 부산의 전 일본군 '위안부' 및 전 '여자근로정신대' 10명이 일본 정부에 사죄와 배상을 요구하며 야마구치山口 지방법원 시모노세키下関 지부에 제소한 '관부関釜재판'부산 종군위안부·여자근로정신대 공식사죄 등 청구소송을 소재로 한 영화 〈허스토리〉2018 개봉를 둘러싼 문제이다.

'전후책임을 묻는다·관부재판을 지원하는 모임'관부재판을 지원하는 모임은

---

67 レオ・チン, op.cit., 2021, pp.206·220.

68   Ibid., p.226.

69   이 두 가지 사례에 대해서는 玄武岩, 「被害者の優越意識から脱して「日韓連帯」のバージョンアップを」, 玄武岩・金敬黙編, 『新たな時代の〈日韓連帯〉市民運動』, 寿郎社, 2021을 참조.

1992년 12월 제소 이후 약 12년에 걸친 '관부재판'을 지원했다. 그 활동은 2013년 9월에 해산될 때까지 약 20년간 이어졌다. 〈허스토리〉의 포스터는 '일본 열도를 발칵 뒤집은 관부재판 실화 / 우리는 국가대표였다'라고 소개한다. '한일연대'를 '국가대표' 이야기로 바꿔치기하는 이 캐치프레이즈가 보여주듯, 영화에는 20년에 걸쳐 지원 활동을 이어온 '관부재판을 지원하는 모임'의 모습은 거의 묘사되지 않았다.

'관부재판을 지원하는 모임' 지원자들 역시 자신들이 관여한 재판을 재현한 영화를 기대했을 터였다. 지원자들은 항의문을 통해 "영화를 보고 경악, 분노와 슬픔을 금할 수 없었습니다"라는 목소리를 냈다. 무엇보다 "원고들과 지원자들 쌍방이 신뢰와 경애를 돈독히 쌓으며 자기변혁을 해나간 과정"이 송두리째 빠져있는 데 대해 제작자에게 통절한 반성을 촉구한 것이다.[70] 이 항의문에는 분노의 감정까지 배어 있다.

또 하나의 사례를 소개하겠다. 한국의 대표적인 혁신 매체인『한겨레』가 일본의 시민사회를 어떻게 인식하고 있는지에 관한 것이다.

『한겨레』도쿄 특파원이 2020년 여름에 교체되었다. 신임 김소연 기자는 코로나19 확산에 따른 입국 제한으로 부임이 지연되는 가운데 8월 13일「아리가토! 마루키 부부」라는 칼럼을 게재했다. 김 기자는 원자폭탄 투하 후 히로시마에 방치되어 있던 조선인을 그린 화가 마루키 이리丸木位里, 마루키 도시丸木俊 부부를 과거에 취재한 경험이 있었다. 칼럼에서는 한일 역사문제에 대한 일본의 여론을 거론한 후 "일본에선 마루키

70　関釜裁判を支援する会,「映画『허스토리』(ハーストーリー)の製作者に抗議する!」, 2018.9.14. http://kanpusaiban.bit.ph/PDF/20181002ja.pdf.

부부처럼 역사를 보는 사람들이 소수다"라며, "한국과 일본의 특수한 관계 탓에 기억해야 할 사람들이 뒷전으로 밀리지 않도록 일본에 가게 되면 제2, 제3의 마루키를 찾아 독자들에게 알리고 싶다"라고 다짐하고 있다. 이는 '일본의 양심적인 사람들을 소개한다'라는 것에 불과하고, 일본의 시민들이 한일 전후보상운동의 주체라는 시각이 결여된 발상에 지나지 않는다.

'일본에서의 본격적인 특파원 생활은 이제부터니까'라고 옹호할 수도 있다. 그러나 전임 조기원 기자의 칼럼을 보면 그런 문제가 아니라는 것을 알 수 있다. 일본에서 3년 3개월에 걸친 특파원 생활을 마치고 귀국한 조 기자는 2020년 7월 16일에 「'조용하지만 꾸준한' 일본 시민들께」라는 제목의 칼럼을 썼다. 칼럼은 "일본에 사는 동안 일본 사회 우경화에 대항하는 이런 일본 시민들의 모습을 여러 차례 목격했다"라고 경탄하며 다음과 같이 말한다.

오랜 세월 꾸준하게 노력하는 측면에서는 놀라운 경우가 많다. 일본 지역별로 조선인 강제동원 및 위안부 피해, 간토대지진 조선인 학살, 조선인 군인·군속 유골 반환 같은 문제에 대해서 수십년씩 연구를 하고 운동을 한 이들이 있다. 한국 정부가 작성했던 강제동원 피해 관련 진상조사 보고서 곳곳에도 이런 침착한 일본인 활동가들 도움의 흔적을 어렵지 않게 찾을 수 있다. 개인적으로도 일본 시민 활동가들의 도움이 없었으면 일본 내 취재는 불가능했다고 생각한다. 다시 한번 감사의 마음을 전하고 싶다.강조-저자

물론 조 기자가 일본 시민사회에 경의를 표하고 있는 것은 틀림없는 사실이다. 그러나 이 칼럼에서도 일본 시민들은 취재의 조력자 위치에 머무르는 것으로 인식되며 전후보상운동에 있어 연대의 당사자이자 파트너라는 인식은 그다지 느껴지지 않는다. 애당초 조 기자는 자신의 취재가 그랬듯, 한국 정부의 진상규명위원회 활동 자체가 강제동원진상규명네트워크 등 일본 시민사회의 조사연구 없이는 목적 달성이 어려웠을 것이라는 데까지 상상력이 미치지 못한다. 『한겨레』 기자 역시 '피해자 우월의식'에서 벗어나지 못하고 있는 것이다.

전후보상운동을 지지한 역사 실태의 자료 발굴과 조사연구 대부분은 한국 정부 기관에 '조력'했다기보다 일본의 시민사회가 한국과 아시아의 전시강제동원 피해자의 목소리를 마주하며 필사적으로 응답하는 가운데 축적된 '연대'의 소산인 것이다. 무엇보다 '연대'라는 말은 전후보상운동을 전개하는 피해자들에게 이미 낡은 것일지도 모른다. 한국의 '근로정신대할머니와함께하는시민모임'과 일본의 '나고야미쓰비시名古屋三菱조선여자근로정신대소송을지원하는모임'이 일본에서 항의 활동을 펼쳤을 때 현수막에 다음과 같은 슬로건이 적혀 있었다.

우리는 연대가 아니라 이제 동지입니다.

이러한 가해-피해의 이항대립을 넘어서는 연대의 가능성을 천꽝싱은 다음과 같이 적고 있다. "만약 탈식민지화의 기본이 피식민자에 의한 적극적인 노력에 있다고 한다면, 탈제국화란 식민자의 자기 성찰이며 아마도 같은 고뇌이고, 또 앞서 과거의 자기 나라와 자국민이 저지른 착오를 인식하고 그 후 노력하여 피식민자와의 사이에 세워져야 할 새로운 관계성을 발견하는 일이다."[71] 이러한 '새로운 관계성을 발견하는 일'이 '친밀성을 이론화하는 것'을 넘어 그것을 '제도화'하는 것으로 연결될 터이다. 따라서 지배국이었던 일본의 시민사회가 관계한다는 것의 의의를 적극적으로 곱씹는 '접촉의 미학'이 '포스트제국'의 연대를 향한 또 다른 조건이 된다. '탈제국'이 포스트콜로니얼리즘을 보완하고 가해-피해의 대립 구도를 재편하는 지점에 설 때 '포스트제국'의 지평은 명확하게 부상할 수 있다.

4. 각 장의 개요

동아시아에 있어 트랜스내셔널한 부負의 과거에 대한 대처는 제국·해방·냉전·독재가 복합적으로 교착하는 지역의 독특한 정치 지형을 가리킨다. 따라서 동아시아의 '과거의 극복'은 일본제국의 정치적·문화적 유제가 가져온 양의성과 뒤틀림을 내재하는 '포스트제국'의 틀에서 접근할 수 있을 것이다. 동아시아에 있어 '포스트제국'의 담론을 부조하면, 여전히 국가폭력의 기억에 시달리는 동아시아가 제국으로서의 '과거'를 극복하고 '포스트제국'을 넘어서는 길이 보일 것이다.

---

71 陳光興, op.cit., p.21.

이 책은 '포스트제국'의 동아시아에 있어 담론·표상·기억의 3부로 구성된다. 각 장의 개요는 다음과 같다.

제1부 「'포스트제국'의 담론」은 동아시아에 있어 일본제국이 국민국가로 수축하는 과정에서 식민지·점령지와지에서 일본 본토내지로의 인적 이동을 일컫는 '인양引揚げ' 및 '귀국', 또 냉전의 붕괴로 구피식민자들이 목소리를 높임으로써 활발해지는 전후보상운동이 어떠한 전후의 제도 편성 속에서 형성·변용해 왔는지 응시하고, 계속되는 식민주의에 대항하는 '포스트제국' 연대의 생성과정을 밝혀낸다. 그 '월경하는 연대의 사상'이라는 수맥을 찾아가 보면, 한반도에서 태어난 시인이자 작가 모리사키 가즈에를 만나게 된다.

제1장 「모리사키 가즈에의 월경越境하는 연대의 사상─식민자 2세가 더듬어간 아시아·여성·교류의 역사」는 모리사키 가즈에의 조선 체험에 주목하여 관련 작품에 담긴 포스트콜로니얼의 문제 영역을 고찰한다.

지쿠호筑豊에서의 서클 운동으로 알려진 모리사키 가즈에는 식민지 조선에서 태어난 것을 '원죄'로 여기며 고뇌했다. 그 사상에 접근하기 위한 대상은 지금까지 노동 및 성, '가라유키상'을 테마로 한 일본 사회의 '단층'으로 향해왔지만, 근래 그 사상으로부터 '경계'를 넘는 월경의 시점을 찾아내고자 하는 움직임이 보인다. 하지만 '경계'의 의미는 아직 충분히 파악되지 못했다.

모리사키 가즈에는 식민자 2세로서의 원죄의식에 대해 철저한 자기부정에 의한 아이덴티티 재생을 목표로 그것을 반추하며 자신의 원점으로 자리매김했다. 자신의 조선 체험을 회고하는 『경주는 어머니가 부르는 소리 - 식민지 조선에서 성장한 한 일본인의 수기』[72]를 저술하는 것은 1984년의 일이지만, 이 책이 보여주는 '원죄'의 생성과정에 대해서는 지금까지 검토된 바가 없다. 모리사키 가즈에의 조선 체험 및 식민자로서 갖는 기억의 특유성이 작품 세계와 어떻게 공명하고 있는지, 그 일련의 텍스트를 월경에 중점을 두고 재독해 보면, 아시아 여성들이 엮어내는 교류의 역사에 있어 연대의 사상을 관통하는 '서로의 본질을 소동한다'라는 것의 핵심적 의미가 선명해진다.

제2장 「재한일본인 여성의 인양 · 귀국 · 잔류 - 전후 일본의 귀국정책 탄생」에서는 일본이 제국주의적 확장을 전개하는 가운데 생성되었으며, 민족 · 계급 · 젠더의 결절점結節點에 위치하는 재한일본인 여성이 어떻게 해방 후의 한국을 살아왔는지, 그 이동과 정주, 귀국과 송환에 대해 한일관계의 정치적 교섭을 검토하며 고찰한다.

제국 붕괴 후 외지에서 내지로의 이동은 일본 패전 직후의 '인양'과 1980년대 이후의 '귀국'이라는 견고한 틀로만 언급되어왔다. 재한일본인 여성처럼 1950~1970년대에 있어 외지에서 내지로의 귀환은 '인양'과 '귀국'의 틈새로 몰려 잊히고만 '국경에 가까운 여자의 역사'모리사키가즈에라 할 수 있다.[73] 1969년부터 전개되는 재한일본인 여성에 대한 일본 정부의 공적 지원 과정을 분석해 보면, 일본 정부의 전후 구제국 영토에 남겨진 일본인 귀국정책에 있어 어떠한 인식적 변화를 통해 '인양'이 '귀

---

72 [역자주] 원서의 제목은 『慶州は母の呼び声 - わが原郷』(新潮社, 1984)이고, 한국에서는 『경주는 어머니가 부르는 소리 - 식민지 조선에서 성장한 한 일본인의 수기』(박승주, 마쓰이 리에 역, 글항아리, 2020)라는 제목으로 번역 · 출판되었다.
73 森崎和江, op.cit., 1971, p.12.

국'으로 전환되었는지 그 경과가 보이기 시작한다. 거기에서는 재한일본인 여성의 이의제기가 망향 의식으로 뒤바뀌는 한편, 1980년대 이후 중국 잔류 일본인이나 사할린 잔류 일본인의 '귀국'으로 이어지는 전후 일본의 배제와 포섭의 메커니즘이 드러나게 된다.

냉전이 흔들리면서 이른바 '위안부' 문제를 비롯해 동아시아지역 피해자들의 목소리가 공공의 장場에 등장했고, 보상을 요구하는 움직임을 볼 수 있게 되었다. 공습, 피폭, 집단 자결 등 '국내' 주민들에게 가해진 폭력에 대한 보상과 책임 추궁도 주목받게 되었다.

제3장 「국경을 넘어선 전후보상운동과 담론－전쟁피해수인론에 맞서는 한일연대」에서는 식민지시대에 발단하는 제 문제들에 대한 일본 시민사회의 대처가 어떻게 상호작용하면서 국가폭력에 대한 월경적 저항으로 변화돼 가는지, 그들 운동의 계보와 사회 배경에 대해 논한다. '한일연대'라는 컨택트 존의 역사문화적 쌍방향성 계보를 추적함으로써 한일관계사의 아래로부터의 월경적 공공성을 복원할 수 있을 것이다.

제2부 「'포스트제국'의 표상」은 일본의 제국 지배에 기인하는 표상의 문제로서, 한일관계의 불씨가 되는 '소녀상', '군함도', '욱일기' 이 세 가지에 착목한다. 이들 표상이 어떻게 생성되었고 또 재생됨으로써 '포스트제국'의 문화권력을 구축하고 있는지 기억론, 문화연구Cultural Studies, 서사론으로 분석한다.

이들 세 가지 표상은 모두 한일관계를 초월하여 동아시아에 있어 '탈제국'의 좌절을 상징한다. 바꿔 말하자면 '소녀상', '군함도', '욱일기'는 일본제국의 연속하는 '표상을 둘러싼 권력'과 그 담론을 거부하는 '대항문화'로서의 구도 속에서 '반일주의'를 둘러싼 한일의 주전장主戰場이 되고 있는 것이다. 이러한 표상의 생산과 소비, 규제와 아이덴티티의 정치로 부터 '포스트제국'을 주제화하면 전전과 전후를 관통하는 일본제국의 근 대주의를 엿볼 수 있다.

한일 양국 정부는 2015년 12월 28일, 양국의 최대 현안인 '위안부' 문 제를 매듭짓기로 합의했다. 합의 내용에는 한국 정부가 서울의 "일본대사 관 앞의 소녀상에 대해 (…중략…) 가능한 대응 방향에 대해 관련 단체와 의 협의 등을 통해 적절히 해결되도록 노력함"외무성, 「일한 양외상 공동기자 발표」, 즉 '위안부' 소녀상을 철거한다는 내용이 담겼다.

그 후 소녀상은 철거되기는커녕 전국으로 확산되었고, 미국과 호주, 독일 등 세계 각지에 설치되었으며, 이에 반발하는 세력이 설치를 저지 하기 위해 해외에서 재판을 벌이는 사태가 벌어졌다. 이러한 상황에 대 해 일본의 우파세력은 대일 포위망이라 칭하며 대항하기 위한 정보전을 대대적으로 전개하고 있다. 그 최신 동태가 '위안부' 문제나 간토대지진 에서의 조선인 학살을 부정하고 재일코리안과 오키나와, 피차별부락 등 일본 마이너리티의 부정적인 스테레오 타입을 조장하는, 하버드대 로스 쿨 존 마크 램지어John Mark Ramseyer 교수가 2020년 전후로 발표한 일련의 논문이다.[74]

---

74 Tessa Morris-Suzuki, "Un-remembering the Massacre : How Japan's "History Wars" are Challenging Research Integrity Domestically and Abroad", *Geographic Journals of International Affairs*, 2021.10.25.

https://gjia.georgetown.edu/2021/10/25/un-remembering-the-massacre-how-japans-history-wars-are-challenging-research-integrity-domestically-and-abroad.

제4장 「'상기의 공간'으로서의 '평화의 소녀상' – 역사와 기억의 대극화對極化를 넘어」는 구 일본군 '위안부'를 '상기의 공간'으로서의 소녀상 기념물에서부터 접근한다. 내셔널적인 기억을 둘러싼 대립으로서 해결의 실마리가 보이지 않는 '위안부' 문제에 있어 소녀상은 한국의 국민적 기억을 표상하고, 일본에서는 '반일내셔널리즘'을 형상화한 것으로 받아들여지고 있다. 소녀상으로 상징되는 전시 성폭력과 국가권력 폭주에 대한 시민적 저항이라는 보편적 메시지를 '반일내셔널리즘'의 거점이 아니라 식민주의, 여성 인권, 전시 성폭력과 같은 국제적인 연대로 잇는 트랜스내셔널한 기억으로 공유해나감으로써 그 해결법을 모색한다.

'위안부' 문제를 둘러싼 한일합의 약 반년 전인 2015년 7월 5일에는 일본과 한국의 '징용공' 표현을 둘러싼 대립이 격화하는 가운데 '메이지 일본의 산업혁명 유산'의 세계문화유산 등재가 결정되었다. 관저 주도로 추진된 8개 현縣 23개 자산으로 구성된 '메이지 일본의 산업혁명 유산'에는 나가사키현長崎県의 하시마端島 탄광, 통칭 '군함도'가 포함된다. 한국에서는 2017년 7월 영화 〈군함도〉가 개봉되었다. 일본의 보수 언론들은 "한국인의 반일 감정을 강하게 자극하는 작품"이라고 비판했고[75] 스가 요시히데菅義偉 당시 관방장관이 "역사적 사실을 반영한 기록영화는 아니다"라는 코멘트를 남겼다. 이에 대해 한국의 외교부 대변인은 "과거 수많은 한국인들이 본인의 의사에 반해 가혹한 조건 하에 군함도에서 강제노동을 당했다는 것은 주지의 사실이다"라고 응수했다.

---

75 『産経新聞』, 2017.7.27.

한편, 2020년 3월 '메이지 일본의 산업혁명 유산'의 역사적 가치를 설명하기 위해 도쿄에 설치된 산업유산정보센터는 "군함도 원주민들의 증언 영상과 급여 명세 등을 소개하고 한반도 출신들이 차별적 대우를 받았다는 한국 측 주장과는 다른 실태를 전함"으로써 문제를 다시 국제무대로 넘겼다.[76] 이에 대해 유네스코유엔교육과학문화기구 세계유산위원회는 조사팀을 일본에 파견하여 보고서를 작성했다. 그리고 2021년 7월 22일, 강제동원된 조선인 노동자에 대한 설명이 불충분하다며 '강한 유감'을 담은 결의를 채택했고 전시 내용의 재검토를 요구했다.

이 센터는 '군함도'만의 존을 별도로 마련하여 한국 측 주장에 대응했다. 애당초 "산업 발전을 이룸으로써 동아시아에 심대한 영향을 미쳤다"는 '메이지 일본의 산업혁명 유산'의 '역사적 가치'는 과학기술에 기초한 일본제국 시대의 근대관·전쟁관을 반영하는 전시 이데올로기를 합법화한 '테크노 파시즘'의 지속을 상징한다.[77] 근대를 식민지로 경험한 한반도의 입장에서 볼 때 지배와 억압의 유산이기도 한 일본의 '근대화유산'은 2022년에 들어 니가타현新潟県 사도시佐渡市 '사도 섬의 금산佐渡島の金山'의 세계문화유산 등재를 둘러싸고 한일 갈등이 재연되었듯 그 부負의 과거를 거듭 상기시킬 것이다.

제5장 「한국의 '식민지영화'로 본 탈내셔널리즘의 한계 – 영화〈군함도〉의 '친일파' 표상을 둘러싸고」에서는〈군함도〉를 소재로 삼아 이 '식

---

76 『産経新聞』, 2020.3.31.
77 アーロン・S・モーア, 塚原東吾 監訳, 『『大東亜』を建設する―帝国日本の技術とイデオロギー』, 人文書院, 2019, p.23.

민지영화'가 한국영화에서 식민지 시대의 기억을 재현하는 과정에 어떠한 작용을 했는지 고찰한다. 특히 이 작품의 '친일파' 표상에 주목하면 2000년대 이후 일제강점기를 다룬 '식민지영화'에서 시도된 가해·피해의 대립 구도를 대체하는 시각적 표현의 스타일과 전략이 어떻게 변화해 왔는지, 한국영화를 둘러싼 포스트콜로니얼 문화표상의 변용을 밝힐 수 있다. 거기에서는 단지 '반일내셔널리즘'을 강화한다는 것이 아니라 대일 표상의 양식과 전략을 검토하면서 다양한 형태로 가해-피해의 대립 구도를 넘어서려고 모색하는 한국영화의 고투가 보인다.

2018년 10월 30일에 한국 대법원이 신일철주금구 신일본제철, 현 일본제철에게 전 '징용공'에 대한 손해배상을 확정한 판결을 내림으로써 한일관계는 일촉즉발의 상황에 빠진다. 같은 달 한국에서 열린 국제관함식에서 한국 정부는 참가하는 함선에 자국기만을 게양할 것을 통지, 자위대함이 참가를 취소하는 사태가 벌어졌다. 그 한 해 전인 2017년 한국에서 열린 축구 국제 시합에서 일본의 응원단이 반입한 욱일기가 문제가 되어 아시아축구연맹AFC으로부터 처분을 받는 사건이 일어났다.[78] 해상자위대는 1954년 창설될 때 "옛 해군의 좋은 전통을 이어받아"요시다 시게루(吉田茂) 전전의 구제국해군군함기를 자위대함의 함기로 채택했다.[79] 식민지배에 대한 기억이 상기되는 한국에서는 거부 반응이 일어났고 욱일기가 '전범

---

78 2017년에 한국 경기도 수원에서 열린 한국팀과의 시합에서 가와사키(川崎) 프론탈레의 일부 서포터들이 욱일기를 내걸었다. AFC는 욱일기를 '공격적, 도발적인 내용을 담은 횡단막이나 깃발'이라 인정했고, 프론탈레에게 벌금 등의 제재를 부과했다. 『東京新聞』, 2019.9.25.
79 海上自衛隊第一術科学校, 「自衛艦旗制定の由来」.

기'이자 군국주의의 상징이라며 반대 캠페인을 벌어지기도 했다.

제6장 「'해군의 고장'을 연결하는 근대화 유산의 기술적 상상력-야마토 뮤지엄大和ミュージアム이 표상하는 '전함 야마토'의 서사」는 욱일기를 둘러싼 표상의 정치에 관한 것은 아니지만, 욱일기가 펄럭이는 '해군의 고장'을 도마 위에 올린다. 구레吳·요코스카橫須賀·사세보佐世保·마이즈루舞鶴 등 옛 군항 4개 시는 2016년도에 문화청이 실시하는 '일본유산'에 등재를 공동 신청하여 '진수부鎭守府 요코스카·구레·사세보·마이즈루~ 일본근대화의 약동을 체감할 수 있는 도시'로 인정되었다. 구군항 4개 시가 '해군의 고장'이라는 스토리를 공유하는 데 중요한 역할을 한 것이 구레시니만큼, 그 과정에는 구레에서 건조된 '전함 야마토'에 관한 서사가 빠질 수 없었다. 그 중심에 있는 것이 바로 2005년에 문을 연 구레시 해사역사과학관吳市海事歷史科学館, 통칭 야마토뮤지엄이다.

전후 일본에서 문화적 내셔널리즘의 근거로 기능한 '전함 야마토' 서사가 내셔널 아이덴티티의 흔들림에 맞춰 반복적으로 소환되는 것은 '기술적 상상력'으로서 '전후 일본에까지 계속되는 일종의 파시즘적 경향'을 띠고 있기 때문일 것이다. '기술적 상상력'은 사람들의 일상적 가치관을 형성하고 전쟁과 제국에 대한 협력을 의도하는 강력한 이데올로기를 구성했다.[80] 이 장에서는 '근대화 유산'과 '산업 유산'의 문화유산 사업에 있어 근대화를 둘러싼 긍정적인 서사가 어떻게 형성되었으며, 그로 인해 침략과 억압 등 부負의 측면이 어떻게 비가시화되어 갔는지, 야마토 뮤지

---

80   アーロン·S·モーア, op.cit., p.307.

엄을 통해 '평화'와 '해군'이 길항하는 구군항도시로서의 기억방식에 대해 고찰한다.

제3부 「'포스트제국'의 기억」은 제국주의와 식민지, 전쟁과 내전, 독재와 항쟁이라는 굴절된 근현대를 헤쳐온 동아시아가 냉전에 의한 이데올로기 대립과 얽히고설키는 폭력의 연쇄에 휘말린 결과, 어떻게 국가폭력으로 인한 피해를 극복하고 화해를 이룰 것인가라는 과제를 마주한다. 구체적으로는 제주·베트남·타이완이 해당 지역과 국가에 머무르지 않고 트랜스내셔널하게 전개하는 기억과 화해의 정치를 통해 보여주는 '과거 극복'의 고유성과 보편성의 해명을 시도한다.

동아시아에서는 피해의 양상은 다양하지만, 그 진상을 규명하기 위한 노력은 폭력에 숨어 있는 국가주의의 본질을 꿰뚫어 보았다. 이러한 각지의 실천은 내셔널한 경계를 넘어 국가폭력에 이의를 제기하는 연대의 비전을 가리킨다.

제7장 「한일연대로서의 제주4·3운동 — '조국'을 넘어선 '조국 지향'」에서는 '한일연대'에 있어 재일코리안^{이하, 자이니치}의 운동에 주목한다.

자이니치 사회에서는 1970년대 이후 '민족으로서 살아간다'라는 것을 둘러싸고 '조국 지향'과 '자이니치 지향'으로 대표되는 대립적인 '자이니치론^{在日論}'이 전개되었다. 그러나 1970년대부터 한국의 민주화 운동에 관여해 온 한민통^{한국민주회복통일촉진국민회의}은 '자이니치'의 생활 실태와 동떨어졌다는 비판을 받았고, 독자적 아이덴티티로 직결되지 않는 '조국 지향'의 정치 운동을 재일 사회에서도 한국에서도 되돌아보지 않았다. 한편, 주로 제주도 출신 자이니치가 전개한 제주4·3운동은 사건의 진상규명과 피해자의 명예회복에 중요한 역할을 했으며, 그 유대는 오늘날까지도 이어지고 있다. 이 장에서는 '조국 지향'의 구체적 표현인 한민통 운동과 제주4·3 운동이 보여준 연대의 자세를 통해 '조국'을 뛰어넘는 '조국 지향'의 의의를 밝힌다.

第8장 「한국군의 베트남전쟁 시기 민간인학살을 심판하는 시민평화법정의 도전─고통에 대한 연대의 법정」에서는 2018년 4월 21일부터 22일까지 서울에서 개최된 '베트남전쟁 시기 한국군에 의한 민간인학살 진상규명을 위한 시민평화법정'을 통해 한국 사회가 반공독재체제 하의 한국군이 베트남에서 주민 집단학살에 이른 '가해'의 역사와 어떻게 마주해왔는지 되돌아본다. 한국에서 이러한 진상규명 운동의 단서를 제공한 것이 일본의 피스보트였다. 냉전 구조가 가져온 반공주의는 국내에서의 민주화 세력에 대한 인권 억압뿐만 아니라 베트남에서의 민간인 학살을 정당화하는 근거가 되기도 했다. 그 진상규명 활동은 '위안부' 문제나 제주4·3사건 등에 대한 한국 국내의 '과거청산'과 공명한다. 트랜스내셔널한 부負의 과거에 대한 대처는 제국·해방·냉전·독재가 복잡하게 교착하는 동아시아의 독특한 역사·정치 문제의 소재를 보여주는 것이다. 거기에서는 동아시아의 '기억과 화해'의 정치가 어떠한 글로벌적 근현대사와 로컬적 국제정치의 힘에 의해 추진되고 있는지 확인할 수 있다.

타이완과 한국은 일본제국에 의한 식민지배, 이데올로기 대립에 의한 내전, 반공독재체제에 의한 국가폭력, 경제 발전과 민주화, 정권 교체와 시민의 정치 참여 등 근현대사를 통틀어 많은 공통점을 가지고 있다. 민주화를 이루고, 2·28사건과 백색테러 시기1949~1992에 유린당한 인권을 회복하고 불의를 단죄하는 '이행기 정의'를 빠른 속도로 진행해온 타이완과, 식민지배 및 군사정권 시대의 '과거청산'에 힘써 온 한국은 시민사회가 지탱하는 정치 문화를 공유할 터이나 엇갈린 채로 있다.

제9장 「타이완의 '백색테러' 시기와 이행기 정의-'일본어 세대'가 기록한 뤼다오 신생훈도처」에서는 타이완과 한국이 이행기 정의 / 과거청산이라는 정치 문화를 공유하는 관계의 가능성을 모색한다. 양안관계에 있어 국공내전체제와 한반도의 분단체제를 내포한 것은 국가폭력을 정당화하는 탈식민지형 냉전 구조였다. 계엄령이 선포된 국민당 정권하 타이완은 '고립무원의 섬'이었다. 백색테러 시기에 '정치범'을 수용하는 시설로서 '신생훈도처新生訓導處'가 있던 남동부의 외딴 섬 뤼다오綠島는 진정한 감옥도였다. 2·28사건과 달리, '국가 반란'이라는 굴레가 따라다니는 '백색테러'는 제주4·3사건의 명예회복을 지연시킨 것과 같은 국가 정통성 문제와 떼어놓고 생각할 수 없다.

'백색테러'의 박해 기록은 쓰는 것도 기록을 남기는 것도 위험을 수반하는 행위였기 때문에 타이완에서는 정치수난자의 기록을 최근까지 출판할 수는 없었고, 일본에서 먼저 출판되었다. 이러한 공백을 메운 것이 식민지 시대에 일본어로 교육을 받으며 자아를 형성한 '일본어 세대'이다. 이 '일본어 세대'의 회상록·구술기록·전기를 통해 정치범을 구속·신문·재판·수용한 시설이 국가인권박물관으로 탈바꿈하는 타이완의 '이행기 정의'의 경과를 살펴보고, 아시아 민주주의에 있어 트랜스내셔널한 연대의 역사와 오늘날의 의미에 대해 생각해보고자 한다.

제1부

'포스트제국'의 담론

제 1 장

모리사키 가즈에의
월경越境하는 연대의 사상

식민자 2세가 더듬어 간 아시아·여성·교류의 역사

1. 모리사키 가즈에의 '원죄를 버리기 위한 여행'
__ '단층'에서 '경계'로

민족·계급·젠더를 가로막는 '단층'을 어떻게 타파하고 민중의 연대를 구축할 것인가? 일본의 시인이며 작가인 모리사키 가즈에森崎和江는 이러한 사상적 과제를 안으며 일본과 한국에 있는 '경계'를 의식하고 거기에 잠재하는 탈식민주의의 영역을 개척하면서 "일본 민중에게 있어서 조선 문제란 무엇인가"를 날카롭게 되물었다.[1] 이 장에서는 모리사키 가즈에의 조선 체험과 식민자로서의 기억의 특유성이 작품 세계에 어떤 영향을 주었는지를 밝히고, 나아가 아시아 여성들이 만들어낸 교류의 역사를 추구한 모리사키의 연대의 사상을 관철한 '월경越境'의 의미를 살펴보고자 한다.

대구에서 태어난 식민자 2세인 모리사키 가즈에는 제2차 세계대전 이후 지배 민족의 자녀로 식민지에서 감성을 키운 것을 '원죄'로 받아들여 고뇌했다. 잘 알려져 있다시피 1950년대 후반 규슈九州의 탄전炭田 지대인 지쿠호筑豊에 들어가 나카마中間에 거주하면서, 시인·노동 활동가인 다니가와 간谷川雁과 르포 작가인 우에노 에이신上野英信 등과 함께 문예 교류지 『서클촌サークル村』을 발간했다. 여기서 모리사키는 하층부 사람들의 생존 욕망과 공존 의식이 얽히는 거친 자기 표현들과 마주하면서, 일본 사회의 일상 세계에 내려앉은 모순의 심부에 파고들었다.

지금까지 모리사키 가즈에의 사상을 고찰하는 접근방법은 노동과

---

1   森崎和江, 『異族の原基』, 大和書房, 1971, p.100.

'가라유키상からゆきさん', 그리고 여성으로서 '출산하는' 성을 주제로 하는 등 일본 사회의 '단층'을 향해 왔지만, 근래 그 사상에서 '경계'를 넘는 '월경'의 관점을 파악하려고 하는 움직임이 보인다.[2] '단층'과 '경계'는 모두 모리사키가 극복하려고 한 민중 세계에 작용하는 집단적인 폐쇄성으로 전자는 공동체 내의 차별과 억압 구조에, 후자는 공동체 간의 교류를 가로막는 배제의 원리에 맞서는 심부心部와 외부로의 사상의 방향성을 가리키는 것이라고 할 수 있다. '단층'에서 '경계'로 기축을 이동하는 것은 모리사키의 사상에서 탈식민주의의 보편성과 현대적 의미를 건져내려는 시도이기도 하다.

　　그러나 이 '경계'의 의미는 아직까지 충분히 파악되지 않았다. 그것은 모리사키의 다양한 사상적 궤적 때문이기도 하지만, 『서클촌』의 운동과 관련된 사상연구 및 여성사 연구와 식민자 2세로서의 '인양引揚げ 문학'의 영역에서 모리사키 가즈에를 다른 존재로 단절하여 다루고 있는 것이 원인이라고 생각된다. 이들 영역이 교차하는 지점에 서면 한반도와 오키나와요론섬(与論島)을 포함한다를 향한 모리사키의 시선에서 아시아로 확산하는 일관된 사고와 장소의 공간성이 드러난다.

　　"조선에 대해서 말하는 것은 가벼운 일이 아니다"라고 느끼고 있었던 모리사키 가즈에는,[3] 1968년에 패전 후 처음으로 방한한 것을 계기로 한반도와의 관계에 대한 논고를 발표한다. 이후에 왕성한 저술 활동을 전

2　　水溜真由美, 『『サークル村』と森崎和江―交流と連帯のヴィジョン』, ナカニシヤ出版, 2013; 安田常雄, 「戦時から戦後へ―ひとつの〈境界〉論の試み」, 安田常雄 編, 『シリーズ戦後日本社会の歴史4 社会の境界を生きる人びと―戦後日本の縁』, 岩波書店, 2013.
3　　森崎和江, 『ははのくにとの幻想婚』, 現代思潮社, 1970d, p.178.

개하면서 자신의 조선 체험을 회상하는『경주는 어머니의 부르는 소리
- 나의 원향原郷』을 쓴 것은 1984년의 일이었다. 이 '소녀 이야기'는『가
라유키상』1976을 써서 존재감을 드러낸 '국민 작가'[4]의 견실한 작품에 비
해 에피소드적인 개인사로 받아들여졌던 것일까. 이 책이 그려내는 '원
죄'의 생성 과정에 대해서는 지금까지 충분히 고찰되지 않았다. 결국 일
본 사회의 '단층'에 맞서는 모리사키 가즈에의 사상을 고찰하는 데 있어
서 식민주의의 문제의식은 뒤로 밀려났다.

모리사키 가즈에의 '원죄'는 그 말 자체의 신화성도 영향을 끼치며,
그의 사상의 전제로 인식되어 홀로 떠돌아다니는 측면이 있다. 그러나
모리사키는 식민자 2세로서 숙명처럼 덮쳐 온 원죄의식을 철저한 자기
부정을 통해 아이덴티티를 재생시키기 위해 반추하면서 스스로의 원점
에 자리매김했다. 모리사키의 정신사 흐름은 '원죄'를 짊어지고, 되묻고,
그리고 버리기 위한 긴 여정이기도 했다. 그 월경하는 사상의 궤적은 아
시아를 향한 연대로 수렴되는 수많은 사색과 실천이 담겨 있다.

그렇다면 모리사키의 식민자 2세로서의 원죄의식이 탈식민주의의
문제 영역으로 내발內発하는 경계 깨기=연대하는 사상의 기반으로서 연
속돼 있다는 것을 밝혀낼 필요가 있다. 그것은 지금까지 개별적으로 논
의되어 왔던 텍스트에 대해서 '월경'을 중심에 두고 다시 읽는 것을 통해
가능해진다. 따라서 이 장에서는 모리사키 가즈에의 조선-인양-지쿠호-
방한-『가라유키상』-『경주는 어머니의 부르는 소리』-『메아리 울리는 산

---

4   上野千鶴子,『〈おんな〉の思想—私たちは, あなたを忘れない』, 集英社インターナショナル,
     2013, p.17.

하 속으로 – 한국기행 1985년 봄こだまひびく山河の中へ-韓国紀行八五年春』1986년
으로 이어지는 역정歷程을 '원죄를 버리기 위한 여행'으로 부르기로 한다.

　모리사키 가즈에의 사상에서 '교류와 연대의 비전'을 찾으려고 한 일
본사상 연구자인 미즈타마리 마유미水溜真由美는 가라유키상의 고찰을 통
해 모리사키의 '월경자'로서의 모습을 드러냈다. 특히『가라유키상』에 대
해서는 조선 민중과의 만남에 실패한 모리사키의 조선 체험이 그 근저
에 놓여 있어 식민주의의 문제의식을 부각시킴으로써 "나카마 시절의 마
지막을 장식하는 데 알맞는 집대성적인 작업"이 되었다고 평가했다.[5] 그
러나 탄광촌에서의 생활이라는 조건이 있다고는 하나, 작품 세계에서 이
작품에 일정한 완결성을 상정하려고 하면 모리사키의 정신사의 흐름에
단절을 초래할 수 있다. 이 장에서는『가라유키상』을 오히려『경주는 어
머니의 부르는 소리』로 가기 위한 중간 지점=기항지로 보고 어린 시절
의 조선 체험으로 거슬러 올라가서 모리사키의 월경하는 연대의 사상의
근원을 찾고자 한다.

　근현대사 연구자인 야스다 쓰네오安田常雄도 모리사키의 일련의 저작
에서 '월경'론을 재조명하고 있지만, 1970년 전후에 간행된 3권의 평론
집에 한정된 것이었다. 야스다는 "동시대에서 '포스트콜로니얼리즘'에
가장 근접한 위치에서 긴장감을 가지고 서 있었던 것처럼 보인다"고 평
가하여 모리사키의 월경하는 사상의 가능성에 주목했지만,[6] 그것의 전체
상까지 깊이 파고 들지는 않았다.

5　水溜真由美, op.cit., p.335.

6　安田常雄, op.cit., p.8.

이 장에서는 이러한 선행 연구의 문제의식을 계승하면서 모리사키 가즈에의 '월경하는 연대의 사상'을 고찰하는데, 모리사키의 원죄의식의 생성까지 시야에 넣으며 조선 체험에서 유래하는 특유의 감수성을 찾아내고자 한다. 그것을 통해 모리사키의 작품 세계 전반에 공통되는 사상의 월경성을 한층 더 명확하게 파악할 수 있다고 본다.

한편 문학연구에서는 모리사키 가즈에와 도미니카 출신의 백인 크레올 여성작가인 진 리스Jean Rhys를 '구 식민지에서 태어나 자란 식민자'라는 관점에서 비교 고찰한 스기우라 기요후미杉浦淸文의 연구가 모리사키의 '고뇌에 찬 자기 성찰'의 근원이 되는 조선 체험에 착목하고 있다.[7] 그러나 모리사키의 원죄의식을 식민지 출신 작가의 자명한 현상으로 다루면 기타 2세 작가들과는 다른 작품 세계의 특유성을 놓칠 수 있다. 그런 의미에서 '재일조선인 작가를 읽는 모임'을 주재하고 있는 이소가이 지로磯貝治良가 피식민자에게 응시되는 식민자로서 중층적인 위치에 선 모리사키의 자세에 주목한 것은 의미가 있지만, 그 관점은 '내적인 지배·억압의 구조', 즉 '단층'을 향하고 있다.[8]

한국에서도 근래 식민자 2세들 작품에서 재조일본인의 의식구조를 파악하려는 연구가 활발하지만, 거기서 모리사키 가즈에를 다루는 경우는 드물다. 분석 대상에 포함된 경우에도 식민자의 정형화된 조선인에 대한 무관심이나, 조선인과는 격리된 재조일본인 사회의 일상성의 논거로

---

7   杉浦淸文,「(旧)植民地で生まれ育った植民者－ジーン・リースと森崎和江」,『立命館言語文化研究』24巻4号, 立命館大学国際言語文化研究所, 2013.

8   磯貝治良,『戦後日本文学のなかの朝鮮韓国』, 大和書房, 1992, p.93~95.

모리사키가 묘사하는 정경을 단편적으로 사용하는 경우가 많다.[9] 그 사상적 실천을 도외시하면 모리사키는 식민자의 무의식을 대표하거나, 기껏해야 식민지 지배를 반성한 '양심적' 일본인의 범위를 벗어나지 않는다.

이러한 한일의 연구 상황을 감안하여, 이 장에서는 조선 체험으로부터 정처 없이 떠돌아다니는 자기를 회복하는 과정을 연속된 것으로 파악함으로써 보이게 되는 모리사키 가즈에의 작품 세계를, 동세대 식민자 2세 문학자들과 비교하여 주요 텍스트의 담론을 통해 그 공통성 및 특유성을 고찰하고자 한다. 식민지 체험을 기반으로 계급 및 젠더 문제에 접속함으로써 싹튼 모리사키의 '접촉의 사상'이 '교류와 연대의 비전'을 가리키고 탈식민주의의 월경성으로 전화하는 과정에는, 식민자 2세의 공동 체험으로 환원되지 않는 사상 형성에서의 독자적인 갈등이 있었던 것으로 보인다. 이러한 아시아의 연대를 향한 긴 여정의 의미를 밝히지 않으면 모리사키 사상의 핵심에 근접할 수 없으리라 여겨진다.

---

9   권숙인, 「식민지 조선의 일본인-피식민 조선인과의 만남과 식민의식의 형성」, 『사회와역사』 80호, 한국사회사학회, 2008.12; 이수열, 「재조일본인 2세의 식민지 경험-식민 2세 출신 작가를 중심으로」, 『한국민족문화』 50호, 한국민족문화연구소, 2014.2; 신호, 「식민지 향수의 역설-「나쓰카시이 조선」 담론을 통한 "식민자 의식"의 부정」, 『한일민족문제연구』 30호, 한일민족문제학회, 2016.6.

2. 월경자로서의 모리사키 가즈에
__ '접촉의 사상'에서 탈식민주의의 문제 영역으로

모리사키 가즈에는 1927년 식
민지 조선의 경상북도 대구의 일
본인 거리였던 삼립정三笠町, 현 중
구 삼덕동에서 태어났다. 아버지
인 구라지庫次는 1925년에 부인 아
이코愛子를 데리고 일본에서 대구
고등보통학교에 부임했다.[10] 1930
년에 여동생 세쓰코節子, 1932년에
남동생인 겐이치健一가 태어났다.
'자유 방임'을 아이들의 교육방침
으로 삼았던 자유주의자인 아버지
밑에서 모리사키는 식민지 조선
땅에서 구김살 없이 자랐다.

〈그림 1〉 모리사키 가즈에(森崎和江), 2002년 10월 무나가타시
(宗像市) 겐카이쵸(玄海町) 해변에서
(『森崎和江コレクション精神史の旅5回帰』, 藤原書店, 2009)

대구 봉산정현 봉산동 심상소학
교에 입학한 모리사키는 5학년이 된 1938년, 아버지가 경주중학교의 초
대 교장으로 임명되면서 경주심상고등소학교로 전학했다. 대구고등여

---

10   朝鮮総督府編, 『朝鮮総督府及所属官署職員録 大正14年』에 의하면 모리사키 구라지는
      1925년 4월 현재 이 학교에 교사로 근무하고 있음을 확인할 수 있다. 韓国教会史文献研究
      院編, 鄭晉錫監修, 『朝鮮総督府及所属官署職員録 第16巻 1925』, ゆまに書房, 2009, p.364.

학교여고 시절인 1943년, 어머니의 죽음을 겪은 모리사키는 전근하는 아버지를 따라 김천고등여학교로 전학하여 이듬해 후쿠오카여자전문학교현 후쿠오카여자대학에 입학했다. 거기서 모리사키는 조선에서 귀환한 가족을 맞았다. 『경주는 어머니의 부르는 소리慶州は母の呼び声』는 대구에서 태어나 내지內地=일본으로 도항할 때까지의 조선 체험을 담은 자전적 에세이다.

이 책에 따르면 모리사키는 조선에서의 생활에서 유랑감은 전혀 느끼지 않았으며, 오히려 "구습의 땅을 버리고 새로운 일본에 살고 있다"는 분위기를 어린 마음으로도 느끼고 있었다.[11] 조선이 고향이며 일본이 이향이었다. 내지와 외지外地가 반전되는 식민자 2세로서의 모리사키의 의식 구조는 고향인 조선에 대한 애정을 깊게 하면서도 지배 민족으로서 '가해 의식'에 흔들리는 양의적인 것이었다. 이러한 양의성은 패전 후 이질적인 문화를 배척하는 일본 사회에 대한 답답함으로 나타났다. 망설임 없이 조선의 대지에서 자라 체득한 감각과 감정이 제국주의 침략의 산물임을 알고 고뇌한 모리사키는 그것을 원죄의식으로 짊어지게 된다.

모리사키의 방황하는 아이덴티티는 일본인의 틀에 맞추어 자신을 정형화시키는 것이 아니라, 뿌리 없는 풀이면서도 놀라울 정도로 명랑한 인간성을 발휘하는 민중에 의해 단련되면서 구제된다.[12] 1958년부터 살았던 탄광 마을은 자신의 분열하는 아이덴티티를 유인하는 "깊고 넓은 정신의 광맥"이었다.[13] 그렇다고 해서 지쿠호가 노동자의 이상향이었다

11   森崎和江, 『慶州は母の呼び声―わが原郷』, 新潮社, 1984, p.89.
12   森崎和江, 『森崎和江コレクション 精神史の旅1 産土』, 藤原書店, 2008, p.144.
13   森崎和江, 「精神史の旅―明日へと生きる」, 『環』, 藤原書店, 2009 Summer号, p.253.

는 것을 의미하지는 않는다.

분명히 탄광 노동자들은 다른 민족과 직접 만나, 압박을 받으면서도 자발성을 발휘하여 일본 전래의 토착성을 변질시켰다.[14] 그러나 모리사키가 뿌리를 내리려고 했던 장소는 유동하기 시작하여, 오히려 대기업과 하청 업체로 단절되는 '일본의 산업 구조의 이중성'의 근원이 되는 일본 대중의 하급 공동체의 집단적인 내향성·배타성에 의한 단층이 쌓이고 있었다.[15] 지쿠호의 현실은 모리사키가 식민지에서 자란 소시민적 감성을 되돌아보게 하는 장소였다.[16] 지배 권력에 의해 격리된 피지배자 상호 간의 주체적 연대의 어려움을 모리사키는 생활 차원에서 내발하는 식민주의의 과제를 통해 발견하고, 일상 세계에 정체되는 모순의 심부로 파고들었다.

모리사키의 근대 비판의 근저에는 분명히 원죄의식이 자리 잡고 있었다. 『서클촌』의 간행과 다이쇼 투쟁다이쇼 탄광의 합리화 저지 투쟁을 총괄해서 쓴 『투쟁과 에로스』1970에서 모리사키는 종종 동거한 다니가와 간谷川雁에게 조선에 대한 속죄의 마음을 전했다.[17] 그러나 모리사키의 식민지 체험은 좀처럼 이해를 받지 못했다. 오히려 자유롭게 글을 쓸 수 없었다고 한다.[18] 여성 문제도 『서클촌』의 관심 밖이어서 그 반발로 여성 교류지 『무

---

14 森崎和江, op.cit., 1971, p.151.

15 森崎和江, op.cit., 1970d, pp.65~80.

16 森崎和江, 『ふるさと幻想』, 大和書房, 1977, p.120.

17 모리사키는 이 책에 대해서 "독선에 빠지는 것을 방지하기 위해서 픽션과 자료에 의해 기록을 엮고" 집필하여 가공의 인물인 무로이 겐(室井賢) / 다니가와 간(谷川雁)과 게이코(契子) / 모리사키 가즈에(森崎和江)를 등장시켰다. 森崎和江, 『戦いとエロス』, 三一書房, 1970c, p.2.

명통신無名通信』을 발행했다. 모리사키는 지쿠호에서 서클촌 운동에 참여
하면서도 식민주의와 여성 문제는 중요한 주제로 다가오고 있었다.

시작詩作이 중심이었던 모리사키는 지쿠호에서의 활동을 통해서
1961년, 여성 탄광부 이야기를 담은『암흑 – 여성 광부로부터의 기록まっくら–女坑夫からの聞書き』을 출판하면서 본격적으로 저술 활동에 나섰다.
1963년에『비소유의 소유 – 성과 계급의 비망록非所有と所有–性と階級覚え書』, 1965년에『제3의 성 – 아득히 먼 에로스第三の性–はるかなるエロス』를 연
달아 써냈다. 모리사키 자신을 투영한 것으로 생각되는 '사에沙枝'가 '리쓰
코律子'와 교환 노트를 통해 대화하는 형식으로 구성된『제3의 성』의 끝부
분에서 사에는 한국에서 온 편지에 얽힌 일화를 소개한다. 그리고는 "지
배·피지배·그 지양"을 향해 "은근히 긴장된 감각에 들어가 (…중략…)
종이조차 변변치 않은 나라한국–인용자와 내적 대화의 길을 열어 나가겠다"
는 의욕을 표명한다.[19] 모리사키의 한반도에 대한 사색은 아이러니하게
도 자신을 "깊고 넓은 정신의 광맥"으로 이끌어 준 다니가와 간과 결별하
면서 시작된다.

1968년의 첫 한국 방문을 계기로 모리사키는 방한에 관한 에세이
와 조선 체험에 대한 평론을 발표한다. 한편, 이 무렵부터 천황제, 오키나
와 등 내셔널리즘과 탈식민주의에 관한 급진적 논진을 펼쳤으며, 이들은
『어머니의 나라와의 환상혼ははのくにとの幻想婚』1970과『이족의 원기異族の原

18　森崎和江·中島岳志,『日本断層論－社会の矛盾を生きるために』, NHK出版新書, 2011,
　　p.132.
19　森崎和江,『第三の性－はるかなるエロス』, 三一書房, 1965, p.224.

基』1971에 수록되었다. 모리사키는 1979년 무라카타쵸宗像町에 이사할 때까지 지쿠호를 거점으로 문화운동, 사회운동에 참여하면서 문필 활동을 전개했다.

그러면 1968년의 방한은 모리사키 가즈에로 하여금 어떠한 사상적 과제를 짊어지게 했던 것일까?

'탈식민주의'를 선취했다고 평가받는 모리사키의 조선 문제에 대한 선구적인 접근 방식은 단순히 제국주의를 비판하기 위해 전전戰前의 군국주의를 추궁한 것이 아니다. 모리사키는 식민자로서 정치적으로 조선을 침략한 것 이상으로 더 깊숙이 침해했다고 느끼고 있었다. 식민지화 문제가 객관적·역사적 조건의 교차뿐만 아니라, 이러한 조건들에 대한 인간의 태도를 포함했었다고 한다면,[20] 모리사키는 바로 그 인간의 태도 및 의식에 대해 계속 질문해 왔다고 할 수 있다. 그 태도나 의식의 전체적 구조와 맞서기 위해서 자신도 그 속에 들어가 자기 해방을 위해 내부로부터 끊임없이 되물어야 했다.

모리사키는 "식민주의하에서 현지 사람들의 민족성·인간성에 대한 경애敬愛라는 것은 틀림없이 사람의 마음을 내부에서 침식하게 하는 것이다"라고 확신했다.[21] 그래서 모리사키는 아버지조차도 심판해야 했다. "식민지에서 교육자였던 아버지를 패전 후에 내가 비판하는 방법은 조선에 대한 아버지의 애정이 얼마나 조선인 개인의 생애를 일그러지게 만들

---

20 フランツ・ファノン, 海老坂武・加藤晴久 訳, 『黒い皮膚・白い仮面』, みすず書房, 1970, p.64.
21 森崎和江, op.cit., 2008, p.52.

었는지 보는 것으로부터 시작된다"며,[22] 세상을 뜬 아버지를 대신해 한국으로 향했다.

한일국교정상화1965로부터 얼마 되지 않은 1968년에 아버지가 근무했던 경주중학교현 경주중고등학교 창립 30주년 기념식에 맞춰서 모리사키는 초대 교장의 딸로서 한국에서 초청을 받았다. 그것은 국가권력을 매개로 하여 조선 민족에 접근했었다는 '원죄'를 짊어지면서, '민중 차원의 독자적인 만남'을 확인하는 여행이기도 했다.

모리사키는 이 방한에서 '두 가지 말'로 갈라졌다고 한탄하는 아버지의 제자들에게 그 분열이 "두 민족에게는 비판적 힘을 키우게 할" 수 있다고 대답했다. 서민 수준에서는 "두 민족의 경계를 허무는 기능을 하는 매개자의 사상"이 살아 숨 쉬고 있다고 확신했다.[23] 그러므로 그 분열을 의식적인 것으로 끌어 올림으로써 한일간의 한계 = '경계'를 돌파할 수 있을 것으로 기대했다.

모리사키가 "지배와 피지배의 내부 관계는 고정적인 것이 아니다"라고 하면서[24] 한일관계의 가해와 피해의 이항대립을 거부한 것은, 이런 단순한 도식으로는 자신을 심판할 수 없다고 생각했기 때문이다. 가해자가 피해자 입장을 마음에 새기는 일은 있을 수 없다고 하면서도 모리사키의 감각은 양자가 한 가닥의 실에 얽히고 설킨 것이었다.[25]

그리하여 모리사키는 지배 권력의 식민주의의 죄업뿐만 아니라 일

---

22   森崎和江, op.cit., 1970d, p.226.

23   森崎和江, op.cit., 1971, p.12.

24   Ibid., p.17.

25   森崎和江, 『森崎和江コレクション 精神史の旅5 回帰』, 藤原書店, 2009b, p.133.

본 서민들의 생활 의식 속의 죄에 대해서도 두루 생각했다. "삶의 터전에서 이민족과의 교류가 어떤 원칙으로 이루어졌는지, 그것은 일본에 거주하는 민중 의식과 어떤 식으로 연관됐는지, 그 민중 의식과 지배 권력의 지배 원리는 어떠한 보완 관계에 있는지"를 묻지 않고서는 아시아 침략을 일으킨 일본의 민족적 특성과 그 내적 필연성을 넘는 사상은 일본 민중의 생활 의식 속에 생기지 않는다고 인식했다.[26] 모리사키가 「두 가지 말·두 가지 마음」1968에서 "일본인의 조선 문제는 역시 일본 자체를 사상적 갈등의 대상으로 했을 때 시작된다"고 갈파했듯이,[27] 식민지 체험은 일본 자신의 문제였다.

모리사키의 월경적인 연대의 기반은 이처럼 '민중 차원에서의 독자적인 만남의 사상'에 있다. 「민중의 이집단과의 접촉의 사상」1970에서는 오키나와·일본·조선을 넘나드는 민중끼리의 만남에 대해서 "스스로 파악하고 창조하려 해왔는가라는 이질 집단과의 접촉의 사상"을 통해 조명하고 있다.[28]

모리사키는 민중의 직접적인 만남을 가로막는 공동체의 폐쇄성과 그들이 국가권력과 산업 자본에 의존하는 메커니즘에 칼끝을 겨누며 민중끼리의 '경계'를 극복하는 '접촉의 사상'=월경의 사상을 추구했다. 그 본질은 생활집단의 공동 환상을 상대화하고, 국가의 지배권력에 저해를 받아 세밀화된 피해자적 만남이 아닌 서로가 공동 투쟁 의식을 가질 수 있

---

26   森崎和江, op.cit., 1970d, pp.226~227.

27   Ibid., p.195.

28   森崎和江, 「民衆における異集団との接触の思想—沖縄·日本·朝鮮の出逢い」, 谷川健一 編, 『叢書わが沖縄第6券, 日本の思想』, 木耳社, 1970a, p.228.

는 관계를 주체적으로 확립하면서 이질적인 것과 접촉하는 것이다. 그러나 그것은 국가 의식과 대결하지 않고서는 자기 것으로 만들 수 없다.[29]

　모리사키의 사상은 분명히 『서클촌』의 구상과 맞닿아 있었다. 『서클촌』은 봉건적인 공동체 의식을 해체하고 개인의식을 형성함으로써 민주화를 이루려는 근대주의의 견해를 거부하고 내부의 격심한 단층과 이질적인 것들의 충돌·교류에서 창조의 에너지를 문화운동을 통해 발현시키고자 했다.[30] 다만, 다니가와 간이 일본 전래의 공동생활체가 만들어낸 정신성에서 민중의 근원적인 에너지를 찾으려고 한 데 반해,[31] 모리사키는 그것이 전쟁을 일으킨 일본이라는 민족의식의 총의에 대해서 개인적 책임을 지려 하지 않는다는 것을 간파하고 있었다.[32] 계급적 모순을 재생산하는 집단적 무의식에 대한 비판은 자신의 조선 체험에 기초한 식민주의라는 문제의식에 의해 더욱 날카로워졌다.

　모리사키의 연대론은 식민지 체험에서 내재적으로 발생했고 조선이라는 '다른 민족'과의 만남이 일본문화의식에 어떠한 의미가 있는지 질문하면서 사상화되었다. 제국의 확대가 어떻게 일본문화의 가치관과 의식구조를 창조하는 데 관련됐는지를 추궁했다고 할 수 있다. 거기서 한일 민중이 연대하는 근거를 이끌어내려 함으로써 모리사키의 사상은 탈식민주의에 다가서게 된다.

29　森崎和江, op.cit., 1971, pp.182~184.
30　木原滋哉, 「対抗的公共圏の構想と実践-『サークル村』から大正闘争へ」, 『呉工業高等専門学校研究報告』68号, 呉工業高等専門学校, 2006, p.19.
31　佐藤泉, 「共同体の再想像-谷川雁の『村』」, 『日本文学』56巻11号, 日本文学協会, 2007.
32　森崎和江, op.cit., 1970d, p.127.

3. 식민자 2세들의 인양

__ 모리사키 가즈에의 식민지 체험의 공통성과 특유성

식민지 조선에서의 공동 체험

모리사키 가즈에는 자신을 식민자 2세로 규정했다. 여기서 '식민자'
는 내지에서 외지로 이동의 권력성을 가지고 있는 존재의 가해자성을 내
포한다. 그것이 반전하여 외지에서 내지로 쫓기듯이 이동하는 인양자引揚
者는 피해자성을 갖게 된다.

식민지에서 태어난 '2세'라는 세대 개념 또한 식민자의 자명한 생활
의식이 지배와 피지배 간의 억압 구조를 무시한 채 구축된 생활 기반에
집착해서 유지되고 있는 한 식민주의와 떼어 놓고 생각할 수 없다. 따라
서 재조일본인 2세들의 고향 관념은 권력 구도의 변동으로 인해 왜곡과
도착倒錯을 동반하는 복잡한 양상을 띠게 된다.

이처럼 조선이나 구 만주에서 생활한 식민지 일본인의 정신구조는
분열적이다. 종언을 맞이한 '쇼와昭和시대'를 재검토하기 위해 사상사 연
구자인 윤건차는 일본과 아시아 민중에게 고통을 초래한 일본제국주의
가 붕괴하고도 극복되지 않은 채 그 시대를 계속해서 살아남은 '제국의
식'을 고찰했다. 거기서 "지배 민족의 일원으로서 식민지에 살았던 일본
인 한 사람 한 사람에게는 식민자들에게 공통되는 생활 의식·정신구조
가 있었다"고 지적했다.[33]

---

33   尹健次, 「植民地日本人の精神構造 - 「帝国意識」とは何か」, 『思想』 778号, 岩波書店, 1989.4, p.5.

1960년대 이후, 급진적인 창작과 활동을 한 모리사키 가즈에는 그 사상적 도전에서 어떻게 '식민자들에게 공통되는 정신구조'를 상대화하고 '자기 부정에 의한 재생'으로 연결시켜,[34] 독자적인 사상 영역을 개척했을까? 이러한 문제를 밝혀내기 위해서도 모리사키의 원죄의식을 일본으로 귀환한 후 문학이나 회상록을 통해 고뇌를 말하기 시작한 동세대 식민자 2세의 공동 체험 속에 자리매김하여 그 공통성과 특유성에 대해 고찰할 필요가 있다.

일본 내지에서 식민지 조선으로의 이주는 제국주의를 배경으로 한 지배자의 착취와 수탈에 의거하는 통치 구조 확대의 일환이었다. 재조일본인은 한일병합이 있었던 1910년에는 이미 17만 명을 넘었는데, 약 10년 만에 그 숫자는 2배로 늘어났다. 식민지 조선에서 태어난 이주 2·3세대들에게 조선은 고향 그 자체였다. 그 고향이 한편으로는 피지배민인 조선인들이 풍경의 일부에 지나지 않는다는 독선적인 점유에 의해 성립되고 다른 한편으로 내지에서는 낙오자나 일확천금을 노린 자라고 얕보는 중층성을 띠고 있었다고 할지언정 자신들이 나고 자란 소중한 땅임에는 틀림없었다.

1930년대가 되면 재조일본인의 약 3분의 1이 조선에서 태어난 2·3세였다. 1925년 규슈에서 대구로 이주한 모리사키 일가도 부모들의 생활 스타일 외에는 직접 다른 사람들의 생활 윤리가 들어오는 일은 없었다고 한다. 일본인 주택가 밖에 펼쳐지는 산과 하늘, 멀리 떨어진 초가집

34　Ibid., p.20.

과 일하는 사람들의 목소리, 생활 소리 등을 배경 음악처럼 호흡한 모리사키는[35] 두말할 나위 없는 '조센코朝鮮子'였다. '조센코'는 주로 일본인 2세나 3세인 '조선에서 태어난 내지인 딸'이 일본의 향토적·역사적·종교적 분위기와 분리되어 제국신민으로서의 의식이 부족한 존재라는 의미에서 사용되었다.[36]

내지인이라는 우월 의식을 가진 채 조선인들의 생활에서 멀리 떨어져 노동을 경시하여 '기미가요'도 부르지 않는 허영에 찬 경조부박한 존재로서의 '조센코'의 표상은 일본제국의 이데올로기의 반영이지만 일면에서는 재조일본인의 의식을 정확히 나타내기도 했다. 그것은 수도, 전기, 전화 등으로 근대화된 생활을 식민자 대부분이 누리는 식민지의 근대 도시 대구에서[37] "구습의 땅을 버리고 새로운 일본에 살고 있다"는 모리사키의 생활 감각이기도 했다. 따라서 식민자 2세의 학교생활을 일본인답게 바로잡으려는 수업을 판에 박힌 듯 모리사키가 다니는 여학교에서도 하고 있었지만, 수업이 끝나면 여학생들은 수업 중에 들은 내용을 비웃었다고 한다. 천황의 적자赤子로서 목숨을 바친다는 마음을 모리사키는 도저히 받아들일 수가 없었다.[38]

'조선인들의 생활에서 멀리 떨어져' 있다는 것도 식민자 2세들의 공통된 생활 감각이었다. 일본인 자녀들은 조선인 자녀들과 다른 세계에

35   森崎和江, op.cit., 2008, p.134.
36   오성숙, 「재조일본여성 '조센코' 연구—쓰다 세쓰코, 『녹기』 그리고 청화여숙」, 『일본언어문화』 27호, 한국일본언어문화학회, 2014.4.
37   森崎和江, op.cit., 1984, p.28.
38   森崎和江, op.cit., 2008, pp.116~118.

살고 있다고 생각했으며, 대부분은 조선에 대해 아무것도 몰랐다.[39] 조선의 여성 식민자에 관해서 연구하는 히로세 레이코広瀬玲子가 인터뷰한 경성제일고등여학교나 사카모토 가즈코咲本和子가 조사한 경성여자사범학교 출신자들도 대부분이 여학교 시절까지 동세대 조선인들과 어울려 본 적이 없었다고 한다.[40] 육군 막사가 늘어선 일본인만 사는 주택지에서 자란 모리사키가 술회한 것처럼 "가도 되는 영역을 식민자 2세들은 잘 알고 아주 소꿉질하는 양 살았다".[41]

그러한 속에서도 재조일본인에게 가장 가까운 조선인이라고 하면 같이 살며 일하는 가사사용인이었다. 재조일본인들은 그 가정에서 집안일을 해주는 조선 여성 사용인을 '오모니ォモニ'라고 불렀고, 소녀는 일본식으로 '네에야ネ ェヤ'라고 했다.[42] 이들 가사사용인은 이름을 가지지 않았고 대개는 '인격이 없는 도구'처럼 취급되었다.[43] 모리사키가 다닌 봉산정소학교의 대부분 가정에서도 가사사용인을 고용하고 있었다.[44] 모리사키의 원체험으로 몸에 밴 냄새와 촉감은 자신의 어머니의 것이 아니라 오모니나 네에야의 것이었다. 그럼에도 불구하고 모리사키는 오모니의 생활상도 모르고 그의 말도 모르고 이름조차 기억하지 못하는 자신을 계속 책망했다.

---

39 旗田巍, 『朝鮮と日本人』, 勁草書房, 1983, pp.290~291.

40 広瀬玲子, 「植民地支配とジェンダーー朝鮮における女性植民者」, 『ジェンダー史学』10号, ジェンダー史学会, 2014, p.26; 咲本和子, 「「皇民化」政策期の在朝日本人ー京城女子師範学校を中心に」, 『国際関係学研究』25号, 津田塾大学, 1998, p.84.

41 森崎和江, op.cit., 1970d, p.216.

42 Ibid., p.228.

43 高崎宗司, 『植民地朝鮮の日本人』, 岩波新書, 2002, p.186.

44 森崎和江, op.cit., 1984, p.57.

한편, 식민자 2세들의 문화적·자연적 체험에는 외지와 내지 간에 메우지 못하는 틈이 있었다. 조선에서 자라는 아이들에게는 귀환한 내지 풍경이 어색할 정도로 일본 노래나 그림책에 나타나는 문화적 표상은 현실 감각과 괴리되어 있었다. 모리사키에게도 '내지는 이야기 속의 세계'였다. 자장가라고 하면 오모니를 연상하고, 시냇가에서 빨래하는 할머니 이야기를 들으면 조선 옷을 입은 할머니를 떠올리고, 오본お盆의 공양 이야기가 나오면 잔디에 둘러싸인 봉긋한 무덤이 아니면 실감이 나지 않았다.[45] 내지 문화나 자연의 추상적 표현의 뜻을 자신이 체험하는 조선의 구체적 기호를 거치지 않으면 이해하지 못했다.[46]

이처럼 모리사키 가즈에의 유년기와 소녀 시절은 식민자 2세인 같은 세대들과 조선 체험을 공유하고 있었다는 것을 알 수 있다. 후쿠오카 여자전문학교 재학 중에 공습과 기총 소사를 겪은 모리사키는 학업을 마치면 조선에 사는 부모 곁으로 돌아가서 일할 생각이었다.[47] 패전이 되어 '마음이 놓여'도 그로 인해 조선이 독립하고 거기에 더 이상 일본인은 살 수 없다는 것까지 상상이 미치지 못했다. 식민지배에 대한 재조일본인의 순진한 감정 또한 모리사키는 갖고 있었다.

인양이라는 고향 상실 / 창출

지배자로서의 특권 의식과 피지배자에 대한 무의식이 얽힌 식민주의가 지탱하는 식민자 2세의 고향 관념은 제국의 붕괴와 더불어 무상하게

---

45 森崎和江, op.cit., 1970d, pp.265~266.
46 Ibid., pp.218~219.

사라져가는 허상이었다. 조선이라는 고향의 상실과 일본이라는 고향의 창출을 강요하는 급격한 사회 변동은 '인양 이야기引揚物語'로 표상되는 실체적인 어려움 이상으로 이들 식민자 2세들을 고통으로 몰아넣게 된다. 재조일본인 2세는 선천적인 감각으로서의 고향에 대한 관념을 정치 관계의 변동으로 인해 포기해야 하는 아이덴티티의 동요에 직면했다. 인양은 스스로의 의식에서도 그리고 내지인들의 시선으로부터도 가혹한 현실은 피할 수 없었다.

돌아온 식민자 2세들이 제일 먼저 목격한 광경은 '막노동을 하는 일본인'들의 모습이었다. '노동을 경시한다'고 빈축을 샀던 '조센코'들은 실제로 육체노동이 조선인들의 역할이라는 생각을 가지고 있었다. 그래서 인양선이 입항하면서 눈 앞에 펼쳐지는 일하는 일본인들의 당연한 모습에 문화적 충격을 받았다.[48]

모리사키도 내지에 사는 일본인이 조선인들처럼 육체노동을 하고 있다고는 상상할 수 없었다. 부모의 교육도 있어서 가끔씩 아버지 고향도 방문했었기 때문에 '정보'로서는 알고 있었다. 하지만 그것과 생활의 공유는 차원이 달랐다.[49] 그래서 가족이 돌아온 후에 '식민지에서는 본 적이 없는 물긷기'를 하면서 '식민지에서 일본인 여성들은 일하지도 않고 편안하게 살았다'는 것을 절절히 느꼈다.[50] 그러한 모리사키를 절망시킨

47   森崎和江, op.cit., 2008, p.113.
48   本田靖春, 『私のなかの朝鮮人』, 文春文庫, 1984(1973), p.164; 沢井理恵, 『母の「京城」・私のソウル』, 草風館, 1996, p.11; 赤尾覚, 「韓国再訪 — 三十七年ぶり旧友と奇遇」, 『季刊望郷 — 北朝鮮引揚者がつづる終戦史』 10号, 望郷出版, 1983, p.136.
49   森崎和江, op.cit., 2009b, pp.283~284.

것은 오히려 이질적인 인간을 배제하는 듯한 구태와 여성을 상품화하는 유곽이었다.

조선에서 돌아온 모리사키 일가를 아버지의 고향 사람들은 따뜻하게 맞아주었다. 그러나 모리사키는 "아버지의 맏딸이라는 것만 알면 충분"하다는 듯이 "아무도 내 정체를 알려고 하지 않았다"는 사실에 위화감을 느꼈다. "개인의 속성만 묻고 인간의 핵심 부분의 대응을 무시하는" 모습에 마을 사람들이 "개별적인 경향성을 알려고 하지 않는 몰개성적인 미소 짓는 집단"^{강조점 - 원문}처럼 보였다.[51]

이질적인 문화를 배척하는 일본 사회의 숨막힘을 많은 재조일본인 2세들은 참아내야 했다. '일하는 일본인'에 대한 당혹감이 식민자로서의 우월 의식과 무의식에 대해서 안쪽으로부터 균열을 일으키는 것이라고 한다면, 동질적 공간으로서의 일본에 대한 이질감은 그나마 식민지에서 체득한 혼종성과 주변성을 가지고 동화 압력에 저항하는 이의 제기였다.

식민자 2세로서 조선에서 태어나 자기 형성을 할 감수성이 예민한 시기에 패전을 맞은 모리사키와 동세대 작가로는 무라마쓰 다케시村松武司, 1924년생, 고바야시 마사루小林勝, 1927년생, 호리우치 스미코堀内純子, 1929년생, 가지야마 도시유키梶山季之, 1930년생, 고토 메이세이後藤明生, 1932년생 등과 생후 바로 조선으로 건너간 이쓰키 히로유키五木寛之, 1932년생 등이 있다. 이들 작가는 전후, 자신의 조선 체험을 돌아보고 죄의식과 향수가 얽힌 고향 상실 / 창출의 갈등을 작품 활동을 통해 일본 사회에 토로하게 된다.

---

50   森崎和江, op.cit., 2008, pp.213~220.
51   森崎和江, op.cit., 1970d, pp.204~205.

'자기 부정'하는 향수의 모습

-고바야시 마사루·이쓰키 히로유키·니시카와 나가오西川長夫

많은 경우, 인양자의 이의 제기는 모리사키 가즈에처럼 단련되어 일본 사회에 대한 비판으로 향하기보다 남동생인 겐이치나 소학교 시절의 동창생처럼 자살에 내몰리거나 국민국가로 수축된 일본에 순응할 수밖에 없었다. 그렇다면 재조일본인 2세들에게 식민지의 기억으로 남는 것은 지배와 수탈 등 불순물을 제거하여 순화된 고향에 대한 '그리움'이었을 것이다.

이렇듯 많은 조선 인양자들이 식민지 시대를 회상하여 문학 작품이나 회고록을 통해 세월이 흘러가도 지워지지 않는 '그리운 조선'을 표상했다.[52] 이러한 전후 일본의 조선에 대한 향수에 대해 식민자 2세 작가들은 불순물이 섞인 '그리움'을 표명하거나 '그리움' 자체를 거부하는 것으로 저항했다.

모리사키는 조선 사람들과 같은 풍토에서 자라난 것에 대해 일단 "안이하게 말하면 안 된다고 마음에 자물쇠를 채웠다."[53] 그 이면에는 "나는 사랑했다"고 말한 것처럼 틀림없이 '그리움'이 있었다. 그러나 그 애정의 대상은 "식민지에서의 내 생활"이 아니었다. 생활을 부정한 자연·풍토에 대한 예찬도 물론 아니었다. "사랑하지 않을 수 없는 아름다움이 그 풍토에 있습니다"라는 말이 목구멍까지 나왔지만 그것은 "사랑이 없는 시선

---

52   中根隆行,『〈朝鮮〉表象の文化誌-近代日本と他者をめぐる知の植民地化』, 新曜社, 2004, p.318.

53   森崎和江, op.cit., 1984, p.224.

에 대한 분노"였기 때문에 모리사키는 "분노를 참으면서 그 말은 하면 안 된다고 자신에게 계속 타일렀"다.[54]

모리사키의 '그리움'에 대한 대처 방법은 윤건차가 말하는 '식민지 일본인의 정신구조'로 말하면 '자기 부정'이라는 가장 급진적인 입장이라고 할 수 있다.[55] 동세대 식민지 2세 작가로서 같이 조선 체험의 '그리움'을 거부하는 자기 부정으로 자신을 몰아간 것이 고바야시 마사루였다. 모리사키와 동갑내기인 고바야시는 똑같이 교사의 자녀이며 어린 시절을 대구에서 보낸 것도 공통점이다. 고바야시도 패전 전에 내지에 있는 육군항공사관학교에 입학했기 때문에 두 사람은 조선으로부터의 가혹한 인양을 직접 경험하지는 않았다.

패전 후, 공산당에 가입하여 한국전쟁 반대투쟁으로 체포와 투옥을 겪었던 고바야시 마사루는 식민자 2세 작가로서는 누구보다도 '한 발짝 앞서서 현실적'으로 조선을 주제로 한 작품들을 발표했다.[56] 주로 소년의 시선에서 조선의 원풍경을 그린 전기 작품에는 소박한 '그리움'이 엿보인다. 고바야시는 식민자에 대한 피식민자의 눈을 의식했지만, 조선인들과 풍토에 대한 감정을 공유한다고 믿어 의심치 않았던 모리사키와는 달리 자신은 거부당하고 있다는 '식민자 아들들의 소외감'을 안고 있었다.[57] 『포드·1927년』[1956] 등에 표출된 이러한 콤플렉스는[58] 고바야시의 문학

---

54 森崎和江, op.cit., 2008, p.217.

55 尹健次, op.cit., p.20.

56 安宇植, 「小林勝と朝鮮」, 日本アジア・アフリカ作家会議 編, 『戦後文学とアジア』, 毎日出版社, 1978, p.124.

57 磯貝治良, op.cit., pp.104~106.

적 관점에 강하게 투영되었다.

　고바야시 마사루는 '일본에게 조선은 무엇이었는가'를 묻는 것을 자신의 문학의 출발점으로 삼았다.[59] 후기 작품에 이르면 '내면의 그리움'조차 거부하게 되었다. 문학 연구자인 하라 유스케原佑介는 이 시기의 고바야시에 대해서 조선을 사랑하고 그리워하면서도 많은 인양자들이 전후 일본에서 품고 토로했던 식민지에 대한 향수의 정을 굳이 철저하게 자제하여 단죄하는 방향으로 나아갔다고 지적했다.[60] 여기에는 원죄의식의 속박에 갇혀 있었다는 비판도 있지만, 앞서 이소가이 지로가 지적한 것처럼 고바야시가 '일본인 총체로서의 나'라는 관점에 고집하는 것은 일본 및 일본인이란 무엇인가라는 물음을 던지기 위한 것이었다.[61] '일본 민중에게 있어서 조선 문제란 무엇인가'를 되물었던 모리사키와 고바야시는 문제의식을 공유하고 있었다.

　그런데 모리사키가 원죄의식이라는 자기 내면에 다가가기 위해 '일본인 총체' 속에 자신을 자리매김하려고 했다면, 고바야시는 반대로 어린 시절에 '그리운 조선'에게 거절당한 자신의 굴절을 '일본인 총체'로까지 끌어올리려고 했다. 후기 작품인 「발굽이 갈라진 것」1969년은,[62] 그 거절과 굴절을 극명하게 보여주고 있다.

58　小林勝, 「フォード·一九二七年」, 小林勝, 『小林勝作品集 第1卷』, 白川書院, 1975.

59　小林勝, 「私の「朝鮮」―あとがきに代えて」, 『小林勝作品集 第4卷』, 白川書院, 1976a, p.251.

60　原佑介, 「朝鮮植民者二世作家小林勝と「内なる懐かしさ」への抵抗」, 『コリア研究』 創刊号,
　　立命館大学コリア研究センター, 2010, p.23.

61　磯貝治良, op.cit., p.122.

62　小林勝, 「蹄の割れたもの」, 『小林勝作品集 第4卷』, 白川書院, 1976b.

이 "유년기의 상실도 단순한 로맨티시즘의 상실이라는 것이 아니라 조선의 연상 여인과의 성적인 오욕으로서 형상화된" 작품에 풍기는 것은,[63] 식모오모니의 "일본인이 아닌 강하고 진한 냄새"이다. 모리사키의 원체험인 오모니의 냄새와 촉감과는 대조적으로, 이 작품 중의 '나'에게 있어서 그 '여성'은 "회상하기조차 괴로운 존재였다".[64] 오모니에 대한 양자의 표상의 간극은 '조선에서 태어난 내지인 딸'과 '식민자의 아들'이라는 차이에 의한 섹슈얼리티의 문제와도 무관하지 않다.

고바야시 마사루는 1971년에 사망했기 때문에 문학적 세계의 완성은 뜻을 이루지 못한 채 끝났다. '죽을 때까지 식민자 2세'였던 고바야시는,[65] "우리 생활이 그대로 침략이었다"라고 한 모리사키와 더불어 원죄의식에 시달리면서[66] 조선에 대한 '그리움'을 참았다.

모리사키 가즈에와 고바야시 마사루가 '그리움'을 참고 자기 부정으로 나아간 것은 조선에 대한 향수를 온존한 채 일본으로 방출되었기 때문이기도 하다. 식민자 2세 작가들 중에는 고향의 붕괴를 목격하고 억류되었던 북한 지역에서 탈출한 사람들도 있었다. 그 경우, '그리움'은 참는 것이 아니라 봉인할 수밖에 없었다. 사선을 넘어 일본으로 돌아온 식민자 2세들의 문학을 '외지인양파外地引揚派'라고 부른 작가 이쓰키 히로유키와 문학 연구자가 된 니시카와 나가오가 이에 해당된다.

이쓰키 히로유키는 조선 땅에 향수를 느끼고 있었지만 그곳은 '죄지

---

63   野呂重雄, 『混沌の中から未来を』, 一ツ橋書房, 1972, p.180.

64   小林勝, op.cit., 1976b, p.54.

65   原佑介, op.cit., 2010, p.35.

66   森崎和江, op.cit., 1984, p.38.

은 땅'이었다. 따라서 교사였던 아버지의 제자들에게 초대를 받아도 평양에 갈 자격이 없다고 생각하여 조선 체험에 대해서도 "그립다는 말을 하면 안 된다는 입장"이었다.[67] 패전 후의 혼란 속에서 목숨을 잃은 어머니에 대해서도 "구 지배자 측의 인간들이 식민지를 떠날 때의 형식"인 '벌'로 받아들여 원망하지 않았다고 한다.[68]

그래도 패전 국민이 된 소년에게는 받아들이기 힘든 것이 있었다. 어른들은 "왜 이런 일을 당해야 하나?"라며 불우한 처지를 한탄하고 "내지에 돌아가기만 하면" 고난에서 벗어날 수 있다고 생각했다. 그 어른들이 생존을 걸고 일본인끼리 서로 싸우고 집단적인 극한 상태에 있으면서 환상의 '내지'를 향했다.[69] 자아의 형성기에 경험한 패전과 인양, 그리고 귀국 후 수년간에 응축된 원체험이 이쓰키를 만들었고, 일그러뜨렸으며, 지배하게 된다.[70]

인양 체험으로 인해 이쓰키 히로유키는 "가난한 자가 보다 가난한 자를 적으로 삼는 섬뜩한 진실"을 수도 없이 목격했다.[71] 그러한 이쓰키에게는 "대중에 대한 어두운 분노와 초조함과 도발이 있다"고 문학 연구자인 고마샤쿠 기미駒尺喜美는 지적한다.[72] 이쓰키는 모리사키가 부심한 '지배권력에 의해 격리된 피지배자 상호의 주체적 연대의 어려움'을 다른 형태로 마음 속에 새기고 있었다고 말할 수 있다.

---

67 『每日新聞』, 2002.9.17.(夕刊).

68 五木寛之, 『風に吹かれて』, 角川文庫, 1970a, pp.96~98.

69 Ibid., p.97.

70 五木寛之, 『にっぽん漂流』, 文藝春秋社, 1970b, p.23.

71 五木寛之, 『深夜の自画像』, 創樹社, 1974, p.38.

즉 모리사키가 민중 세계로 뛰어들어 그 심부에 들어가는 것을 마다 하지 않고, "지금까지 아무도 말하려고 하지 않았던 것을 말로 표현하려고 고투"하는 딱딱한 문장을 쥐어 짜내듯이 쓴 것과는 대조적으로,[73] 이쓰키는 허무주의를 풍기면서 민중의 눈높이에 맞춤으로써 그 어려움을 우회했다. 대중사회 속에서 탄생한 유행 작가인 이쓰키는 '읽을거리'에서는 엔터테인먼트로 일관했다.

이쓰키 히로유키는 식민지에서의 원체험을 통해 모리사키와는 민족·인종 관계에 대한 강한 관심, 내지 또는 일본적인 것에 대한 반발, 지리적 방랑성과 인터내셔널한 경향, 고향상실 의식을 공통적으로 가지고 있다. 또한, 인양 후 지쿠호에서 운명 공동체를 발견하고 오키나와에도 특별한 관심을 갖게 되지만 끝까지 탈출한 고향 땅을 결코 밟지 않았다. 이쓰키는 반세기 이상 비참하게 죽은 어머니에 대한 기억을 지워 버리려고 필사적으로 싸웠다.[74] 식민지 조선에서 패전을 맞이한 이쓰키에게 고향을 상기하는 것은 불쾌한 일이었다. 이쓰키에게는 '원죄'보다도 '현죄現罪'가 절박했다.[75]

1934년에 군인의 아들로 한반도에서 태어난 니시카와 나가오도 "사고방식과 감정의 거의 원점이라고 할 수 있는" 인양 체험을 인양자의 복잡한 문제와 연결하여, 그것을 "식민주의가 만든 아포리아"로 생각하여 본질에 다가가려고 했다.[76] 그 과정은 순탄하지 않았으며 "유소년기를 보

---

72 駒尺喜美,『雑民の魂-五木寛之をどう読むか』, 講談社, 1977, p.86~87.

73 　上野千鶴子, op.cit., p.15.

74 　五木寛之,『運命の足音』, 幻冬舎文庫, 2002, p.16.

75 　駒尺喜美, op.cit., p.35.

낸 조선과 만주의 그리운 추억을 말하는 것에 강한 저항"을 느낀 것은 식민자 2세 작가들과 다를 바 없다. 그런데 니시카와는 "과거로 거슬러 올라가는 내면의 여행을 시작했다면 나 자신에게 아주 위험한 여행이 될 우려가 있다"고 해서,[77] 모리사키처럼 한반도와 '내적 대화의 길'로 가는 것을 망설였다. 결국 니시카와는 조선 시절에 관해서는 쓰는 것도 말하는 것도 신중하고 두려워해서 마치 실어증에 걸린 사람처럼 되어 버렸다.[78]

식민지를 갖는 것이 얼마나 종주국의 인간들을 비문명화시키고 타락시키는가라는 니시카와의 탈식민주의적인 질문은,[79] '일본 자체를 사상적 갈등의 대상'으로 삼아 조선 문제에 접근하는 모리사키의 방법과 상통한다. 그럼에도 니시카와가 '일본인'으로서가 아니라 "자신을 일본 공동체와 동일화시키지 않고 비국민으로 일관하여 책임을 지는혹은 지지 않는 협소한 약간의 가능성"에 건 것은,[80] 이쓰키 히로유키와 마찬가지로 가혹한 인양 체험이 있었기 때문일 것이다.

단, 니시카와에게 트라우마가 된 것은 북부 조선에서의 억류보다도 패전 직후의 식민지적인 일본의 상황이었다. 모리사키의 경우, 대부분의 인양자가 겪어야 했던 의지할 곳이 없다는 어려움과 굶주림은 모면했지만 인신매매와 매매춘에 큰 충격을 받았고 점령군인 미병사들의 행동도 눈에 거슬렸다.[81] 그 충격은 식민지에서 내지로 인양하는 시기에 소녀에

---

76   西川長夫, 『植民地主義の時代を生きて』, 平凡社, 2013, pp.220~221.

77   Ibid., pp.233~234.

78   原佑介, 「「引揚少年」としての西川長夫と韓国」, 『立命館言語文化研究』 27巻1号, 立命館大学 国際言語文化研究所, 2015, p.103.

79   西川長夫, op.cit., 2013, p.231.

서 어른으로 성장하는 시기가 겹치면서 내면 깊숙이 스며들었을 것이다.

　모리사키 가즈에나 니시카와 나가오도 '굴욕'의 땅에서 살아나가야 했다는 것은 똑같았다. 그리고 '굴욕' 자체보다도 그러한 식민지적 상황을 쉽게 받아들이는 일본의 정치적·문화적인 상황 속에 본질을 발견하고 두 사람은 고뇌했다. 하지만 그러한 상황을 추궁하는 방법은 각기 달랐다. 니시키와가 '굴욕'에 무감각한 식민지적인 상황을 누구도 거기서 벗어날 수 없는 거대한 국제정치의 폭력 구조로 인식했다면, 모리사키는 그것을 정치적으로는 철저하게 차별하면서도 생활 차원에서는 차별하고 있지 않다고 느끼는 일본의 사회구조·정신구조에서 찾으려고 했다.[82]

　그 외에, 조선총독부 관리의 딸로서 경성^현 서울에서 태어나 인양 후에는 아동문학 작가로 활약한 호리우치 스미코도 "가해자로서의 식민자였기 때문에 솔직히 '그립다'고 말할 수 없는 심경을 그렸다"고 평가받는다.[83] 호리우치는 "여기는 머물면 안 되는 장소"라고 자신에게 되뇌며 "마음을 사슬로 꽁꽁 묶여서" 인양자 전용 화물차에 올라타 서울에는 "두 번 다시 평생 갈 일이 없을 것이라고 생각했"다.[84] 다만, 자유주의자인 아버지마저 심판해야 했던 모리사키와는 달리 "수탈과는 관계없이 오로지 나무를 심어서 키우기만 한 아버지"를 옹호했다.[85]

　대부분 10대 나이로 패전을 맞게 된 식민자 2세들의 문학적 과제는

80　西川長夫,『国民国家論の射程－あるいは〈国民〉という怪物について』, 柏書房, 1998, p.17.

81　森崎和江, op.cit., 2008, pp.42~43.

82　森崎和江, op.cit., 1970d, p.194; 西川長夫, op.cit., 2013, p.231.

83　磯貝治良, op.cit., pp.96~97.

84　堀内純子, 絵·岩崎淑子,『ソウルは快晴』, けやき書房, 1985, p.4.

깊은 고뇌를 동반하면서도 식민자로서의 안과 밖의 모순은 일본의 식민주의를 날카롭게 비판하는 독자적인 전후 문학을 만들어내는 원동력이 되었다.[86] 모리사키의 작가 활동이 이들 문학과 반드시 겹치는 것은 아니지만, 패전 시에 식민지 체험을 내면화하거나 상대화하기에는 젊었던 식민자 2세인 표현자들은 인양의 경험을 통해서 맞닥뜨린 극심한 낙차를 말하기 시작한다.

　모리사키 가즈에는 식민지 체험에 의해 갈라진 아이덴티티를 자기 부정함으로써 자기 회복으로 연결 지우려 한 시대의 아이였다. 하지만 모리사키의 조선 체험에는 "풍토에 대한 공통 감정이 특정 조선인이나 불특정 조선인들과 오고 간 신뢰"가 새겨져 있었다.[87] 이것이야말로 다른 식민자 2세 작가와 다른 원체험의 탈식민주의의 조건이라고 생각되는데, 그 특유한 감수성에 대해서는 다음 절에서 검토하고자 한다.

4. 식민지 체험을 넘어서 __ 자기 부정의 폴리틱스

원죄의식의 생성 – 내발內発하는 사상

　대략 10대 나이에 일본으로 방출된 재조일본인 2세들에게 고향 상실이라는 고민은 육체적으로나 정신적으로나 가차 없이 들이닥쳤다. 인양

85　Ibid., p.183.

86　原佑介, 「「引揚者」文学から世界植民者文学へ―小林勝、アルベール・カミュ、植民地喪失」, 『立命館言語文化研究』 24巻4号, 立命館大学国際言語文化研究所, 2013, p.138.

87　森崎和江, op.cit., 1984, p.224.

한 식민자들의 전후는 생존을 통해 허구의 고향에 실체를 갖추게 해야 하는 고난으로 가득 차 있었다. 이들 인양자의 뼈저린 외침은 이윽고 전후 민주주의에 따른 '평화국가'를 위한 희생으로밖에 여겨지지 않는 국가적인 이야기에 회수돼 버린다. 모리사키 가즈에의 끝없는 원죄의식은 그러한 허구성을 거침없이 강요하는 '일본식 공동체'를 향해 날을 세웠다.

재조일본인 2세 작가들 중에서도 모리사키 가즈에는 각기 방법론은 달라도 고바야시 마사루나 니시카와 나가오와 더불어 가장 급진적으로 식민주의를 추궁한 한 명이라고 볼 수 있다. 그가 서 있던 위치는 탄광, 여성, 한국/조선, 오키나와, 재일한국·조선인 등, 늘 하층부와 주변부에 있었다. 모리사키는 10대 나이로 패전을 맞은 동세대들과 마찬가지로 식민지 조선에서의 공동 체험에서 비롯되는 급진적인 전형을 따라가게 되지만, 시각을 바꿔서 그 특유성을 형성한 감수성에 주목하면서, 공동 체험에 머물지 않고 내발하는 사상의 기반이 되는 탈식민주의의 싹이 트기 시작한다.

모리사키의 사상의 원점이 된 식민지 체험의 '원죄'는 진학을 위해 조선에서 일본으로 건너갔을 때 싹텄다.[88] 패전의 해와 이듬해, 모리사키가 공습으로 불탄 후쿠오카의 구 규슈제국대학 도서관에서 일본제국의 죄업의 흔적을 찾아가듯 조선총독부 자료를 뒤진 것도,[89] 원죄의식이 어른거리고 있었기 때문일 것이다.

이러한 모리사키의 갈 곳이 없는 마음은 식민지 체험에 대한 글쓰기

88   森崎和江·中島岳志, op.cit., pp.66~67.
89   森崎和江, op.cit., 2009b, p.303.

를 시작하기 전부터 표출되었다. 동인 시집 『모음母音』에서 활동한 1956년의 어느 날, 주재자이며 의사인 마루야마 유타카丸山豊가 "가즈에 씨는 원죄의식이 깊군요……"라고 말한 것처럼 모리사키의 시에 깃든 원죄의식을 직감적으로 감지했었다.[90] 군의관으로 출정했던 마루야마는 필리핀, 보르네오, 자바, 버마현 미얀마, 윈난雲南을 거치면서 '지옥 그림을 그리는' 전투에서 살아남아, 1946년 6월에 귀국해 구루메시久留米市에서 의원을 개업하면서, 시를 써서 일본을 대표하는 시인이 되었다.[91] 마루야마는 신문사와 방송국을 돌면서 모리사키를 추천했다. 모리사키는 일본방송협회NHK의 라디오 드라마의 대본을 써서 생계를 유지하며 각지를 여행할 수 있었다.

모리사키는 자신의 아이덴티티를 찾기 위해 일본 각지로 여행을 떠난다. 자이니치 작가 강신지姜信子가 지적한 바와 같이, 그 여행의 출발지가 식민지 '조선'이었다.[92] 그렇다면 중요한 것은 다른 동세대 작가들보다 한층 강렬한 원죄의식을 형성한 성장 과정일 것이다. 그러면 여기서 다시 모리사키의 식민지 체험으로 되돌아가 '조선인과 풍토에 대한 감정을 공유한 것의 신뢰'를 구축할 수 있었던 독특한 감수성의 형성 과정을 살펴보자.

---

90   Ibid., p.172.

91   早瀬晋三, 『すれ違う歴史認識—戦争で歪められた歴史を糺す試み』, 人文書院, 2022, p.128.

92   姜信子, 「〈解説〉果てしなく血を流し生まれかわり産みなおし書きつづける、旅」, 森崎和江, op.cit., 2008, p.326.

식민지 체험 속의 '만남'

모리사키 가즈에의 조선인들과의 접촉은 다른 재조일본인 2세와 마찬가지로 인간적으로 깊은 관계를 맺어 우정까지는 되지 않더라도 자아 형성에 중요한 계기가 되었다. 그 경우 조선인공동체과의 접촉 속에서 느낀 냄새와 촉감, 소리 등 감각적인 면만이 아니라 기쁨과 불안 등 감정적인 면에도 주목할 필요가 있다. 물론 재조일본인 2세들의 식민지 체험은 가지각색이며 그것을 내면화하는 사고 회로도 같지 않다.

모리사키는 "조선인들과의 교류는 거의 없었다"고 하면서도,[93] "자기 감각의 기반이 된 것이 그 일본인 거리 속의 일본인 특유의 생활 속에 한정돼 있었다고 말할 자신은 없다"고도 말한다. 이처럼 "이식된 풀처럼 나는 힘차게 한눈도 팔지 않고 그 대지를 들이마시며 자기 자신의 감정이나 감각을 길렀다"고 하는데,[94] 그것은 자연과 풍속에 한정되지 않고 사람들과의 접촉을 통해서도 마찬가지였을 것이다.

예를 들어 모리사키에게 시장은 즐거운 시공간이었다. 대구에서는 '조선 시장'을 본 적이 없었지만 경주에서는 어머니와 여동생과 함께 종종 찾았다. 큰 시장이 열리는 날이면 저녁 때까지 사람들로 붐볐기 때문에 하교 시에는 손님과 상인, 지게꾼들로 북적거리는 시장 사람들 사이를 밀어 헤치면서 걸었다.[95] 모리사키의 생활 공간에는 좋아하든 말든 '조선적인 것'들이 들어왔다.

---

93   森崎和江·中島岳志, op.cit., p.27.

94   森崎和江, op.cit., 1970d, p.265.

95   森崎和江, op.cit., 1984, pp.126~127.

이러한 만남은 우연이었거나 한 번뿐인 적이 많았다. 그러나 조선인들과는 "저녁 때 좁은 길에서 스쳐 지나갈 때 같은 정감을 서로 나누고 있었다"는 것을 어린 모리사키는 느끼고 있었다.[96] 그 사람들은 "이 세상에는 일본인과 조선인들이 섞여서 살고 있었다"는 것을 나타냄으로써 식민자로서의 의식을 뒤흔들고, "식민지에는 일본인들의 공통 감정이 산천에 새겨져 있지 않다"고 하는 거북한 느낌을 상기시켰다.[97]

『경주는 어머니의 부르는 소리』에는 모리사키 가즈에가 만난 무명의 조선인들이 다수 등장한다. 소학교에 들어가기 전, 설날에 네에야를 따라가서 전통놀이인 널뛰기를 하며 여자아이들이 웃을 때에는 모리사키도 즐거워서 같이 웃었다. 그러나 모리사키의 뇌리에 박힌 조선 아이들의 표정에는 웃음이 없었다. 아버지 제자들이 사는 시골에서 만난 농가 아이들은 웃지 않았다. 하굣길, 대구의 제사공장에서 일하는 어린 조선인 소녀와 눈이 마주쳤을 때에는 "정리되지 않는 감정이 끈적하게 침체"되는 기분이 들었다.[98] 웃음을 모르는 아이들의 모습이 패전 후, 모리사키의 가슴을 찌를 듯이 근원적인 물음을 던졌다.[99]

그것이 전후에 자신의 체험을 상대화하여 사후적인 성찰을 통해 상기한 현재로부터의 평가인 것은 분명하다. 그럼에도 모리사키는 조선인 소년들과 소녀들 얼굴에서 식민지 지배의 공간에서 피지배자가 보고 있는 자신을 발견했다. 거기에 잠재하는 식민주의의 수탈 구조를 이해하기

---

96   Ibid., p.224.
97   Ibid., p.21.
98   Ibid., p.76.
99   森崎和江, op.cit., 1970d, p.266.

에는 아직 어렸지만, 모리사키에게는 피지배자의 표정이나 눈을 통해 자신을 불안한 상황으로 몰아넣는 감수성이 있었다.

모리사키는 "다른 민족의 풍습과 역사적인 전통을 아전인수식으로 받아들이고 살았던 무분별함이 패전 이후 나를 괴롭혔다"고 말했다.[100] 그러나 그 조선 체험은 식민자로서의 무분별함과 무의식을 뜻한 것이 아니었다. 피식민자의 표정에 응답하려고 하는 감수성을 내재한 모리사키는 식민지 2세의 소녀에 대한 불특정 다수의 조선인 민중의 시선에서 한시도 자유로울 수 없었다고 한다. 자신을 겁탈하려는 듯한 긴장된 시선에 노출되면서, 그 눈을 거꾸로 응시하며 저항하는 사이에 자기는 만들어졌다고 한다.[101]

'자신의 자유의 끊임없는 긴장'에 뛰어들다

식민지 사람들을 일방적으로 바라보는 것이 아니라 그 사람들의 시선에 노출되는 감수성이 있었던 모리사키 가즈에는 단지 식민주의의 거대한 폭력의 물결에 휩싸이는 것이 아니라, 거기에 민중이 직접적으로 만나는 장소를 발견했다. 식민지에는 일그러진 형태이기는 하나 '이질적인 가치관과의 공존 세계'가 있었다.[102]

그러한 민중이 직접적으로 만나는 장을 통해 모리사키는 식민지 조선을 폄하하거나 두려워하는 것이 아닌, 민중과 더불어 숨을 쉬는 감수

---

100 Ibid., p.266.
101 Ibid., pp.214~215.
102 森崎和江, op.cit., 2008, pp.25~36.

성과 다름이 조화하는 혼종성의 정신을 길렀다고 할 수 있다. 식민지 상황에서 고유의 양의성을 극한의 형태로 체험했던 모리사키는 식민지 사람들의 절망을 감각적, 감정적으로 내면에서부터 감지하려고 했다.[103] 이러한 혼종성과 감수성이야말로 후에 모리사키의 '접촉의 사상'을 낳는 근원이 되었다고 할 수 있다.

모리사키가 혼종성과 감수성을 기른 데에는 소수민족 문제에 대해 생각하는 것을 보고 공부를 권유한 아버지 구라지의 영향이 있었다.[104] 아직 소학생이었던 모리사키에게는 어려웠지만, 대구에서 다녔던 소학교에서는 아이누홋카이도에 주로 거주하는 일본 선주민 일가의 노래와 춤을 본 것이 기억에 남아 있다. 오키나와 출신인 선생님이 부르는 민요를 내지의 노래로 착각했지만, 교실에서 어울리지 못하는 도호쿠東北 지방에서 온 같은 반 친구인 소녀가 마음에 걸려서 어깨를 끌어안고 싶었다.[105]

그런 모리사키에게 대구는 '중국인이나 러시아인, 서양인들도 바다를 건너와서 조선인들, 일본인들과 함께 여기서 살고 있는' 공간으로 보였다. "말은 다 가지각색이지만 모르는 말을 쓰는 사람이 있다는 것은 여러 가지 꽃들이 함께 피는 것처럼 자연스러운 모습이라고 받아들였"다.[106] 모리사키는 식민지의 다문화적 도시가 '이질적인 가치관과 공존하는 세계'라는 것을 사람들의 생활 감각으로부터 깨닫고 있었다.

따라서 모리사키에게는 일본제국의 교사로서 식민지의 아이들을 가

---

103 フランツ・ファノン, op.cit., p.64.
104 森崎和江, op.cit., 1984, p.131.
105 森崎和江, 『いのちへの旅－韓国・沖縄・宗像』, 岩波書店, 2004, pp.222~223.
106 森崎和江, op.cit., 1984, p.25.

르치는 아버지의 고뇌도 엿보였다. 총동원체제의 영향이 한반도에도 미쳐 황국신민이란 것을 부모와 자식, 부부, 친구들 사이에서 전하는 일이 많아졌다.[107] 아버지가 조선인들의 항일 의식과 일본제국의 헌병 양쪽으로부터 몰리고 있다는 것을 눈치챈 모리사키는 그 긴장 속에 자신도 뛰어들었다.

이윽고 모리사키는 인양자로서 일본 사회에 속수무책으로 동화되는 것에 대한 위화감을 노골적으로 드러내게 되는데, 그 모습은 입장이 반전되지만 식민지에서 태어나 프랑스에서 교육을 받고 알제리 해방 전쟁에 몸을 던진 프랑츠 파농과 겹친다. 파농은 엘리트 지식인으로서 서양화된 '하얀 흑인'인 자신을 엄중하게 추궁하면서 이중의 소외 속에 몸을 담고 자신의 존재를 부인하려고 했다.[108]

모리사키 가즈에도 자기 검토와 자기 회복이 해이해지지 않도록 '자신의 자유의 끊임없는 긴장'을 통해 '인간 세계의 이상적 존재 조건의 창조'를 지향하여,[109] 민중의 연대를 가로막는 '경계'를 해체하기 위해 식민주의와 싸웠다.

---

107   Ibid., pp.147~150.
108   フランツ・ファノン, op.cit., p.143.
109   Ibid., p.143.

5. 아시아주의에서 아시아 연대로

방한이 해방시킨 원죄의식

모리사키 가즈에의 원체험은 오모니의 향기와 촉감 등 피부감각에서 비롯된다. 식민지 근대 조선에서 가사사용인은 노동과 의사擬似 가족 사이의 애매한 위치에 있으면서 가사·육아·수유 등 가족관계가 요구되는 친밀성의 영역을 경제적 활동으로 수행했다.[110] 모리사키 일가에서도 오모니와 네에야는 의사 가족적인 존재였을 것이다.

일본의 패전에 의해, 여성의 신체를 통해 맺어진 오모니와의 친밀성이 사실은 식민지 권력을 매개로 하여 성립된 허상이었다는 것에 모리사키는 고뇌했다. 원초적인 감각으로서의 오모니에 대한 기억은 본래대로라면 상품화된 여성의 신체로, 대개는 어린 시절의 추억과 더불어 해소될 로맨티시즘일 것이다. 그것을 방해한 것이 식민주의임을 간파한 모리사키는 오모니의 상실감을 탈식민주의의 문제로 승화시킨다. 이것은 『경주는 어머니가 부르는 소리』의 간행으로 마침내 결실을 보게 된다.

모리사키는 이 책 후기에 다음과 같이 썼다. "이 글을 쓰려고 마음 먹은 것은 오로지 귀태鬼胎와 다름없는 일본인 아이를 사람의 아이라는 이유로 부정하지 않고 지켜주신 오모니에 대한 말로 표현할 수 없는 마음 때문입니다."[111] 이 구절에는 오모니와의 친밀성의 환상을 지배와 피지

---

110 서지영, 「식민지 도시 공간과 친밀성의 상품화」, 『페미니즘 연구』 11권 1호, 한국여성연구소, 2011.4, p.24.

111 森崎和江, op.cit., 1984, p.226.

배의 정치 관계에 노출시켜 깨부숴야 하는 회한이 응축되어 있다. 즉, 원초적 감각인 상실을 식민자로 태어났다는 것의 가해의 귀결로 보고, 본질적인 것이어야 할 오모니와의 친밀성을 근대적인 노동행위로 끌어 내린다. 오모니에 대한 절실한 애정을 포기하는 자기 부정을 통해 모리사키는 '자신의 자유의 끊임없는 긴장'에 뛰어들어 식민주의에 맞서는 '인간적 세계의 이상적 존재 조건의 창조'를 지향했다.

모리사키 가즈에가 『경주는 어머니의 부르는 소리』를 쓴 것은 1984년의 일이지만 그 여정은 "방한할 자격의 기초는 갖춰졌다는 생각으로" 한국으로 향한 1968년에 시작되었다.[112] 아버지를 대신하여 경주에 초청받은 모리사키는 한국 사회에서 중견으로서 활약하는 아버지 제자들이 서울로 안내해 주어 옛친구들과도 재회하고 지식층 여성들과도 교류했다. 이러한 공식 일정과 별도로 모리사키에게는 해야 할 일이 있었다. 오모니와 재회하는 것이었다.

한국 방문이 결정돼 있었던 1967년, 규슈대학의 한국인 유학생에게 한국어를 배우고 있었던 모리사키는 부친이 남긴 쪽지를 더듬어 주소를 찾아, 경주에서 아버지가 친하게 지냈던 소년의 마을에 한글로 편지를 보냈다. 의사가 된 소년은 젊어서 세상을 떠났다. 그 부인이 모리사키 일가의 가사사용인이었던 네에야=오모니였다. 공식 일정을 마친 모리사키는 귀로에 그 마을을 찾아가 오모니와 외아들의 환영을 받았다.[113] 이 한촌寒村에는 아무에게도 알리지 않고 혼자 찾아갔다.

---

112 森崎和江, op.cit., 1970d, p.267.
113 森崎和江, op.cit., 2004, pp.44~45.

오열이 멈추지 않는 모리사키를 뒷전으로 하고 유일하게 울지 않았던 사람이 오모니였다. 방한하기 직전에 오모니란 단어가 당시 경멸적으로 사용됐다는 말을 들었지만, 모리사키에게 "오모니라는 호칭은 다른 말로 바꿀 수 없는" 것이었다.[114] 모리사키는 "아무것도 모르면서 좋아하게 되었고, 잘못을 빌 수도 없는 삶을 살았다"는 원죄의식에서 조금이나마 해방되었을 것이다.[115]

식민자 2세들은 시기는 다르나 고향을 찾아다니며 그리움에 젖는 경우가 많았다. 1963년에 한국을 찾은 동세대 작가인 가지야마 도시유키는 이전에 살던 집과 학교를 찾아내 18년 만에 본 서울 모습에서 옛 흔적을 발견하고서는 감개무량해졌다.[116] 물론 가지야마는 총독부 관리의 아들로서 '식민지 책임'에 대한 속죄감을 갖고 태어난 고향인 한국·조선을 단순히 향수로 인식한 것은 아니었다.[117] 다만, 그것은 원죄의식이라기보다는 "서울에 자기 영혼을 내버려 두고 온 것" 같은 '허무감, 적막감'에서였다.[118]

호리우치 스미코도 1984년, 인양한 지 39년 만에 처음으로 한국을 찾았다. 경성제일고등여학교 동기들과 집단으로 방문한 2박 3일의 짧은 여행이었지만 호리우치는 그 "눈에서 불꽃이 튀는 듯이 강렬했던 인상"

114　森崎和江, op.cit., 1970d, p.228

115　森崎和江, op.cit., 1984, pp.223~224.

116　梶山季之,「ソウルよ わが魂」,『太陽』, 1965.3, pp.65~69

117　川村湊,「解説 梶山季之「朝鮮小説」の世界」, 川村湊編,『李朝残影－梶山季之の朝鮮小説集』, インパクト出版社, 2002, pp.334~338.

118　梶山季之,「瞼の裏を横切っていく〈京城〉」,『サンデー毎日』, 毎日新聞出版, 1971.1.17, p.39.

을 바로 써 내려가지 않을 수 없었다.[119] 방한의 행적을 여행기 형식으로 쓴 것이 『서울은 쾌청』1985이다.

"조선에 대하여, 사실을 — 내 살이 되었던 것을 표현할 자유는 없다"고 하면서 말하고 싶은 마음을 억눌러 온 모리사키 가즈에도 방한을 눈앞에 두고 심경의 변화를 보였다. 그때까지 "그것을 표현하지 않는 힘으로 나는 뭔가를 만들려고 해서 살아왔"지만 그것은 "네에야를 다시 억누르고 있다"는 것을 알아차린다. "망설이고 있다가는 조선이 망가질 수 있다"는 위기감마저 들기 시작했다. 그리고 "빨리 조선인들과 만나 내 착란의 상자를 같이 열고 공동작업을 해야 한다"는 생각에 이르렀다.[120]

모리사키의 방한은 자신의 원죄의식의 원점에 서는 결정적인 장면이었을 것이다. 모리사키도 첫 방한을 계기로 조선 체험에 관한 수필을 쓰기 시작했다. 그러나 『경주는 어머니의 부르는 소리』가 나오는 것은 훨씬 뒤의 일이었다. 모리사키가 이 자서전을 쓰기 위해서는 오모니 외에 한 가지 더 마주해야 할 존재가 있었다. 가라유키상이다.

가라유키상과 함께 넘는 아시아주의

식민지 조선에서 사람과 대지를 신체 감각으로서 흡수하는 감수성을 체득한 모리사키 가즈에는 그것을 '원죄'로서 짊어지고, 자기를 부정하면서도 민중과의 만남을 통해서 자기를 회복하는 것으로 한국을 찾아갈 수 있었다.

---

119   堀内純子, op.cit., p.186.
120   森崎和江, op.cit., 1970d, p.179.

그러나 방한하여 '원죄'의 무거운 짐을 내려놓았다고 해서 식민자로서의 과거가 지워지지는 않는다. 왜 '원죄'를 짊어져야 했는가. 그 답을 찾기 위해서는 내려놓은 '착란의 상자'를 열어 끝장을 봐야 했다. 그 죄를 심판하지 않는 한 '일본인으로서 다시 태어날 수' 없었다.

이때 도구가 된 것이 중국 문학자인 다케우치 요시미竹内好가 아시아주의의 사상적 귀결로 제시한 "애초에 '침략'과 '연대'를 구체적 상황에서 구별할 수 있는지가 큰 문제이다"라고 하는 『아시아주의의 전망』1963 속의 한 구절이다.[121] 모리사키는 "연대라고 하는 언뜻 민주적인 발상이 구체화됐을 때 존재의 독과 같은 침략적 행위를 간과하지 않는" 다케우치의 "한 구절의 말"에 감동하여 몸을 떨었다.[122]

모리사키는 『아시아주의의 전망』을 읽고 다케우치에게 "가르침을 청하는 편지를 쓴" 것처럼,[123] 그것은 자신의 '원죄'를 개개의 역사에서 집단의 역사로 추상화시켜 식민주의 비판으로 나아가는 데 있어서 중요한 논거가 된다. 자신의 '원죄'에 일본 서민들의 아시아 진출의 본질이 숨어 있다면 종이 한 장 차이로 표리관계에 있는 연대와 침략 사이를 외줄타기하면서 '경계'를 넘나드는 사람들이 존재했을 것이다. 그런 사람들과 마주해야만 식민자로 군림했던 자신을 객체화시킬 수 있으리라 생각했다. 그것이 가라유키상이었다.

모리사키는 19세기 후반에 아시아로 건너가 성노동에 종사한 가라

121　竹内好, 「アジア主義の展望」, 竹内好編, 『現代日本思想体系9 アジア主義』, 筑摩書房, 1963.
122　森崎和江, op.cit., 2009b, pp.167~170.
123　『毎日新聞』 1982.07.28(夕刊).

유키상으로부터 "다양한 민족이 길항함으로써 개척되는 인터내셔널한 심정 세계"를 찾으려고 했다.[124] 모리사키의 월경의 방법론은 코스모폴리틱한 장場을 구축하는 것이 아니라, 어떤 소수민족이든 그 개인의 고유성을 확립시키면서 인터내셔널한 회로를 열어 젖힐 수 있는가였다.[125] 즉, 각자가 의거하는 '내셔널리티'를 적분하는 것이 아니라 미분하듯이 이질성을 서로 부대끼면서 연대하는 '민중 차원의 독자적인 만남'을 구상했다.

그 하나의 도달점인 『가라유키상』은 모리사키가 "자신의 식민지 체험을 객관화하고자 오랜 세월이 지난 후에야 겨우 문장으로 만든" 것이었다. 이처럼 "나 자신의 일이 아니라, 나와 대조적인 인생이라고 생각되는 가라유키상"을 취재함으로써[126] '자신의 자유의 끊임없는 긴장'을 유지했다고 말할 수 있다. 모리사키는 '서민들의 생존과 국가의 의도의 숙적 같은 관계'를 간파하고 있었기에 가라유키상이 해외에서 아시아의 여러 민족들과 피부를 맞대면서 길러낸 특유한 심상 세계를 일본에 대한 날카로운 내부 비판으로 받아들일 수 있었다.[127]

그래서 모리사키는 왜구와 해녀, 그리고 가라유키상과 같은 '국경의 민초'가 '혈연의 원리'로 이루어지는 공동체의 '경계'에 얽매이지 않고 '공동共働의 원리'를 바탕으로 생활권을 자유롭게 확대해 나간 역사적 체험의

---

124 森崎和江, 『森崎和江コレクション 精神史の旅3 海峡』, 藤原書店, 2009a, p.188.

125 森崎和江, op.cit., 1977, p.253.

126 森崎和江, op.cit., 1984, p.9.

127 森崎和江, op.cit., 2009a, p.190.

가능성과 창조성에 기대를 걸었다.[128] 모리사키가 아시아 연대를 꿈꾸며 가라유키상을 초대 한국 통감인 이토 히로부미伊藤博文를 저격한 안중근과 만나게 한 것도,[129] 바로 그 가능성과 창조성 때문이었다. 가라유키상은 다름 아닌 '경계'의 해체를 시도한 '국경에 가까운 여성의 역사'였다.[130]

모리사키는 개개의 역사인 『경주는 어머니의 부르는 소리』를 쓰기에 앞서 자신의 모습을 중첩시킨 가라유키상의 집합체로서 '국경에 가까운 여성의 역사'를 그려내야 했지만 처음부터 "해외에 팔렸던 여성을 쓰려고 한 것은 아니"었다. "마을에서 쫓기듯 나왔고 거듭 혼자가 되어 개척해 나간 이름 없는 사람들의 정신의 자취를 더듬고 싶은" 생각으로 우연히 쓴 것이 『가라유키상』이었다.[131] 모리사키가 "원래 그것은 내가 하고자 했던 것의 일부"라고 말한 것처럼,[132] 『가라유키상』은 종착지라기보다는 『경주는 어머니의 부르는 소리』로 가기 위해 들려야 하는 기항지였다.

가라유키상에게 자신을 중첩시켰다고 해서 가라유키상의 존재 자체가 자신을 구제한 것은 아니었다. "아시아의 타민족과 접하면서 일상적으로 타자를 침해한 애처로운 식민자를 응시하는 것은 저에게는 자신을 뒤에서 찌르는 듯한 심정이었다"고 하는 모리사키는,[133] 자신의 '원죄'를

128　森崎和江, op.cit., 1971, p.103.

129　佐藤泉, 「からゆきさんたちと安重根たち－森崎和江のアジア主義」, 『越境広場』 創刊号, 越境広場刊行委員会, 2015.3, pp.46~47.

130　森崎和江, op.cit., 1971, p.12.

131　森崎和江·上野英信·金原左門, 「もうひとつの移民論－移民史への視角」, 『歴史公論』(第二次) 5巻1号, , 雄山閣出版, 1978, p.31.

132　森崎和江, 「竹内先生とのおわかれ」, 『日本読書新聞』, 1977.3.21.

133　森崎和江, op.cit., 1984, pp.9~10.

심판하기 위해 가라유키상과 함께 '식민자'가 되는 길을 선택한다.

식민주의의 폭력에 직접적으로 말려들지 않았던 어린 모리사키가 '자신의 자유의 끊임없는 긴장'을 유지하는 방법은 정치 문제로서의 인간관계를 통해서가 아니라 '불특정 다수의 조선인 민중의 시선'을 '자신을 겁탈하려는 듯한 긴장된 시선'으로 받아들이는 것이었다. 그 장면을 상징하는 여학교 시절 저녁 무렵에 미루나무 가로수에서 우연히 만난 "조선민족의 동세대 남자아이들의 눈"을 모리사키는 잊을 수 없었다.[134] 『제3의 성』에서 그것은 "저녁노을이 터질 것 같은 붉은 눈"으로 연애 감정처럼 표현되었다.[135]

모리사키에게 있어서 '불특정 다수의 조선 민중의 시선'은 원래 남녀 간의 성애를 둘러싼 섹슈얼리티의 영역이었다고도 할 수 있을지도 모른다. 그런데 소녀 시절의 아련한 연정은 가라유키상과의 대화를 거쳐 '자신을 겁탈하려는 듯한 긴장된 시선'으로 바뀐다. 연애 감정조차 지배와 피지배의 비대칭성 속에서의 도전과 응전의 힘겨루기로 내몰아야 했던 것은, 오모니에 대한 애정을 포기하는 자기 부정과 마찬가지로 식민주의에 대한 날카로운 비판 의식으로 연결됐을 것이다.

모리사키는 여자 탄광부, 리쓰코, 오모니, 가라유키상 등과의 여성끼리의 대화를 통해 남성 중심적인 성애, 노동, 식민주의를 추궁했다. 생명의 근원이 되는 에로스가 근대주의, 식민주의에 의해 억압되는 것은 모두가 마찬가지였다. 여성이 여성인 채로 말함으로써 가라유키상은 단순히

---

134   森崎和江, op.cit., 1971, pp.16~17.

135   森崎和江, op.cit., 1965, pp.42~43.

여성에 대한 폭력 구조의 희생자가 아닌 '이민족' 사이의 '매개자'가 된다.

그러므로 『가라유키상』에서 조선인 인부가 일본인 여성을 사서 원한을 풀었던 것처럼, 자신도 식민지 사람들의 시선에 의해 겁탈 당하려 한 것이다. 이 책에 등장하는 오키미ぉキミ의 트라우마를 떠맡아야만 가라유키상과 함께 아시아주의를 넘을 수 있었다.

아시아 여성들이 만들어내는 교류의 역사

가라유키상의 목소리에 숨어 있는 "참으로 다면적인 사상의 카오스적인 체험"에는 "성과 계급과 민족과 국가가 관념이 아니라 애처로운 소녀에 대한 강간처럼 닮고 소용돌이치고 푸르스름한 불꽃이 되어 타오르고 있다."[136] 모리사키 가즈에가 그 목소리에 귀를 기울이는 것은 20대가 되면서이다. 그것은 '연대와 침략은 종이 한 장 차이'라는 아시아주의의 조락한 이념과, 방한에 의한 '원죄'로부터의 해방으로 구체화되지만, 등을 밀어준 것이 아시아여성교류사연구회이다.

모리사키가 처음 가라유키상에 관한 수필을 쓴 것이 1969년에 다니가와 겐이치谷川健一·쓰루미 슌스케鶴見俊輔·무라카미 이치로村上一郎 편 『다큐멘트 일본인5 기민棄民』에 게재되어, 후에 『가라유키상』의 일부로 수록된 「어느 가라유키상의 생애」이다. 또한, 「가라유키상이 품은 세계」를 『현대의 눈現代の目』1974년 6월호에 발표했다. 여기에서는 『가라유키상』에는 쓰지 못했던 식민주의의 문제의식을 평론 형식으로 피력한다. 그 후

136　森崎和江, op.cit., 2009a, p.189.

에도 취재와 퇴고를 거듭하여 1976년에 『가라유키상』을 출판했다.

그동안 야마자키 도모코山崎朋子가 『산다칸 8번 창관サンダカン八番娼館』 1972을 썼다. 야마자키는 1966년에 아시아여성교류사연구회를 설립했다. 1967년 11월에 발행된 동 연구회 책자 『아시아 여성 교류사 연구』 창간호1호가 가라유키상과 '종군 위안부'를 다루고 있으며, 그중 하나가 야마자키가 쓴 「바다에 울리는 가라유키상의 애가哀歌」이다.

한편, 모리사키가 1965년에 쓴 『제3의 성』에는 리쓰코가 가라유키상을 주제로 하여 라디오 드라마를 쓰고 싶다고 이야기하는 장면이 나온다.[137] 야마자키가 취재를 위해 아마쿠사天草를 방문했을 때에도 모리사키는 협력을 아끼지 않았다.[138] 모리사키와 야마자키의 시선은 모두 '아시아'의 하층부에 있는 '여성'을 향하고 있었다. 그러나 가라유키상에 접근하는 두 사람의 시점에는 결정적으로 다른 점이 있었다.

모리사키 가즈에는 아시아여성교류사연구회에 입회를 신청했다. 『아시아 여성 교류사 연구』의 창간은 전국 신문·지방 신문에서도 소개돼 그것에 자극받은 것으로 보이는데, 모리사키의 입회는 연구회에서도 고무적인 일이었다.[139] 모리사키는 바로 제2호 권두券頭에 시를 싣고「조선해협」, 이어 제3호「내 얼굴(わたしのかお)」 및 제4호「토담(土塀)」에 방한에 관한 수필 「조선 단장斷章」을 게재했다. 또한, 모리사키는 이 책자의 편집위원으로도

---

137 森崎和江, op.cit., 1965, pp.17~18.

138 山崎朋子, 『サンダカン八番娼館―底辺女性史序章』, 筑摩書房, 1972, p.24.

139 山崎朋子, 「編集後記」, 『アジア女性交流史研究』 2号, アジア女性交流史研究会, 1968, p.36(山崎朋 子·上笙一郎 編, 『アジア女性交流史研究 全18号 1967.11~1977.02』 港の人, 2004년에 수록. 이하 『アジア女性交流史研究』는 같은 책에 수록).

활동했다. 모리사키의 의식에는 여성 - 민중 - 민족 - 아시아가 연결돼 있었다. 이렇게 해서 모리사키는 "'아시아'와 '여성'과 '교류사'가 언젠가 과거의 일이 아닌 미래 개발의 힘으로 깊게 작동하도록 서로 노력을 거듭하고 싶다"면서 동 연구회에 기대를 걸었다.[140]

모리사키는 방한 직후인 1968년 6월, 기타큐슈北九州 지쿠호 지구의 동 연구회 정기 모임에서 '메이지明治 시대 여성 유출과 내셔널리즘'이라는 주제로 보고했다. 같은 해 가라유키상을 주제로 한 라디오 드라마 「대하의 흐름大河の流れ」이 NHK 후쿠오카 방송국에서 방송되었다. 모리사키는 이 대본을 "소녀들의 목소리와 중첩되면서", "나의 원향인 오모니의 향기를 아시아의 하늘로 퍼뜨리고자 하는" 심정으로 썼다고 술회했다.[141] "아시아와 여성이 하나가 된" 가라유키상은 처음부터 자신의 '원죄'와 뗄 수 없는 존재였다.

모리사키가 『가라유키상』을 다 쓸 때까지 "몇 번이나 중단하고 한숨을 쉰" 것도 그 때문일 것이다.[142] "너 혼자만이 식민지에서 자란 건 아니다"며 모리사키를 나무랐던 삼촌이 이 책을 읽고 "미안하구나, 가즈에의 마음은 잘 알았다"고 말했다고 했듯이,[143] 이처럼 가라유키상은 모리사키가 자신의 식민지 체험을 중첩시킨 분신이나 다름없었다.

모리사키 가즈에의 『가라유키상』에 식민주의적 복주성輻輳性을 찾으

140 森崎和江, 「編集後記」, 『アジア女性交流史研究』 6号, アジア女性交流史研究会, 1970b, p.34.
141 森崎和江, op.cit., 2004, p.48.
142 森崎和江, 『からゆきさん』, 朝日新聞社, 1976, pp.240~241.
143 内田聖子, 『森崎和江』, 言視舎, 2015, p.302.

려고 한 다키모토 니이나嶽本新奈는 야마자키 도모코의 작품을 예로 들어 다음과 같이 지적했다. "야마자키의 의식에서 쏙 빠져 있는 것은 일본국가이다. 시대를 고려하면 그것은 대외 팽창으로 상징되는 식민주의라고도 바꿔 말할 수 있을 것이다."[144] 『가라유키상』에는 식민지에서 태어난 모리사키의 비애와 고뇌가 엿보인다.

6. '원죄'의 저편으로 __ 동아시아의 월경하는 연대 사상

모리사키 가즈에는 가라유키상과 마주하는 것으로 식민주의에 가담한 '원죄'를 단죄하면서도, 그 '아시아 체험'과 '고향'이 뒤섞인 '환상'에서 만들어지는 여성의 '힘' 속에 민중의 사상적 상상력을 찾아냈다.[145] '고향'을 원하는 것도 버리는 것도 아닌 환상의 영역으로 몰아넣는 상상력을 가지고 모리사키는 '나의 원향'을 상대화한 것으로 보인다. 이렇게 해서 『경주는 어머니의 부르는 소리』를 완성할 수 있었다.

그런데 1968년에 방한한 모리사키는 옛 친구와 다시 만났을 뿐만 아니라, 남북 분단의 어려운 현실 속에 사람들이 살고 있다는 것을 알게 되었다. 한국전쟁도 식민지 지배가 남긴 상처로 인식하고 민족 분단의 아픔을 뼈저리게 느꼈다. 또한, 당시 박정희 군사정권의 3선 개헌에 반대

---

144 嶽本新奈, 『「からゆきさん」−海外〈出稼ぎ〉女性の近代』, 共栄書房, 2015, p.169.

145 大畑凛, 「流民のアジア体験と「ふるさと」という「幻想」−森崎和江『からゆきさん』からみえるもの」, 『女性学研究』25号, 大阪府立大学女性学研究センター, 2018, p.143.

하는 학생 시위 소식과 관련해 한국의 "지식층이 일본 신문 등을 통해서 자국의 상황을 파악하려고 한다"는 것을 알고 감동을 받았다.[146] 그리고 1980년 4월 사북탄광 총파업과 5월 광주민주화운동에 대해서도 연대의식을 강하게 느꼈다. 그럼에도 불구하고 해방 후 한국의 정책이 마치 메이지 유신 후의 일본처럼 단일 민족의, 민족의식의 고양이라는 한 가지에 치우쳐 있는 것을 우려하고 있었다.[147]

『경주는 어머니의 부르는 소리』를 쓴 이듬해인 1985년, 모리사키는 한국을 다시 방문했다. 그 기행문인 『메아리 울리는 산하 속으로』에서는 과거가 아니라 현재를 응시하고 있었다. 이때, 그 후 교류를 계속하게 되는 거제도에서 지적 장애아 시설 애광원을 운영하는 김천고등여학교 시절 동급생 김임순과도 재회했다. 이제 모리사키에게 한국은 단순히 원죄의식의 원점도 아니고 사색의 대상도 아닌, 연대하는 사상의 현장이었다. 이윽고 모리사키는 '생명의 여행'을 통해 '원죄의 저편으로' 나아간다.[148]

이렇게 보면 조선 - 인양 - 지쿠호 - 방한 - 『가라유키상』- 『경주는 어머니의 부르는 소리』- 『메아리 울리는 산하 속으로』로 연속되는 모리사키 가즈에의 '원죄를 버리기 위한 여행'은 동아시아의 월경하는 연대를 향한 긴 여정이었다는 것이 드러난다. 그것은 모리사키가 일관하여 조선·오키나와·일본무나카타을 일체화된 공간적 확산으로 파악하고 있는 것과도 겹친다. 식민주의에서 비롯된 원죄의식을 사상의 원점과 에피소

---

146 森崎和江, 「編集後記」, 『アジア女性交流史研究』 5号, アジア女性交流史研究会, 1969, p.26.
147 森崎和江, op.cit., 2009b, p.148.
148 森崎和江, 『いのちへの旅』, op.cit., p.107.

드뿐만 아니라 작품 세계를 관철하는 탈식민주의의 월경성에서 고찰하면, 모리사키의 사상적 궤적의 연속성이 선명하게 떠오른다.

모리사키 가즈에의 사상＝정신사를 탈식민주의의 관점에서 국가권력을 매개로 하지 않고 직접적으로 '서로의 본질을 소통'하는 계기를 추구해 나간다면,[149] '가해'와 '피해'로 나눌 수 없는 전쟁 희생자의 다면성과 저항성을 건져 올릴 수 있을 것이다. 이렇게 경계를 허물고 월경하는 사상적 과제를 일본과 한국이 공유할 수 있다면 역사문제로 더없이 혼란한 양국 간에 '가해'와 '피해'를 넘어 연대의 방향을 모색하는 계기가 될 수 있다. 현재적 의미를 직시한 모리사키 가즈에의 사상에 대한 고찰이 앞으로도 요구된다.

---

149 森崎和江, op.cit., 1971, p.101.

포스트제국의 동아시아

제2장

재한일본인 여성의
인양·귀국·잔류

전후 일본의 귀국정책 탄생

1. '재한일본인 여성'이라는 문제

일본제국이 해체되면서 조선에서 일본의 정치적·경제적·인적 세력이 일소되었다. 그러나 이에 역행하는 일본인의 흐름이 존재했다. 이른바 재한일본인 여성이다. 일본의 패전 이전부터 조선인과 혼인관계를 맺고 한국에 살고 있는 일본인 여성은 민족문제로 이별하기도 했지만, 대다수는 패전국의 멍에를 떠안으며 광복을 맞은 구 식민지에서의 생활을 선택했다.

한편, 일본에서 귀환하는 조선인은 일본인 아내를 둔 사람이 적지 않았다. 대부분이 노동자인 해방 이전 일본에 거주했던 조선인들은 가족을 조선에 두고 왔거나 미혼자인 경우, 일본인 여성을 배우자로 맞이하기를 원하는 사람이 많았다. 또한 일본인 여성 측에서도 전쟁 기간에 일본인 남성이 적었기 때문에 서로를 반려자로 원하는 경우가 자연스럽게 나타났다.[1] 일본에 거주하고 있던 조선인 남성과 일본인 여성의 가족도 어느 한 곳에 거주지를 정해야 했다. 앞으로도 자유롭게 왕래할 수 있다고 생각한 많은 일본인 여성이 귀환하는 남편과 동행하게 되었다.[2]

이들 재한일본인 여성에 대해서 한일 양국에서는 특히 1965년 국교 정상화 이후, 비교적 왕래가 자유롭게 되면서 기사나 논픽션을 통해 일찍부터 그 존재가 알려졌지만[3] 학술적인 연구의 축적은 부족하다. 사회

---

1   森田芳夫,『朝鮮終戦の記録－米ソ両軍の進駐と日本人の引揚』, 巌南堂, 1964, p.819.

2   藤崎康夫,『棄民－日朝のゆがめられた歴史のなかで』, サイマル出版会, 1972, p.114.

3   Ibid.; 上坂冬子,『慶州ナザレ園－忘れられた日本人妻たち』, 中央公論社, 1982; 石川奈津子,『海峡を渡った妻たち－ナザレ園・芙蓉会・故郷の家の人びと』, 同時代社, 2001.

학자 김응렬이 1980년대에 실시한 재한일본인 여성의 생활사 연구를 선구적인 성과로 들 수 있지만[4] 그 후의 연구도 재한일본인 여성의 모임인 '부용회芙蓉會'나 공동 생활시설인 '경주 나자레원'에서의 인터뷰를 통한 개인적 체험에 바탕을 둔 생활사 기술 중심이다.[5] 재한일본인 여성의 이동·정착·귀국에 대해서 실증성에 근거한 역사적 실태의 규명은 거의 없었다고 볼 수 있다.

이 장은 일본이 제국주의적 확장을 전개하는 가운데 생성되어, 민족·계급·젠더의 결절점에 위치하는 재한일본인 여성이 어떻게 해방 후의 한국에서 살아왔는가, 그 이동과 정착, 귀국과 송환에 대해서 한일관계의 정치적 교섭을 추적하며 고찰한다. 거기에서는 한일 양국 사람들을 얽히고설키게 한 식민지정책의 귀결이 국민국가의 '경계'와 충돌함으로써 일그러진 일본제국의 이동과 동원으로 말미암아 생성된 현대사의 풍경의 일면이 보인다.

'재한일본인 여성'이라는 용어에 관해서 지금까지 미디어의 보도에서는 한국인 남성과의 신분관계에서의 불우함에 주목하여 일반적으로 '재한일본인 처'로 칭했다. 그러나 '재한일본인 처'는 이들 여성들이 민족·계급·젠더의 결절점에 위치하고 특히 여성이라는 점에서 '국민'의

---

4   金應烈,「在韓日本人妻の貧困と生活」,『社会老年学』17号, 東京都老人総合研究所, 1983; 김응렬,「재한일본인 처의 생활사」,『한국학연구』8호, 고려대 한국학연구소, 1996.

5   小林孝行,「戦後の在韓日本婦人についての基礎的研究」,『福岡教育大学紀要』第36号(第二分冊), 福岡教育大学, 1986; 絽谷智雄,「在韓日本人妻の生活世界―エスニシティの変化と維持」,『日本植民地研究』10号, 日本植民地研究会編, 1998; 山本かほり,「ある「在韓日本人妻」の生活史―日本と韓国の狭間で」,『女性学評論』8号, 神戸女学院大学, 1998.

범주에서 배제된 역사적·정치적 상황을 반영하지 않을 뿐 아니라 자신을 낳은 식민주의를 비판하고 '귀국자'로서의 정당한 처우를 요구한 주체성도 반영하고 있지 않다. 무엇보다도 1969년부터 재한일본인 여성의 귀국에 관한 '특별조치'를 추진한 과정이 포함된 외무성 외교사료관 소장 '재한곤궁방인在韓困窮邦人, 자국민' 자료를 읽으면 일본 정부는 이들 여성의 구제를 '재한일본인', '재한곤궁방인'의 여성 문제로서 다루어온 것을 알 수 있다.[6] 그렇다고 한다면, 한일관계 안에서 역사적 존재로서 그 삶의 방식을 고찰하기 위해서는 '재한일본인 여성'의 호칭이 적절하기에 이를 사용하기로 한다.

2. 민족·계급·젠더의 결절점

일본제국의 확장과 해체의 흐름 속에서 포스트콜로니얼의 시점에 서서 '계속되는 식민주의'로서 제국/식민지를 살았던 여성을 고찰하는 것은 매우 중요하다. 이러한 시점은 제국주의와 함께 해외로 진출·이주하게 된 '일본인 여성'에 대해서도 '인양 이야기引揚物語'라는 피해자 담론에 머무르지 않는, '민족·계급·젠더 상호의 관계성'으로부터의 접근을 가능하게 한다.[7]

---

6   外務省外交史料館所蔵, 『在韓困窮邦人(引揚等諸問題)』(2014~6035).
7   金富子, 『継続する植民地主義とジェンダー―「国民」概念・女性の身体・記憶と責任』, 世織書房, 2011.

한반도에서 '민족·계급·젠더 상호의 관계성'의 뒤틀림을 초래하면서 일본인과 조선인의 가족 형성을 뒷받침한 것은 국책으로서 추진된 제2차 세계대전 전의 '내선결혼'일 것이다. 식민지 조선에서 지배 민족과 피지배 민족의 신분 차이는 결정적이었지만 동화정책을 추진하는 일본 제국이 '내선결혼'을 장려함으로써 민족 간의 결혼이 이루어졌다.

1921년에 '조선인과 내지인과의 혼인의 민적民籍 절차에 관한 건'조선총독부령 99호이 제정됨으로써 '내지'일본와 '외지'조선라는 지역적地域籍 간의 신분행위에 동반하는 호적 절차가 정비되었다. 이에 따라 '내선결혼'은 제도적 장벽이 해소되어 '내지인 여성'이 조선호적으로 이동하는 일이 증가한다.[8] 나아가 1930년대가 되어 황민화 정책이 추진됨에 따라, 조선에서의 '내선결혼'의 수도 서서히 늘어나 점차 그 형태도 조선인 남성과 일본인 여성의 결합이 많아진다.[9]

그러나 '내선결혼'은 재류 일본인의 상당수가 식민지의 화이트칼라 직종에 종사하는 '착취투자형 식민지'였던 조선보다도 내지나 사할린 등 '이주형 식민지'인 외지 쪽이 더 활발했다.[10] 계급적 모순이 민족적 모순을 능가한다면 여성에게 '내선결혼'은 생활 향상을 위한 하나의 선택이 될 수 있었을 것이다. 특히 식민지 제국에서 '내선결혼'은 민족 간의 결혼

---

8   金英達,「日本の朝鮮統治下における「通婚」と「混血」ーいわゆる「内鮮結婚」の法則·統計·政策について」,『関西大学人権問題研究所紀要』39号, 関西大学人権問題研究所, 1999, pp.13~14.

9   鈴木裕子,「内鮮結婚」, 大日方純夫編,『日本家族史論集13 民族·戦争と家族』, 吉川弘文館, 2003, pp.166~176.

10   三木理史,『移住型植民地樺太の形成』, 塙書房, 2012, pp.87~89.

이라 할지라도 '국제결혼'이라는 의식은 희박하여 그 문턱은 어느 정도 낮았다고 할 수 있다.

그렇다고 해도 지배와 피지배의 민족 관계로 인해 허용받지 못하는 결혼이 적지 않았다. 1939년 12월 경찰 조사에서는 조선인 남성과 일본인 여성의 배우자 9,577쌍 중, 법률혼으로 입적한 수가 2,363쌍, 사실혼으로 내연관계에 있는 경우가 7,214쌍이었다. 또한, 1938년부터 1942년까지 조선인 남성과 일본인 여성이 제출한 혼인신고 건수는 조선이 180명이었던 반면 내지는 5,242명이었다.[11]

이러한 통계에서도 제2차 세계대전 이후 조선인 남편과 함께 내지에서 조선으로 건너간 일본인 여성의 수가 적지 않았던 것을 엿볼 수 있다. 이렇게 외부로 나갈=계급 수밖에 없었던 식민지 지배국=민족의 여성=젠더로서의 일본인은, 제국의 붕괴와 반전反轉적 재편 속에서 일그러지고 뒤틀린 생활상의 버거운 짐이 쏠리면서 국제관계에 휘둘리게 되었다.

일본의 패전과 조선의 해방이라는 정치적 격동은 재한일본인 여성에게도 국경선이라는 '경계'를 의식하게 했다. 혼인관계를 증명할 수 있으면 자유롭게 왕래할 수 있던 패전 이전과는 달리, '도선渡鮮'과 '귀국'은 가족관계를 유지할 것인가, 의절할 것인가라는 문제로 직결되었다. 더구나 조선에서의 생활은 패전국의 멍에를 짊어지면서 구 식민지에서 살아간다는 것을 의미했다.

다만, 조선에서 살아가기로 결심한 일본인 아내들을 더욱 힘들게 한

---

11   金英達, op.cit., pp.31~33.

것은 사적인 영역에서의 가족관계였다. 일본의 가족들과 결별하고 조선에 왔지만, 패전국민인 며느리를 바라보는 가족들의 시선은 냉담했고 결국 남편에게 버림받는 일도 종종 있었다. 남편에게는 본처가 있어 푸대접을 받으면서도 생활을 이어갔지만 결국 버림을 받는 일도 드물지 않다. 그러한 경우가 많아서 패전 후의 일본인 인양 수송계획이 일단락되는 1946년 봄 이후에는 인양업무를 담당하고 있던 부산일본인세화회世話會에서는 '일선日鮮결혼이 파국을 맞아 귀국하는 부녀자들'의 송환이 하나의 업무가 되어 있었다.[12]

미군정 당국의 철수 명령을 받고 부산일본인세화회 직원이 1948년 7월에 일본으로 돌아가자, 일본인 인양업무는 경상남도 후생과에 일임되었고 이를 위한 수용소는 '귀환歸還일본인수용소'로 개칭되었다. 이 시기 부산일본인세화회는 부산 시내의 일본인 여성을 개별 방문하여 조사하고 한국에 있는 일본인 여성 170명을 확인했다. 이때 남한 전체에 1,677명이 있다고 발표되었지만 실제로는 3천 명에 이를 것으로 추정되었다.[13]

---

12   森田芳夫, op.cit., p.821.
13   Ibid., pp.818~827.

3. 인양자에서 귀국자로[14]

일본 국적을 박탈당한 '조선적 전 일본부인朝鮮籍元日本婦人'

그러나 재한일본인 여성에게 진정한 시련은 이제부터였다. 1950년 한국전쟁의 발발은 재한일본인 여성의 '재한'의 근거인 조선인 남편을 빼앗고 곤궁한 생활을 더욱 힘들게 했다. 그리하여 많은 일본인 여성이 전란을 피해 일본으로 돌아가기 위해 부산으로 향하게 된다. 전쟁피난민들이 몰린 부산에는 곳곳에 피난민수용소가 마련되어 있었는데, 이들 일본인 여성을 수용한 곳은 초량동에 있는 소림사小林寺 및 지은원智恩院 등의 사찰과 완월동玩月洞, 적기赤崎,현 남구 우암동 등의 피난소였다. 소림사와 적기는 점차 귀환일본인수용소의 거점이 된다.

그러나 조선에 남거나 혹은 남편과 함께 패전 후 조선으로 건너간 일본인 여성의 귀국은 뒤에 서술하듯이 더 이상 자의적으로 할 수 있는 일이 아니었다. 호적 등을 확인할 수 없는 경우는 장기간 수용소 생활을 강요당하는 경우도 적지 않았다. 재한일본인 여성의 귀국 절차는 우선 본인이 일본의 가족에게 연락을 취해서 본인이 기재되어 있는 호적등본 및 신원 인수증명서를 입수하고 사진을 첨부하여 부산의 한국 외무부에 '철수신청'을 한다. 그 리스트를 일본 외무성이 입수해 본적지를 확인하고 신원인수인의 유무를 조사하여 입국을 허가한 것에서 알 수 있듯이 꽤

---

14 이 절은 졸고「日韓関係の形成期における釜山収容所 / 大村収容所の「境界の政治」」(『同時代の研究』7号, 同時代史学会, 2014)의 제2절을 재구성한 것이다.

복잡한 절차였다.[15]

이러한 수용소 생활을 일본인 여성들은 어떻게 견디며 살았던 것일까?

자이니치 작가인 장혁주는 1951년 7월 및 1952년 10월에 신문·잡지의 특파원으로서 한국전쟁을 취재하고 르포나 소설 등 다수의 작품을 남기고 있다. 첫 방한 때 취재한 『매일정보每日情報』의 특별기사는 전황이나 정치정세, 전쟁으로 피해를 입은 사람들과 피난민들의 삶에 무게를 실으면서도 기사 마지막에 '남겨진 일본부인'이라는 에피소드로 끝을 맺고 있다.[16] 그 기술은 양적으로 미미한 것이었지만 이때의 취재기록은 나중에 발표되는 「이국의 아내異国の妻」, 「부산항의 푸른 꽃釜山港の青い花」, 「부산의 여간첩釜山の女間諜」 등 소설의 모티브가 된다.

"인양일본인수용소라고 패전 직후에 건 간판 그대로"인 소림사의 일본인 수용소를 방문한 장혁주는[17] "본당에 가득 찬 사람들은 전재민들이고, 한국인 남편이 전사하거나 행방불명되거나 북한군에게 죽임을 당했기 때문에 미망인이 되어 조국 일본으로 돌아갈 수밖에 없는 처지에 놓인 사람들임을 금세 알 수 있었다".[18] 재한일본인 여성의 참상을 생생하게 묘사하고 있는 이들 작품에는 일본인 여성이 친정에서 호적등본이 오지 않아 장기간 수용소 생활을 해야만 하는 모습도 볼 수 있다.

재한일본인 여성이 귀국할 수 없었던 것은 일본에서는 이 여성들이 "패전 전부터 조선한국에 거주하고 있던 사람일지라도 정확하게 말하면

---

15 法務研修所 編, 『在日朝鮮人処遇の推移と現状』, 湖北社, 1975, pp.139~140.

16 張赫宙, 「(本紙特約·第2報)故国の山河」, 『毎日情報』 6(11), 1951.11.

17 張赫宙, 「釜山港の青い花」, 『面白倶楽部』, 1952.9, p.49.

18 張赫宙, 「異国の妻」, 『警察文化』, 1952.7, p.151.

인양자로 볼 수 없는" 존재였기 때문이다. "일본의 호적을 말소하지 않고, 한국인과 내연관계에 있는 일본부인만 일본인 인양자가 된다"라고 하여, 한국인 남편에게 입적한 사람은 '조선적 전 일본부인朝鮮籍元日本婦人'으로 파악했다.[19] 즉, 패전 전에 조선인 남성과의 법률혼에 의해 내지의 호적에서 제적된 일본인 여성은 뒤에서 설명하듯이 '순수한 일본인'으로 간주되지 않았다.

한국전쟁 이전에는 이들 '조선적 전 일본부인'에 대해서는 대개 정해진 규정이 없고 패전 전부터 조선에 거주하던 사람들에게는 인양자로서 인양증명서를 발행하고, 패전 후 도항한 사람들에게는 '도항자'로서 상륙증명서를 교부하여 귀향시켰다. 그런데 한국전쟁이 발발하고, 전란을 피해 GHQ연합군 최고사령부가 승인한 선박으로 돌아간 사람 중에는 '조선적 전 일본부인'도 포함돼 있었다. 그러나 전쟁으로 남편과 사별하거나 이혼한 일본인 여성이나 자녀의 "신분 관계의 변동을 앞으로 적극적으로 입증하는 것은 대단히 곤란"한 일이었다.[20] 일본 정부는 '조선적 전 일본부인'의 입국 수속 및 허가 등의 처리에 관해 대응해야 했다.

일본의 입장은 '조선적 전 일본부인'에 대해서 '일본에 연고정착지가 없는 사람은 원칙적으로 승선을 보류하는 것'이었다.[21] 외무성은 GHQ와의

---

19 作成者不明, 「鮮籍元日本婦人の入国及び就籍の問題について」, 外務省外交資料館所蔵, 『太平洋戦争終結による在外邦人保護引揚関係 韓国残留者の引揚関係 第1巻』(K-7-1-0-15) / 韓国国家記録院所蔵(CTA0003364), 이하 『引揚関係 第1巻』으로 줄임. 덧붙여 이 장에서 인용하는 외무성 외교사료관 자료는 한국국가기록원 소장분을 사용했다.
20 Ibid..
21 引揚援護庁援護局長より各都道府県知事あて, 「引揚者等の取扱に関する出入国管理庁と引揚援護庁との業務協定について」, Ibid., 1950.12.21.

교섭에서 '일본에 본적을 가지고 있는 사람'과 '조선적 전 일본부인'의 경우 '내지에 확실하게 신원을 보증할 수 있는 사람이 있는 사람 및 그러한 사람의 자녀'에 대해서는 일본 입국이 '타당하다고 생각된다'고 했지만 그렇지 않은 경우는 일본 입국이 '타당하지 않다고 생각된다'고 제안했다.[22]

그러자 GHQ는 외무성과의 절충과정을 거쳐서, '조선적 전 일본부인'의 신원에 대해 신원 인수자의 경제적 능력의 유무나 본인이 조선으로 건너간 것이 패전 전인지 패전 후인지, 또한 그것이 자발적인지 강제적인지, 그리고 정식 결혼인지 내연관계인지 조사하도록 요구했다.[23] 조사항목에는 사상과 범죄 여부, 정치적 관계에 관한 것도 포함되어 있는 것을 보면 사회경제적 측면뿐 아니라 치안적 측면에서도 '조선적 전 일본부인'은 고려의 대상이 되었다.

이러한 신원조사에는 많은 시간이 필요했으며 이것이 소림사 등 귀환일본인수용소에서 일본인 여성의 귀국이 늦어지는 요인이 되었다. 부산에서 '일본인으로 칭하는' 귀국희망자의 신원조사에 대해서 외무성은 1951년 1월 이후 종종 GHQ로부터 요청받지만, 239명에 대해서 정식으로 보고한 것은 4월 3일이었다. 다음 달 보고에서 그 후에 신원확인 요청이 있었던 사람을 포함한 585명 중 363명은 '귀국적당자'로 인정했지만, 계속 심사 중인 사람을 제외한 59명에 대해서는 '입국 부적당'이라고 회답했다. 신원인수인이 될 일본의 가족이 인수 의사가 없거나 본적이나 가족이 확인되지 않은 것이 주된 이유였다.[24]

22　作成者不明,「在韓国の元日本人に関する身元調査に関する件」, Ibid., 1951.2.17.

23　外務省管理局引揚課,「在朝鮮日本婦女子引揚に関する件」, Ibid., 1951.3.1.

당시 일본 법무부法務府는 1952년 4월 19일 발표한 민사국장民事局長이 각 지방 법무국장에게 보낸 통지문에서 샌프란시스코강화조약의 발효에 따라 조선인 및 타이완인이 일본 국적을 상실한다고 했는데, '조선적 전 일본부인'도 그 대상이었다.[25] 이 통지는 '원래 내지인인 사람일지라도 조약 발효 전에 조선인이나 타이완인과의 혼인, 입양 등의 신분행위에 의해 내지의 호적에서 제적되어야 할 사유가 생긴 사람은 조선인 또는 타이완인이며 조약 발효와 함께 일본 국적을 상실한다'제1조 제3항고 규정했던 것이다.

이러한 경우로 많은 일본인 여성이 장기간 수용소에서 생활할 수밖에 없었다. 1950년 11월 6일 연락선 고안마루興安丸가 인양자를 태우고 사세보佐世保에 입항했지만 인양자가 아닌 경우 GHQ의 허가가 없으면 승선할 수 없었다. 그 후 공식적으로 한국 정부가 재한일본인 여성의 귀국선을 마련하여 1951년 5월 29일 제1호선이 출항할 때까지, 소림사의 귀환일본인수용소에 있는 600여 명의 일본인 여성과 자녀들은 수개월 간을 수용소에서 생활했다. 그 사이 하루 쌀 3홉과 현금 50엔이 지급되어 근근이 살아갔지만, 그것도 인플레이션으로 물가가 급등하면서 목숨을 부지하는 것이 고작이었다.

일본 정부는 한국 당국사회부이 '한일 친선을 위해 노력하겠다'며 구호품을 보내기도 했다는 점에서 '식량에 어려움 없이 보호받고 있는 것'으

---

24   引揚課,「在朝鮮日本婦人引揚に関する件・経緯」, Ibid., 1951.5.11.
25   森田芳夫, op.cit., p.829, 통달의 정식명칭은「平和条約の発効にともなう国籍および戸籍事務の取扱に関する昭和27年4月19日付民事甲第438号民事局長通達」.

로 보고 있었다.[26] 한편 한국의 입장에서 보면 1951년 1월 국무회의에서 외무부 장관이 귀국 신청을 한 453명의 재한일본인 여성을 귀국시키는 것에 대해서 보고했듯이,[27] 전쟁 중에 일본인 여성을 계속 수용하는 것은 득이 될 것이 없었을 것이다.

'이국異國의 처'들의 귀국

귀환일본인수용소에서 장기간 생활할 수밖에 없었던 일본인 여성들은 1951년 3월 '부산시 초량동 일본인 인양자 일동'이라는 이름으로 일본 정부에 조기 귀국을 요청하는 탄원서를 보냈다. 탄원서를 통해 "한국 정부가 요구하는 절차를 완료하고 오로지 귀국할 날만을 희망 삼아 약 600명의 부녀자가 기다리기를 3개월, 혹은 4개월이 지나 사람들의 경제적 궁핍은 이루 말할 수 없고, 어린 자녀의 밝은 얼굴은 날로 쇠약해져 병들어 쓰러져 희생되고 있습니다. 12월이 지나가고 1월에도 기다리고 2월에도 기다리고 3월이 와도 우리에게는 귀국할 수 있다는 어떤 희망도 주어지지 않고 있습니다"라고 호소했다.[28]

이 시기 일본의 대응이 늦어져 진전이 없었던 이유는 1951년 3월 17일 참의원의 '재외동포 문제에 관한 특별위원회'에서 외무성 인양과장이

---

26 外務省管理局引揚課,「在朝鮮日本婦女子引揚に関する件」, 1951.3.1, 外務省外交史料館所蔵, op.cit..

27 총무처장에게서 대통령 및 국무총리에게,「국무회의록 보고에 관한 건」, 1951.1.26, 한국국가기록원 온라인검색(BG0000007).

28 釜山市草梁洞日本人引揚者一同より外務大臣あて,「在釜山引揚待機者の帰国促進嘆願書」, 1951.3.7, 外務省外交資料館所蔵, op.cit..

말했듯이 '법규적인 백그라운드를 발휘해야 할 상황에 놓여 있었기' 때문이었다. 인양원호청은 '내지에 호적을 가지고 있는 사람은 당연히 돌아갈 수 있다'라고 하면서도 "일본인이라는 것을 호적상으로 알 수 있고 (…중략…) 총사령부에 의해 입국 허가를 받은 조선적 일본계 부녀자에 대해서는 (…중략…) 순수한 일본인의 인양은 아니"라는 입장이었다.[29]

즉, '예전에는 일본인이었지만 조선인으로서 분명한 의식을 가지고 조선에 남을 의사가 있었'거나 '패전 후 조선으로 불법 입국하는 등의 형태로 간' 재한일본인 여성은 '일본을 버리고 조선으로 호적을 옮긴다는 생각도 있었을지도 모르는' 존재였다. 이들 여성들이 '전란의 소용돌이에 휘말린 결과 이제야 돌아가겠다는 것'을 두고 '이것을 소위 인양 해당자로서의 일본인으로서 취급할지, 혹은 지금은 조선인이므로 일본 땅에 이민의 형태로 들어가야 하는 것인지'라는 판단이 필요하게 된 것이다.[30]

1951년 5월 30일, 재한일본인 여성과 아이들 60명을 태운 송환선이 모지항門司港, 후쿠오카현 기타큐슈시에 입항하자 여러 신문은 '한국의 처', '이국의 처'의 귀국을 크게 보도했다. 제1차 송환 이후 1954년 말까지만 하더라도, 54회에 걸쳐 1,695명이 한국 정기선으로 귀국했다. 그중 패전 후 처음으로 일본으로 돌아간 사람이 577명, 패전 후 일본에서 도항해 귀국한 사람이 440명, 이들 재한일본인 여성의 자녀라고 생각되는 입국자한국 국적인 사람, 또는 일본에 호적 신고를 하지 않은 사람가 663명이었다.[31] 1950년대는 이처

---

29 参議院在外同胞引揚問題に関する特別委員会, 1951.3.17, 「在朝鮮の日本婦女子の引揚」に関する武野義治引揚課長の答弁 (国会議事録検索システム).

30 Ibid., 「在朝鮮の日本婦女子の引揚」に関する森崎隆日本社会党参議院議員の質疑.

31 法務研修所 編, op.cit., p.141.

〈그림 2〉 한국의 송환선에 승선하는 재한일본인 여성 일가. 1951.5.28, 한국국가기록원

럼 한국이 송환하는 형태로 재한일본인 여성의 귀국이 이루어졌다.

그러나 모든 '한국의 처'가 귀국할 수 있었던 것은 아니다. 1952년이
되어서도 소림사나 적기의 수용소에는 여전히 500명을 넘는 수용자가
있었다. 이 시기에는 일본 정부도 '피수용자 전원이 무일푼의 빈털터리'
로 '대부분이 항만노동자, 하역 인부 등의 노동자이며, 부녀자는 여관이
나 식당에서 일하거나 일본 선박의 취사나 세탁 등에 종사하여 겨우 입
에 풀칠하는 형편이고 일부 부녀자는 매춘부로서 거리를 헤매며 귀국선
에 탈 수 있기를 절실히 기다리고 있다'[32]고 그 곤경을 파악하고 있었다.

그런데 샌프란시스코강화조약의 발효로 일본이 주권을 회복함으로써 한국의 제13차 송환선부터 GHQ의 허가업무를 외무성이 담당하게 되었음에도 귀국 허가는 지지부진했다. 한국 측은 일본이 재한일본인에 대해 입국 허가나 본인확인 절차를 밟지 않고, 또한 본적 불명인 사람도 신원인수인의 보증만으로 입국시킬 것을 요구했다. 마침내 한국 외무부는 1952년 11월 16일, 일본인의 본국 송환이 늦어지고 있는 책임이 일본 정부에 있다고 비난하는 성명을 발표하기에 이른다.[33]

이러한 상황에서 귀환일본인수용소의 재한일본인 여성은 이번에는 '재한국 전재민 일본인 인양자 위원회'를 결성하고 1952년 7월에 재차 '모국이 자유독립을 획득했음'에도 불구하고 호적 확인이 불가능하다는 이유로 입국 허가를 내주지 않는 것에 항의하며 '한국 정부가 일본인으로 인정한 자는 무조건 귀국시킬 것'을 요구하는 탄원서를 외무성에 제출했다. 이에 대해 외무성은 '무제한 방임하면 여러 형태의 부정 입국이 있을 것임은 전례를 봐도 명백하다'고 한 후 '일본 국민이라는 국적 증명은 일본 정부의 고유 권한'이라고 주장하며 어디까지나 정식 절차를 준수하며 처리하겠다고 회답했다.[34]

---

32 『日本経済新聞』, 1952.11.17.

33 入国管理庁下関出張所門司(不明)より外務省亜細亜局第二課あて,「韓国内の諸情勢に関する件」, 1952.1.11, 外務省外交資料館所蔵, 『韓国残留者の引揚関係雑件 第2巻』(K-7-1-0-15) / 韓国国家記録院所蔵(CTA0003365).

34 和田アジア局第5課長より大韓民国釜山市草梁洞小林寺収容者内在韓国戦災日本人引揚者委員会山内モヨあて,「韓国在住日本婦女子の帰国又は入国に関する陳情に対する回答」(別添「嘆願書」), 1952.9.30, 外務省外交資料館所蔵, 『太平洋戦争終結による在外邦人保護引揚関係雑件 韓国残留者の引揚関係 第三巻』(K-7-1-0-15) / (CTA0003366).

이들 재한일본인 여성이 모두 입국 허가가 나지 않는 것을 이유로 부산의 수용소에 머문 것은 아니었다. 그중에는 개인 사정으로 눌러앉은 사람도 있었다. 귀국 후 일본에서 살아가는 것에 대한 불안도 있었던 것이다. 재한일본인 여성은 귀국해도 조선인과 내연관계인 상태로 '일본인'인 사람은 제쳐두고, '한국 국적자'인 경우 외국인등록증을 발급받고 인양자 숙소에도 들어가지 못하고, 남편의 사망 확인이 증명되지 않으면 이혼도 할 수 없는 상태로 자녀들은 무국적 상태로 방치되기도 했다.[35] 부모와 인연을 끊고 조선에 간 경우에는 가족들의 '냉담한 반응 때문에 친구나 아는 사람의 집을 전전하며 약간의 생활보호비를 받고 길거리를 헤매고 있는 사람들도 있다'고 당시의 신문은 전하고 있다.[36]

결국, 이러한 일본인 여성들에게 있어서 패전 전과 패전 후는 연속되는 것이었다. 그러한 상황에 단절을 가져온 것은 일본의 패전도, 한반도의 독립도 아닌 한국 생활을 정리하고 귀국하는 것이었다.

부산 외국인 수용소

한국전쟁 중 재한일본인 여성은 소림사 등의 귀환일본인수용소에 분산되어 있었다. 그리고 한국전쟁이 정전협정을 맺으면서 부산 외국인 수용소부산수용소가 개설되자 이곳에 수용된다. 1950년대에 많은 일본인 어부가 억류된 것으로 알려진 부산수용소는 원래는 귀국하는 재한일본인 여성을 수용하기 위해서 만들어진 곳이었다.

---

35 『朝日新聞』, 1952.12.17(朝刊).

36 『朝日新聞』, 1952.11.23(朝刊).

한국전쟁 정전 후, 1953년 11월 7일
에 몇 군데의 귀환일본인수용소가 통합
되어 부산시 괴정동 신촌현 사하구 괴정3동에
외무부 부산출장소가 관할하는 외국인
수용소가 문을 열었다.[37] 괴정동은 부산
중심부에서 4km 정도 떨어진 교외에 위
치하여 1951년부터 피난민 마을을 건
설한다는 소문이 있었다. 본격적으로 마
을이 조성된 것은 1954년 7월의 일로,
부산 시내의 무허가 판잣집을 철거하고
피난민들을 이주시키기 위해서 2천 채
의 부지를 확보하여 조성된 마을이 신촌

〈그림 3〉 부산에서 일본에 있는 오빠를 찾는 재한일
본인 여성 모자. 1965년, 구와바라 시세이(桑原史
成) 촬영

이다.[38] 괴정동은 예전부터 피난민 수용소 후보지였기 때문에 신촌의 건
설이 본격화되기 전에 수용소가 설치된 것이다.

부산수용소는 원래 재한일본인 여성의 송환을 위한 대기시설로 규모
도 작았다. 따라서 이들 일본인 여성과 그 자녀들은 '자유송환자'로서 외무
부 관할 아래 있었다. '자유송환자'는 수용소 생활을 하면서 출입이 허용되
기도 했고 아이들은 마을로 나와서 영어와 수학을 공부하기도 했다.[39]

한국전쟁 정전협정 이후, 한국인 남편을 잃고 혹은 생활고 때문에 아이

---

37 『朝日新聞』, 1953.11.14(朝刊).
38 부경역사연구소, 『사하구지』, 부산광역시 사하구청, 2012, 137면.
39 김경열, 『기항지』, 청우출판사, 1958, 89면.

를 데리고 일본으로 돌아가기 위해 부산으로 향하는 사람은 끊이지 않았다. 1956년 3월 19일, 이승만 대통령이 부산수용소를 방문하여 전체 96명의 일본인 여성36명과 그 자녀60명와 면담하고 '귀국을 원한다면 교통편의를 제공하겠다'고 말하고 같은 달 29일 일본으로부터 입국 허가를 받지 못해 장기간 수용소에 있던 사람도 포함하여 전원을 일방적으로 송환했다.

이처럼 한국 측이 일방적으로 일본인 여성을 송환하게 된 것은 일본 정부의 사무가 정체된 것이 원인이었다. 당시 일본 신문이 '일본 정부가 왜 한국으로부터 일본인 송환을 주저하는지 모르겠다'고 한탄했듯이,[40] 재한일본인 여성이 귀국을 간절히 원하는데도 부산수용소에 발이 묶여 있는 것은 이해하기 힘든 일로 비쳐졌다. 1958년 6월에도 부산수용소에는 52명이 수용되어 있었다. 이 시기 한국 외무부는 약 1,200명의 일본인 여성이 거주 중이고 그 자녀의 수는 3,000명에 이르는 것으로 추정하고 있었다.[41]

한국전쟁 후 한국 정부는 이른바 '평화선이승만 라인'을 넘은 일본어선을 본격적으로 나포하여 선원인 일본인 어부는 형기를 마쳐도 부산수용소에 억류되었다. 부산수용소에서 '자유송환자'인 일본인 여성은 이들 일본인 어부를 맞이했다. 수용시설의 건물은 달라도 재한일본인 여성과 같은 수용소 안에서 생활한 일본인 어부들은 이들 일본인 여성을 통해 개인이 소지하고 있던 물건을 팔아서 식량 등을 구입했다. 이윽고 이들의 수용시설도 격리되고 급증하는 일본인 어부들에 대응할 수 있도록 부산

---

40 『読売新聞』, 1956.3.25(朝刊).
41 김경열, 앞의 책, 96면.

수용소의 기능도 억류 선원의 수용시
설로 변모해 갔다.

　1960년대 일본어선 나포가 줄어들
면서, 부산수용소는 재차 일본인 여성
의 수용이 주된 업무가 되어 법무부 부
산 출입국 관리사무소의 외국인 출입
국대기소로서 존속하게 된다. 1960년
9월에는 7가구 16명이 이곳에서 귀국
을 기다리고 있었다. 부산의 외무부 출
장소 한 곳만 보더라도 패전 후 15년
동안 약 800명의 재한일본인 여성이

〈그림 4〉 부산수용소(외국인 출국대기소)에서 귀국을
기다리고 있는 재한일본인 여성의 가족
(1965년 / 구와바라 시세이(桑原史成) 촬영)

귀국 절차를 밟기 위해 방문했다.[42] 몸을 의지할 곳 없는 재한일본인 여
성은 부산수용소에서 귀국길에 올랐다.

4. 재한일본부인회에서 부용회로 __ 부정된 '재한일본인'

재한일본인 여성의 본모습

　1960년 4월, 강경한 반일정책으로 대일 관계를 유지해 온 이승만 정
권이 시민혁명에 의해서 무너졌다. 그리고 제2공화국이 수립되자 자유주

42　『부산일보』, 1960.9.25.

의적인 분위기 속에서 갑자기 일본 붐이 불면서, 나아가 다음 해 5월 군사쿠데타로 권력을 장악한 박정희 정권은 한일 국교정상화를 추진하여 한일관계에도 호전의 조짐이 보였다. 일본제국으로 인한 식민지 지배의 한을 한몸에 짊어지고 '왜색일소'의 기세에 눌려 몸을 숨기고 살아왔던 일본인 여성들에게도 한국 정치의 정세변동은 커다란 전환점이 되었다.

일본인이라는 것을 밝히기는커녕 일본어를 말하는 것도 불가능했던 재한일본인 여성들은 반일·배일의 분위기가 누그러들면서 고향을 그리는 마음으로 서로 같은 처지에 있는 사람들과 모임을 갖게 되었다. 여전히 일본으로 귀국하기를 희망하는 재한일본인 여성들이 부산에 모이는한편, 현실적으로 귀국이 어려운 사람들도 패전 후 15년 만에 가족과 다시 만나기 위해 일시귀국^{고향 방문}의 꿈에 부풀어 올랐다. 이러한 일련의 사건들이 재한일본인 여성들을 결집하는 모멘텀이 되었다.

다만 재한일본인 여성들이 스스로 목소리를 높이려면 귀국과 정착을위한 구체적인 조건이 마련되어야 했다. 즉, 재한일본인 여성이 한국에서정착하거나, 혹은 일본으로 귀국할 수도 있는 역사에 농락당한 존재라는것이 인정될 필요가 있었다. 1960년대에 이들 재한일본인 여성들에게관심을 보이는 사람들이 나타나면서 단순한 '한국의 처'가 아니라 패전후 버려진 '재한일본인'으로서의 여성들이 본모습을 드러내게 된다.

1960년 9월, 고사카 젠타로^{小坂善太郎} 일본 외무성 장관을 단장으로 하는 친선사절단이 방한했을 때, 5명의 재한일본인 여성이 방문하여 한국정부에 일시귀국을 허가하도록 요청해 달라고 호소했다.[43] 같은 해 11월한국을 방문한 민간단체인 일한친화회^{日韓親和會}의 가마타 노부코^{鎌田信子}

는 재한일본인 여성의 이야기를 듣고 그들의 일시귀국에 대해서 일본 정부와 협상했다.[44] '패전 후 최초'로 일본인 여성이 한국을 방문한다는 소식은 재한일본인 여성의 가슴을 설레게 했다.

1961년 2월에도 9명의 여성이 외무성에 '제2차 세계대전 때, 내선일체의 분위기 속에서 결혼하고 아이를 키웠지만 우리의 절실한 소망은 조국의 재건을 보고, 연로하여 여생이 얼마 남지 않은 부모님과 가족을 만나는 것입니다'라고 호소하는 진정서를 보냈다.[45] 그리고 외무성이 1961년 4월 초순, 한국 정부에 일시귀국에 대해서 특별한 배려를 요청하자 한국 정부는 같은 해 7월, 주일 한국 대표부를 통해서 '1년 동안의 귀국 기한을 인정한다'는 뜻을 전했고, 한일 양국 정부가 재한일본인 여성의 집단 일시귀국에 관한 협정을 추진하게 된다.[46]

한일 양국 적십자사의 교섭으로 1962년 10월 협정이 성립되었다. 그러나 일시귀국을 인정받았어도 여권 취득이나 비자, 재입국 절차가 필요한 것은 제쳐두고 대부분 가난하게 살고 있는 재한일본인 여성은 여비를 마련할 여력조차 없었다. 결국 적십자의 원조로 고향 방문이 실현된 것은 1964년 9월이었다. 이때 재한일본인 여성 55명이 집단으로 일시 귀국하고 이듬해인 1965년 9월에는 66명이 제2진으로 일시 귀국할 수 있었다.

일본인 여성의 영주귀국에 대해서도 새로운 움직임이 있었다. 1961년 6월 19일, 목포의 사회사업가 윤학자尹鶴子가 일본적십자사를 방문하

43 『朝日新聞』, 1961.7.15(夕刊).
44 『読売新聞』, 1961.8.1(夕刊).
45 『朝日新聞』, 1961.7.15(夕刊).
46 『読売新聞』, 1961.7.31(朝刊).

여 한국에 거주하고 있던 일본인 부인들의 현실에 대해서 말한 것이 계기였다. 윤학자는 약 1천 명에 이르는 재한일본인 여성이 남편과 헤어지고 아이를 키우고 있지만 생활이 궁핍하니 신속히 귀국할 수 있도록 해달라고 지원을 요청한 것이었다.[47]

윤학자田內千鶴子, 다우치 치즈코는 무안군청 관리의 딸로 조선에 건너가 목포 정명여학교에서 음악교사가 된 후에 해방 전부터 조선에서 전도사로 활동하던 남편 윤치호尹致浩와 함께 고아원 공생원을 운영했던 재한일본인 여성이었다. 윤학자는 한국전쟁 중에 남편이 행방불명이 되었지만 전쟁으로 고아가 된 아이들을 돌보며 '고아들의 어머니'로 목포 시민들의 사랑을 받았다.[48]

일본적십자사는 윤학자가 방문한 다음 날인 6월 20일 대한적십자사에게 한국에 거주하는 일본인으로 귀국을 희망하는 사람들에 관한 조사를 의뢰하자 차례차례 회답이 왔다. 대한적십자사는 1961년 8월 11일에 재한일본인은 1,009명으로, 그중 영주귀국을 희망하는 사람은 120명이라고 발표했다.[49] 9월 8일에는 제1차 명단이, 11월 21일에는 보다 상세한 제2차 명단이 일본적십자사에 전달되었다. 그것에 따르면 66가구 206명이 귀국을 희망하고 51가구 94명이 고향 방문을 희망하고 있다는 것이었다.[50] 그 후도 조사가 진행되어 점차 재한일본인의 실태가 밝혀지게 된다.

---

47 厚生省, 『続々·引揚援護の記録』, 1963, p.22.
48 尹鶴子(田內千鶴子)에 대해서는 江宮隆之, 『朝鮮を愛し, 朝鮮に愛された日本人』, 祥伝社新書, 2013을 참조.
49 『読売新聞』, 1961.8.12(朝刊).
50 厚生省, op.cit., p.22.

이렇게 해서 한일 적십자사가 지원하는 재한일본인 여성의 영주귀국이 추진된다. 이 시기의 조사에 따른 귀국희망자 247명에 대해서는 일본 적십자사가 일본 정부에 전달하여 정부가 직접 신원조사를 한 결과, 입국을 허가한다는 뜻을 한국에 통보한 177명 중 68명이 1961년에 귀국했다. 제1차 22명인양자 9명 포함의 영주귀국은 1961년 12월 23일 실시되었다. 이를 협의하기 위해 일본적십자사 가케가와 이와오掛川巖 외사과장과 후에 주한일본대사관 영사가 되는 외무성 아시아국 북동아시아과의 쓰루타 쓰요시鶴田剛 사무관이 방한했다.[51]

한일 적십자사의 협력 아래 영주귀국이 이루어진 사람의 수는 1962년 448명, 1963년 181명, 1964년 273명, 1965년 172명이었다.[52]

부정된 '재한일본인'

영주귀국의 진전이나 고향 방문의 실현으로 활기를 띠게 된 재한일본인 여성들은 일본 친선사절단의 방한 시기에 면담을 요청하는 등 각지에서 삼삼오오 모이게 된다. 1961년 7월 한국 정부가 재한일본인 여성의 일시귀국을 인정한 것을 계기로, 외무성 아시아국 북동아시아과의 마에다 도시카즈前田利一 과장이 방한했을 때도 재한일본인 여성들은 그를 맞아 귀국 절차에 관한 좌담회를 열었다. 이렇게 일시귀국이 현실성을 띠면서 좌담회에 모인 30여 명의 사람들이 중심이 되어 귀국 절차의 알

---

51 『경향신문』, 1961.12.15.
52 日本赤十字社, 『日本赤十字社社史稿 第7卷(昭和31年~昭和40年)』, 1986, pp.176~177.

선을 목적으로 하는 일본부인세화회를 발족했다.[53]

그러나 이곳에 모일 수 있었던 사람들은 그나마 형편이 나은 편이었다. 일본부인세화회가 일본인 여성을 찾는 과정에서 목격한 것은 극빈의 삶에 허덕이며 일시귀국 비용조차 대지 못하는 사람들의 모습이었다. 한편, 서울 중심부에 있는 명동성당에서도 자유롭게 일본어를 말할 수 있다는 이유로 일본인 여성이 모이게 되고, 그 이름을 야요이회弥生會라고 불렀다. 야요이회도 1962년 8월에 일본으로 건너가 일본적십자사를 방문하여 조속히 귀국 절차를 이행하도록 진정했다.[54]

일시귀국 절차는 물론이거니와 경제적 상호부조가 매우 절실한 과제였던 재한일본인 여성들은 1962년 12월에 두 단체를 통합하여 다음 달 재한일본부인회在韓日本婦人會를 발족시켰다. 이때 회장에 선임된 사람이 1944년에 조선인 남편을 따라 조선에 건너가 공주에서 여학교 교사를 지낸 히라타 데루요平田照世이다. 한일 국교정상화의 기운이 무르익으면서 회원 수도 늘어나 지방에도 지부가 결성되었다. 한편, 부산에는 일찍부터 일본인 여성들의 모임이 결성되어 있었다. 해방 직후인 1947년부터 가톨릭교회를 중심으로 일본인 여성들이 모여서 식료품과 의류를 배급받고 있었다. 1962년에 서울 재한일본부인회의 존재를 알게 된 부산의 일본인 여성들은 지부 설치를 신청하여 재한일본부인회의 부산지부가 된다.

그런데 이러한 통합에 이의를 제기한 일부 사람들이 별도로 재부산

53 平田照世,「在韓日本婦人会の立場よりみた日本婦人の状況」,『親和』, 123号, 日韓親和会, 1964 p.17.
54 『読売新聞』, 1962.8.7(朝刊).

일본인부인친목회를 결성하여 활동을 전개했다.[55] 하지만 1966년 부산의 일본총영사관의 권고에 따라 두 단체는 통합하게 된다.[56] 같은 해 1966년에는 재한일본부인회가 부용회로 이름이 바뀌고, 부용회는 서울 본부와 부산 본부가 독자적으로 활동을 전개하게 된다. 오랜 세월에 걸쳐 부용회 부산 본부를 인솔하게 되는 구니타 후사코国田房子도 이 시기에 부용회에 들어오게 되었다.[57]

재한일본부인회가 탄생한 것은 획기적인 사건이었다. 일본과 한국의 지원품이 이 모임을 통해 극빈자에게 전달되었다. 나아가 이 모임이 일본에 지원을 호소해 자금을 모아서 극빈자의 일시귀국 비용을 조달할 수 있게 되었다. 이러한 활동을 중심으로 각지의 일본인이 집결하여 단체를 조직하고 1963년 5월에는 공보부에 등록하여 공인단체가 되었다. 그 후, 이 모임은 외무부1964, 보건사회부1965로 이관된다.

서울이나 부산에는 재한일본부인회 사무소가 문을 열고 모임의 간판도 내걸렸다. 1965년 6월 한일조약이 체결된 것은 재한일본인 여성에게도 일대 사건이었다. 일본 공관에 걸린 일장기를 보고 서로 부둥켜안고 '조국이 우리를 지켜줄거야'라며 눈물을 흘렸다고 전해진다.[58] 그런데 일본의 본격적인 한국 진출은 재한일본인 여성들에게 뜻밖의 영향을 끼치게 된다.

한일조약으로 인적교류가 활발해지자 일본어나 일본노래가 울려 퍼

---

55   『読売新聞』, 1963.11.20(朝刊).

56   韓国引揚者同胞親睦会, 『会報』 第3号, 1971.11, p.21.

57   後藤文利, 『韓国の桜』, 梓書院, 2007, p.74.

58   Ibid., p.77.

지는 '친일행동'이 비난의 대상이 되어 그 여파를 재한일본부인회도 비껴갈 수 없었다. 1965년 8월 서울시 경찰청은 재한일본부인회의 등록을 취소하도록 관계당국에 요청했다. 이 모임의 규약에 회원이 되는 자격으로 '한국에 거주하는 일본부인'으로 정해져 있음에도 불구하고 여기에 다수의 한국 국적자가 포함되어 있는 것이 문제가 되었던 것이다. 서울시 경찰청의 발표에 따르면, 이 모임의 서울지부 회원 162명 중에 일본 국적자는 41명이고, 62명이 한국 국적, 12명이 이중 국적, 46명이 국적 불명이었다.[59] 한일 국교정상화를 목전에 두고 여러 부문에 침투하는 '일본'을 경계하는 목소리가 높아지는 가운데, '한국인'이 일본어를 구사하면서 일본 이름을 사용하는 것이 용납되지 않았던 것이다.

몇몇 신문이 이 건을 보도함으로써 재한일본부인회는 비판에 직면하게 된다. 그러나 이 모임은 이미 1965년 2월에 규약에 있는 '한국에 거주하는 일본부인'이라는 회원 조항을 '한국에 거주하는 일본국적을 가진 부인 및 혼인에 의하여 한국호적을 가진 일본 출신 부인'으로 변경하는 것을 외무부에 신청하고 승인을 받았다. 조사에 나선 보건사회부 부녀과도 이 모임에서 사정을 듣고 이미 규약이 변경되어 있는 점, 일본 이름의 사용도 설립 당시부터라는 점을 확인하고, 모임의 목적도 친목과 복지향상에 있다고 결론을 내렸다.[60] 서울시 경찰청의 압력에 대해 재한일본부인회는 규약 변경이라는 선수를 침으로써 해산 위기를 넘길 수 있었다.

---

59 『경향신문』, 1965.8.18.
60 보건사회부 부녀과, 「사회단체규약변경」, 1965.8.31(기안), 한국국가기록원소장, 『법인등록대장(부용회 / 가사원) 1964~1965』(BA0760182).

그런데 거기에 재차 타격을 가한 것은 다름 아닌 바로 주한일본대사
관이었다. 1966년 일본대사관이 설치되고 나서 재한일본인 여성들이 조
국에 걸었던 기대는 머지않아 예상에 어긋나는 결과를 가져왔다. 일본인
으로서 대우해 달라는 재한일본인 여성들의 요망에 대해 일본대사는 '여
러분들이 살아계시는 동안은 일본인으로 대우해 드리겠습니다'라고 대
답했지만, 그 약속은 이루어지지 않았다. 오히려 일본대사로부터 재한일
본부인은 여러분들을 말하는 게 아니고 앞으로 일본에서 이곳으로 오는
사람들을 가리키는 것'이라고 말하면서 일본대사관은 재한일본부인회
의 명칭마저 부정했다.[61]

한국에서는 '사이비 한국인'이라고 비난받고 일본으로부터도 '일본
인'으로 인정받지 못했던 것이 재한일본인 여성이었다. 한일 국교가 정
상화된 후에도 전쟁에 휩쓸려 국적 때문에 혼란을 겪은 여성들의 존엄과
인권은 회복되지 못했다. 1966년 재한일본부인회가 부용회로 명칭을 바
꾸게 된 것은 이러한 경위에서였다. 일본대사관으로부터 "예쁜 꽃이름이
라도 붙이면 무난"하다는 말을 듣고 정한 명칭이 '부용회'였다.[62]

부용회라는 명칭을 붙인 사람은 이방자 여사라고 한다. 이방자는 일
본에 끌려간 조선 왕조의 마지막 황태자 이은李垠과 정략결혼한 황족, 나
시모토노 미야梨本宮가문 출신으로 1963년에 귀국이 허용된 남편과 함께
한국으로 건너온 '재한일본인 처'였다.

---

61 本橋成一, 「七人の引揚げ者－在韓日本人の二十七年」, 『母の友』 233号, 福音館書店,
    1972.10, p.78.
62 『朝日新聞』, 1966.9.17(朝刊).

5. 한일 국교정상화가 연 귀국의 길

재한일본인 여성의 귀국을 지원하는 특별조치의 결정

1960년대에는 한일관계가 개선됨에 따라서 양국의 적십자사가 재한일본인 여성의 영주귀국과 일시귀국을 지원함으로써 정부 간의 교섭도 이루어졌다. 그러나 궁핍한 생활을 해야 했던 재한일본인 여성에 대한 일본 정부의 관심은 미온적이고 수동적인 대응으로 일관했다. 한일 국교가 정상화된 후에도 일본 정부의 재한일본인 여성에 대한 인식은 이들의 '재한일본인'으로서의 위치를 부정했던 것처럼 근본적으로 1950년대와 변함이 없었다.

다만 1960년대는 한일의 왕래도 가능해져서 한국을 방문하는 저널리스트도 등장했다. 1964년 7월 한국에 간 보도사진가 구와바라 시세이桑原史成는 격동하는 정치정세 속에서 살아가는 한국인들을 렌즈에 담으면서도, 한국전쟁을 취재했던 장혁주와 마찬가지로 재한일본인 여성들의 존재를 놓치지 않았다. 그 리포트는 『태양太陽』1965년 3월호에 게재되었다. 1964년과 1965년에 실시된 재한일본인 여성의 일시귀국도 여러 신문에 보도되었다.

그러나 겨우 실체가 드러나기 시작한 재한일본인 여성은 한일 국교정상화가 이루어짐에 따라 활발해진 교류의 물결 속으로 묻힌다. 먼저 박탈당한 것이 '재한일본인'으로서의 존재성이었다. 그리고 인도주의적 차원의 문제로 이뤄진 한일 적십자사의 재한일본인 여성의 귀국 지원도 이제는 국가 간의 합의에 따라 이뤄지는 사안이라고 해서 중단된다.

그래도 뒤늦게 모습을 드러낸 재한일본인 여성과 그 자녀의 존재는 일본 사회의 식민지 지배에 관한 기억을 들춰내지 않을 수 없었다. 논픽션 작가 후지사키 야스오藤崎康夫가 재한일본인의 존재에 관심을 가지게된 것도 도쿄의 야간 중학교에서 일본어를 배우는 귀국자 자녀와 접한 것이 계기였다. 자신도 어린 시절을 조선에서 보낸 후지사키는 교직을 내팽개치고 1967년 4월에 부산을 방문한 이래 십 수차례에 걸쳐 계속해서 취재했다.[63] 이때부터 잡지에 재한일본인 여성과 그 자녀들에 관한 기사를 다수 집필하고, 이를 엮어서 1972년에 『기민棄民―일한의 뒤틀린 역사 속에서』를 출판했다.

한편 1968년 3월 5일 『아사히신문』이 「일본으로 돌아가고 싶다―빈곤에 허덕이는 재한방인」이라는 제목의 기사에서, 그 곤궁한 모습을 보도함으로써 이 문제를 바라보는 일본의 분위기도 달라졌을 것이다. 그러나 일본 정부가 재한일본인 여성 문제에 본격적으로 착수하게 된 것은 그 해 11월 중의원衆議院 농림수산위원회 소속 의원들이 방한하고 돌아가는 길에 부산의 일본총영사관에서 재한일본인 여성의 진정서를 받은 것이 직접적인 계기였다. 동행한 아다치 도쿠로足立篤郎 중의원 의원은 부산에서 빈민굴에 사는 일본인 여성을 만나 눈물을 흘리고 이를 직접 사토 에이사쿠佐藤栄作 총리에게 호소했다.[64]

1968년 12월 3일 한국의 주일대사가 박정희 대통령의 축전을 지참

---

63 『朝日新聞』, 1985.4.29(朝刊).
64 第61回国会内閣委員会(第27号), 1969.6.5, 足立篤郎衆議院委議員の質疑, 国会議事録検索システム.

〈그림 5〉 남편과 자택을 나서는 히라타 데루요
(『아사히그라프(アサヒグラフ)』1964년 12월 18일호,
야마다 데루오(山田照夫) 촬영)

하고 자민당 총재 선거에서 재선한 사
토 총리를 방문하여 양국의 현안 사항에
관해서 협의했다. 이때 사토 총리는 한
국 측에 재한일본인 여성의 귀국에 대해
서도 협조를 요청했다.[65] 한일 국교정상
화 이후 3년이 지나서 일본 정부는 재한
일본인 여성의 귀국을 위한 대책 마련에
나선 것이다. 나흘 뒤인 12월 7일 사토
총리는 외무성에 대하여 부산에 모이고
있는 한국 거주 일본인 아내의 처우에
대해서 인도적인 입장에서 검토하도록 지시했다.

한국에 유학 중이던 시미즈 야스요清水安世가 재한일본인 여성들의 '생
각했던 것보다 훨씬 비참한 삶'에 충격을 받고 사토 총리에게 그 궁핍한
상황을 호소하는 편지를 보낸 것은 총리가 지시를 내린 뒤인 12월 15일
이었지만, 국회에서도 이 편지의 내용을 거론했다.[66] 일개 유학생에게 도
움을 요청하지 않으면 안 될 정도로 재한일본인 여성들은 곤궁한 처지에
내몰려 있었다.[67] 이렇게 해서 일본 정부는 재한일본인 여성의 귀국을 지
원하는 '특별조치'를 추진하게 된다.

---

65 주일대사에게서 외무부장관에게, 문서번호 JAW12053, 1968.12.3, 한국국립국회도서
    관소장, 『재한일본인 귀환문제 1968~69』(C-0025).
66 第60回国会外務委員会(第1号), 1968.12.17, 帆足計衆議院議員의 質疑, 国会議事録検索シ
    ステム.
67 『朝日新聞』, 1968.12.25(朝刊).

재한일본인 여성의 실태조사에 나선 일본 정부

일본 정부로부터 정식으로 재한일본인 여성의 조사를 의뢰받은 한국 정부는 즉각 조사에 착수했다. 주일대사가 사토 총리로부터 협조를 요청받은 다음 날, 외무부는 일본 측의 요청을 법무부와 내무부에 전달하고, 재한일본인의 수와 거주지, 정착 동기, 국적 상황, 생활 수준, 귀국희망자 수, 외국인등록 관계 등에 대한 조사를 요청했다. 재한일본인의 수에 대해 행정기관에 의한 공식조사가 이루어진 것은 이것이 처음일 것이다.

법무부는 서둘러 12월 26일에 회답을 보냈지만, 그 조사는 각 행정구역의 관할 내에서 외국인등록을 한 일본인의 수에 한정되어 있었다. 한국 국적자나 외국인등록을 하지 않고 '불법체류' 상태에 있는 사람들 대부분은 조사결과에 반영되지 않았다. 그렇다고 한다면 이듬해 3월 14일 경찰청 외사과가 각지에서 조사해 내무부가 회답한 조사결과가 더욱 상세하다. 조사결과에 따르면 재한일본인의 수는 1,426명으로, 여성이 1,102명, 남자가 324명으로 밝혀졌다.[68]

다만 내무부에서는 작업이 복잡하고 방대했기 때문에 명단을 작성하는 것은 힘들다고 보았다. 따라서 이 사람들의 귀국 의사를 확인하고 적극적으로 명단을 작성할 필요는 없지만, 일본대사관이 독자적으로 조사할 경우는 가능한 한 협조하기로 했다. 이런 연유로 부산의 일본총영사관에서 관할지역인 경상남북도, 전라남도, 제주도를 대상으로 조사했지만 찾아가더라도 일본인임을 감추려 하고, 말을 못 알아듣는 시늉을 하

---

68   내무부에서 외무부장관에게, 「재한일본인상황조사회보」, 1969.3.14, 한국국립국회도
      서관소장, 『재한일본인귀환문제 1969』(CI-0032).

는 사람도 드물지 않았다. 또 총영사관의 존재 여부도 모르고 조사의 목적도 들으려고 하지 않은 채 오로지 일본인임이 알려지게 되는 것을 두려워하는 사람도 있었다.[69]

이처럼 재한일본인 수에 대해서는 지방에서 숨죽이고 조용히 사는 일본인이 있다는 점을 고려해야 한다. 앞서 언급한 후지사키가 한국의 저널리스트에게 들은 바와 같이, "일본인임을 감추려 하는 사람이 많기 때문에, 또한 경제적으로 어렵게 살아가고 있는 사람일수록 표면적으로 드러내기" 힘들고, "가령 숫자를 파악한다고 하더라도 신뢰할 수 없는 것"이었다.[70]

그렇다고는 해도 내무부의 조사를 통해 재한일본인의 생활 실태를 엿볼 수 있다. 거주지는 서울에 상당히 몰려 있지만 비교적 적은 강원도나 제주도를 제외하면 전국 각지에 분포하고 있는 것을 알 수 있다. 국적별로 보면 한국 국적이 783명, 일본 국적이 489명이고, 이중 국적이 46명, 무국적이 108명이었다. 생활 수준은 상류층이 70명, 중류층이 205명, 하류층이 1,151명으로 대부분 가난하게 생활하고 있는 것을 알 수 있다. 한편, 귀국희망자 수는 223명으로 적다. 귀국은 가난에서 벗어나는 하나의 선택이 될 수 있지만, 그것은 성인이 된 자녀나 한국인 남편과 이별을 강요하는 것이기에 현실적이지 않다고 생각되었을 것이다.

귀국을 희망하는 사람들에게도 현실적인 문제가 앞길을 가로막고 있었다. 일본 정부가 재한일본인을 받아들일 태세를 갖추고 귀국 여비를 지원한다고 해도 하루 벌어서 하루하루를 근근이 살아가는 사람들에

---

69   北出明, 『釜山港物語 — 在韓日本人妻を支えた崔秉大の八十年』, 社会評論社, 2009, p.115.
70   藤崎康夫, 「在韓日本人の現状」, 『展望』 116号, 筑摩書房, 1968, p.145.

게 영주귀국을 신청하기 위해서, 또는 여행증명서를 교부받기 위해서 여러 차례 상경하는 것은 쉬운 일이 아니었다. 또 한일 국교정상화 이후 외국인등록이 강화되었음에도 그러한 정보에 대해 알지 못하거나 등록비용을 낼 수 없어서 방치하는 출입국관리법 위반자는 벌금을 내지 않으면 출국이 허용되지 않았던 것이다.

이러한 문제에 대해서 협의하기 위해 1969년 1월 7일 한국 외무부는 주한일본대사관 쓰루타 쓰요시鶴田剛 영사와 의견을 교환했다. 쓰루타 영사는 재한일본인의 가난한 생활 수준을 감안해서 출입국관리법 위반자에게 부과된 벌금에 대한 선처와 한국 정부의 여행허가서 발급에 대해 편의를 봐줄 것을 요청했다.[71] 같은 해 2월 25일 일본대사관은 공식적으로 구상서口上書를 외무부에 전달하고, 재한일본인의 실태조사에 대해서 한국 측의 협력과 상기 귀국희망자에 대해서 벌금을 부과하는 것에 대한 선처 외에 한국 거주자들에게도 벌금을 경감·삭감하고, 출입국관리법상의 절차 및 귀국 신청을 부산에서도 할 수 있도록 요청했다. 또 한국 국적자에 대해 여행증명서의 교부절차를 간소화 해줄 것을 요청했다.

한국 정부는 재한일본인 문제에 관한 일본 측의 제의를 대부분 받아들였다. 출입국관리법 위반자에 대한 벌금도 정상이 참작되면 적절히 경감하기로 하고, 영주귀국을 희망하는 경우 '출국권고조치'를 내려 벌금을 면제해 주기로 했다. 후에 일본 정부의 요청으로 1년이었던 체류 기간의 갱신 기한도 3년으로 연장되었다.

---

71   작성자불명, 「재한일본인 귀국문제」, 한국국립국회도서관소장, 『재한일본인 귀환문제 1968~69』.

6. 전후 일본의 귀국정책 __ 인양에서 귀국으로

인양과 귀국의 갈림길에서

1950년대, '조선적 전 일본부인'은 스스로 호적등본을 입수하여 한국 정부에 '철수신청'을 하고 일본 정부의 허가 아래 한국 측이 마련한 선박으로 귀국했다. 1960년대에는 한일 적십자사가 협정을 맺고 창구가 되어 부산까지의 여비를 한국적십자사가, 부산부터 규슈九州까지의 여비를 일본적십자사가 부담하여 귀국이 이루어졌다. 한일 국교정상화로 서울과 부산에 일본대사관과 총영사관이 개설된 이후에는 두 공관에서 귀국 신청을 받게 되어 절차에 소요된 시간도 대폭 줄어들었다. 다만 호적등본 입수나 신원보증인 확보에 어려움이 있는 사람들이 여전히 많았고 한일 적십자사도 귀국 지원에서 손을 떼게 된다.

그리고 1969년 4월 일본 정부가 지원하는 '특별조치'에 의해 재한일본인 여성의 귀국이 시작된다. 일본 정부는 한국 측에 재한일본인 귀국에 관한 협조를 요청하는 한편, 1969년도 예산에 '재한방인원호비' 명목으로 1,200만 엔을 상정했다. 일본 정부가 공식적으로 재한일본인의 귀국 대책에 나선 것은 분명히 그동안 재한일본인 여성의 귀국을 막아온 문제를 부분적으로 해소했다. 호적등본이나 신원보증인 문제는 세대교체의 흐름 속에서 한국전쟁 때보다 어려워지고 있었지만, 호적등본 이외에 다양한 경로로 일본인임을 증명하는 길이 열렸고 신원보증인을 국가가 알선하는 방안도 도입되었다. 여전히 불안한 귀국 후의 생활에 대해서도 생활보호를 받을 수 있도록 준비가 이루어졌다.

한편 한국의 출국허가에 관해서는 한국인 남편과 내연관계에 있는 일본 국적자의 경우, 외국인등록을 하지 않은 출입국관리법 위반자에 대해서도 일본 정부가 한국 정부에 선처를 요청함으로써 해결되었다. 호적등본 준비를 위해 필요한 우표값조차 마련하지 못하고, 여행증명서를 신청할 여유도 없는 궁핍한 사람들에게 한국 정부가 편의를 제공한 것은 큰 의미를 갖는 일이었다.

그 당시에도 재한일본인 여성이 처해있는 궁핍한 현실은 종종 신문이나 잡지에 소개되었지만 일본 정부가 이 문제에 미적미적 착수하게 되기까지는 한일 국교관계가 정상화되고 왕래가 활발해져, 국회의원이나 정부 관계자가 현실을 눈앞에서 직접 본 것이 크게 작용했다. 대중매체를 통해서 본 재한일본인 여성이 처한 궁핍한 현실이 상상을 초월했던 것이다. 이 시기의 국회에서는 '조선국적 전 일본부인'을 '순수한 일본인'이 아니라며 배제하려던 1950년대 이후의 시선도 완화되어 재한일본인 여성들을 동정하는 목소리가 힘을 얻게 되었다.

사토 총리가 재한일본인 여성의 귀국 대책을 지시한 직후인 1968년 12월 17일, 중의원 외무위원회에서 사회당의 호아시 게이帆足計 의원은 이 문제가 '전쟁으로 희생된 것 중의 하나'라며 호적등본을 입수하는 것이 어려운 상황임을 거론하고 그 해결책을 요구했다.[72] 이에 대해 아이치 기이치愛知揆一 외무상은 이 건이 '인도적 문제'임을 분명히 한 후, 문제해결을 위해 관계 각처에 협조를 요청하고 있다고 답변했다. 법적 지위로

72　第60回国会外務委員会(第1号), 1968.12.17, 帆足計衆議院議員の質疑, 国会議事録検索システム.

재한일본인 여성을 '조선적 전 일본부인'으로 간주하는 한 국적 문제는 여전히 커다란 장벽으로 가로놓여 있었지만, 국회에서는 오히려 '성가시고 시끄럽게 구는 법무성'이라는 비판이 쏟아졌다.[73] 법무성도 입장을 누그러뜨릴 수밖에 없었다.

한일회담에서는 재한일본인들의 법적 지위에 관한 논의는 거의 이뤄지지 않았다. 제7차 한일회담 법적지위위원회의 제4차 회의1964.12.17에서 쓰루다 외무성 사무관이 상호주의의 차원에서 한국의 재한일본인 처우에 관해서 거론하기도 했지만, 한국 측의 이경호 대표가 '재한 일인은 대개가 한국인 처나 내연관계에 있으니 문제가 되지 않는다'라고 대답한 것 외 깊이 있는 논의는 이뤄지지 않았다.[74] 재일한국인의 법적 지위가 한일협정으로 정해진 것과는 달리, 재한일본인은 보이지 않는 존재였던 것이다. 그래도 제2차 한일 의원간담회1969.2.25에서는 안보·경제 문제 외에 재한일본인 여성의 귀국문제도 양국의 정치 차원에서 공식 의제가 되었다.

그렇다고는 해도 일본 정부의 귀국 대책은 많은 문제를 안고 있었다. 일본 정부가 재한일본인 여성의 귀국 대책에 나서기 전에는 한국 측으로부터 귀국희망자 명단을 받은 외무성이 법무성에 호적 확인을 의뢰해 그 결과를 한국 측에 통보하고, 법무성은 '일본인'으로서의 법적 자격에 적합한 재한일본인 여성을 선별해 입국심사에 편의를 봐주는 것으로 모든

---

73 第61回国会内閣委員会(第27号), 1969.6.5, 足立篤郎衆議院議員の質疑, 国会議事録検索システム.

74 주일대표부에게서 외무부장관에게, 「제7차 한일전면회담 법적지위위원회 제4차회의록」, 1964.12.21, 한국동북아역사재단소장, 『제7차 한일회담법적지위위원회회의록 및 훈령』, Vol.1, 동북아넷사료라이브러리.

업무가 끝났다. 그러나 공식적으로 정부가 귀국 지원을 시작하면, 입국 후 귀향 비용이나 귀향하는 지역을 정하는 문제와 생활지원 업무를 후생성이 담당하게 된다. 그런데 '우리의 책임은 여기까지'라는 외무성, '성가시고 시끄럽게 구는' 법무성, 알선해 준 장소에 정착할 것을 고집하는 후생성^{현 후생노동성} 등 관계부처가 손발이 맞지 않아서 국가와 지방자치단체 사이에 책임을 지는 범위도 명확하지 않았다.

이렇게 귀국을 희망하는 재한일본인 여성에 대한 관계부처의 인식은 1951년 3월 17일 '참의원 재외동포 인양문제에 관한 특별위원회'에서 제시되어 앞서 서술한 '전란의 와중에 휩쓸린 결과, 이제야 돌아온다'는 인식과 근본적으로 다르지 않다고 할 수 있다. 일본 정부에 의한 귀국 대책이 시작된 후에도 재한일본인 여성은 '왜 이제야 돌아오느냐'고 핀잔을 들어야 했다. 재한일본인 여성은 이러한 일본 정부의 인식에 맞서 국가에 이의를 제기하게 된다.

인양과 귀국의 구별 – 포섭과 배제의 메커니즘

일본 정부가 공식적으로 재한일본인 여성의 귀국을 위해 특별조치를 개시한 것은 1969년 4월이다. 1969년부터 1976년까지 453가구 1,264명이 귀국했다.<표 1> 참조 그런데, 이들 재한일본인 여성의 귀국은 패전 후 일본인의 인양과는 성격을 달리하고 있다. 일본제국의 붕괴 이후 구 식민지에서의 일본인의 귀환은 '인양^{引揚げ}'이라고 부르는 것이 일반적이다. 그러나 행정 업무상, 제국주의의 확대 과정에서 국책에 따라 해외에 진출한 사람들을 국가의 책임하에 귀환시키는 '인양'과 자유의사에 따라

해외로 이주한 사람들을 국민 보호의 관점에서 귀환시키는 '귀국'은 엄격히 구분된다. 이렇게 '인양'과 '귀국'의 구분 문제를 본격적으로 제기한 것이 재한일본인 여성이었다.

이러한 구분이 필요하게 된 것은 '인양자'는 후생성에 의한 인양원호 조치 대상이 되는 한편, '귀국자'는 국가로부터 혜택을 받는 대상이 되듯 그것은 국민 / 비국민을 배제 또는 포섭하는 국민국가로서의 존립에 관계된 문제이기 때문이다. 일본 정부는 1957년에 제정한 인양자급부금등지급법에서 인양자를 '1945년 8월 15일까지 계속해서 6개월 이상 본국 이외의 지역에 생활의 본거지를 가지고 있던 자'로 정의했다. 재한일본인 여성의 귀국 대책에서도 인양자란 '전전에 도한하고, 그 후 인양의 시점에 이르기까지 한 번도 일본에 귀국한 적이 없는 일본인과 전 일본인 여자 및 이들이 동반하는 미혼·미성년의 자녀적 여하를 불문'를 뜻한다. 한편, 귀국자란 '① 전후 도한자, ② 전전에 도한했지만 고향 방문 등으로 일시 일본에 귀국한 자, ③ 이들이 동반하는 자녀'를 말한다.[75]

재한일본인 여성은 패전 후에 조선인 남편과 함께 일본 혹은 외지에서 조선으로 향한 것이 제국의 확대와 뗄 수 없음에도 불구하고 인양자=국민이 아닌 존재로 내몰렸다. 국민으로부터 배제되어 '조선적 전 일본부인'으로 불린 재한일본인 여성이 일본으로 귀환할 경우, 귀국자라는 지위를 부여받은 것이다.

---

75 アジア局北東アジア課, 「在外邦人保護謝金について(在韓困窮邦人引揚問題関係資料)」, 1972.1.7, 外務省外交史料館所蔵, 『在外困窮邦人(引揚等諸問題)』, 이하 『在外困窮邦人』으로 생략 표기한다.

결국 이 시기는 한반도, 타이완, 만주중국 동북부, 사할린 등 식민지 및 일본제국의 세력권이었던 외지로부터 내지로의 이동이 '인양'에서 '귀국'으로 전환하는 과정에 있었다고 할 수 있다. 바꿔 말하자면, 1980년대 이후에 본격화하는 중국 및 사할린의 잔류 일본인의 귀국정책이 이 시기에 시작된 것이다. 따라서 국민국가로 변모하는 일본이 국경을 넘는 사람들을 포섭 / 배제하는 정치적·사회적 메커니즘의 단서는 재한일본인 여성의 귀국 경험을 고찰함으로써 발견할 수 있다.

1969년 특별조치를 실시함에 따라서 재한일본인 여성을 귀국시키기 위한 비용을 어디에서 마련할지가 문제가 되었다. 일본 정부는 1950년대 후반 도미니카로 이주한 249세대 1,319명의 원호·지원 조치로서 1961년 12월에 외무성에 이주보호비이주과 관할를 만들었다. 1969년에 그 대상을 재외일본인 전반으로 확대하고 관할을 영사 이주부현 영사국 영사과로 옮겨서 비용을 '재외방인보호대책비'로 해서 '재외방인보호비'를 편성했다. 생활에 곤궁한 재외 자국민을 보호 원조하고 있는 현지 일본인 관계단체 등에 외무성이 경비를 지급하고 '당해 재외방인의 생활 안정을 도모하고 방인의 해외 활동을 지원하는' 것이 목적이었다.[76] 재한일본인 여성에 대한 특별조치를 염두에 둔 대책이었던 것은 분명하다.

1953년에 시작된 재외방인보호대책비는 동년에 제정된 '국가의 원조 등을 필요로 하는 귀국자에 관한 영사관의 직무 등에 관한 법률'에 따라 해외에서 일시적 곤란에 빠진 일본 국적자를 대상으로 귀국 여비를

---

76 領事課, 「在外邦人保護謝金取扱要領」, 1969.1.22, 『在外困窮邦人』.

대여하는 사업을 후원한다. 그 일부인 재외방인보호비는 행정조치에 의한 집행이 가능하기에 절차가 간단하고 응급조치가 필요한 상황에 대한 대처도 쉽다는 특징이 있다.[77] 즉 재한일본인 여성에 대한 일본 정부의 공식적인 귀국 대책은 해외의 궁핍한 일본인에 대한 응급조치의 일환으로 실시된 것이다.

1969년도 예산으로 편성된 한국으로부터의 귀국 지원 명목의 1,200만 엔도 재외방인보호비로서 지출되었다. 한국 측의 창구가 된 것이 재한일본인 여성 상호부조단체인 부용회였다. 이 시점에서는 당해년에 한정된 것이었지만 그 후도 귀국희망자가 속출했기 때문에 예산조치가 계속되었다. 이 예산에 따라서 한국인 남편과 정식으로 결혼했거나, 혹은 내연관계에 있는 일본인 여성 및 일본 국적을 가진 경우는 그 성년·미성년 자녀, 한국 국적의 경우는 미혼·미성년의 자녀가 지원 대상이 되었다.

이렇게 해서 재한일본인 여성의 귀국이 국비로 일괄적으로 실시되었지만 인양자인지 귀국자인지에 따라 비용의 출처는 달랐다. 인양자의 경우 거주지에서 부산까지의 교통비 및 숙박비는 재외방인보호비에서 지출되고 배삯과 일본 국내의 귀향 여비는 후생성의 인양원호조치의 일환으로서 처리되었다. 귀국 비용을 외무성과 후생성이 분담한 것이다. 한편 귀국자의 경우는 거주지에서 일본의 도착항인 시모노세키下關까지의 모든 비용을 외무성이 재외방인보호비로 조달했다.

즉, 인양자에 관해서는 종래 대로 후생성의 인양원호조치에 따라 '인

77　アジア局北東アジア 課, 「在外邦人保護謝金について(在韓困窮邦人引揚問題関係資料)」, 1972.1.7, Ibid.

양선'에 승선시켜서 귀향시키지만, 귀국자에 관해서는 거주국의 상황을 감안해서 외무성이 재외 자국민 보호의 차원에서 출국항까지의 여비를 지출하고 응급상황에 대한 행정조치로서 일본으로 입국시킨 것이다. 상륙 후 정착할 곳으로의 이송은 생활보호법의 급부로 실시했다.

한편 재외방인보호대책비는 현재는 외무성 영사국 해외국민 안전과가 주관하는 '곤궁 방인의 보호'라는 행정사업으로 부용회의 서울 본부와 부산 본부, 경주 나자레원을 통해서 재한일본인 여성에 대한 지원으로 사용되고 있다.[78]

7. 뒤늦게 온 '인양' __ '전후처리의 일환'으로서의 귀국정책

한국인양자동포친목회 결성

〈표 1〉 국비로 실시된 재한일본인 여성의 귀국자 수(1969년~1976년)

연도	귀국자 수
1969년도	74세대 224명
1970년도	65세대 178명
1971년도	67세대 174명
1972년도	62세대 178명
1973년도	85세대 257명
1974년도	52세대 133명

78　外務省,「平成31年度行政事業レビューシート」, 2019. https://www.mofa.go.jp/mofaj/ms/fa/page22_003249.html.

연도	귀국자 수
1975년도	22세대 55명
1976년도	26세대 65명
합계	453세대 1264명

출처 : 外務省, 「わが外交の近況」, 1970년판~1977년판 등을 참조해서 저자 작성

　재한일본인 여성의 국비 시원에 의한 귀국은 순조롭게 진행되는 것처럼 보였다. 그러나 일본제국 붕괴에 따른 사람의 이동은 인양이든 귀국이든, 연고지에 정착했다고 해결되는 문제가 아니다. 그것은 패전 후 일본의 인양자의 다양한 권리 요구를 보아도 분명하다. '재한곤궁방인'의 곤궁도 귀국을 했다고 해서 해결되는 것은 아니었다. 1971년 3월 16일부의 '냉정한 조국'이라는 제목의 『아사히신문』 기사는 이들 재한일본인의 빈곤한 상황을 전하고 있다.[79] '뒤늦게 온 '인양''은 다국적·다문화 '가족'의 존재를 드러냈다.

　이처럼 패전 직후의 인양과는 달리, 탈식민지화한 현지 주민으로서 생활해 온 사람들의 귀국은 결코 단순한 것이 아님을 드러냈다. 특히 한국 국적자인 경우 여러 어려움에 직면했다. 고령의 재한일본인 여성은 18세 이상의 2세대의 동반을 인정받을 수 없었기 때문에 홀로 귀국할 수밖에 없었다. 또한, 일본에는 외국인의 신분으로 입국하는 것이기 때문에 외국인등록을 해야 했다. 일본 땅을 밟고 처음으로 직면한 것은 스스로 일본 국적을 포기한 기억도 없고 설명을 들은 적도 없이 일방적으로 박탈당해 일본인이라는 것이 부정되는 불합리한 처우였다. 일본 국적을

79　『朝日新聞』, 1971.3.16(朝刊).

취득하려면 3년이 지나서 귀화간이귀화하거나 재판을 거쳐서 인정받을 수밖에 없었다.

일본 국적을 가진 자라면 인양자로서 도쿄의 인양자 숙소에 입주할수도 있지만, 한국 국적자인 경우 귀국자로서 신원인수인이 있는 연고지에 정착하는 것이 귀국 조건이었다. 형제자매 가운데 누군가가 신원인수인이 되었다고 해도 그곳에서 생계를 꾸려나갈 방도가 없었고, 도시지역에서의 거주를 희망해도 허가받을 수 없었다. 게다가 자녀를 동반하여귀국할 수 있다고 해도 인양자인지 귀국자인지에 관계없이 자녀의 교육은 가장 절실한 문제였다. 자녀가 일본어를 배울 수 있는 곳은 도쿄의 몇군데 안 되는 야간 중학교밖에 없었다. 나아가 재한일본인 여성의 귀국은 남편이나 성인이 된 자녀와의 이별을 뜻하는 것이었다.

이러한 문제를 해결하기 위해 결성된 것이 한국인양자동포친목회이다. 『기민』의 저자인 후지사키 야스오와 교육학자 고야마 쓰요시小山毅 센슈대학교專修大学 조교수당시, 사진작가 모토하시 세이치本橋成一의 도움으로 1971년 8월 1일에 결성총회가 개최되었다. 1971년 1월 국제교육연구회를 발족시켜서 재한일본인 문제에 전념해온 그들은 1972년 4월 재한일본인기민동포원호회를 설립했다. 그 과정에서 적극적으로 운동을전개할 필요성을 통감한 그룹이 재한일본인 여성 조직 만들기에 나섰다.[80] 재한일본인 여성의 문제를 해결하려면 스스로 목소리를 높여 관계당국에 호소해야 한다고 생각했기 때문이다.

---

80   長沼石根, 「(研究会)から「運動体」へ―在韓日本人棄民同胞救援会(サークル歴訪)」, 『朝日ア
      ジアレビュー』, 1972.9, p.164.

1971년 6월 6일 도쿄에 거주하는 귀국자가 모여서 첫 모임을 열게 되었다. 그리고 같은 해 8월 1일 결성총회가 개최되었다. 결성총회에서는 요구서를 채택하고, ① 일본 국적·한국 국적의 구별 없이 생활·복지·교육을 위해서 취업 알선·직업훈련, 인양자 숙소의 완비와 지방 거주 희망자를 위한 주택 알선, 자녀의 일본어 지도기관의 확충, ② 남기고 온 남편, 자녀, 가족을 위해 가족 단위로의 귀국과 국적·거주지 선택의 자유 및 인양·귀국·입국 절차의 간소화, ③ '국가'가 나서서 신원확인·신원인수인의 법적보장 및 귀국비용을 보장하고 국적 문제를 해결할 것을 요구했다.[81]

한국인양자동포친목회는 재한일본인 여성의 인양과 귀국을 '한일병합 시대의 미처리 문제'로 규정하고, '우리가 인간으로서 인간답게 살아가기 위해 시급한 문제' 해결을 요구하며 시위행진을 벌였다. 친목회는 수상 관저를 비롯해 외무성·법무성·도쿄도東京都 등에도 요구서를 보내 면담을 신청했다. 8월 5일, 친목회는 이 요구서 및 「우리가 살아온 길, 우리는 계속 살아간다. 결성총회에 즈음한 호소」를 첨부하여 외무대신 및 아시아국 북동아시아과장과의 면담을 요구하는 서면을 외무성에 송부했다.

---

81   韓国引揚者同胞親睦会, 『会報』 3号, p.2.

'전후처리의 일환'인가, '재한곤궁방인'에 대한 사회보장인가

재한일본인 여성들의 귀국 지원을 담당한 것은 외무대신 관방官房에 설치된 영사이주부현 영사국였다. 한국인양자동포친목회가 면담을 신청한 북동아시아과는 이 건에 관해서 영사이주부에 설명을 의뢰한 것으로 보인다. 영사이주부 영사과장은 '한국인양자동포친목회의 요망서에 관하여'라는 문서를 1971년 8월 13일에 작성했기 때문이다. 애초에 이 친목회가 외무성 북동아시아과에 면담을 요청한 것은 재한일본인 여성들으로부터 문제 해결을 요구받은 영사이주부가 '가족 단위의 귀국'에 관해서는 외무성이라면 북동아시아국의 소관이 될 것이라고 설명한 바에 따른다.

영사이주부 영사과장은 이 문서 안에서 문제의 소재를 잘 정리하고 동시에 요망서의 내용에 관해서는 "일본 국내에서 해결해야 할 제 문제가 있고, 이는 관계부처후생성, 노동성, 문부성, 도도부현(都道府県)의 문제이며, '한국인양자동포친목회'가 이들 부처에 직접 요청하여 해결을 진정해야 할 일이다"라는 의견을 내놓았다. 또한, 영사이주부 영사과장은 부서 소관인 '재한곤궁방인의 귀국'에 관해 "일본 국적자에 대한 귀국에 관해 (…중략…) 정부가 돌봐 주고 있다"고 한 것처럼, 1969년부터의 특별조치는 어디까지나 일본 국적자를 대상으로 하는 것으로 인식해 왔다.[82] 귀국한 재한일본인 여성들의 정착과 생활 보호 등 후생성의 수용대책에 관해서도 '국내 방인'의 대응에 준하는 것으로 이해했던 것이다.

재한일본인 여성들이 단체를 결성하고 '한일병합 시대의 미처리문제

---

82 領事移住部領事課長より北東アジア課長あて, 「韓国引揚者同胞親睦会の要望書について」, 1971.8.13, 『在外困窮邦人』.

해결'을 요구한 것으로 그 귀국 지원이 단순히 '재한곤궁방인의 보호'에 머물지 않고 일본제국의 붕괴로 인한 '뒤늦게 온 '인양''이라는 것과 더불어 법무성·후생성·노동성 등이 연관된 문제라는 것이 부각되었다. 외무성에 의한 관계기관과의 방침 조정은 북동아시아과가 창구가 되었다. 이때, 한국에서는 재외방인보호비의 사업대상이 되는 부용회와는 별도로, '고국 인양 희망자 및 잔류 가족 일동'의 명의로 주한일본대사관에 문제해결을 요구하기 시작했다. 외무성은 '한일병합 시대의 미처리문제'에 대한 대응이 필요하게 된 것이다.

한국에서 귀국을 희망하는 재한일본인 여성들은 1971년 8월 18일, 서울의 일본대사관을 방문하여 '한일병합 시대의 미처리문제의 해결'을 호소하는 진정을 했다. 거기서 ①귀화 절차의 간소화, ②가족 단위의 귀국, ③본적지 불명자의 귀국, ④도쿄의 인양자 수용시설의 증설, ⑤극빈자에 대한 귀국 지원, ⑥생활비·의료비 원조에 관해서 요청했다. 이에 대해 주한일본대사관이 제출한 '재한곤궁일본인의 본국 귀국에 관한 대사관 진정에 대한 조치에 관하여'라는 본성외무성에 품청稟請하는 공문에서는 '가족 단위의 귀국'에 관해서 외무성에서는 법무성과 협의하도록 간원하는 한편, "이 가족 구성은 전전戰前과 전중戰中의 내선일체화 정책의 소산이며 이 문제의 해결은 종전처리이므로 조속히 해결하는 것이 바람직하다"고 조심스러운 표현으로 배려할 것을 요구했다. '도쿄의 인양자 수용시설의 증설'에 관해서도 "종전처리의 일환으로, 조속히 해결해야 할 문제라고 생각된다"고 기술한 것처럼, 주한일본대사관을 포함한 외무성에서는 재한일본인 여성들의 귀국을 '전후처리의 문제'로 인식했던 것

을 엿볼 수 있다.[83]

이 같이 주한일본대사관이 외무성 앞으로 보낸 공문에는 현지에서 귀국 수속을 담당하는 기관으로서 재한일본인 여성들과 직접 대하면서 느낀 절실함을 보이면서도 조심스럽게 요구 내용을 제시하고 있다. 그러나 공문에 첨부된 영사사증부의 코멘트가 딸린 내부자료에서는 더욱 직접적인 표현으로 법무성과 후생성을 비판했다. '가족 단위의 귀국'에 대해서는 "인도적으로 가족 단위의 귀국을 허가해야 한다"고 하면서, "예산 관계로 한국인 남편 및 성년이 된 한국 국적 자녀들에게 인양원호비를 지급할 수는 없다고 해도, 적어도 입국 허가만은 해도 되지 않을까" 하고 말하는 한편, "본 문제는 어떤 의미에서는 종전처리이므로 후생성도 이해해야 할 것"이라고 지적했다. 또한, '도쿄의 인양자 수용시설의 증설'에 대해서도 "후생성이 예산 청구 항목 편성 방침으로서 인양 항목을 경시한 결과, 언제까지 기다려도 시설이 늘어나지 않는다. 재한일본인에 관해서는 종전처리는 끝나지 않았다는 것을 왜 이해하지 못하는 것일까" 하고 통렬하게 비판했다.[84]

실제로 후생성에게 인양원호는 이미 중요한 과제가 아니었다. 오사카의 인양자 숙소인 고시高志 숙소는 1970년에 철거되어 인양자가 입주할 수 있는 시설은 도쿄도의 도키와常盤 숙소뿐이었다. 한국에서의 귀국자 40%가 도쿄도에 정착하는 상황에서 도쿄도는 귀국자의 집중을 피하

---

83 在大韓民国大使より外務大臣あて,「在韓困窮邦人の本邦帰国に関する大使館への陳情に対する措置について」Ibid., 1971.8.30.

84 内部資料,「在韓困窮邦人の本邦帰国に関する大使館への陳情について」Ibid.,作成年月日不明.

기 위해 노후화된 도키와 숙소를 철거할 계획이었다.[85] 외무성이 재한일본인 여성들의 귀국을 '종전처리의 일환'으로 여기는 한편, 후생성은 그것을 인양원호라기보다는 '재한곤궁방인'에 대한 사회보장 문제로 인식하고 있었다. 이러한 인식에서 주한일본대사관이 재한일본인 여성들의 진정을 접수하고, 외무성이 관계부처로 '인양자 수용시설의 증설에 관하여' 처리 방침에 관해 조회했을 때, 후생성은 "집단 인양이 종료한 현 단계로서는 여러가지 사정 때문에 어렵다"는 회답을 보내왔던 것이다.[86]

'가족 단위의 귀국' 요구

재한일본인 여성에 대한 가족 범위와 법적 지위 인정은 법무성의 소관이었다. 외무성은 주한일본대사관이 진정을 접수한 재한일본인 여성들의 '가족 단위의 귀국'에 대해, 재한곤궁방인 귀국희망자 조사표를 첨부하여 법무성 입국관리국에 그 처리 방침에 관해 조회했다.[87] 이 조사표에 따르면, 만일 일본 정부가 방침을 변경하여 한국인 남편 및 한국 국적을 가지는 성년 자녀를 받아들이게 된다면, '가족 단위의 귀국'을 희망할 것으로 보이는 인원수를 약 400명으로 추산했다.[88]

이에 대해, 법무성 입국관리국은 부내 의견이 정리되지 못해 결론을

85　外務大臣より在外公館長あて,「身元引受人のいない困窮帰国希望者の東京都受入れについ
　　て」, Ibid., 1971.5.7.

86　厚生省援護局長より外務大臣官房領事移住部長あて,「引揚者収容施設の増設について」,
　　Ibid., 1971.9.28.

87　外務大臣官房領事移住部長より法務省入国管理局長あて,「在韓困窮邦人の家族ぐるみの帰
　　国について」, Ibid., 1971.9.11.

88　作成者不明,「在韓困窮邦人帰国希望者調査票」, Ibid., 1971.8.30.

얻기까지 한 달 정도의 시간이 필요하다고 하면서 정식 회답을 미뤘다. '재한곤궁방인 가족 단위의 귀국에 관하여' 주한일본대사관으로부터 품 청稟請을 의뢰받은 외무성은 "잠정적으로 회답한다"고 양해를 구하며 훈 령을 내렸다. 기본적인 방침은 일본이 외국인의 이주를 인정하지 않는 상황에서, "일반 외국인과의 균형을 깨면서까지 한국으로부터 가족 단위 의 입국을 특별히 허가하기는 어렵다"고 운을 떼고 재한일본인 여성의 한국인 남편 및 한국 국적의 성년 자녀들에 관해서는 종전대로 심사를 통해 허가 여부를 결정하겠다고 하면서 그 기준이 되는 가족관계의 유형 을 정리해서 제시했다.[89]

그 첫 번째 유형인 '전 일본인 아내와 정식 혼인관계가 있는 한국 국 적인 남편'에 대해, "입국관리국에서는 현재 본국 입국 후 무위도식 상태 로 생활보호법에 의해 원호를 받는 등 공공의 부담이 되는 한국 국적 남 편에 대해서는 입국을 허가하지" 않는다고 하면서도, "입국 후 일할 의욕 과 능력이 있고 동시에 본국 고용주로부터 취직하는 것을 분명하게 설명 할 수 있는 경우에 영주귀국을 허가한다"고 해, 1970년에 6건의 신청 가 운데 3건이 허가되었다고 덧붙였다. 이러한 상황에서 "고령으로 일하지 못하는 자에 대해서도, 인도적인 관점에서 적용상 탄력적으로 처리해야 하는 문제에 관해서는 지금 검토 중"이라고 회답했다. 한편, '일본 국적을 가지는 아내와 내연관계가 있는 한국 국적 남편'에 대해서는 정식으로 혼인한 한국 국적 아내 등의 '줄줄이식 입국'을 염려해 입국은 허가하지

---

89   外務大臣より在大韓民国大使あて、「在韓困窮邦人の本邦帰国に関する陳情に対する措置に
     ついて」, Ibid., 1971.10.7.

않는다고 했다.

다음의 유형인 '한국 국적을 가지는 성년이 된 미혼 자녀'에 대해서는 "완전한 한국인"이라는 인식에서 "병역 의무 등 한국에 충성할 의무가 있는 자로서, 일본에 영주 입국을 희망한다 해도 입국을 허가하지 않는다"고 했다. 다만, 미성년인 상태에서 영주귀국을 신청한 후 입대하고 성인이 된 경우나 곁에서 돌보아 주는 미혼의 한국 국적의 성인 여성에 대해서는, "부득이한 사정이 있다는 것을 인정해 탄력적으로 고려할 대상으로 삼겠다"는 견해를 보였다. 한국 국적 남편의 부모나 가족에 대해서는 입국을 허가하지 않는다고 했다.[90]

이러한 본성외무성의 훈령은 앞에서 서술한 것처럼 재한일본인 여성의 "가족 구성은 전전과 전중의 내선일체화 정책의 소산이며, 본 문제의 해결은 종전처리"라고 인식하는 주한일본대사관으로서는 안타까운 회답이었을 것이다. 주한일본대사관은 진정을 위해 찾아온 재한일본인 여성들에 대해 위와 같이 설명할 수밖에 없었기 때문이다. "일반 외국인과의 균형을 깨면서까지 한국에서 가족 단위의 입국을 특별히 허가"하지 않는 한, '뒤늦게 온 '인양'' 문제를 해결할 수단은 없었다.

다만, 외무성은 법무성과 후생성을 설득하는 재료로서 '가족 단위의 귀국'을 허가했을 때 예상되는 입국자 수에 관해 혼인 상황이나 가족관계를 고려한 상세한 정보를 다시 주한일본대사관에 의뢰했다. 그 조사에 따르면, 일본에 입국을 희망하는 가족은 이미 귀국한 재한일본인 여성과

---

90   Ibid..

정식 혼인한 남편이 36명, 귀국 과정에서 부득이하게 이혼을 하게 된 전 남편이 5명, 앞으로 귀국할 재한일본인 여성과 정식 혼인한 남편이 45명이었다. 또한, 이미 귀국한 재한일본인 여성의 자녀 중 성년이 된 미혼 남성이 50명, 앞으로 귀국할 것으로 예상되는 재한일본인 여성의 자녀 중 성년 미혼 남성이 80명이었다.[91]

법무성 입국관리국이 외무성에 대해 정식으로 회답한 것은 1971년 12월 21일이었다. 입국관리국은 재한일본인 여성들의 한국인 남편과 성년 자녀들에 대해서는 "사정이 허락하는 한 그 입국을 허가하도록 배려하고 있다"고 하면서도 "일본에서 직업 알선, 주택 보장 등 수용 문제가 해결되지 않는 한 '가족 단위'의 귀(입)국을 허가하기 어렵다"고 회답했다. 또한, "내연관계에 있는 한국인 남편 등에 대해서는 특수한 사정이 없는 한, 그 입국을 허가하기는 어렵다"고 했는데, 그 회답은 결론만 있는 간략한 것이었다.[92]

8. 인양자에서 귀국자로 __ 귀국정책의 탄생

관계부처 연락회의를 주도하는 외무성

법무성이 외무성의 조회에 관해서 "본국에서의 직업 알선, 주거 보장 등 수용 문제가 해결되지 않는 한"이라는 조건을 내건 것은 후생성의 의

---

91   外務大臣より在大韓民国大使あて, 「家族ぐるみ入国」, Ibid., 1971.11.9.

향을 확인할 필요가 있었기 때문이다. 법무성입국관리국은 외무성에 정식으로 회답할 때, 재한일본인 여성의 한국 국적 남편이 입국할 경우 "일본인 곤궁자에 준하여 생활보호법을 적용할 수밖에 없다"는 것에 대해 후생성에 조회할 것을 외무성에 의뢰했었다.[93] 외무성이 후생성에 공문을 발송했을 때, 주한일본대사관에 조사를 의뢰한 상기 해당자의 예상 인원수도 함께 제시했다. 주한일본대사관으로서는 앞서 언급한 '영사사증부 코멘트'에 있는 바와 같이 "귀국 당일부터 생활보호법의 대상이 되는 자가 많다는 것은 알지만 그 인원수는 400명에 불과해 그다지 많지 않다"고 인식하고 있었다. 반면, 관할하는 후생성으로서는 충분히 '공공의 부담'이 되는 숫자였을 것이다.

외무성의 조회에 대한 후생성의 회답은 이 시점에서는 확인할 수 없지만, 어쨌든 법무성이 방침을 전환하기 위해서는 후생성의 긍정적인 자세를 이끌어낼 필요가 있다고 외무성은 판단했다. 법무성 및 후생성과 의견을 조정하면서 재한일본인 여성 귀국희망자를 대응하는 것에 한계를 느낀 외무성은 1972년 1월 20일, '재한곤궁방인 및 전 일본인 가족 단위 입국에 대한 관계부처 연락회의'를 개최했다. 외무성에서는 아시아국 북동아시아과·영사이주부 영사과, 법무성에서는 입국관리국 입국심사과·경비과, 후생성에서는 사회국 보호과·원호국 서무과, 노동성에서는 직업안정국 업무 지도과의 사무직원이 참석했다.

---

92 法務省入国管理局長より外務大臣官房領事移住部長あて、「在韓困窮邦人の家族ぐるみの帰国について(回答)」, Ibid., 1971.12.21.

93 外務省領事移住部長より厚生省社会部長あて、「元日本人と正式婚姻した生活保護を要する韓国籍夫の入国について」, Ibid., 1971. 12.3.

먼저 영사이주부 영사과장이 1971년 12월 21일의 입국관리국장 회답 내용에 관해 설명을 요구했다. 입국관리국 입국심사과는 "외무성에서 조회가 있었던 공문에는 본건에 대한 외무성의 의견이 들어가 있지 않았다. 또한, 수용할 측의 관계부처의 의견도 명확하지 않았기 때문에 결론을 내지 못했다"고, 조회에 대한 회답이 늦어진 이유를 설명했다. 외무대신 관방 영사이주과장이 1971년 9월 11일부로 법무성 입국관리국장에게 보낸 공문이 '가족 단위의 귀(입)국에 대한 일반적인 의견'을 필두로, '가족'을 국적과 성별, 연령이나 혼인 여부 등에 따라 자세하게 분류한 각 유형의 처리 방침에 관한 조회였던 것은 사실이다. 앞에서 언급한 바와 같이, 이때 '재한곤궁방인 귀국희망자 조사표'도 첨부했다.

　　이어 입국심사과는 "입국 신청이 있으면 호의적으로 사정이 허용되는 한 허가할 생각"이라고 말했다. 이에 대해, 북동아시아과장은 "내선[일체화정책]의 처리라는 기본적인 생각에서 한국인 남편도 이전은 일본인이었고, 다른 외국인과는 다르다는 기본적인 인식에서 생각하면 무리 없이 문제해결이 될 것으로 생각한다"고 말했다. 그러자 입국심사과는 고령자 등 지방자치단체의 부담이 될 것이 분명한 경우는 원칙적으로 입국은 허가하지 않는다고 하면서도 "일한의 특수성에 비추어 다른 외국인에게는 허가하지 않는 경우라도, 사정에 따라 호의적으로 허가해 주고 싶은 생각"이라고 대답했다. 즉 이것은 '공공의 부담'이 되지 않는다는 조건으로 '한일의 특수성'에서 배려할 생각인 것을 보여준 것이라고 할 수 있겠다.

　　또한, 북동아시아과장의 의견은 재한일본인 여성들의 '가족 단위의 귀국'을 '뒤늦게 온 '인양''으로 인식하고 일본에 도의적인 책임이 있는

'종전처리의 일환'이라는 것을 가지고 설득을 시도한 것이었다.

그렇다면 열쇠는 후생성이나 노동성이 쥐게 된다. 후생성 사회국 보호과는 "무제한으로 입국을 허용하는 것이 아니라 입국관리국이 인도적 견지에서 특별히 입국을 허용한다면 개별 원칙에 따라 생활보호법을 준용할 용의가 있다"고 말했다. 후생성이 다시 공을 법무성에 던진 꼴이지만, 이렇듯 관계부처는 스스로 문제를 해결할 의사는 없었고 다른 부처에서 나오는 태도에 추종하려는 모습이 엿보인다. 노동성 고용정책과는 "인도적 견지에서 한국 국적 남편도 입국을 허가한다면 직업안정법 제3조에 따라 나라별로 차별하면 안 된다는 규정이 있기 때문에 일반 일본인과 똑같이 취급할 생각"이라고 하고, 한국 국적인 남편의 입국을 허가할 경우 직업을 미리 결정해 주면 좋겠다는 입국관리국의 요망에 대해서는 부정적이었다.

이에 대해 입국심사과가 "숙련 노동자는 문제가 없지만, 단순 노동자일지라도 이런 종류의 입국자를 허가해도 되지 않을까"하고 말하자, 영사이주부 영사과장도 "인도적 및 내선[일체화정책] 처리의 관점에서 보고, 받아들이는 방향으로 생각해 주기 바란다"고 맞장구를 쳤다. 그러자 노동성 고용정책과는 "종래의 노동력 수용 정책과는 별도로 생각해서 입국관리국이 입국을 허용한다면 노동성으로서는 문제가 없다"고 말했다. 노동성의 입장에서 볼 수 있는 것처럼 국가의 노동력 수용 방침과는 다른 형태로 '뒤늦게 온 '인양''이라는 '한일 간의 특수성'에 대한 배려의 필요성이 공유된 것이다.

한편 다시 공을 돌려받은 입국심사과는 1968년의 특별조치를 바탕으로 입국에 관한 간이 조치를 취하고 있다고 하면서, 그 대상이 인양자라면 문제가 없지만, "최근 도한해 곤궁한 자까지 포함해야 할지는 외무성이 결정해 달라"고, 이번에는 외무성에 인양자와 귀국자의 구분에 대해 판단을 요구했다. 이에 대해 영사과는 "한국 국적인 남편과 정식 혼인한 전 일본인 처" 및 그 자녀들을 '인양 해당자'로 삼는 것은 부적절하므로, "도한 시기를, 예를 들어 평화조약 발효 시1952.4.28 이전으로 하면 어떨지"하고 제안했다.[94] 이에 대해 각 부처가 반대 의견을 표출한 모습은 보이지 않는다.

귀국정책의 서막

그렇다면, 관계부처 연락회의에서는 '가족 단위의 귀국'에 수반된 '뒤늦게 온 '인양''에 대한 귀국정책이 대두하는 상황에서 그것을 뒷받침하는 중요한 두 가지 사항이 제기되었다고 말할 수 있다. 하나는 "일반 외국인과의 균형을 깨면서까지 한국에서 가족 전체의 입국을 특별히 허가하는 것"과 관련하여 '한일 간의 특수성'을 배려한 것, 또 하나는 '인양자'와 '귀국자'를 시기적으로 구분하는 기준을 샌프란시스코강화조약 발효 시까지 연장한 점이다. 이것은 패전일을 기점으로 해서 재한일본인 여성의 일본 국적 여부를 결정해 온 도한 시기에 변경을 수반하는 것이었다.

법무성은 '공공의 부담' 여부에 대해서는 후생성에게, 인양자와 귀국자의 구분에 대해서는 외무성에게 각각 판단을 맡겼다. 인양자와 귀국자

---

94   領事課, 「在韓困窮邦人及び元日本人の家族ぐるみ入国に対する関係各省連絡会議議事録」, Ibid., 1972.1.29.

의 구분에 대해서 '평화조약 발효 시'라는 기준을 스스로 제시한 외무성은 법무성의 방침 전환을 촉구하는 또 하나의 조건인 '공공의 부담'에 관한 근거를 확보하기 위해 신속하게 노동성 직업안정국장에게 공문을 보냈다. 공문에 적혀 있는 것처럼, 외무성은 연락회의를 통해 앞에서 서술한 1971년 12월 21일부의 법무성의 회답을 "본국의 노동 사정, 직업 알선 문제가 해결된다면 인도적 견지에서 개별 사정을 고려하여 호의적으로 처리하겠다는 취지"로 해석한 것이다.[95] 후생성에 대해서도 똑같은 공문이 보내졌던 것으로 보여진다.

외무성은 이들 문서에 대한 후생성과 노동성의 회답을 첨부해, 1972년 3월 8일에 다시 법무성에 '재한곤궁방인 가족 단위의 귀국에 관하여' 조회하는 공문을 보냈다. 공문은 "본건 적용 범위에 관해서는 원칙적으로 평화조약 발효 이전에 도한한 소위 일본인 처의 남편에게 기준을 두어야 할 것으로 생각된다"고 다시금 확인하는 한편, "그 취급에 있어서는 평화조약 발효 후에 도한한 일본인 처의 남편일지라도 (…중략…) 인도적 및 가정을 재건하여 유지하기 위해 참으로 부득이한 사정이 있는 경우에는 호의적으로 배려해 주기를 바란다"고 덧붙였다. 외무성으로서는 도한 시기에 따른 인양자 / 귀국자의 구별은 이미 의미가 없어졌다고 할 수 있다.

다음 달, 법무성 입국관리국장은 "원칙적으로 강화조약 발효 시까지 도한한 재한곤궁방인 인양 조치에 따라 인양, 또는 인양을 예정하고 있

---

95   外務大臣官房領事部移住部長より労働省職業安定局長あて, 「元日本人と正式婚姻した韓国籍夫及び成年に達した韓国籍の男子の入国について」, Ibid., 1972.1.21.

는 일본인 여성한국 국적을 취득한 자를 포함의 한국 국적인 남편 또는 성년 미혼 자녀에게서 사증 신청이 있을 경우에 개별 심사를 거쳐 사정이 허용하는 한 입국을 허가하도록 배려하겠다"고 하는 한편, 한국 국적의 내연관계의 남편, 남편의 부모 및 손자의 입국에 대해서는 "특별한 사정이 없는 한 입국을 허가하기 어렵다"고 회답했다.[96]

법무성으로서는 샌프란시스코강화조약이 발효될 때까지의 도한을 전전戰前과의 연속성 속에서 다루기로 하여 국적상의 신분에 관해서는 묻지 않겠다고 했다. 따라서 일본 국적을 박탈당하는 샌프란시스코강화조약의 발효 시점까지 도한한 재한일본인 여성을 사실상 '인양 해당자'로 보게 된 것이다. 이것은 한국인양자동포친목회가 '일본 국적·한국 국적의 구별 없이 생활·복지·교육을 위해' 일본 정부가 귀국정책을 실행할 것을 바라는 요구가 또 한걸음 전진한 것을 의미한다. 다만, 일본인 처와 자녀의 '귀국'에 동반한 한국인 남편은 소수에 지나지 않았다.

일본 정부는 재한일본인 여성들의 귀국 지원에서 완고하게 인양자와 귀국자를 구별하려 했다. 1960년대까지 일본의 인양정책은 바로 이러한 구분 위에 성립된 것이었다. 그리고 1969년에 재외방인보호비에 따른 귀국 지원이 시작되고, 또 재한일본인 여성들이 한국인양자동포친목회를 결성하여 '한일병합 시대의 미처리문제 해결'을 요구하는 운동을 전개하자, 관계부처에서도 재한일본인 여성의 귀국 문제가 '종전처리의 일환'이라는 인식이 퍼져갔다. 이러한 일련의 흐름은 인양자와 귀국자의

---

96   法務省入国管理局長より外務大臣官房領事移住部長あて、「在韓困窮邦人の家族ぐるみの帰国について」、Ibid., 1972.4.11.

구분이 애매해져 없어진 것이라기보다 인양자가 귀국자로 전환하는 과정이라고 할 수 있다. 그 후 일본의 귀국정책의 대상은 1980년대 이후의 중국으로부터의 귀국자가 중심을 차지하고 있다.

9. 귀국자 지원정책 요구 운동의 선구

인양·귀국자 센터 설립을 위해

1972년 6월 7일, 한국에서 귀국하는 4가족 7명이 부관페리를 타고 시모노세키下関에 도착했다. 거기에는 한국에서 오랫동안 재한일본인 여성의 귀국을 지원하며 '일본인 처의 어머니'로 불린, 당시 66세의 니시야마 우메코西山梅子의 모습도 보였다. 홋카이도北海道 출신의 니시야마는 강제동원된 조선인 남성과 결혼하고 패전 후에 오타루小樽에서 한반도로 건너간 뒤 26년 만의 귀국이었다. 남편이 먼저 세상을 떠나 한국에 4명의 자녀와 그 가족을 남기고 홀몸으로 귀국한 것이었다.

1969년 이후의 특별조치정부사업에 의한 귀국이기도 해서 항구에는 시모노세키시 복지사무소와 모지 검역소 담당자가 마중 나와 있었다. 니시야마 일행은 그 담당자를 세워 두고 성명을 읽고 지정된 정착지로 가는 것을 거부했다. 그리고 인양자가 자립하기 위해서 어느 정도 수용 태세를 갖추고 있는 도쿄로 갈 수 있도록 요구하며 선박회사 사무소의 한 방에서 농성을 시작했다. 1993년에 중국 잔류부인이 갈 곳이 정해지지 않은 채, 나리타成田 공항에 내리고 그곳에서 농성을 시작한 '강행귀국'을 니시야마 일행의 재한일본인 여성들이 먼저 행동에 옮긴 것이다.

그러나 사회적 반향을 불러일으킨 중국 잔류부인의 '강행귀국'과는 달리, 재한일본인 여성의 농성은 규슈 이외에는 거의 보도되지 않았고 세간의 주목을 받지 못했다. 니시야마 일행은 시모노세키시, 모지 검역소의 주선으로 여관에 들어가 3일 동안 외무성 직원과 협상했지만 타협을 보지 못하고, 알선받은 거주지에 정착하는 것을 거부하고 도쿄로 향했다. 도쿄도의 인양자 숙소에 입거하는 것은 외무성의 입장에서 보면 '지나친 요구'였다. 니시야마 일행은 희망하는 도쿄도의 도키와 인양자 숙소에는 들어가지 못하더라도, 부랑자를 위한 일시 숙박시설인 도쿄의 신키치新吉 보호소에서 버티면서 당국과 교섭을 이어 나갔다.

니시야마 일행을 기다리고 있던 것은 일본의 '비정함'이었다. 한국 국적자인 경우 일본 상륙 후 60일 이내에 외국인등록을 해야 했다. 니시야마 일행은 수용자 측의 이러한 자세에 반발하면서 지원자들과 상담해서 기한 바로 직전에 외국인등록을 마쳤다. 아울러 니시야마 일행이 신원보증인이 있는 본적지로 가는 것을 거부하자 일본 정부는 한국 귀국자의 수용을 일시 중단하는 조치를 취했기 때문에 그러한 압력에도 견뎌야 했다. 한반도를 식민 통치한 일본 전체가 짊어져야 할 부채를 한국에 있는 연약한 부녀자가 짊어져야만 하는 비운에 대해서 일본 정부도 일본 국민도 나와 상관없다는 식으로밖에 취급하지 않았던 것이다.[97]

한국인양자동포친목회는 니시야마 일행의 귀국에 대비하여 후원회

---

97   『朝日新聞』, 1976.8.10(夕刊).

를 조직하고 항의 행동을 지원했다. 시모노세키에서의 귀국 기자회견에서는 성명서를 읽은 니시야마에 이어서 친목회도 항의문을 발표했다. 니시야마 일행은 후생성 등 관공서 앞이나 도쿄의 각지에서 한국 귀국자의 실상을 호소하는 전단지를 배포했다. 그들을 분발하게 한 것은 "너무도 실정을 무시하고 관료적인 인간미가 없는 조치를 취하려고 한 정부를 향한 항의와 과거 27년간 인도적인 입장에서 진지하게 우리들의 고통에 대해서 한 번도 손을 내밀어 주려고 하지 않았던 일본의 '정치'에 대해 항의"하는 마음이었다.[98]

한국에서 '일본인 처의 어머니'로 불린 니시야마가 귀국하여, 일본의 냉담한 수용 태세를 비판하며 '과거의 일을 마무리 짓지 않으려는 이상한 나라'인 일본의 책임을 '죽을 때까지 묻겠다'고 다짐함으로써[99] 한국인양자동포친목회도 활기를 띠었다. 성인이 된 장남을 제외한 세 딸을 데리고 귀국해 도키와 인양자 숙소에 입주한 한 명을 제외한 니시야마 일행 3명은 앞으로 한국에 남아 있는 자녀와 그 가족들을 불러들여야 했기 때문에 친목회의 요구는 절실한 것이었다.

니시야마 일행의 요구는 더욱 구체화된 형태로 나타났다. 주택의 알선, 직업훈련 및 소개, 일본어 지도기관의 확충이라는 요구가 이러한 기능을 가진 인양자 센터의 설립 요구로 발전하게 된 것이다. 중일 국교정상화가 이루어져 중국 잔류 일본인의 귀국이 실현되고, 이러한 기능을

---

98 岡本愛彦, 「なぜ, 日本の旗がたたないの? ― 天皇への直訴と在韓日本人妻」, 『潮』 172号, 潮出版社, 1973.10, p.289.
99 小山毅, 「在韓日本人妻の息衝く叫び」, 『現代の目』 13(10), 現代評論社, 1972.10, p.135.

가진 중국귀국자정착촉진센터가 사이타마현埼玉県 도코로자와시所沢市에 설립된 것은 1984년의 일이다. 그보다 10년 전부터 재한일본인 귀국자들은 귀국자센터의 필요성을 요구했었던 것이다.

니시야마는 도쿄의 공영주택에 거주하면서 한국귀국자동포친목회의 대표로서 재한일본인 및 한국 귀국자가 안고 있는 문제해결을 위해 힘쓰게 된다. 귀국자 자녀들의 교육을 담당하는 야간 중학교 교사들과 함께 '인양·귀국자센터' 설립 실행위원을 조직하여 센터 설립운동에 주력했다.[100] 귀국자가 일본어를 포함하여 일상생활에 필요한 사항을 학습하기 위해 일정 기간 입주할 수 있는 시설의 의의와 필요성을 몸소 실감하고 있었기에 전개한 활동이었다. 제국주의와 식민지정책이 낳은 전쟁 피해자를 '기민棄民'한 것에 대한 국가의 책임을 재한일본인 여성은 묻기 시작한 것이다.

재한일본인 여성에서 중국잔류부인으로

1973년 1월 19일에 NHK는 니시야마 일행의 투쟁에 관한 다큐멘터리 〈27년 만의 귀국 재한일본인 처〉를 방영했다. 외무성에서는 방송에서 외무성에 대한 불만이 언급된 데 대해 당황했다.[101] 영사과는 비밀 보고서를 작성하여 그 경위에 대해 해명했다. 보고서에 있듯이, 재한일본인 여성이 '귀(입)국'해서 정착지에 정착할 때까지는 후생성의 소관이고, 외무성으로서는 니시야마 일행의 요구에 아무런 권한도 갖고 있지 않았

---

100 『朝日新聞』, 1976.8.10(夕刊).
101 領事課, 文書名不明, 『在韓困窮邦人』, 1973.1.25.

기 때문에, 우연히 시모노세키에서 니시야마 일행 귀국자와 협상하게 된 외무성 사무관이 방송에서 비판받게 된 것은 분명히 유감이었을 것이다. 앞에서 확인한 바와 같이, 외무성은 재한일본인 여성의 귀국을 '종전처리의 일환'으로 생각하고 '한일병합 시대의 미처리 문제해결'이라는 주장에 호응해 왔기 때문이다.

그러나 이 보고서에서는 "긍정적으로 본건을 처리했다"고 자처하는 외무성의 재한일본인 여성들에 대한 본심이 드러난다. 니시야마 일행의 '강행 귀국'은 재한일본인 여성들이 분명히 "거짓말을 한 것"이고, 도쿄에서 후생성·외무성·도쿄도에 대한 호소는 "파상 공격 형태로 소동"을 피운 것이며, 협상을 요구한 것도 "보도관계자를 방패 삼아 억지로 면회를 강요" 받았다는 인식이었다.[102] 이 시점에서 외무성은 .재한일본인 여성의 수는 한국 국적의 자녀를 포함해 약 1,000명이며, 곤궁함 때문에 귀국을 희망하는 사람의 수는 540명으로 추정하고 있었다.

한편, 후생성은 니시야마 일행의 '강행 귀국'에 대응해 재한일본인의 귀국 수속을 변경하게 된다. 신원인수인이 있는 자에 대해서는 일본 상륙 후, 신원인수인이 있는 곳으로 가서 정착하겠다는 의사를 확인하고 서약서를 제출하도록 한 것이다. 신원인수인이 없는 자에 대해서도 도쿄도에 정착을 희망할 경우 사전에 도쿄 정착을 희망하는 이유 및 과거의 거주 경력을 조사해 도쿄도가 수용을 거부할 경우는 제2 희망지를 신고하게 하고 똑같이 상륙 후에 서약서를 제출하도록 했다.[103]

---

102 領事課, 文書名不明, Ibid., 1973.1.25.
103 援護局, 「在韓日本人の引揚手続きについて」, Ibid., 1972.8.10.

그럼에도 니시야마와 재한일본인 여성이 굴복하지 않고 계속 싸운 것은 '한일병합 시대의 미처리문제'를 방치한 일본 정부의 부조리를 묻기 위해서였다. 이렇게 일본 정부는 재한일본인 여성의 공식적인 귀국 지원이 시작되면서, 오히려 자기가 내다버린 '조선적 전 일본부인'에 의해 한반도의 식민지 지배에 대한 역사적 책임을 추궁받게 된 것이다. 한국인양자동포친목회가 결성되면서 호소한 바와 같이 "아시아 각지에 침략의 손을 뻗었던 일본의 과거는 결코 지워지기는커녕, 맥맥히 살아있" 었다.[104]

니시야마 일행이 요구한 일본어 교육과 직업훈련을 위한 '인양자 센터' 설립에 관해 1973년 3월 3일 국회에서도 거론되었다.[105] '센터 구상' 요구에 관해서 당시의 후생성 정무차관은 "할 수 있는 것은 해야 한다. 센

〈그림 6〉 외무성을 방문하여 담당관에게 호소 (우측부터) 니시야마 우메코(西山梅子), 가토 요시(加藤ヨシ), 스즈키 기쿠(鈴木キク) 『교도통신(共同通信)』 1972.7.27)

터 설치의 요망은 알겠다. 제출된 구상을 포함해 생각해 보겠다. 이 문제는 외무성, 문부성 양쪽과의 조정도 필요하겠지만, 후생성에 창구를 마

---

104 在韓引揚者同胞親睦会, 「私たちの生きてきた道, 私たちは生き続ける。 − 結成総会に当たってのアッピール −」, Ibid..

105 第71回衆議院予算委員会第3分科会(第2号), 1973.3.3, 「引き揚げ者の問題」に関する横路孝弘衆議院委員の質疑(国会議事録検索システム).

련할 것을 검토하겠다"고 표명했다.[106] 이윽고 중국 귀국자의 지원단체
와 일본어 강사도 귀국자 센터의 설립을 요구하게 된다.[107] 하지만 '인양
자 센터'의 설립은 1980년대에 들어서 영주귀국이 본격화하는 중국 잔
류 일본인의 정착을 지원하기 위해 중국귀국자정착촉진센터가 설립되
는 1984년까지 기다려야 했다.

1972년 중일 국교정상화 이후 중국 잔류 일본인의 일시귀국과 영주
귀국이 이루어지기는 했어도, 이들 귀국자 또한 재한일본인 여성들이 맞
닥뜨렸던 어려움을 겪어야 했다. 1981년 3월에 중국 잔류 고아의 방일
조사가 개시되어, 가족 상봉 장면이 전국에 생중계되면서 중국 잔류 일
본인 문제가 본격적으로 주목받게 된다. 이른바 '중국잔류방인등귀국지
원법이하, 중국귀국자지원법'이 제정되는 것은 1994년이다. 하지만 '뒤늦게 온
'인양'으로 인해 '가족'이 당면한 과제는 '중국귀국자지원법'이 제정되어
도 해결되지 않았다.

2000년대에 들어서자 각지에서 중국 귀국자의 처우개선을 요구하는
움직임이 활발해지고, 2002년 12월 잔류 고아들이 도쿄 지방법원에 "많
은 일본인 고아들이 중국에 남아 생존하고 있는 것을 알면서, 이를 무시
하고 혹은 방치하여 장기간 귀국을 방해해 온 피고·국가 정책의 위법성"
을 묻고, 귀국 후에도 "보통의 일본인으로서 살아가기 위해 필요한 시책

---

106 作成者不明,「総合センター設立を要望」,『在外困窮邦人』, 1973.3.26.
107 『朝日新聞』, 1977.12.5(夕刊); 현무암,「'중국잔류 일본인'을 둘러싼 포섭과 저항-'본
    국 귀국자'라는 다중적 아이덴티티의 가능성」,『일본연구』 8호, 서울대 일본연구소,
    2013.2, 122면.

을 실시하지 않은 국가의 책임을 묻는다"고 제소했다.[108]

결국 집단소송은 원고의 패소로 끝나고 최종적으로는 취하되었지만, 일본 정부는 중국 귀국자에 대한 지원책의 확충을 표명했다. 2007년 12월에는 중국귀국자지원법이 개정되고 다음 해에는 '새로운 지원책'이 시행되어 중국 귀국자는 안심하고 노후생활을 보낼 수 있게 되었다. 2020년 7월 말 현재, 중일 국교정상화 이후 영주귀국자의 총수는 6,724세대, 20,911명이다.[109] 이것은 국비로 이루어진 귀국자 수이고, 정확한 통계는 아니지만 영주귀국 후에 자비로 불러들인 가족을 포함하면 10만 명을 넘는다고 한다.

개정된 중국귀국자지원법 제14조 5항에는 통상적인 법률적 문구를 벗어난 표현으로, "일상생활 또는 사회생활을 원활히 영위할 수 있도록 필요한 배려를 하고, 친절하고 공손하게 행하는 것으로 한다"고 명시되어 있다. 이것이야말로 니시야마 일행 등 재한일본인 여성들이 "과거 27년 동안, 인도적 차원에서 진지하게 우리들의 고통에 대해 한 번도 손을 내밀어 주려고 하지 않았던 일본의 '정치'"에 대한 요구였지만, 이 '정치'가 실현되기까지는 그 후 오랜 세월과 중국 귀국자들의 투쟁을 거쳐야만 했다.

그렇지만, 일본의 귀국정책의 확립을 그 연속성에서 본다면 자신의 존재를 '한일병합 시대의 미처리문제'로 평가하고 그에 대한 국가의 책임을 묻고 이의제기를 전개한 재한일본인 여성의 '뒤늦게 온 '인양''은 결

---

108 井出孫六, 『中国残留邦人―置き去られた六十余年』, 岩波新書, 2008, p.168.
109 厚生労働省, 「中国残留邦人の状況」(2020.7.31 현재). https://www.mhlw.go.jp/stf/sei-sakunitsuite/bunya/bunya/engo/seido02/kojitoukei.html

코 무의미한 것은 아니었다. 이러한 전후 일본의 귀국정책의 확립과 연속성을 명확하게 하기 위해서라도 재한일본인 여성의 특별조치를 둘러싼 관계부처에서의 논의가 어떻게 중국 잔류 일본인의 귀국 대책으로 연결되는지 밝히는 것이 앞으로의 과제이다.

무엇보다도 중국 귀국자 문제의 취재에 몰두해온『아사히신문』의 오쿠보 마키大久保真紀 기자가 집단소송을 취하함으로써 국가의 책임을 묻지 않기로 한 것은 아니라고 하면서 "이후에도 왜 잔류고아가 발생하고 왜 고아들이 긴 세월 동안 고통스럽게 살아가야만 했는지 국가의 책임과 그 역사를 계속해서 묻는 것이 필요하다"고 지적한 것[110]은 재한일본인 여성에게도 해당된다. 구 일본제국의 판도로부터의 귀국자는 스스로의 존엄의 회복을 내셔널한 범주 내에서 수행한 것은 아니었다. 전쟁에 대한 국가의 책임과 보상이라는 보편적 인권과 가치 안에 스스로가 경험한 고난을 위치 지은 것이다.

10. 국경에 가까운 여성의 역사

니시야마 우메코 일행의 싸움은 2000년대의 중국 잔류 일본인의 국가배상청구소송처럼 국가 제소까지는 이르지 않았다. 다만 대부분이 여성인 재한일본인의 발생 원인에 관해서 국가의 책임을 물었다는 것은 이후 귀

---

110   大久保真紀,「中国帰国者と国家賠償請求集団訴訟」, 蘭信三 編, 『中国残留日本人という経験
     ―「満州」と日本を問い続けて』, 勉誠出版, 2009, p.311.

국자 지원정책의 수립을 요구하는 운동의 선구가 되었다고 할 수 있다.

역사에 농락당한 재한일본인 여성은 스스로 자신의 역사적 존재성을 표출했다. 귀국해 관계부처에 진정서를 계속 보내고, 각지에서 전단지를 배포하며 호소한 니시야마 일행의 '지나친 요구'는 머지않아 패전 후 일본의 '역사적 책무'가 되어 국가적 사업으로 확립되어 갔다. 그러나, 재한일본인 여성과 그 귀국자의 존재는 '인양자'가 시대의 흐름과 더불어 '귀국자'로 바뀌어 가는 패전 후의 깊은 골에 빠져 망각되었다.

한일 국교정상화 이후 일본 정부가 재한일본인 여성의 귀국대책에 나서는 가운데 거기에서 남겨진 사람들을 받아들이는 재한일본인 여성의 민간 보호시설로서 1972년에 귀국자 숙소·나자레원^{현 경주 나자레원}이 개설되었다. 이와 함께 재한일본인 여성의 출국대기소로서의 부산수용소가 역할을 마쳤다. 부산수용소는 '이승만 라인'을 넘은 일로 장기간 억류된 일본인 어부에게는 원한이 깊은 장소였지만, 재한일본인 여성에게는 마지막 보루였다.

귀국하는 재한일본인 여성의 대기시설인 부산수용소는 일본 측에서 보면 패전 후 일본의 국민국가 재편 과정에서 그 신원을 조사하고 호적이 확인되어 신원인수인이 있는 경우에만 받아들이는 배제와 포섭의 장치였다. 거기서는 많은 일본인 여성의 자녀들이 미지의 세계로 여행을 떠나고 있었다. 재일코리안의 자녀도 아니고 한국으로부터의 뉴커머의 자녀도 아닌 이들은 언어와 아이덴티티 문제를 가진 독특하고 에스닉한 마이너리티이지만, 귀국자로서도 재일코리안으로서도 그 존재는 쏙 빠져 있다.

1982년에 '텔레비전 니시니혼西日本'이 재한일본인 여성을 주제로 한 방송 〈해협 ─ 재한일본인 아내들의 36년〉을 방송하고, 또 같은 해에 가미사카 후유코上坂冬子가 『경주 나자레원 ─ 잊혀진 일본인 아내들慶州ナザレ園 ─ 忘れられた日本人妻たち』을 저술하여 반향을 일으키자, 요미우리신문 서부 본사에서도 '재한일본인 아내의 귀향' 캠페인을 전개하는 등, 재한일본인 여성 문제가 주목받기 시작했고 지원도 이루어졌다. 그러나 1950년대부터 1970년대까지 귀국한 재한일본인 여성과 그 자녀들이 어떻게 일본 사회에 어우러져 적응해 갔는지에 관한 기록을 찾아보기는 어렵다.

그 일단을 알 수 있는 텔레비전 프로그램이 한국에서 방영되었다. 2014년 8월 5일에 공영방송 KBS1TV가 방영한 '다큐멘터리 공감'의 〈두 개의 고향, 두 번의 눈물〉 편제65회이다. 재한일본인 여성으로서 남편과 사별한 에노모토 미치요榎本三千代는 1970년대, 6명의 자녀 중 4명을 데리고 귀국하여 오사카에 정착했다. 한국에서도 차별받고 일본에서도 차별받았다는 자녀 세대는 가족끼리는 종종 한국어로 말을 한다. 식탁에서는 김치가 빠지지 않는다. 에노모토는 한국계 교회에 다니고 한국인 커뮤니티에서 편안함을 느낀다. 귀국 후, 우선 한국에 남은 장남을 불러들인 에노모토는 이어서 남편의 유골을 한국에서 일본으로 이장하고 지금은 남편과 함께 잠들어 있다.[111] 귀국한 재한일본인 여성과 그 자녀가 귀국 후에 어떤 삶을 살아왔는지 엿볼 수 있다.

재한일본인 여성으로서 한국전쟁으로 인해 많은 고아를 키운 윤학

---

111 에노모토 미치요 씨의 장남 임양일(任良一) 씨와의 인터뷰(2022.4.10).

자나 니시야마 우메코의 삶을 접하면, '국경에 가까운 여성의 역사 속'에서 '두 민족의 한계를 뛰어넘는 기능을 수행한 매개자의 사상'모리사키 가즈에을 발견할 수 있다.[112] 재한일본인 여성은 이제 경주 나자레원 혹은 부용회에서나 만날 수 있는 보이지 않는 존재이지만, 그 '국경에 가까운 여성의 역사'의 한 단면에서는 한일관계의 '경계'에 구애받지 않는 또 하나의 역사적 공간이 엿보인다. 이 역사적 공간에 서서 일본의 전시동원 피해자 문제를 전쟁피해와 희생에 대한 보상의 차원에서 논의할 때, 실제로는 무의미한 국적의 구분을 넘어선 전후보상을 둘러싸는 연대의 가능성도 열릴 것이다.

112　森崎和江,『異族の原基』, 大和書房, 1971, p.12.

제3장

국경을 넘어선
전후보상운동과 담론

전쟁피해 수인론에 맞서는 한일연대

일 사죄및 배상 청구 기
한·일 공동 설
최: 태평양전쟁 희생자 유족회 후원:아세
시: 1990. 8. 20 오후 1시 ▶ 5시

1. '정의의 분단'으로 귀결된 전후보상운동

2018년 10월 30일 신일철주금新日鐵住金, 현 일본제철에 대한 전 '징용공'들의 손해배상을 확정한 한국 대법원 판결은 냉전이 붕괴되면서 시작된 전후보상운동의 전환점이라 할 수 있다. 일본제국의 식민지배하에서 이루어진 기업의 강제동원과 강제징용이 '반인도적 불법행위'임을 인정한 판결이 피해자를 외면한 '전후처리'의 굴레를 벗겨낸 것이다. 법리적으로는 일본 정부도 책임을 면할 수 없었다. 약 2년 뒤인 2021년 1월 8일 서울중앙지법은 타국의 주권행위를 재판할 수 없다는 '주권면제' 원칙을 적용하지 않고, 전 일본군 '위안부' 피해자들이 일본 정부를 상대로 낸 손해배상청구소송 재판에서도 위자료 지급을 명령했다.[1]

그러나 이러한 판결은 전후보상운동의 한계도 보여준다. 1990년 이후 '징용공'과 일본군 '위안부', '근로정신대' 등 일본제국에 제2차 세계대전 중 동원된 한국 및 아시아 각국의 피해자들이 일본 정부와 기업을 상대로 사죄와 손해배상을 요구하기 시작했다. '증언의 시대' 및 '재판의 시대'가 열린 것이다. 그러나 일본에서의 전후보상 재판이 지지부진해지자 피해자 및 지원단체들은 한국에서의 소송으로 활로를 찾았고, 이로 인해 정치권력뿐만 아니라 사법 영역에서도 한일 역사 인식의 간극을 메우기

---

1   한편 2021년 4월 21일 서울중앙지방법원은 '위안부' 피해자들이 제기한 또 다른 소송에서 '주권면제'를 인정하여 배상청구를 기각하는 등 비슷한 사안에서 정반대의 판결이 내려졌다. 또한, 같은 해 6월 7일에는 전 '징용공' 및 유족 등 85명이 일본 기업 16개사를 상대로 손해배상을 청구한 소송에서도 서울중앙지법은 원고의 청구를 기각하는 등 하급심에서 대법원 판결과 다른 판결을 내리는 경우도 잇따르고 있다.

어려운 '정의의 분단'이 드러나게 되었다.

그러나 국제관계의 구조가 바뀌었다고 해서 자연스럽게 전후보상의 길이 열리는 것은 아니다. 한일 양국은 식민지배 문제가 해결되었다는 한일청구권·경제협력협정1965에 얽매여 있고, 오늘날까지 양국이 첨예하게 대립하는 근원이 되고 있다. 그 속박을 풀기 위한 한일의 '연대'가 시민 차원에서 대두되면서 이러한 이의 제기는 일본인 전쟁피해자들의 배상 요구로 번져나갔다. 그런 의미에서 '전후 50년'은 '가해'와 '피해'의 재편을 촉구함으로써 국가권력이 관여한 '반인도적 불법행위'를 묻는 '전후 일본의 전쟁책임론'의 결절점이었다고 할 수 있다.

따라서 이 장에서는 먼저 전후보상운동이 본격화된 1990년대로 거슬러 올라가, 전후보상 재판을 둘러싼 한일 '연대'의 수많은 경험을 통해 식민지배에서 비롯된 여러 문제에 대한 일본 시민사회의 노력이 어떻게 피해자와의 상호작용을 통해 국가폭력에 대한 초국가적 저항으로 전환되어왔는지를 살펴본다. 또한, 강제동원 피해자의 존엄성 회복이 국가적 구조에 편입됨으로써 한일 양국을 가르는 '정의의 분단'으로 귀결된 것에 주목한다. 한일 '연대'라는 접촉 지대의 양방향성의 계보를 따라가다 보면, 1990년대 이후 재판을 지렛대 삼아 국경을 넘나드는 전후보상운동과 담론의 현재적 의미를 부각시킬 수 있을 것이다.

2. 전후보상 재판의 전사前史 __ '전후 일본의 전쟁책임론'과 '한일연대'

'가해'와 '피해'의 결절점으로서의 '전후 50년'을 특징짓는 '재판의 시대'는 냉전 이후 '기억의 글로벌화'2는 물론,[2] 그것을 실천적으로 추진하는 한일 시민사회의 '연대'를 빼놓고는 이야기할 수 없다. 전후배상 재판을 전개하는 데 필수적인 '지원'과 '협력'은 일본 각지에서 '전후 일본의 전쟁책임론'의 변화 속에서 그 토대가 마련되었다. 일반적인 '일본인의 전쟁관'에서도 1970년대부터 80년대에 걸쳐 대외적 배려를 우선시하는 형태이긴 하지만 전쟁의 침략성과 가해성이 명백히 드러나기 시작했다.[3]

1987년 민주화를 이룬 한국에서는 전후보상을 요구하는 목소리가 임계점에 이르렀다. 1970년대에는 손진두수첩 재판이나 사할린 잔류자 귀환청구 소송 등이 일본 변호사와 시민단체의 지원으로 이루어졌지만, 그것은 전쟁책임론의 문제 제기에 따른 역사문제라기보다는 시급한 해결을 요하는 개별적이고 구체적인 '구제'의 과제였다. 무엇보다도 재판에서 문제 삼은 것은 한때 제국의 신민으로 동원된 조선인이 전후에 '외국인'이라는 이유로 원호援護조치에서 배제된 '불합리성'이었다. 한국의 전쟁피해자와 유족 단체가 일본의 국가배상과 사죄를 요구하며 직접 소송을 제기한 것은 '재판의 시대'가 되어서였다.[4]

---

2 アンリ・ルソー, 劍持久木・末次圭介・南祐三 訳, 『過去と向き合う現代の記憶についての試論』, 吉田書店, 2020, p.239.

3 吉田裕, 『日本人の戦争観 : 戦後史のなかの変容』, 岩波現代文庫, 2005, p.224.

4 전후배상 재판의 시작은 1977년 8월에 타이완인 전 일본 군인·군속 및 그 유족 13명이 일본 정부를 상대로 전몰자 1명에 대해 500만 엔의 보상(손해배상)을 요구하며 도쿄지

역사학자 아카자와 시로赤澤史朗는 패전 후부터 1990년대까지 '전후 일본의 전쟁책임론의 동향'을 네 시기로 나누어 이야기한다. "국제화의 물결이 밀려오고 이러한 외부의 충격을 받아 일본 국내에서도 새로운 전쟁책임론이 대두되는" 1989년 이후는 제4기로 볼 수 있다.[5] 그 제4기의 특징으로 전쟁책임론이 인권침해 문제로 인식된 것과 그 주체로 법학자와 페미니스트가 부상한 것, 그리고 전쟁피해자의 개인보상 요구를 의미하는 '전후보상'론이라는 용어가 많이 쓰이게 된 것을 들고 있다.

'전후 일본의 전쟁책임론'의 한 축을 차지하는 전후보상 재판은 전후보상을 위한 운동과 실천의 이상적인 모습은 아니다. 그러나 원호 조치의 확대, 피고 기업과의 합의, 보상 입법과 행정조치에 의한 구제 등, 우회적으로나마 전진해 온 전후보상운동의 성과는 긍정적으로 평가해야 할 것이다. '정의의 분단'이 일어나고 있는 현재 '전후 일본 전쟁책임론의 흐름'의 제4기를 바라본다면, 전후보상 재판의 역사적 의미는 더욱 분명한 정치성을 띠고 다가올 것이다.

한편 1970년대 이후 앞서 언급한 '구제'의 노력 외에도 한국의 민주화 운동에 대한 헌신, 사회문제빈곤, 공해수출, 매춘관광 등에 대한 관심, 재일코리안의 사회적·법적 권리를 둘러싼 시민운동 등 '한일연대'의 흐름이 존재했다. 이러한 탈식민지적 문제에는 과거 식민지였던 독재국가나 개발도

방법원에 제기한 타이완인 전 일본군 전상자 보상 청구 사건이라고 할 수 있다.

5   赤澤史朗, 「戰後日本の戰爭責任論の動向」, 『立命館法学』 274号, 立命館大学法学会, 2000, pp.160~161. 1기는 '전쟁책임론의 고조와 퇴조'(1945~1954년), 2기는 '주체적 전쟁책임론의 제기'(1955~1964년), 3기는 '천황과 국민의 전쟁책임과 전후책임'(1965~1988년), 4기는 '외부로부터의 충격과 전후보상론'(1989년 이후)이다.

상국에 대한 속죄의식도 투영되어 있었을 것이다.

실제로 이 시기의 '한일연대'는 역사학자 와다 하루키和田春樹의 말처럼 "선진 민주주의 국가인 일본인이 후진 독재국가인 한국인을 원조하는 것이 아니라 우리가 다시 태어나기 위한 연대"를 지향하고 있었다.[6] 그럼에도 불구하고 한국의 시인 김지하가 일본의 구호운동에 대해 "당신들의 운동은 나를 도울 수 없다. 그러나 나는 당신들의 운동을 돕기 위해 내 목소리를 보태겠다"고 응답한 것처럼,[7] '한일연대'는 공동작업을 통해 목적을 지향하는 '연대'로까지는 나아가지 못했다. 한국에는 반독재 민주화운동은 존재했지만 시민사회는 아직 존재하지 않았고, '한일연대'는 서로 맞물려 있지 않았던 것이다.

이후 한국 시민사회가 성장하면서 '한일연대'는 쌍방향적이고 자기변혁적인 관계로 진화했다. 무대는 '반독재 민주화'에서 '역사문제'로 옮겨갔고, 전후보상 재판을 일본 시민사회가 지지하면서 '전후 일본의 전쟁책임론'에도 변혁을 가져왔다. 그런데 한국의 민주화와 함께 '한일연대'는 과거의 일이 되었다. 당시 '한일연대'라는 것은 한국의 민주화를 대상으로 한 개념으로 여겨졌기 때문이다.

그러나 초국가적인 전후보상운동이야말로 와다가 선견지명으로 주

---

6   和田春樹,「韓国の民衆をみつめること－歴史のなかからの反省」, 青地晨・和田春樹 編,『日韓連帯の思想と行動』, 現代評論社, 1977, p.57.

7   李美淑,「一九七〇年代から八〇年代の「日韓連帯運動」から考える「連帯」のあり方」, 玄武岩・金敬黙 編,『新たな時代の〈日韓連帯〉市民運動』, 寿郎社, 2021, p.17. 한일연대연락회의 사무국장 와다 하루키(和田春樹)는 김지하의 말에 대해 "우리는 반복해서 듣고, 반복해서 말해 왔다"며 "타자에 대한 억압적 구조 속에 있는 자신의 모습"을 발견하는 것이 "스스로를 구출하는 것"이라고 답했다.

창한 "일본인과 한반도 사람들 사이의 역사를 모든 면에서 다시 묻고 근본부터 다시 만들기 위한 연대"를 구현한 것이라고 생각한다면,[8] '한일연대'의 의미도 다시 생각해 볼 필요가 있다. 따라서 이 장에서는 '연대'가 본래의 의미를 발휘하는 1990년대 이후 한일 시민의 공동작업을 한일 '연대'로 규정하고자 한다.

전후보상운동에서의 한일 '연대'는 시민단체와 법조인들의 전후배상 재판에 대한 노력과 그 재판을 강제동원 사실 발굴 및 조사연구 측면에서 뒷받침하는 진상규명활동으로 크게 구분할 수 있다. 따라서 분석 대상이 되는 전후배상 재판에 관련된 시민단체로는 '일본의 전후책임을 확실하게 하는 모임'도쿄 및 '전후책임을 묻고·관부재판을 지원하는 모임'후쿠오카을 선택했으며, 강제동원 진상규명의 전개에 대해서는 '조선인·중국인 강제연행·강제노동을 생각하는 전국교류집회'1990~2004 및 '강제동원 진상규명 네트워크'2005~를 선택했다. 이들은 1990년대 이후 수많은 한일 '연대' 사례 중 하나이지만 그 지속성과 전문성 측면에서 중요한 단체들이다.

3. 전후보상 재판의 시대로

고독한 활동가 송두회가 고발한 '불합리'

1991년 12월 한국의 태평양전쟁피해자유족회이하 유족회가 주축이 되어 전 일본군 군인·군속 및 '위안부'가 일본에 배상을 요구한 아시아태평양전쟁 한국인 희생자 배상청구소송은 도쿄지방법원에 제소한지 약 10년 후인 2001년 1심 판결이 선고되었고, 2004년 대법원에서 원고의 패소가 확정되었다. 약 15년에 걸친 재판투쟁을 지원한 것이 '일본의 전후 책임을 확실하게 하는 모임'이다. 그런데 유족회는 전년인 1990년에도 개인 소송을 제기한 바 있다. 이 공식사죄·배상청구소송에 이르는 과정에서 협력한 것이 '일본에 조선과 조선인에 대한 공식사죄와 배상을 요구하는 재판을 추진하는 모임'이하 추진회인데, 먼저 그 배경에 대해 알아보자.

1969년 일본 국적확인소송을 제기했다가 패소한 송두회는 1973년 법무성 앞에서 외국인등록증을 불태우는 퍼포먼스를 벌인 것으로 유명한, 재일코리안의 '고독한 활동가'이다. 송두회는 1974년에는 '사할린 억류 조선인 귀환청구소송'기각을 제기했으며, '재판의 시대'로 접어들면서 유족회의 공식사죄·배상청구소송1990, 광주천인소송1992, 우키시마마루호浮島丸사건소송1992, 조선인 BC급 전범소송1995, 조선인 전 일본군 시베리아억류소송1996 등을 잇달아 제기했다. 이들 소송은 즉흥적으로 보이지만 일본 국적 확인을 요구하며 '불합리'를 호소하는 태도는 일관되게 유지하고 있다.

당시 금기시되던 일본 국적을 요구하는 송두회에게 민족 단체들은 진저리를 쳤지만, 그 일관성이 1990년대 '재판의 시대'를 여는 발화점이 되었다. 이때 중요한 역할을 한 사람이 바로 추진회 사무국장을 지낸 아오야기 아쓰코青柳敦子이다. 1985년 송두회가 도쿄구치소에서 쓴 소책자

---

8   和田春樹, 「韓国の民衆をみつめること」, 青地晨·和田春樹 編, op.cit.

『코스게로부터小菅から』를 읽은 아오야기는 몇 통의 편지를 보냈고 그것이 계기가 되어 송두회와 교류를 이어갔다.[9]

아오야기는 규슈대 약학부 시절 사회문제에 관심이 많았지만 취업과 결혼을 하고 세 아이의 엄마가 되어 '평범한 주부'로 살아왔다. 그러나 송두회와의 만남을 통해 '일본인에게 조선인 문제란 무엇인가'에 대해 깊이 사고하게 된다. 여기에는 아오야기의 부모가 조선으로부터의 인양자였던 것도 영향을 미쳤을 것이다.[10]

두 사람은 서신을 주고받은 지 반년 뒤인 1986년 5월 후쿠오카에서 대면한다. 그곳에는 훗날 변호사가 되어 전후보상 재판에도 깊이 관여하게 되는 젊은 야마모토 세이타山本晴太도 함께였다. 송두회가 1988년 조선과 조선인에 대한 일본 정부의 사죄를 요구하는 의견 광고를 『아사히 저널』에 게재하기로 결정하자[11] 아오야기 등은 '조선과 조선인에 대한 공식사죄를 위한 백인위원회'추진회로 개칭를 결성하고, 1989년에는 한국의 전쟁피해자 유족에게 '공식사죄와 배상을 요구하는 재판'을 촉구하기 위해 한국을 방문했다.[12]

당시 한국에서도 전시동원 피해자들에 대한 새로운 움직임이 있었다. 1972년 발족한 유족회의 전신인 태평양전쟁유족회는 1971년 제정된 '대일민간청구권 신고에 관한 법률'에 따라 사망한 군인·군속 및 노무자에 한해 직계 유족8552명에게만 위자료가 지급되고 금액도 고작 30만 원

---

9   宋斗会·青柳敦子,『一葉便り―宋斗会=青柳敦子 往復書簡集』, 早風館, 1987.
10 Ibid., p.99.
11 『朝日ジャーナル』, 1989.6.2号, p.105.
12 宋斗会,『満州国遺民―ある在日朝鮮人の呟き』, 風媒社, 2003, p.334.

19만 엔에 불과한 것에 분노했다. 일본총영사관에 항의하는 것도 금지되는 등 군사정권 하에서 활동에 제약을 받았던 유족회는 민주화 이후 조직을 재정비해 1988년 6월 현재의 이름으로 재출범했다. 일본에서 1987년 특별입법으로 타이완의 전사자 사상자에게 일률적으로 200만 엔을 지급하는 법률이 제정된 것도 자극이 되었다. 또한, 쇼와 천황의 사망으로 피해의 역사가 묻히는 것이 아닌가 하는 위기의식도 작용했을 것이다.

1989년 11월 한국 현지 조사에서 아오야기는 피해자와 접촉하지 않았지만, 아오야키의 의견광고 한국어 번역본을 발견한 유족회가 먼저 연락을 취했다.[13] 국가를 상대로 소송을 제기한 경험이 없는 유족회에게 재일코리안의 지문날인 철폐운동을 경험한 회원들로 구성된 추진회의 제안은 한 가닥 희망으로 보였을 것이다. 그러나 유족회에는 일본을 제소하면서 "과거의 치욕을 딛고 한국인의 자존심을 건 중대한 소송에 일본인이 깊숙이 관여하는 것이 걱정스럽다"는 우려도 있었다.[14] 하지만 한국 정부와 여론의 무관심 속에서 일본 시민단체에 의지할 수밖에 없었다.

유족회는 여론을 환기시키기 위해 한 달간 전국도보 대행진을 전개하는 등 문제해결을 위해 적극적으로 활동했다. 1990년 8월에는 아오야기 사무국장과 오노 노부유키小野誠之 변호사, 다나카 히로시田中宏 아이치

13　西岡力, 「「慰安婦問題」とは何だったのか」, 『文藝春秋』 70(4), 文藝春秋, 1992.4, p.302. 니시오카는 일본군 '위안부' 문제 등 전후배상 재판을 지원하는 아오야기 아쓰코(青柳敦子)와 다카키 겐이치(高木健一) 변호사 등이 "일본의 '악'과 '불의'를 규탄하는 것 자체에 목적이 있다"고 주장하기 위해 송두회와 아오야기 아쓰코를 취재하고 그 경과를 기록하고 있다. Ibid., p.314.

14　『동아일보』, 1990.8.21.

현립대 교수당시 등을 초청해 서울에서 '대일사죄 및 손해배상청구재판에 관한 한일공동설명회'를 개최했다.<그림7> 이렇게 해서 같은 해 10월에 원고 중 10명이 일본을 방문해 도쿄지방법원에 소송을 제기하게 되는데, 이는 원고 대리인을 선임하지 않은 본인 소송이었다. '조선인에게 막대한 희생을 강요하고 전후 방치해 온 것을 조선인 전체에 대해 공식적인 사죄'를 요구하는 데 주안점을 둔 소장에는[15] 일본 정부의 '불합리성'을 호소하는 송두회의 의지가 반영되어 있었다.

이러한 소송 형태는 실질적인 성과를 원하는 유족회 입장에서는 납득할 수 없는 형태였을 것이다. 따라서 소송 제기 후 원고단과 지원단체가 분열하게 되었다. 그러나 이 소송은 사할린 잔류 한국인 보상청구 소송1990년과 함께 '재판의 시대'를 여는 소송으로 획기적인 것이었다. 두 소송 모두 송두회가 직간접적으로 관여한 점도 빼놓을 수 없다.

'리버럴 전후책임'과 '래디컬 전후책임'

프리랜서 저널리스트 우스키 게이코臼杵敬子는 한국을 방문 중이던 1990년 6월, 우연히 전국도보 대행진을 벌이고 있던 유족회를 취재했다. 이후 같은 해 10월 도쿄에서 열린 소송 제기 기자회견도 취재했다. 유족회로부터 협조를 요청받은 우스키는 주변에 호소하여 1990년 12월에 새로운 지원단체인 '일본의 전후책임을 확실하게 하는 모임日本の戦後責任を

15　「公式陳謝賠償請求訴訟」(東京地裁, 1990.10.28). 이 장의 전후배상 재판 소장과 판결문은 야마모토 세이타 변호사가 제작·관리하는 인터넷 사이트〈법률사무소 자료실(아카이브)〉에서 입수했다. http://justice.skr.jp

<그림7> 대일 사죄 및 배상 청구 재판에 관한 한·일 공동 설명회(1990년 8월 20일·민주화운동 기념사업회 사료관 오픈아카이브)

ハッキリさせる会'이하, 확실히회을 설립했다.[16] 1991년 4월 첫 방한 조사를 시작한 '확실히회'는 실태조사와 변호인단의 방한 조사를 거듭하며 유족회와의 교류를 강화했다.

　이때 소송을 위한 상담에 응한 것이 다카기 겐이치高木健一 변호사였다. 그리고 1991년 8월 일본군 '위안부' 피해자 김학순이 실명을 밝히자 전 '위안부' 피해자들도 원고로 참여했으며, 다카기 변호사가 대표 변호사를 맡은 원고 대리인단을 구성해 같은 해 12월 아시아태평양전쟁 한국인 피해자 배상청구소송을 제기했다. 이 소송이 '인도주의에 대한 범죄'에 대해 국제법상 구제를 요구하는 '인명손실 등 손실보상 또는 손해배상 청구'인 것에서 알 수 있듯이,[17] 이 소송의 쟁점은 바로 일본의 '전쟁책임'이었다. 이는 일본군 '위안부' 피해자가 일본 정부를 상대로 제기한

16　『ハッキリニュース』57号, 1997.12.10, p.8.

17　「アジア太平洋戦争韓国人犠牲者補償請求訴訟一審判決」(東京地裁, 2001.3.26).

최초의 소송이기도 하다.

다카기 변호사는 1973년 송두회와의 만남이 계기가 되어 1975년 사할린 잔류자 귀환청구소송에 관여한 이래, 사할린 잔류 한국인의 귀환 실현을 위해 노력해 왔다. 소송은 1989년 취하되었지만 이후 미귀환자나 영주귀국자 등이 원고가 되어 강제연행·강제노동 및 귀환의무 불이행이 '인도주의에 대한 범죄'에 해당한다며 제기한 것이 앞서 언급한 사할린 잔류한국인 보상청구 소송이다. 이 시기 한국에서는 유족회 이외에 한국인 피폭자와 사할린 잔류자 관련 단체들도 일본 시민사회의 협력을 얻어 일본에서의 소송을 위한 활동을 벌이고 있었다.[18]

한편 우스키는 1976년 첫 방한 이후 민주화 운동과 '기생관광' 취재를 위해 한국을 자주 방문했다. 1982년에는 1년간의 어학연수도 경험했다. 그 과정에서 일본군 '위안부'를 만났고 1984년 일본 TV 방송을 통해 그 존재를 처음 알렸다.[19] 당시에는 전후보상에 대한 인식이 희박했지만 '확실히회' 결성 이후 적극적으로 유족회 소송을 지원했다. 재판 비용과 원고 체류비용 등을 마련했을 뿐만 아니라 관계 부처 앞에서 전단지를 뿌리고, 『확실히 통신ハッキリ通信』을 발행해 운동의 폭을 넓혔다. 유족회 회장으로부터 "물심양면으로 유족에게 이해와 협조를 아끼지 않았다"는 평가를 받고 있다.[20]

---

18   한국원폭피해자협회는 일본변호사연합회 및 〈한국인원폭피해자를구제하는시민의모임〉과 사할린동포법률구조를위한모임은 다카기 변호사가 사무국장을 맡고 있는 〈[아시아에 대한]전후책임을생각하는모임〉과 일본에서의 제소에 대해 협의를 시작했다. 『동아일보』, 1990.3.27.
19   『조선일보』, 2015.7.15.

이 소송의 일본 측 지원 활동이 추진회가 아닌 '확실히회'에 의해 운영된 것은 당시 피해자들이 묻고 있는 것이 '전후책임'이 아닌 '전쟁책임'이었기 때문이다. 물론 일본의 '전후책임'이 '전쟁책임'을 전제로 하고 있으며 서로 불가분의 관계에 있음은 말할 필요도 없다.[21]

법학자 오누마 야스아키大沼保昭의 말처럼 '전후책임'을 "아시아의 시선을 받아들여 그에 대응한다는 의식을 가지고 시민운동 속에서 길러지고 정착된 실천을 수반하는 사상"으로 본다면,[22] '책임'의 주체의 당사자성 유무나 발생 시기가 전쟁 중이냐 전후냐를 가지고 '전쟁책임'과 '전후책임'을 구분하는 것은 타당하지 않을 것이다.

따라서 아래에서는 일본제국의 한반도에 대한 식민지 지배를 '합법적'으로 간주하면서도=전전과 전후의 연속성, 전후 전시 동원된 피해자를 각종 원호 시책에서 배제하는 '국적 조항'에 이의를 제기하는=헌법의 보편성 입장을 '리버럴 전후책임'이라고 한다. 그리고 식민지 시대를 '일제강점기'로 정의하고=전전과 전후의 단절성, 일본제국의 가해행위에 대한 사실인정과 책임 소재를 철저히 추궁하는=식민지 지배의 불법성 입장을 '래디컬 전후책임'이라고 명명한다.

20 『ハッキリニュース』57号, 1997.12.10, p.6.
21 高橋哲哉, 『戦後責任論』, 講談社, 1999, p.30.
22 内海愛子・大沼保昭・田中宏・加藤陽子, 『戦後責任─アジアのまなざしに応えて』, 岩波書店, 2014, p.xii.

4. 전후보상을 위한 운동과 담론

관부關釜재판을 지원하는 모임 – 피해자와 함께 하는 '리버럴 전후책임'

1992년 12월 부산 지역 '위안부' 및 '여자근로정신대' 피해자들이 야마구치 지방법원 시모노세키 지부에 일본 정부의 공식사죄와 배상을 요구하며 소송을 제기했다. '관부재판'으로 불리는 부산 조선인 종군위안부·여자근로정신대 공식사죄 등 청구 소송은 이후 추가 제소를 포함해 10명이 일본 정부와 다투게 된다.

1998년 4월 1심 판결에서 다른 전후배상 재판이 모두 원고 패소로 끝난 가운데 처음으로 일부 승소 판결을 받았다. 비록 '위안부'에 국한된 판결이었지만 전후 국가의 부작위를 인정한 획기적인 판결이었다. 그러나 2011년 4월 히로시마 고등법원 판결에서 이마저도 취소되었고, 2003년 3월 대법원이 상고를 기각함으로써 패소가 확정되었다.

유족회의 제소에 자극을 받아 피해자들이 신고한 정신대 문제 대책 부산협의회 김문숙 회장은 1992년 5월, 유족회 광주 지부의 '광주천인소송' 준비를 위해 방한 중인 야마모토 세이타 변호사에게 면담을 요청했다. '위안부' 피해자들의 증언 집회가 자주 열렸던 규슈에서는 '종군위안부 문제를 생각하는 후쿠오카의 모임'도 활동을 전개하고 있었고, 야마모토 변호사가 이 모임에 재판 지원을 요청한 것이다. 이후 이 모임은 재판에 대비해 '전후책임을 묻고·관부재판을 지원하는 모임'이하 관부재판을 지원하는 모임의 준비 모임을 발족하고 1993년 4월에 원고들을 초청해 결성 대회를 열었다. 이 모임의 공식 활동은 2013년 9월에 해산할 때까지 20

년 동안 계속되었다.

약 12년에 걸친 재판을 '관부재판을 지원하는 모임'이 지원했다. 일본을 방문하는 원고들의 재판투쟁 지원 이외에도 뉴스레터 『관부재판뉴스』를 발행하고 강연회·학습회를 개최했다. 또한, 재판 때마다 열리는 보고회, 가두시위, 의견광고 게재, 국내외 현지 조사 및 자료수집, 각종 교류회 참가, 전후보상에 관한 입법 요구 등 그 활동은 매우 다양했다. 소송이 끝난 뒤에도 한국에서의 재판을 방청하거나 원고들을 위문하고 장례식에 참석하는 등 교류를 이어갔다. '관부재판을 지원하는 모임'은 "우리 자신의 삶을 물어보며 전후책임을 묻는 이 재판을 자기 자신의 문제로" 접근했다.[23]

관부재판 1심 판결에서 일부 인용으로 이어진 것은 "원고들을 포함한 다수의 조선인에게 막대한 희생을 강요하고 또한 전후에 방치한 것을 국회 및 유엔총회에서 공식적으로 사과하라"고 요구한 청구 취지 중, '전후 방치'라는 예비적 청구의 '입법부작위' 부분이었다. 판결문은 "입법부작위에 의한 국가배상을 인정할 수 있다"는 것을 뒷받침하기 위해 "이것이 일본 헌법질서의 근본적 가치에 관한 기본적 인권의 침해를 가져오는 경우에도 예외적으로 국가배상법상의 위법성을 인정할 수 있다고 해석한다"고 하여[24] 일련의 전후보상 재판에서 원고의 주장을 기각할 때 사용되어 온 '국가무책임론'과 '입법재량론'의 법리를 뒤흔들었다.

---

23 『関釜裁判ニュース』1号, 1993.4.30, p.2.
24 「関釜裁判一審判決」(山口地裁下関支部, 1998.4.27), p.17.

〈표 2〉 한국('재일(在日)' 포함)의 전시동원 피해자가 일본에서 제기한 전후배상 재판 일람

소송년도	소송명	법원 (지법)
1972	손진두 수첩 재판	후쿠오카지법
1974	사할린억류 조선인 귀환청구 소송	도쿄지법
1975	사할린 잔류자 귀환청구 소송	도쿄지법
1990	사할린 잔류 한국인 보상청구 소송	도쿄지법
	공식사죄·배상청구 소송	도쿄지법
1991	징상근 소송	오사카지법
	제암리 소송	도쿄지법
	사할린 가미시스카(上敷香)사건 소송	도쿄지법
	일본강관(鋼管) 손해배상청구 소송(김경석 재판)	도쿄지법
	한국인 BC급 전범 국가보상 등 청구소송	도쿄지법
	태평양전쟁 한국인 희생자 보상 청구소송	도쿄지법
	강원도 유족회 소송	도쿄지법
1992	김순길 재판	나가사키지법
	석성기·진석일 소송	도쿄지법
	우키시마마루(浮島丸) 소송	교토지법
	대일 민족소송	도쿄지법
	후지코시(不二越) 1차 소송	도야마지법
1992	김성수 국가배상청구 소송	도쿄지법
	시베리아억류 재일한국인 은급·위로금 소송(이창석 재판)	교토지법
	관부재판	야마구치지법 시모노세키지원
1993	재일 '위안부' 재판(송신도 재판)	도쿄지법
	광주 천명(千人) 소송	도쿄지법
	강부중 소송	오쓰지법
1995	김성수 은급청구 기각처분 취소청구 소송	도쿄지법
	한국인 BC급 전범 공식사죄, 국가보상청구 소송	도쿄지법
	일본제철 한국인 전 징용공 손해배상 등 청구 소송	도쿄지법
	미쓰비시 히로시마·전 징용공 피폭자 미지불 임금 등 청구 소송	히로시마지법
1996	시베리아억류 전 일본군 사죄·손해배상 청구소송	도쿄지법
1997	도쿄 아사이토(麻糸) 방적 누마즈(沼津) 공장 조선인여자근로정신대 소송	시즈오카지법
	일본제철 오사카 제철소 징용공 손해배상청구 소송	오사카지법
1998	재한피폭자 건강관리수당 수급권자 지위확인 소송	오사카지법

소송년도	소송명	법원 (지법)
1999	미쓰비시 나고야·조선여자근로정신대 소송	나고야지법
	최규명 일본생명의 기업책임을 묻는 재판	오사카지법
	재한피폭자 이강녕 건강관리수당 수급권자 지위확인 소송	나가사키지법
2000	한국인 징용공 공탁금 반환청구 1차 소송(일본제철 가마이시(釜石) 제철소)	도쿄지법
2001	한국 전 군인·군속·유족 야스쿠니 합사중지·유골반환·사죄·보상청구 소송	도쿄지법
	재한피폭자 이재석 건강관리수당 수급권자 지위확인 소송	오사카지법
2002	한국인 징용공 공탁금 반환청구 2차 소송(일본제철 가마이시 제철소)	도쿄지법
2003	한국·한센병 보상청구 기각처분 취소 소송	도쿄지법
	후지코시 2차 소송	도야마지법
2004	재한피폭자 건강관리수당 수급정지처분 취소 소송(최계철 재판)	나가사키지법
	재한피폭자 건강관리수당 지급 소송(최계철)	나가사키지법
	재한피폭자 장례비 지급 각하 취소·손해배상 청구 소송	오사카지법
	최계철 재외피폭자 장례비 재판	나가사키지법
2005	미쓰비시·한국인 전 징용공 피폭자 수첩신청 각하처분 최소 소송	히로시마지법
2006	재한피폭자 건강수첩·건강관리수당 각하처분 취소 소송	오사카지법
2007	야스쿠니 합사 취소(노! 합사) 소송	도쿄지법
	사할린 잔류 한국인 우편예금 반환 소송	도쿄지법
	재한피폭자 정남수 수첩신청 각하처분 취소 등 소송	나가사키지법
2011	재한피폭자 의료비청구 오사카 소송	오사카지법
	재한피폭자 의료비청구 나가사키 소송	나가사키지법
2013	야스쿠니 합사중지(노! 합사) 2차 소송	도쿄지법
2016	피폭자 건강수첩 교부신청 각하처분 취소소송	나가사키지법

출처 : 「法律事務所の資料棚」(각주 15)의 일본 전후배상 재판 총람을 참조하여 저자가 작성

　　야마모토 변호사가 언급한 것처럼, 이 소송은 애초에 승소보다는 그 재판 과정에서 사죄와 배상에 대한 책임이 밝혀지기를 기대하며 제기된 것이다. 이를 뒷받침하는 법률이 없다면 일본의 입법과 행정의 현실을 묻게 되는 것이고, 그러한 질문이 전후보상을 실현할 수 있는 힘이 될 것이라고 생각했기 때문이다.[25] 관부재판의 변호인단은 전후책임 문제는

현재 일본의 문제라는 인식을 가지고 "개인의 존엄성을 최고의 가치로 여기는 전후 사회에서 현재까지 원고들의 피해가 사죄도 배상도 없이 방치되어왔다는 사실을 일제강점기의 피해 사실 이상으로 문제 삼고 싶었다"고 했다.[26]

그런 의미에서 1990년대 전후배상 재판은 '리버럴 전후책임'적인 요소를 전략으로 필요로 했다. 야마모토 변호사의 접근법은 가장 먼저 국제법에 의거해 일본제국의 '인도주의에 대한 범죄'를 묻고자 했던 아시아태평양전쟁 조선인 희생자 배상청구소송이나 사할린 잔류 조선인 배상청구소송을 주도한 다카키 변호사의 전략과는 달랐다.

여기에는 사할린 잔류 한국인 문제의 경우, 한국인 피폭자 문제와 함께 한일 양국 정부에 의한 '구제'의 길이 열려 있었다는 점을 고려해야 할 것이다.[27] 다카키 변호사는 사할린 잔류 한국인을 위한 국가 예산 편성을 '전후보상의 제1호'로 판단하고, 한국인 피폭자를 위한 총 40억 엔의 출연을 '일종의 개인 보상'으로 간주했다.[28] 야마모토 변호사에게는 이러한 '성공 경험'이 없었고, 규슈대 학생으로 지원 활동에 참여하여 승소한 '손진두 수첩 재판'은 오히려 전후보상은 국적 조항의 돌파가 관건이라는 것을 일깨워 주어 일본 헌법을 청구의 근거로 삼게 했다.[29]

25　『関釜裁判ニュース』 3号, 1993.9.30, p.819.

26　山本晴太, 「関釜裁判の経過と判決」, 『季刊戦争責任研究』 21号, 日本の戦争責任資料センター, 1998, p.44.

27　한국인 피폭자에 대해서는 1990년 노태우 대통령 방일 당시 일본이 약 40억 엔을 지원하기로 합의했고, 사할린 잔류 한국인의 귀국에 대해서도 정부 간 협상에 의한 일시귀국영주귀국사업이 1990년 무렵부터 시작되었다.

28　『朝日新聞』, 1994.9.12(朝刊).

즉 이 시기 다카기 변호사는 '구제'를 중시하면서 '래디컬 전후책임'을, 야마모토 변호사는 '사죄'를 중시하면서 '리버럴 전후책임'을 기본으로 삼았다고 할 수 있다. 그러나 이러한 변호인단의 전략을 지원단체가 그대로 답습한 것은 아니다. '아시아여성을 위한 평화국민기금アジア女性のための平和国民基金'이하 아시아여성기금을 둘러싸고, '확실히회'도 '관부재판을 지원하는 모임'도 '민간기금' 방식의 철회를 강력히 요구하며 전쟁피해자에 대한 '국가책임에 의한 개인보상'을 주장한 것처럼 '래디컬 전후책임'을 지향했다. 다만 '확실히회'에서는 '아시아여성기금'에 사무국 직원을 파견하기로 결정한 것이 내부적으로 격렬한 논쟁을 불러일으켰다.[30] 이후 '확실히회'는 NPO법인 'C2SEA 朋벗'을 결성해 아시아여성기금의 후속 사업에도 참여한다.

한편 '관부재판을 지원하는 모임'은 관부재판 1심 판결의 일부 인용을 '사실상 전면 패소'라는 변호인단의 평가와 달리 '위안부' 문제에 대한 획기적인 판결이라며 긍정적으로 받아들였다.[31] 하나후사 도시오花房俊雄 전 사무국장은 2015년 '위안부' 문제를 둘러싼 한일합의에 대해 동결을 선언한 한국 정부의 2018년 '신정책'에 대해 우려를 표명하기도 했다. 일본의 지원단체는 '한국정신대문제대책협의회'이하 정대협 등 한국의 운동 단체와 반드시 입장이 일치하지 않았으며, '래디컬 전후책임'을 지향하면서도 실질적인 '구제'를 요구하며 피해자와 함께 하는 자세를 보였다. 전후책임

---

29 花房俊雄・花房恵美子, 『関釜裁判がめざしたもの―韓国のおばあさんたちに寄り添って』, 白澤社, 2021, pp.19~24.

30 『ハッキリニュース』 43号, 1995.9.12.

31 花房俊雄・花房恵美子, op.cit., pp.52~56.

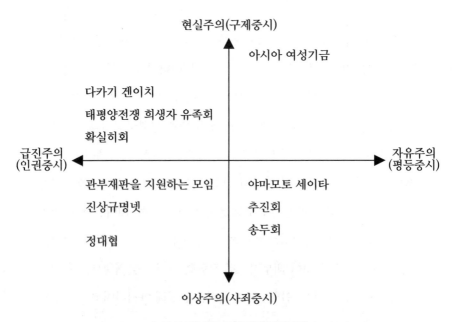

〈그림 8〉 전후보상론의 유형도 (저자 작성)

에 있어서 리버럴인권 중시 / 래디컬평등 중시, 현실주의구제 중시 / 이상주의사죄 중시 를 축으로 전후보상론의 유형을 제시하면 〈그림 8〉과 같이 된다.

강제동원 진상규명의 30년

한국 강제동원 피해자의 전후배상 재판을 지원하는 일본 시민과 법조인들은 특히 '재판의 시대' 초기에는 현지 조사와 자료수집에 힘써야 했다. 특히 관부재판은 국가의 책임을 묻는 '여자근로정신대' 피해자의 유일한 재판으로 그 역사적 사실을 밝히는 사명을 띠고 있었다. 그러나 "변호사들의 시간이 부족해 기초적인 자료수집에 어려움을 겪었다"고 한다.[32] 이런 상황에서 야마모토 변호사는 뉴스레터 독자들에게 조사협조를 요청하거나 피고일본국에 근로정신대 자료 공개를 요구하기도 했

다.[33] 다행히 동원 대상 기업 중 하나인 후지코시不二越의 소재지 도야마富
山에서의 자료 발굴은 기업의 책임을 묻는 후지코시 1차 소송을 지원하
는 현지 시민단체의 도움을 받을 수 있었다.[34]

강제동원과 강제징용 현장은 광산, 댐, 철도 및 도로의 터널, 항만, 제
철소, 조선소, 발전소, 지하호 및 군수 공장 등 일본 각지에 분포되어 있다.
따라서 시민에 의한 조사 활동이 전국적으로 존재하지 않았다면 역사적
사실의 발굴과 자료수집은 어려웠을 것이다. 1970년대에는 재일코리안
과 일본 시민들이 결성한 조선인강제연행진상조사단의 조사보고서가 발
간되었다. 1980년대에는 아시아에 대한 가해 책임을 묻는 목소리가 높
아지면서 더 많은 지역에서 민중의 역사를 발굴하는 활동이 시작되었다.

1990년에는 각지의 단체가 모여 '조선인·중국인 강제연행·강제노
동을 생각하는 전국 교류회'이하 교류집회가 개최된다. 교류집회는 제1회 아
이치현愛知県을 시작으로 효고兵庫, 히로시마広島, 나라奈良, 나가노長野, 오사
카大阪, 기후岐阜, 시마네島根, 이시카와石川, 규슈에서 연 1회씩 총 10회까지
이어졌다. '확실히회'의 우스키 게이코 대표도 제2회 교류집회에 참석하
여 모임의 활동을 보고했다.[35] 집회의 거점이 된 곳은 후술할 '강제동원
진상규명 네트워크'이하 '진상규명넷' 공동대표인 히다 유이치飛田雄一가 이사
장을 맡고 있는 고베학생청년센터이다.

---

32 『関釜裁判ニュース』8号, 1994.12.17, p.11.

33 『関釜裁判ニュース』10号, 1995.6.3, p.4.

34 『関釜裁判ニュース』12号, 1995.10.7, p.6.

35 冊子「第二回 朝鮮人·中国人強制連行·強制労働を考える全国交流集会 報告集」, 1992,
    pp.29~30(神戸学生青年センター所蔵).

교류집회는 광범위한 지역에서 펼친 두터운 실태조사의 경험 축적을 가능하게 했다. 그러나 전국적인 교류가 이루어지면서 제국주의 역사를 둘러싼 각 지역 단체의 인식의 차이가 부각되어 집회는 일시 중단되었다.[36] 이후 2000년부터 2004년까지 네 차례에 걸쳐 각지의 조사 단체가 주최하고 거기에 자원봉사자가 참여하는 형태로 '강제연행조사 네트워크'가 개최되었다.

이후 전환점이 된 것은 한국에서 2004년 '일제강점하 강제동원 피해 진상규명 등에 관한 특별법'이 제정되면서 정부기관으로서 '일제강점하 강제동원 피해 진상규명위원회'이하 진상규명위원회가 발족한 것이다. 한국에서의 움직임에 호응하여 일본에서는 2005년 7월에 앞서 언급한 '진상규명넷'이 결성되었다. 그 결성에 중심적인 역할을 한 것이 사무국장을 맡은 문화인류학자인 후쿠도메 노리아키福留範昭이다. '진상규명넷'은 "특히 일본에서의 조사가 성과를 거두기 위해서는 일본 정부와 민간의 강력한 도움이 필요하다"는 점에서 "강제동원과 관련된 다양한 활동을 해온 사람들을 연결하고 자료를 집약"하는 것을 목적으로,[37] 국가기구라는 점을

---

36 갈등의 불씨는 제9회 이시카와 교류집회 준비 단계에 있었다. 규슈 실행위원회의 '호소문' 및 '안내문'의 문장에 의문을 제기한 찬동단체로부터 '공개질의서'가 제출되었기 때문이다. 그 후, 제10회 규슈 교류집회에서 전체가 휘말리면서 '균열'이 표면화되었다. 이 균열은 대체로 '래디컬전후책임'을 기조로 하는 교류집회의 '전체상'에 지역단체의 문제의식이 따라가지 못했기 때문에 발생한 것이라고 할 수 있다. 결국 운영위원회는 해산을 선언했고, 이후 각 지역 그룹이 독자적으로 집회를 열게 되었다. 冊子「第一〇回 朝鮮人・中国人強制連行・強制労働を考える全国交流集会 in きゅうしゅう参加者のみなさんへ」(神戸学生青年センター所蔵); 飛田雄一, 『極私的エッセイ―コロナと向き合いながら』, 社会評論社, 2021, p.64.

37 「強制動員真相究明ネットワーク」への加入のお願い」, 2005.6.2(神戸学生青年センター所蔵)

염두에 두면서 한국의 진상규명위원회와 적극적으로 연대했다.

이후 '진상규명넷'은 2006년부터 매년 강제동원진상규명 전국연구모임을 개최해 왔다. 교류집회 활동 기간과 합치면 전국적인 교류의 장은 30년 동안 지속되어 왔다고 할 수 있다. 실제로 진상규명위원회 관계자는 "진상규명넷의 전폭적인 협조가 없었다면 위원회의 소기의 목적을 달성할 수 없었을 것"이라고 밝혔다. 한국 정부기관이 의지할 수밖에 없을 정도로 그 조사연구 수준이 뛰어났던 것이다. '관부재판을 지원하는 모임'도 산하 조직인 '강제동원 진상규명 후쿠오카현 네트워크'를 결성해 조사 활동을 전개했다.

후쿠도메는 '진상규명넷'을 설립하면서 진상규명운동을 "우리가 직시하지 못했던 역사를 일본, 그리고 일본인이 아시아 사람들에게, 특히 조선인에게 했던 행위를 밝힘으로써 우리 자신을 알기 위한 것"이라고 역설했다.[38]

5. 도달점과 한계점의 '전후 50년'

교차하는 가해와 피해 – '피해자 인식'에 주목하며

전후보상운동을 통해 아시아의 전쟁피해를 접한 일본에서는 '외부로부터의 충격'이 아닌 스스로의 문제로 환기된 '가해자 인식'이 '전후 일

---

38 福留範昭より山本直好あて, 「Re-真相究明ネットについて」, 2005.4.22, 『強制動員真相究明ネットワーク ①』(神戸学生青年センター所蔵).

본의 전쟁책임론'을 크게 전환시켰다. 그러나 '가해자 인식'은 '피해자 인식'의 폐기나 반전을 통해 생성되는 것이 아니다. 사회학자 오쿠다 히로코奧田博子가 언급한 것처럼, 전후 일본의 '피해자'로서의 권리 의식의 희박함이 전쟁의 '가해자'로서의 자기 인식을 방해하고 있다면,[39] '가해자 인식'의 생성은 '피해자 인식'을 바탕으로 한 '국가적 담론'에서 개인의 경험을 끄집어내어 국가권력에 의한 폭력 구조 속에 재정립함으로써 가능할 것이다. 보편성을 수반하는 '피해'의 실체는 공감력을 지니고 있기 때문에 '가해'와 '피해'의 대립적 구도가 재편될 가능성이 있다.

'전후 50년'에 해당하는 1995년은 무라야마村山 담화나 '아시아 여성기금' 등으로 대표되는 '전후 일본의 전쟁책임론'이 '가해자성'을 마주하며 정점을 찍었다. 이때 보편성을 동반한 '피해'의 실체로서 가장 공감대를 형성한 것은 일본의 아시아에 대한 식민지 지배와 전쟁을 사죄한 히로시마시의 '평화선언'과 '나하那覇·히로시마·나가사키 피스 트라이앵글 서밋'의 호소였을 것이다. 조선으로부터의 인양 경험이 있으며 언론인으로서 한국인 피폭자 취재를 계속한 히라오카 다카시平岡敬 당시 히로시마 시장은 일본인의 가해와 피해의 양면성을 상징하는 '피폭 문제'를 계속 추적했다. 이 문제가 일본의 '가해자 인식'을 키워줄 것이라는 기대를 걸었던 것이다.[40]

이렇게 '가해'와 '피해'의 교차에 의해 날카로워진 '피해자 인식'이 새

---

39   奧田博子,『原爆の記憶ーヒロシマ/ナガサキの思想』, 慶應義塾大学出版会, 2010, p.62.

40   本庄十喜,「日本社会の戦後補償運動と「加害者認識」の形成過程ー広島における朝鮮人被爆者の「掘り起し」活動を中心に」,『歴史評論』761号, 歴史科学協議会, 2013, p.52.

로운 전개를 불러일으켰다. 아시아 각국의 전후보상 요구를 의식하면서 중국 잔류 고아, 히로시마·나가사키 피폭자, 도쿄·오사카 대공습 피해자, 오키나와전 피해자, 시베리아 억류자, 남방전투 등 생존 피해자들이 2000년대 이후 국가의 사죄와 배상을 요구하며 잇따라 소송을 제기한 것이다.[41]

애초에 전후배상 재판에서는 전쟁피해를 지배국 / 피지배국으로 구분할 수 없다. 피폭자들에 대해서도 전 군인 및 군속과 마찬가지로 국가배상 조치를 취해야 한다는 판결을 내린 1970년대 '손진두 수첩 재판'의 사법적 판단은 '국가와 특별한 관계가 있는 자'만을 보상 대상으로 삼고 있던 국가에 큰 충격을 주었다.[42] 또한, 2000년대 '중국 잔류 고아 국가배상청구 소송'은 국가 정책의 위법성을 묻고 귀국 후에도 "평범한 일본인으로 살아갈 수 있도록 필요한 시책을 시행하지 않은 국가의 책임을 묻기 위해" 제기되었다.[43]

일본인의 전쟁피해에 대한 국가배상청구 소송도 최종적으로 원고의 패소가 확정되었다. 이들 판결은 국가의 가해 책임과 피해 실태를 인정하고 있지만, 대부분 전쟁이라는 국가 비상사태에서는 생명·신체·재산의 희생을 강요받더라도 국민은 똑같이 감수해야 한다는 '전쟁피해수인

---

41 중국 잔류 고아 국가배상청구소송(2002), 원폭증 인정 집단소송(2003), 도쿄 대공습 소송(2007), 오사카 대공습 소송(2008), 시베리아 강제징용 국가배상청구소송(2007), 오키나와전 피해사과 및 국가배상청구소송(2013), '남방전' 피해사과 및 국가배상청구소송(2013) 등.

42 栗原俊雄, 『戦後補償裁判-民間人たちの終わらない「戦争」』, NHK出版新書, 2016, p.45.

43 井出孫六, 『中国残留邦人-置き去られた六十余年』, 岩波新書, 2008, p.186.

론'에 가로막힌 모습이다. 앞서 언급한 '아시아태평양전쟁 한국인 희생
자 배상청구 소송'에서도 원고의 청구를 기각한 근거 중 하나가 '전쟁피
해수인론'인데, 한일청구권협정에만 주목하면 '제국신민'으로서 수인을
강요당한 한일 전쟁피해자의 교차점이 보이지 않게 된다. 정치인들이 주
문처럼 외우는 "한일청구권협정으로 해결되었다"는 말은 '수인론'이라
는 판도라의 상자로의 접근을 막는 장벽으로 작용하고 있는 것이다.

기로에 선 전후배상 재판

'전후 50년'은 전후보상운동에 대한 반동으로 일본의 전쟁책임과 전
후책임을 부정하는 노골적인 내셔널리즘이 대두된 시기이기도 하다. 그
계기는 1990년대 초반 일본의 전쟁책임, 전후책임을 묻는 움직임이 강
화된 것과 관련이 있음이 분명하다.[44] 그러나 전후보상운동에 미친 영향
은 네오 내셔널리즘 자체에 의한 것이라기보다 그러한 반발에 휩쓸려 한
일 양국이 어긋나 버리는 것에 더 큰 영향을 미쳤다는 것이다. 2000년대
이후 전후보상 재판은 일본에서의 승소 가능성이 희박해지자 한국 사법
부에 호소하는 방법으로 모색되기 시작했다.

'한일 간의 어긋남'이라는 것은 말할 것도 없이 청구권 문제가 '완전
히 그리고 최종적으로 해결되었다'며 원고의 배상 청구를 기각하는 것이
다. 다만 1990년대 전후보상 재판은 피해의 내용이나 사실적 배경, 청구
의 법적 근거, 재판의 진행 정도 등이 다양하다.[45] 법원이 원고의 청구를

---

44   高橋哲哉, op.cit., p.10.
45   藍谷邦雄, 「戰後補償裁判の現狀と課題」, 『季刊戰爭責任硏究』 10号, 日本の戰爭責任資料セ

기각하는 근거도 '국가무책임', '시효 및 제척 기간' 외에 '국제관습법의 성립 여부', '국제법상 개인의 주체성', '별개 기업론', '전쟁피해수인론', '입법재량론' 등 다양하다. 한일청구권협정및 재산권조치법에 의한 '청구권 소멸'도 미지급 임금 등 '재산, 권리 및 이익'이라는 실체적 권리를 부정하는 경우에 사용되었다.

그러나 일본 정부는 국회 답변에서 한일청구권협정으로 소멸된 것이 '외교적 보호권'이라는 것을 부정할 수 없게 되었다.[46] 게다가 관부재판에서 '국가무책임'과 '입법재량론'의 법적 근거가 흔들리고 미국에서 일본 정부나 기업을 상대로 집단소송이 진행되자, 1990년대 말부터 2000년대에 걸쳐 일본 정부는 '원고의 청구권 소멸'이 아니라 이에 응할 의무가 없다고 주장하기 시작했다. 즉 '피해자는 권리가 있어도 재판에서 청구할 수 없다'는 것이다.[47] 이에 따라 사법부의 판단도 국가 측의 주장을 추종하며 피해자의 청구를 기각하는 이유를 바꾸어갔다.[48]

일본 재판에서 구제 가능성이 없다는 것을 알게 된 원고들은 한국 법원에 소송을 제기하기 시작했다. 미쓰비시 히로시마 징용공 소송이 히로시마 지방법원에서 패소하자1999.3 원고들은 항소하는 한편, 2000년 5월에 같은 취지의 청구를 한국 법원에 제기했다. 또한, 2005년 2월에는 일

ンター, 1995, p.2.

46 第121回参議院予算委員会(第二号), 1991.8.27, 「日韓請求権協定」に関する柳井俊二外務省条約局長答弁(国会議事録検索システム).

47 山本晴太, 「日韓の戦後処理の全体像と問題点」, 『法と民主主義』537号, 日本民主法律家協会, 2019, p.9.

48 矢野秀樹, 「朝鮮人強制連行・強制労働問題 その課題と展望」, 田中宏・中山武敏・有光健他編, 『未解決・戦後補償問われる日本の過去と未来』, 創史社, 2012, p.52.

본제철 오사카 제철소 징용노동자 손해배상청구 소송 원고들이 패소 확정 후 한국에서 재판을 제기했다. 이 일본제철 징용공 소송의 최종재상고심 판결이 바로 2018년 한국 대법원 판결이다.

미쓰비시 중공업과 신일철주금현 일본제철을 상대로 한 이 두 소송은 모두 2009년까지 부산고등법원과 서울고등법원에서 각각 기각되었다. 한국 정부는 2005년 8월 한일회담 문서를 공개하고 그 후속 조치로 '민관공동위원회'를 설치해 의견을 정리했다. 거기서 일본군 '위안부'와 사할린 잔류 한국인, 한국인 피폭자에 대해서는 한일청구권협정의 대상에 포함되지 않는다며 일본 정부에 대응을 요구하는 한편, 강제동원 피해자에 대해서는 한국 정부에 도의적 책임이 있다고 인정했다. 한국 정부는 구제에 나서 2007년 '태평양전쟁 전후 국외강제동원피해자 등 지원법'을 제정했다.

2008년 이명박 정부가 출범하면서 한국의 '과거청산' 움직임은 후퇴한다. 한국에서 진행된 전후보상 재판은 한국 정부의 부작위를 문제 삼는 것이 주를 이뤘다. 한일회담 문서가 공개되면서 '위안부' 등 한일청구권협정 대상에 포함되지 않은 것으로 알려진 피해자들은 일본 정부에 중재를 요청하는 등 적극적으로 나서지 않는 한국 정부의 부작위에 대해 헌법재판소에 헌법위반 심사를 요청했고 2011년 8월 30일 '위헌' 판결이 내려졌다.

이 위헌 판결은 그동안 일본의 판례를 따랐던 한국의 전후보상 재판에 영향을 미쳤다. 2012년 5월 24일 고등법원까지 기각된 미쓰비시 중공업과 신일철주금에 대한 손해배상 청구 소송에서 대법원은 일본의 판결이 '대한민국 헌법의 핵심 가치와 정면으로 충돌하는 것'이라며 하급심 판결을 파기하고 각각 고등법원으로 돌려보내는 획기적인 판결을 내렸다. 2018년 대법원 판결은 이 2012년 대법원 판결 이후 이듬해 원고의 주장을 인정한 서울고등법원 파기환송심에 피고 기업이 상고한 것에 대해 피고 기업의 패소를 확정한 것이다. 이처럼 한국 사법부가 '리버럴 전후책임'에서 '래디컬 전후책임'으로 전환하면서 한국에서는 일본제국의 '반인도적 불법행위'에 대한 손해배상^{위자료} 청구의 길이 열리게 되었다.

한국의 식민지배를 '불법'으로 간주하면 지금까지 일본의 전후보배상 재판에서 사용된 법리를 뒤집는 것이다. 실제로 일본 법원에서 패소가 확정되어 한국에서 동일한 취지의 소송을 제기한 미쓰비시 나고야 근로정신대 소송²⁰¹²과 후지코시 근로정신대 소송²⁰¹³에서도 2012년 대법원 판결을 통해 원고의 주장을 인정하는 판결이 내려진 바 있다. 그 귀결인 2018년 대법원 판결이 일본 정부에게 일본군 '위안부' 피해자들에게 손해배상금을 지급하라는 서울중앙지방법원 판결에서 보이듯 국가를 상대로 한 소송으로까지 파급되고 있다.

전쟁피해수인론에 맞서는 한일 '연대'

한일청구권협정이 한국 내 전쟁피해자들의 목소리를 가로막는 장벽인 것은 분명하다. 그러나 그것만이 문제가 아니다. 한일청구권협정의 벽 너머에는 일본 정부가 구제해야 할 자와 그렇지 않은 자를 가르는 '전쟁피해수인론'이 기다리고 있다.

각종 전후보상 재판 판결에서 한일청구권협정이 언급되는 것은 원고가 그 무효성이나 불완전성을 제기하면 피고가 이를 반박하는 구도가 반복되기 때문이다. 그러나 전후배상 재판의 판결문을 면밀히 살펴보면 한일청구권협정이 판결의 결정적인 요소로 작용하지 않는다는 것을 알 수 있다. 예를 들어 나가사키 지방법원에서 1997년 12월에 내려진 김순길 재판 1심 판결에서는 피고 기업과 구 기업과의 동일성을 부정하는 '별개 기업론'을 들고나와 "재산권조치법 적용 여부의 문제는 판단할 필요도 없이 구 미쓰비시 중공업의 채무는 피고 기업에 승계되지 않는다"고 판단했다.[49] 같은 예로 오사카 지방법원의 일본제철 오사카제철소 징용공 손해배상청구소송 1심 판결2001.3에서도 '별개 기업론'이 사용되어 한일 청구권협정에 대한 판단은 포함되지 않았다.[50] 더군다나 히로시마 고등법원에서 역전패소한 관부재판 항소심 판결조차 청구권에 대한 법적 근거 유무는 법원에서 개별적·구체적으로 판단할 사항으로 되어 있다.[51]

그리고 이 '별개 기업론'보다 더 많은 판결에서 공통적으로 등장하는 것이 '전쟁피해수인론'이다. 일본인의 전쟁피해에 대해 '수인론'을 최초로 대법원 판결로 제시한 것은 1968년 11월 27일, 전후 인양자들이 제기한 재외재산보상청구 소송에 대한 대법원 판결캐나다 재외재산보상청구 소송에 관한 대법원 전원합의체, 1968년 11월 27일 판결이다. 이 판례는 이후 공습피해자 소송, 중국 잔류 고아 소송, 시베리아 억류자 소송에서도 활용되었다.[52] 그

49 「金順吉裁判一審判決」(長崎地裁, 1997.12.2), pp.81~82.
50 「日鉄大阪製鐵所元徴用工損害賠償請求訴訟一審判決」(大阪地裁, 2001.3.27).
51 「関釜裁判控訴審判決」(広島高裁, 2001.3.29), pp.96~97.
52 '전쟁피해수인론'의 형성과정에 대해서는 直野章子, 「戦争被害受忍論と戦後補償制度」, 『広島平和研究所ブックレット』 5号, 広島市立大学広島平和研究所, 2018.

리고 앞서 언급한 아시아태평양전쟁 조선인 희생자 배상청구 소송과 2001년 한국인 BC급 전범 공식 사과 및 국가배상청구 소송 대법원 판결 등 1990년대 이후 구 식민지 출신들의 전후보상 재판에서도 '수인론'은 원용되었다. 또한, '수인'이라는 단어를 직접적으로 사용하지 않더라도 '1968년 11월 27일 판결'을 판례로 삼는 판결도 적지 않다. 게다가 '수인론'은 한일청구권협정의 부당성을 호소하는 원고의 주장을 배척하는 근거가 되기도 한다. 도야마 지방법원소는 후지코시 2차 소송 1심 판결2007.9에서 '1968년 11월 27일 판결'을 판례로 삼아 "제2차 세계대전의 패전에 따른 국가 간 재산 처리와 같은 사항은 본래 헌법이 예정하지 않은 것으로, 이를 위한 처리와 관련하여 손해가 발생했다고 하더라도 그 손해에 대한 보상은 전쟁 손해와 마찬가지로 헌법이 예상하지 못한 것이라고 봐야 한다"는 이유로 한일청구권협정은 헌법 위반에 해당하지 않는다고 밝혔다.[53]

아시아태평양전쟁 한국인 희생자 보상청구 소송 1심 판결에서도 '수인론'은 군인 및 군무원의 '헌법의 평등원칙에 근거한 보상청구'뿐만 아니라 한일청구권협정 및 '재산권조치법'이 개인청구권을 소멸시키는 것은 헌법 위반이라는 원고의 주장을 배척하기 위해 적용되었다. "국가의 분리 독립이라는 것은 본래 헌법이 예정하지 않은 것으로, (…중략…) 한국 국민의 손해가 발생하더라도 그것은 전쟁피해와 마찬가지로 참으로 불가피한 손해"라고 한 것이다.[54] '수인론'은 같은 소송의 대법원 판결

53　「不二越二次訴訟―審判決」(富山地裁, 2007.9.19), p.146.
54　「アジア太平洋戦争韓国人犠牲者補償請求訴訟―審判決」, op.cit., pp.88~89.

2004.11에서도 다시 한 번 강조되었다. '청구권 소멸'의 논리를 넘어서도 여전히 '수인론'이라는 또 다른 장벽이 가로막고 있는 것이다.

전후보상의 실현은 민간인의 전쟁피해에 대한 국가의 배상 책임을 부정하는 최후의 보루인 '수인론'을 타파함으로써 가능하다. 이는 구 식민지 출신자들에게도 마찬가지다. 그리고 '수인론'을 타파하기 위해서는 한일 전쟁피해자들이 연대하는 것이 바람직하며 또한 가능할 것이다. 전쟁피해자 문제를 전쟁피해와 희생에 대한 보상의 차원에서 논의할 때 국적의 구분은 사실상 무의미하기 때문이다. 그것이 이루어지지 않는 데에는 '가해'와 '피해'의 재편을 가로막는 가장 큰 '한일 간의 어긋남'이 존재한다.

6. '서로의 본질을 소통'하는 전후보상운동으로

'전후 50년'에 발표된 히로시마시 '평화선언'의 메시지가 아시아 각국을 향해 발신되었지만, 원폭투하로 인한 참화를 '절대악'이 아닌 민족해방의 물꼬로 보는 '원폭해방론'이 팽배한 한국에서 그 메시지가 공감대를 형성할 수 있는 가능성은 제한적이었다. 그럼에도 불구하고 1990년대의 국경을 넘나드는 전후보상운동을 통해 '전후 60년'이 되자 한국에서는 '원폭해방론'을 극복할 수 있는 조짐이 보였다.[55]

---

55 한국에서의 히로시마·나가사키 원폭 투하에 대한 인식의 변천에 대해서는 玄武岩 『「反日」と「嫌韓」の同時代史』(앞의 책)의 제3장 「思想の境界と断絶―韓国における原爆体験のゆがみと〈反核〉」을 참조.

자신이 겪은 고난이 전쟁에 대한 국가의 책임과 보상이라는 보편적 인권과 가치 속에 자리매김하기 위해 한국은 '원폭해방론'으로 나타나는 '피해자 우월의식'에서 벗어나 일본의 전쟁피해자에게 '말을 건네는 것', 즉 보편적 인권의 관점에서의 고통 공감이 요구된다. 일본의 전쟁피해자는 '소통이 가능하기' 때문에 공감력을 갖춘 '피해자 인식'을 가지고 구 식민지 출신들의 전후보상운동과 연대하여 그 공동의 목표인 '수인론'에 도전할 수 있는 것이다. 2018년 한국 대법원 판결이 한일 양국의 새로운 정치 관계의 틀을 복원할 수 있을지는 험난한 여정이 예상된다. '수인론' 외에도 전후보상 재판에서 빠지지 않고 등장하는 것이 전쟁 이전에는 국가의 배상책임을 면제한다는 '국가무책임' 원칙이다. 이는 정치학자 마루야마 마사오丸山眞男가 "그 자체로 진선미의 극치"인 일본제국은 본질적으로 악을 행할 수 없기 때문에 어떠한 폭압적 행동, 어떠한 배신적 행동도 용납될 수 있다"고 꼬집은 '국체'의 속박이[56] '전후 50년'이 지난 지금도 건재하다는 것을 여실히 보여준다. 이러한 속박에 맞서는 국경을 넘나드는 전후보상운동이 한일의 '정의의 분단'을 극복하는 열쇠가 될 것이다.

1970년대 와다 하루키가 언급한 '우리가 다시 태어나기 위한' '한일연대'의 방식, 1980년대 '일본인에게 조선인 문제란 무엇인가'를 질문한 아오야기 아쓰코의 각성, 1990년대 '확실히회'·'관부재판을 지원하는 모임'이 '재판을 자신의 문제로' 삼아서 쌓은 피해자와의 유대, 2000년대 후쿠도메 노리아키가 '우리 자신을 알기 위해서'라며 진상규명넷에 쏟은

---

56   丸山眞男, 『現代政治の思想と行動』, op.cit., p.18.

열정이 보여주듯, 전후보상운동의 사상과 행동에는 그것을 면면히 관통하는 문제의식이 있다. 거슬러 올라가면 그것은 식민지 조선에서 태어난 모리사키 가즈에가 1960년대부터 선구적으로 물었던 '일본 민중에게 있어서 조선 문제란 무엇인가'라는 구절로 귀결된다.[57]

그리고 모리사키가 설파한 것처럼 한일 시민사회가 국가권력을 매개로 하는 것이 아닌, 직접 '서로의 본질을 소통'하게 되면 '가해'와 '피해'로 나눌 수 없는 전쟁피해자의 다면성과 저항성을 끌어올릴 수 있을 것이다. 이렇게 개선된 한일 '연대'라는 초국가적 공공영역은 역사문제로 혼란을 겪고 있는 양국에서 권력 관계에 휘둘리지 않는 '새로운 관계성'을 찾을 수 있는 계기가 되어 줄 것이다.

'전후 50년'에는 찾을 수 없었던 '수인론'을 타파하는 공동의 과제에 대한 노력이 '전후 100년'을 향한 한일관계의 토대가 될 것이다. 한일 시민사회가 서로의 '피해자 인식'에 대한 공감을 바탕으로 '수인론'을 타파하는 공동투쟁을 전개할 때, 반독재 민주화 운동의 '한일연대'에서 진화한 전후보상운동의 한일 '연대'는 양국의 월경적 시민사회의 공공성과 친밀성을 가리키는 일반명사로서의 "한일연대"로 발전할 수 있을 것이다.

---

57   森崎和江, 『異族の原基』, 大和書房, 1971, p.100.

제2부

'포스트제국'의 표상

포
스
트
제
국
의

동
아
시
아

제4장

'상기의 공간'으로서의
'평화의 소녀상,

역사와 기억의 대극화對極化를 넘어서

1. '위안부' 소녀상이라는 '상기의 공간'

한일 양국 정부는 '국교정상화 50주년'이라는 전환의 기회를 놓치지 않기 위해 2015년 12월 28일에 최대 현안인 일본군 '위안부' 문제에 합의했다. 이 한일 외교장관 합의문^{이하 '한일합의'로 약칭}에 한국 정부는 서울 일본대사관 앞에 설치된 '위안부' 문제를 상징하는 소녀상에 대해 "가능한 대응 방향에 대해 관련 단체와의 협의를 통해 적절하게 해결되도록 노력한다"[1]는 내용을 담았다. 한편으로는 일본 정부가 10억 엔을 각출하고 한국 정부가 '위안부' 피해자의 명예와 존엄을 회복하여 마음의 상처를 치유하기 위한 지원사업을 시행하는 재단을 설립하게 되었다.

그런데 한국에서는 당사자의 목소리를 무시한 채 진행된 한일합의에 대해 비판이 분출했다. 일본 정부가 1995년에 아시아여성기금을 발족시켰었는데, 이것은 국가가 법적 책임을 인정하지 않는다고 하여 좌절했던 보상금 사업의 제2막이 된다고 생각되었기 때문이다. 게다가 재단설립을 위한 각출금이 '위안부' 소녀상 철거를 전제로 한 것이었다는 소식이 전해지자, 반발하는 시민이나 학생이 현지에 달려가 소녀상 주변을 둘러싸고 한일합의 철회를 요구하는 항의 활동을 시작했다.

이처럼 '위안부' 소녀상은 한일관계에 꺼지지 않는 불씨로 남아 있다. 일본 정부는, 주재국 정부에는 '외교공관의 위엄 침해 방지'의 의무가 있다고 하여 한국 정부에 소녀상 철거를 요구해 왔다. 그러나 '위안부' 문제

---

1   「한·일 양국 외무부장관 공동기자 발표」, 2015.12.28, 외무성 홈페이지 참조.
     http://www.mofa.go.jp/mofaj/a_o/na/kr/page4_001664.html.

는 한일 역사문제에서 가장 중요한 쟁점으로, 한국 정부에서 보면 소녀 상은 대일 압박 수단을 갖기도 하기 때문에 긴급한 문제가 아니었다. 그 렇다고 하더라도 원래 소녀상을 설치한 한국정신대문제대책협의회^{정대협}, 현 일본군 성노예문제해결을 위한 정의 기억 연대^{정의연}에 이전을 요청하 는 것 외에 한국 정부로서는 마땅한 다른 방법이 없었다. 결국 소녀상은 철거되기는커녕 전국 각지에 세워지게 되고 지금은 미국이나 오스트레 일리아, 캐나다, 독일 등 해외로 확산되고 있다.

'위안부' 문제에 대한 국민적 기억을 표상하는 소녀상은 한일의 역사 문제에 있어서 과거와 현재, 지배와 저항, 운동과 이념, 기억과 망각이 교 차하면서 한국에서는 집합적 아이덴티티를 확립하기 위한 '상기의 공간' 을 형성하고 있다. 이 장에서는 기억과 역사가 상호 접근하는 문화정치 로서 '위안부' 문제를 고찰하는데, 그 역사서술을 둘러싼 방법·주체·구 조를 일본군 '위안부'의 형상화된 모뉴먼트^{Momument} '위안부' 소녀상을 통해서 살펴보고자 한다.

2. 소녀상을 둘러싼 기억과 폴리틱스^{politics}

2011년 12월, 1,000회째를 맞이한 일본군 '위안부' 문제해결을 요구 하는 수요데모를 기념하여 설립된 '평화의 소녀상'^{평화비}은 주한일본대사 관을 응시하고 있다. 1991년에 '위안부' 피해자 김학순이 실명으로 커밍 아웃^{coming out}하고 일본 정부에 사죄와 보상을 요구하며 도쿄지방법원에 제소하자, 다음 해 1월 문제해결을 호소하는 데모가 일본대사관 앞에서 열렸다. 이후 매주 수요일에 같은 장소에서 이루어지는 이 집회는 한신아와지阪神淡路대지진이 있었던 때를 제외하고 거의 20년간 지속되었다. 그곳에 소녀상이 세워지는 것으로 공간적, 기능적으로 작용하는 데모 현장은 물질적·상징적으로 '위안부'의 존재를 기초지었고, 독특한 '장소'가 형성되었다. '위안부' 문제의 해결을 바라는 시민, 수학여행 중의 중고등학생, 일본인 관광객 등 그곳을 방문하는 사람들은 각자 자신만의 생각으로 소녀상을 만지기도 하고 말을 걸기도 한다.

그리하여 소녀상은 '위안부' 문제해결을 향한 투쟁의 상징이 되었다. 크기가 120cm의 가련한 브론즈bronze상은 화난듯하면서도 숙연한 표정으로 정면을 응시하고 있다. 꽉 쥔 주먹으로부터는 의지가 전달되어 오지만 땅에 발을 대지 못한 불안함도 드러낸다. 국가폭력에 의해 비참한 처지를 강요당하고 인생을 농락당한 '위안부' 피해자는 귀향했어도 주변의 차가운 눈초리들을 받아야 했다. 수많은 폭력과 차별에 저항하는 전쟁피해자의 기념물 치고는 매우 조용한 분위기이다.

그렇지만 소녀상에는 '위안부' 문제가 역사의 공식 무대에 부상할 때까지 그 인고의 세월을 거쳐 피해자 존엄의 회복을 향한 긴 세월의 투쟁 시간까지도 응축되어 있다. 그러한 만큼 한국 국민이 식민지배의 '기억'을 공유하는 데에는 호소력과 파급력을 겸비하고 있는 것이다.

한편, 소녀상은 일본의 위정자 입장에서는 '반일내셔널리즘'의 상징이다. 오브제objet는 폭력이 물리적으로 작용하는 대상으로 들볶임을 당하게 된다. 일본 정부로부터의 철거 요구뿐만 아니라 수도 없이 한국 측의 '위안부' 문제 제기에 반감을 품는 세력의 괴롭힘의 표적이 되어 왔다.[2] 2020년에 정의연의 부정회계 등의 혐의가 부상되면서부터는 한국 보수단체가 수요집회를 반대하는 집회를 소녀상 주변에서 열면서 장소를 둘러싸고 충돌하기도 했다.[3]

증거자료가 발견되지 않는다고 하여 일본제국에 의한 '위안부' 동원의 '강제성'을 부정하고, 그 존재 자체조차 소거시키려는 역사수정주의에 대항하여 '위안부' 피해자들은 스스로가 그 증거라며 스스로의 신체를 드러냈다. 언젠가는 사라져 갈 그 신체는 시간과 공간을 초월하는 소녀상으로 되살아났다. '소녀'의 그림자는 할머니를 본뜨고 있다. 소녀상은 고령의 몸을 이끌고 수요데모에 참석하는 '위안부' 피해자의 분신으로 과거와 현재, 생과 사를 연결하여 그녀들이 세상을 떠나도 투쟁은 끝나지 않는다는 것을 예고한다.

소녀상이 '위안부'를 상징하는 모뉴먼트로 정위定位됨으로써 일본군 '위안부'의 기억도 재구축된다. 소녀상은 방문하는 방문자가 대상물에 몸을 투영시켜 그곳에서 부상하는 상기想起라는 행위 그것 자체의 존재

---

2 극우정치가 스즈키 노부유키(鈴木信行, 유신정당, 신풍(新風)대표)는 2012년에 소녀상에 "다케시마(竹島)는 일본 고유의 영토"라고 표기된 말뚝을 박았다. 이 동일한 말뚝이 미국 뉴저지주의 소녀상에서도 발견되었다. 또한, 2015년에는 한국 '위안부' 피해자를 능욕하는 일그러진 얼굴 표정을 한 무릎 아래가 없는 소녀상 모형을 '위안부' 피해자의 공동생활 시설 나눔의 집에 보냈다.

3 2020년 5월에 일본군 '위안부' 피해자인 인권운동가 이용수가 '운동에 이용되었다'라며 정의연을 통렬하게 비판하자 부정회계 의혹이 부상하고 국회의원 윤미향 정대협 전대표는 기부금 부정 사용 등의 의혹으로 기소되었다.

에 관계하는 기반으로서 '물상화物象化된 과거'가 된다.[4] 일본대사관을 향해 소리치는 고령의 '위안부'는 '소녀'가 되어 순결성이 명확한 윤곽을 갖고 그것이 '위안부' 동원의 '강제성을' 확고한 것으로 하고 있다. 이에 대해 문학연구자 박유하는 2013년 한국에서 발행한『제국의 위안부』에서 소녀상의 이미지를 비판하고, '대사관 앞의 소녀상은 진짜 '위안부'라고는 말할 수 없다'고 말해 논쟁을 일으켰다.[5]

역사가 기억을 파괴하고 억압하는 것을 경고한 피에르 노라Pierre Nora가 말하듯이 '문서에 의해 확인되지 않는', '위안부는 소녀가 아니다'라고 하고 일본군 '위안부' 동원에서의 '강제성'을 부정하는 것은 '위안부' 피해자의 산 기억의 파괴로 연결될 것이다. 일본대사관 앞의 '위안부' 소녀상은 '역사에 포획된 기억'을 구출하고 민주주의와 인권의식의 회복에 의해 근본적으로 변용하고 혁신되고 있는 사회가 기교와 의지를 갖고 잉태하고 선언하고 또는 유지하는 것으로 등장한 '기억의 장'이기도 하기 때문이다.[6]

그렇지만 '위안부' 피해자들의 체험을 '역사적 사실'이 아니라 '사회적 기억'으로서 계승하는 것을 통해 소녀상이 세워진 것이 아니다. 일본대사관 앞의 소녀상이 한일 간의 정치적인 흥정의 대상이 되고, 기억의 형태를 둘러싸고 대립하는 상황에서 기억과 역사의 대립적 구도만으로

---

4   アライダ・アスマン, 磯崎康太郎 訳,『記憶のなかの歴史－個人的経験から公的演出へ』, 松籟社, 2011, p.238.

5   朴裕河,『帝国の慰安婦－植民地支配と記憶の闘い』, 朝日新聞出版, 2014, p.157.

6   ピエール・ノラ, 谷川稔 訳,「歴史と記憶のはざまで」,『記憶の場 1 対立－フランス国民意識の文化＝社会史』, 岩波書店, 2002, pp.32~36.

는 그 역사적·정치적 의미를 충분히 파악할 수 없다. 모든 역사기술은 동시에 기억의 작업이기도 하며, 의미부여, 당파성, 아이덴티티 확립이라는 제 조건들과 피하기 어려운 관련을 갖는다.[7]

그러나 기억을 말하는 증언자는 생존해 있고, 아직 완전한 과거가 된 것은 아니다. 소녀상은 이미 성립하고 있는 '기억의 장'이라기보다는 오히려 망각에 저항하여 의미를 구축하고 자신들의 아이덴티티를 근거 지으며 생활을 방향 짓고 행위에 동기를 부여하기 위해 과거를 비춰주는 '상기의 공간'인 것이다.[8]

'상기의 공간'으로서의 소녀상은 한국 사회가 "스스로의 과거를 선택적으로 구성하고 집합적 아이덴티티를 확립하기 위한 갖가지 미디어에 의해 객체화된 공통의 지식 축적"으로서 사용하는, 알라이다 아스만Aleida Assmann·얀 아스만Jan Assmann이 제창한 '문화적 기억'의 개념으로 접근할 수 있다. 그렇게 함으로써 소녀상을 둘러싼 기억의 폴리틱스를 과거의 사실을 실증적으로 재구축하는 것을 목적으로 한 역사적 표상의 대립이 아니라 "특정한 기억을 낳는 것에 적합한 텍스트의 선택과 특권화 즉 정전화正典化를 추진하여 기억을 유지한다"는 담론적 실천으로서 받아들일 수 있을 것이다.[9]

7   アライダ·アスマン, 安川晴基 訳, 『想起の空間―文化的記憶の形態と変遷』, 2007, p.163.
8   Ibid., p.483.
9   ヤン·アスマン, 高橋慎也·山中奈緒 訳, 「文化的記憶」(訳者解題), 『思想』 1103, 岩波書店, 2016.3, p.30.

3. 모뉴먼트로서의 소녀상

소녀상은 '위안부'의 상징으로서 수요데모가 이루어지는 '상기의 공간' 중심에 위치한다. 기념비는 정동적 기점으로서 존재하는데, 그것은 또한 상기의 '명령'이 대상화된 것으로서도 존재한다.[10]

소녀상은 망각과 상기의 경합 속에 위치하는 집합적 기억의 산물인 것이다. 소녀상의 등장으로 투쟁의 장소가 된 서울 일본대사관 앞은 재문맥화되고 장소 자체가 상기의 주체, 담당자가 되며 인간의 기억을 초월한 기억을 갖게 되었다.[11]

소녀상이 소녀가 된 것은 처음부터 순결성을 내세우고 강제성을 두드러지게 하는 것을 의도했기 때문이 아니었다. 물론 소녀인 것이 이것을 상징적인 모뉴먼트로 밀어 올리는 주원인이라는 것은 부정할 수 없다. 그렇다면 소녀상을 '위안부'의 상징으로 공유하는 모리스 알박스Maurice Halbwachs가 말하는 '기억의 사회적 틀'은 어떻게 형성된 것일까.

소녀상을 제작한 것은 조각가 김운성과 김서경 부부이다. 남편 김운성은 우연히 일본대사관 앞을 지나가다 수요데모에 조우했다. 부부는 2002년에 주한미군 장갑차에 치어 사망한 두 명의 여중생 추도비를 제작한 경력을 가진 사람들이었다. 민중 예술작가로 활동하는 부부는 '위안부' 문제가 여전히 해결되지 않는 것에 마음 아파하여 데모를 주최하는 정대협을 방문해 예술가로서 협력하겠다고 제안했다. 한국 민중 예술

---

10 アライダ・アスマン, op.cit., 2011, pp.40~41.
11 Ibid., p.355.

〈그림 9〉 서울 일본대사관 앞 '평화비'(평화의 소녀상) 저자 촬영

이 한국 현대사의 지배체제 변화에 대한 대중의 저항운동과 밀접하게 관계하고 있는 것에서 본다면[12] '평화의 소녀상'은 새로운 대중적 저항의 부상을 의미한다. 정대협 1,000회째 수요데모를 앞두고 기념비 설치를 기획하고 이들 부부가 제작을 담당하게 된다. 이렇게 만들어진 것이 '평화비' 즉 '평화의 소녀상'이다.

'평화비'가 소녀상이 된 것은 '위안부' 피해자나 지원단체가 상정하고 있었던 것은 아니었다. 김운성·김서경 부부가 의뢰를 받은 것은 '검은 돌에 흰 글씨를 새긴 작은 비석'이었다. '평화비'가 "데모의 세월과 운동가를 현창하는 것"이라는 것은 그것이 '소녀'의 모습인가 아닌가에 상관없다. 어떤 의미에서는 당연한 것이었다. 사회학자 우에노 치즈코上野千鶴子가 말하듯이 '위안부'는 "과거의 범죄가 아니라 가해의 현재"이기 때문이다.[13]

12　古川美佳, 『韓国の民衆芸術－抵抗の美学と思想』, 岩波書店, 2018, p.2.
13　上野千鶴子, 『ナショナリズムとジェンダー』, 青土社, 1998, p.172.

그런데 이 '작은 비석'조차도 설치는 불분명했다. 일본 정부의 압력이 있었고 한국 정부로부터는 보류하라는 요청이 있었다. 기념비를 설치하는 것 자체가 험준한 현실에 직면한 것이다.

그러자 '평화비'에는 압력에 굴하지 않고 일본대사관을 응시하는 강인함이 요구되었다. 그리고 일본을 질책하기에는 '액션이 크다'라던가 '격정적'인 할머니가 적격이라고 생각했다. 그런데 김서경은 잃어버린 할머니들의 소녀시대를 생각하여 '소녀' 모습으로 할 것을 제안한 것이다. '위안부'가 된 것은 '소녀'뿐만이 아니었지만, 이야기를 들려준 '위안부' 피해자의 증언을 참고로 하여 '13~15세'로 연령을 설정한 것이다.

그래도 당초의 소녀상은 주한미군의 장갑차에 치어 사망한 여중생 추도비처럼 데포르메deformer된 어린 모습으로 단아하게 손을 무릎 위에 겹쳐서 내려놓고 작고 조심스럽게 앉아있었다. 복장은 당시의 농촌에서는 일반적이었던 치마저고리로 했다. '위안부'의 상징symbol이라기보다는 마스코트 이미지였다. 그것이 점차 변화하게 된다. 일본에 저항하는 의지를 나타내기 위해 소녀상은 등신대의 리얼한 모습이 되었고, 신체 하나하나에 역사적·정치적 표상이 담지되었다.[14]

소녀상은 소녀·빈 의자·마루 세 부분으로 구성되어 있다. 소녀의 단발 모양은 타의他意에 의해 무리하게 끌려간 것을 의미한다. 주먹은 여성이나 어린이가 전쟁이 없는 평화로운 세상에서 고통을 받지 않도록 하기 위한 의지를 나타내고 있다. '위안부'로 끌려간 다수의 여성이 고향 땅

14　소녀상에 대한 기술은 2016년 2월 22일 삿포로(札幌)에서 개최된 김운성, 김서경 부부의 강연회〈'평화비'가 묻는 것〉및 그 이후 저자에 의한 인터뷰를 근거로 했다.

을 밟지 못하거나 귀향했다고 하더라도 스스로를 말하는 것을 억압받는 고난을 살아온 것에서 발뒤꿈치를 땅에서 조금 띄운 맨발은 제대로 땅을 디딜 수가 없는 것이다. 소녀상의 신체는 소녀들을 '위안부'로 연행한 일본뿐만 아니라 귀국한 이후에도 방치되고 무시받고 멸시해 온 한국사회의 차별의식으로도 향하고 있었다.

어깨에 앉아있는 작은 새는 자유와 평화를 나타내고, 죽은 자와 산 자를 연결하는 영매靈媒적 존재이다. 할머니 모습으로 나타나는 그림자는 고통을 강요받은 어두운 과거를 표현하고 있는데, 그 가슴 깊숙이에는 세상을 뜬 '위안부' 피해자 나비가 되어 새겨져 있다. 소녀 옆의 의자는 죽은 자가 함께 앉고 산자가 소녀의 마음이 되어 일본대사관을 응시하여, 문제가 해결될 때까지 의지를 계속 보여주기 위해 비워두었다.

그렇다고 해도 소녀상은 '소녀'였다. 소녀상은 추상같이 일본을 질책하는 할머니는 아니다. 할머니의 신체는 아직 존재한다. 오히려 분노·애수·불안이 뒤섞인 '소녀'상은 보는 사람에게는 날씨나 시간, 각도에 따라 다채적인 표정을 띠게 하는 아주 우수한 예술작품이다. 그러나 일본대사관 앞의 소녀상은 수요데모의 장소성과 맞물려서 저항성을 보여주게 된다. 그것은 많은 방문자가 소녀를 만지면서 목도리를 매주기도 하고 편지를 놓아두는 상기의 행위와도 연결되고 있다.

근래 역사기술 방법으로서 받아들여지는 집합적 기억론은 '기억의 사회적 틀'에 적합한 것만이 기억되고 그 준거 틀에 접합하지 않은 것을 잊어버리게 된다는 상기 행위의 과거에 대한 능동적·선별적 재구성 작업에 주목한다.[15] 1990년대에 들어서서 모습을 드러낸 '위안부' 문제도 "다양한 사람들 사이에 있는 다름이나 대립의 요소를 망각하고 공통요소를 기억한다는 선별 결과"로 부상되어 전개되어왔다.[16] '위안부'는 한국에 그치지 않고 일본에서도 전개하고 있는 기억 작용과 전쟁을 둘러싼 새로운 트랜스내셔널한 기억의 유산이라는 양 방면을 명확하게 예증하는 것으로서 기억의 경관을 변화시키고 있다.[17]

그런데 '위안부' 문제는 사람들이 알지 못했던 것은 아니다. '위안부' 피해자에 대해서도 군인들은 스스로의 체험을 잊지 않고 있었다.[18] 일본과 한국은 제국과 제국 이후에 있어서 '영웅이야기'의 준거 틀에 적합하지 않은 '위안부'를 기억이 아니라 망각하는 것을 통해 각각 스스로의 독자성과 연속성을 유지해 왔다. 그곳에 '위안부'라는 '사건의 압도적인 힘이 도래'[19]하고, 사람들에게 그 존재를 상기시키게 된 것이다.

'위안부' 피해자의 기억이 이야기되자, 망각은 부서지고 식민지배의 '수치'는 전쟁범죄·인권침해라는 새로운 '기억의 사회적 틀'에 의해 재편되었다. 그리고 지금까지의 집단의 사고 양식이나 자기상自己像이라는 준거 틀을 깨고 '위안부' 피해자가 "과거의 사건을 시간과 공간에서 위치 짓고, 이야기의 구조를 부여하고, 의미를 부여하면서 상기하는" 것을[20] 서울 일본대사관 앞에서 전개했다. 마침내 그곳에는 '과거의 범죄'에 대한

---

15 安川晴基, 「「記憶」と「歴史」—集合的記憶における一つのトポス」, 『芸文研究』 94号, 慶應義塾大学芸文学会, 2008, p.295.

16 石田雄, 『記憶と忘却の政治学—同化政策·戦争責任·集合的記憶』, 明石書店, 2000, p.273.

17 キャロル·ブラック, 梅崎秀 訳, 「記憶の作用—世界の中の「慰安婦」」, 小森陽一ほか 編, 『岩波講座近代日本の文化史8 感情·記憶·戦争—1935~55年』 2, 岩波書店, 2002, p.217.

18 キャロル·ブラック, Ibid., p.217.

19 岡真里, 『思考のフロンティア 記憶/物語』, 岩波書店, 2000, p.8.

망각의 공범자 혹은 '가해의 현재'에 대한 추궁의 방관자라는 것을 거부하는 사람들이 모이게 되었다.

'위안부'가 '과거의 범죄가 아니라 가해의 현재'인 한 소녀상은 '위안부'라는 과거의 단순한 재현일 리는 없었다. '위안부'의 기억은 상기라는 기억의 실천을 통해서 '능동적·선별적으로 재구성'된다. 그 재구성 과정은 일본제국의 식민지배를 겨누고 '과거청산' 내셔널리즘과 공명하면서 한일이 '위안부' 문제를 둘러싸고 격렬하게 대립하는 국면으로 돌진하게 된다. 소녀상은 그러한 기억의 파괴와 망각에 대한 저항으로써 재구축된 집합적 기억의 결정結晶이다.

여기서 중요한 것은 '위안부' 소녀상의 생성과 전개, 확산과 확장이라는 '상기의 공간' 구축 프로세스로부터 정치적·역사적·문화적 의미를 파헤쳐내는 것이다. 그 매커니즘이 밝혀지면 형성 도정에 있는 '상기의 공간'을 국가폭력에 저항하는 시민적 연대를 매개로 국민적 기억의 장소가 트랜스내셔널한 기억에 접속하는 회로가 보이게 될 것이다.

4. 표상을 둘러싼 대립 __『제국의 위안부』의 소녀상 비판을 묻는다

일본군 '위안부' 문제는 일본의 식민지배나 전시동원에 대한 국민적 기억으로서 되살아나고 국제적인 관심 하에서 미해결의 전시 성폭력의

---

20   安川晴基, op.cit., p.298.

과제로 다루어져 왔다. 다만 그것은 '위안부'가 국가에 의한 '공식 기억' 으로서의 지위를 획득했기 때문이 아니다. 오히려 반대로 한국 정부는 '위안부' 피해자의 이의제기를 '한일청구권협정'의 틀에 두고 일본 정부에 문제해결을 위해 협상을 요구하는 책무를 다하지 않았다. 그러한 논리에 파탄을 가져온 것이 2011년 8월에 한국의 헌법재판소가 '위안부' 피해자의 배상청구권 문제를 다루지 않는 한국 정부의 부작위를 위헌이라고 판단한 것이다.[21]

'위안부' 소녀상이 세워진 것은 묘하게도 같은 해였다. 그 이후 12월 18일에 개최된 한일정상회담에서는 '위안부' 의제에 대부분의 시간을 할애했다. 당시 노다 요시히코野田佳彦 수상이 서울 일본대사관 앞에 설치된 '전 종군위안부를 상징하는 소녀상'의 철거를 요구하자 이명박 대통령은 일본 정부의 '성의있는 조치가 없으면 제2, 제3의 소녀상이 세워진다'고 응수했다. 그 이후 한국 정부가 소녀상을 방패로 일본을 압박하는 구도가 전개되는데, 그렇다고 해서 그것이 한국 정부의 '공식 기억'을 나타내는 것은 결코 아니다.

---

21 일본군 '위안부' 피해자는 2006년에 일본 정부에 대한 배상청구가 '한일청구권협정'을 근거로 기각되는 한편, 한국 정부가 일본군 '위안부' 문제는 '이 협정에 의해 해결되지 않았다'는 입장에 있음에도 불구하고, 일본 정부에 해석상의 분쟁을 해결하는 조치를 취할 의무를 이행하지 않는 것은 청구인의 기본권 침해에 해당하고 하여 국가의 불이행 위헌 판단을 요구하는 헌법 청원 심판을 요구했다. 헌법재판소는 2011년 8월에 2008년 이후, 이명박 정부 발족 후 '위안부' 문제해결에 대해 직접적으로 언급하고 있지 않을 뿐만 아니라 문제해결을 위한 별도의 계획도 갖고 있지 않은 것은 행위 의무를 이행하고 있다고 간주할 수 없다고 판단했다(헌법재판소, 2006헌법, 마, 788). 대한민국과 일본국 사이의 재산 및 청구권에 관한 문제해결과 경제협력에 관한 협정의 위헌 확인, 결정문, 2011.9.8.

이러한 구도는 박근혜 정권이 '위안부' 문제에 대해 일본의 성의있는 대응을 한일관계 개선 조건으로 하는 동안에는 유효했다. 한국 정부는 '민간이 자발적으로 설치한 것'이라며 소녀상에 대해서는 적극적인 대응을 취하지 않았다. 그러던 것이 2015년 12월 28일에 전격적으로 발표된 한일 외교장관 합의에 의해 한국 정부의 입장은 다시 흔들리게 된다.

한국 내에서 한일합의에 대한 반발이 고조되자 한국 정부는 '정부가 이렇다저렇다 말할 소재가 아니'라며 종래의 입장을 반복하고, 지원재단 설립과 소녀상 철거를 떼어내는 것으로 나아가게 된다. 양쪽에 긴 상태가 된 한국 정부에 배려하여 일본에서는 소녀상 철거를 합의 이행의 전제로 할 것은 아니라고 하는 의견도 나왔지만, 자민당 내에서는 '10억엔 갹출은 소녀상 철거 이후에'라는 목소리가 뿌리 깊게 존재했다. 일본대사관 앞의 소녀상은 그 존재 자체가 한일의 정치적 거래의 재료가 되었다.

소녀상의 철거가 일본대사관 앞의 경관으로부터 기억의 말소를 도모하는 것이라고 한다면 소녀상의 표상에 대한 공세는 '성성聖性 박탈'^{피에르노라}의 획책인 것이다. 앞서 기술한 것처럼 박유하는 『제국의 위안부』에서 소녀상의 표상을 비판하고 있다. 이 저서가 일본 논단에서 높게 평가받았던 것처럼 그것은 일본군 '위안부'의 '강제성'을 형해화한 '역사적 사실'의 구축에도 영향을 미치고 있다.

기념비는 성노동을 강요당한 위안부이면서 성적 이미지와는 무관계로 보이는 가련한 '소녀'의 모습이다. 즉 대사관 앞에 서 있는 것은 위안부가 된 이후의 실제 위안부라고 하기보다는 위안부가 되기 이전의 모습이다. 혹은 위안부의 평균연령이 25세였다는 자료를 참고로 한다면 실제로 존재한 대다수의 성인 위안부가 아니라 전체 중에서는 소수였다고 생각되는 소녀 위안부만을 대표하는 상像이다.[22]

박유하는 소녀상이 일본제국에 대한 '협력의 기억을 소거하고 저항과 투쟁의 이미지만 표현'한다고 하며 '결과적으로 그곳에는 '조선인 위안부'는 없다'고 단언했다. 그러나 소녀상 그 자체 이미지로서는 저항적이라고 하기보다는 오히려 억제적이라 할 수 있다. 그것은 소녀상이 세워진 장소가 외교공관 앞이라는 것의 제약도 무시할 수 없다. 소녀상은 일본대사관의 '위엄을 침해'하는 일 없이 조용히 전방을 응시하고 있을 뿐이다. 그 꿋꿋한 모습이 소녀상을 '위안부' 피해자의 투쟁의 상징으로 한 요소가 아닌가.

분명히 소녀상의 '상기의 공간'으로서의 상징화 작용에는 앞에서 언급했듯이 이것이 '소녀'라는 것이 결정적인 것이었다. '소녀'가 표상하는 순결성이 '위안부' 동원의 강제성을 흔들림 없는 것으로 하고 그 비참한 과거를 이야기하는 것이다. 이러한 '위안부'의 '소녀' 이미지는 소녀상의 탄생 이전부터 '순결성'의 유무, 즉 '처녀인가 매춘부'인가, '강제인가 자유의사인가'라는 기준에 의해 피해자 측인 여성을 양분하는 인식으로서 일본이나 한국의 페미니즘은 '위안부' 문제를 다루는 방식을 내재적으로 비판해왔다.[23]

---

22   朴裕河, op.cit., p.154.

그리고 일본대사관 앞에 소녀상이 건립되자 박유하는 '대사관 앞의 소녀상은 진짜 '위안부'라고는 말할 수 없다'고 비판했다. 그 근거로서 소녀상이 '한국인이 자신을 중첩시킨 아이덴티티로서 가장 이상적인 모습'을 하고 있다는 점을 들고 있다. '위안부'가 되기 이전의 '소녀'만을 기억하는 소녀상은 '위안부'를 '민족의 딸'이라는 바람직한 모습에 잡아두는 것으로 '저항과 투쟁의 이미지만을 표현하는 소녀상'으로 만들어가는 한국 측의 기억 방식을 엄중하게 묻는 것이었다.

　박유하는 한국의 '반일내셔널리즘'의 과잉이 한일의 역사문제를 뒤틀리게 만들고 있다고 보고 그 해체를 시도하고 있는 것이다. 이러한 전략적 목표로부터 '위안부'를 '식민지의 피해자'가 아니라 빈곤과 가부장제에 의한 일본제국에 동원된 존재, 즉 '제국의 위안부'로서 위치 짓는다. 그러면 '제국'의 일원으로 전쟁의 '협력자', '군수품' 등의 측면을 갖는 '위안부'는 민족적 존재로부터 유리되어 역사화·젠더화·일상화·구조화된다.

　그렇지만 한국에서는 '위안부'의 목소리와 기억이 저항 내셔널리즘에 이끌려 저항의 역사만을 선별적으로 기억하고, 제국 질서에 포섭된 사실을 망각하고 있다고 박유하는 말한다. 그리고 '위안부'의 이미지가 '소녀'로 정착하는데 역할을 다한 것이 일본대사관 앞의 소녀상이라고 말한다. 소녀상은 한일이 '위안부' 문제에서 서로 다가가면서 '화해'를 표현하는데 최대의 장애라고 인식되고 그렇기 때문에 비판의 대상으로 삼아진 것이다.

23　山下英愛, 『ナショナリズムの狭間から─「慰安婦」問題へのもう一つの視座』, 明石書店, 2008, p.139.

‘위안부’ 이미지 차이가 한일의 역사 대화를 막는다고 한다면 ‘위안부’의 다면성과 복합성에 대한 이해는 중요하다. 거기서 소녀로서의 이미지의 전복을 시도한 것도 한국에서의 반일내셔널리즘 비판의 일환으로서 읽을 수 있다.

그렇다고는 하지만 소녀상이 ‘위안부가 된 이후에 실제의 위안부라고 하기보다는 위안부가 되기 이전의 모습’이라고 해도 ‘소녀’로서의 이야기를 해체하는 것이 ‘위안부’의 중층적 이미지로 연결되지는 않을 것이다. ‘위안부’가 되기 이전과 이후는 피해자의 인생의 결정적인 분절인데, 소녀상의 ‘형상’과 ‘그림자’가 그것을 접합한다. ‘위안부’ 피해자의 고난의 과거만이 아니라 인내의 세월과도 마주하고 그 명예를 위한 투쟁에 관여함으로써 망각에 저항하고 그것을 집합적 기억 속에 넣는 것으로 생겨난 것이 평화비 = 소녀상인 것이다.

소녀상 이야기가 무엇을 은폐하고 무엇을 배제하고 있는가를 밝히는 것은 그것을 구동하는 내적 동력과 확충하는 추진력의 조합을 해독하지 않으면 공허한 것이 된다. 중요한 것은 소녀상을 한국의 저항 내셔널리즘의 화신으로서 완결시키기보다도 얀 아스만이 말하듯이 집합적인 상기의 현상의 정치적 의미에 눈을 돌려 ‘망각에 저항하여 작용하는 고정화 매커니즘을 해명’하는 것이 중요하다.[24]

박유하는 ‘식민지지배와 기억의 투쟁’이라고 부제목을 붙인『제국의 위안부』속에서 ‘풍화하는 기억’, ‘기억의 선택’, ‘기억의 투쟁’, ‘재생산되는 기억’, ‘공적 기억’ 등 ‘기억’을 많이 사용하고 있다. 이 저서가 기억론을 염두에 두고 있는 것을 엿볼 수 있다. 그러나 박유하의 논의는 근래 역사학에서도 중시되고 있는 기억론을 인지하고 있다고 생각되지 않는다. 집합적 기억론은 '기억의 사회적 틀'에 적합한 기억만을 능동적·선별적으로 상기하는 행위의 프로세스를 인정한다. 과거가 '능동적·선별적으로 재구성'된 것 자체는 전제조건이기 때문에 그것을 비판하는 것은 전혀 의미를 갖지 못한다.

따라서 '기억'이라는 개념에서는 '무엇이'가 아니라 '어떻게'가 중요하고, 상기되는 과거가 아니라 상기의 행위가 수행되는 현재에 관심이 향하게 된다. 즉 과거가 실제로 어떠했는가 혹은 어떠해야 했는가가 아니라 어떠한 과거가 그때그때의 현재에 있어서 누구에 의해 어떻게 그리고 왜 상기되는가, 누구의 과거의 버전이 기록되고 전달되었는가, 혹은 잊혀졌는가라는 것이 중요한 것이다.[25] 그런데 박유하는 '평화의 소녀상'을 '능동적·선별적으로 재구성'된 한국의 내셔널리즘의 필연적 귀결이라고 보고 존재해야 할 모습으로서의 옳고 그름에서 평화가 아니라 불화만을 만들어내는 '원한의 기억'이라고 단죄한다.[26]

박유하는 '위안부' 피해자의 증언이 달라지는 것에 대해서 이것이 피해자 이야기만이 유통하는 것에 영향을 받은 결과라고 하고, '능동적·선별적으로 재구성'된 '위안부' 피해자의 자기표상으로 '비난'의 창끝을 돌린다. 그러자 그 창끝은 '순수한 피해기억만을 남기려고 한다'는 욕

---

24 岩崎稔,「ヤン・アスマンの《文化的記憶》1」,『未来』, 未来社, 1998.5, p.23.
25 安川晴基,「文化的記憶のコンセプトについて―訳者あとがきに代えて」, アライダ・ヤスマン, op.cit., 2007, p.560.
26 朴裕河, op.cit., p.172.

망 = 민족 담론으로 향하게 된다.[27] 더 나아가 '비난'해야 할 대상은 민족 담론이라는 '욕망'보다도 그것을 배태시킨 과거와 미래의 구조에 다다르게 되는데 그 구조야말로 한국의 '반일내셔널리즘'인 것이다.

이처럼 박유하가 『제국의 위안부』에서 전개한 기억이 구축주의적인 것이 아니라 한국의 '반일내셔널리즘' 비판이라는 목적론으로 수렴하기 때문에 소녀상이라는 '상기의 공간'이 형성되는 과정이나 그곳에 작용하는 여러 힘들의 공방은 사각 속에 놓이거나 의도적으로 무시된다. 따라서 일본군 '위안부'를 둘러싼 한국의 '공적 기억'도 저항 내셔널리즘에 인도되어 예정조화적으로 생겨난 것에 지나지 않게 된다.

박유하의 논의에서는 역사학자 존 에드워드 보도나John Edward Bodnar가 미국이 베트남 전몰자 기념비를 둘러싼 기억의 폴리틱스를 통해 보여준 '공적 기억'을 구성하는 '공식 기억'과 '개별민중적인 기억' 사이의 긴장 관계는 보이지 않는다. 공식문화의 기억이 국가라는 커다란 정치조직에의 충성심을 자극한다고 한다면 개별민중적인 문화의 기억은 가장 가깝고 작은 단위나 장소의 피부감각으로부터 대항하여 스스로의 권리를 옹호한다.[28] 결국 '엘리트의 역사관과 개별민중적인 가치와의 대화, 혹은 투쟁의 장소이고 타협의 장소'이기도 한 소녀상이라는 모뉴먼트의 다성적인 성질은 잃어버리게 된다.[29]

무엇보다 개별민중적인 레벨에서의 기억이 존재하는 한, 공식문화의

---

27   Ibid., pp.158~161.

28   ジョン・ボドナー, 野村達郎ほか 訳, 『鎮魂と祝祭のアメリカ―歴史の記憶と愛国主義』, 青木書店, 1997.

손에 의해 기억이 다시 해석될 가능성은 항상 존재한다. 그러나 '공적 기억'은 여러 시점의 담론이나 표상에서 성립되고 있어 어떤 한 사람이 일방적으로 조작할 수는 없다.[30] 그런데 『제국의 위안부』에서는 '위안부'의 '공적 기억'은 공식 기억과 개별민중적 기억이 일체화하여 '반일내셔널리즘'에 완전하게 휘말려 들어간 것이다. 역사에 대한 물음이 기억이라는 말로 이야기될 때 연구자들은 역사적 지知의 내용만이 아니라 그러한 지에 접근하는 과정도 묻지 않으면 안 되는데,[31] 이 책에서 그 과정은 '반일내셔널리즘'으로 치부되어 버린다.

소녀상도 공식 기억과 개별민중적인 기억의 대항과 타협의 산물일 것이다. 앞서 기술한 것처럼 소녀상의 생성과정에는 한국 헌법재판소가 '위안부' 피해자의 배상청구권 문제로 다루지 않는 한국 정부의 부작위를 위헌이라고 판단했듯이, 그 이면에는 기억의 '대항'에서 '타협'으로의 전환이 있었다. 그리고 '위안부' 문제를 둘러싼 한일의 대립이 재연함으로써, '작은 비석'은 '작은 소녀상'으로 변하고, 더 나아가 '등신대 소녀상'으로 정립되어 갔다. '작은 비석'이나 '작은 소녀상'이었다면 이 '평화비'가 각 지역에 확산하고 철거를 요구받거나 괴롭힘의 표적이 되지는 않았을지 모른다.

그 관계가 '우연'이라고 하더라도 '소녀'이기 때문에 소녀상의 가치가 없는 것이 된다면 그것은 식민지배를 받는 나라의 여성이기에 피해를 입지 않을 수 없었던 '조선인 위안부'의 특성을 매장해 버릴 위험이 있다.[31]

---

29 栗津賢太, 「集合的記憶のポリティックス―沖縄におけるアジア太平洋戦争の戦没者記念施設を中心に」, 国立歴史民俗博物館, 『国立歴史民俗博物館研究報告』126集, 2006, p.91.

30 ジョン・ボドナー, op.cit., pp.35~36.

31 일본 정부와 군은 조선, 타이완에서 여성의 징집에는 국제법에 아무런 제한은 없다고

'제국의 위안부'란 그 특성을 바꿔 읽기 위한 장치인데, 애초에 소녀상은 '역사적 사실'로서가 아니라 '사회적 기억'으로서만 있을 수 있는 장소를 부여받고 있는 것이 아니다.

　박유하는 '위안부의 평균연령이 25세였다는 자료'를 내세우며 소녀상이 실태에 맞지 않는다고 한다.[33] 그 자료란 당시 미얀마의 미치나Myit-kyina에서 포로가 된 조선인 '위안부' 20명의 기록이다. 이는 미국 전시정보국 심리작전반의 「일본인포로심문보고」제45호에 의한 자료이다. 그런데 '위안부의 평균연령이 25세'라고 하는 것에 대해서는 징집 당시와 포로가 되어 조사를 받던 시기의 시간차를 고려하지 않고 있었다고 지적된다. 그 20명 중에 12명이 미성년이었다는 점도 외면하고 있다.[34]

　'위안부' 문제가 부상하는 1990년대 초기 시점에서 이름을 밝히는 것이 가능한 '위안부' 피해자의 연령을 감안한다고 하더라도 피해자의 대부분이 10대에 연행된 것은 그 증언기록에서 확인 가능하다.[35] 모든 '위안부'가 '소녀'는 아니지만, 그곳에는 많은 '소녀'가 포함되어 있었던 것은 틀림없는 일이다.

인식하고, 특히 조선반도를 '위안부'의 공급원으로 했다. 그 인종차별, 민족차별 구조에 대해서는 吉見義明, 『従軍慰安婦』, 岩波書店, 1995, pp.161~166.

32　米山リサ, 小沢弘明・小澤祥子・小田島勝浩 訳, 『広島ー記憶のポリティックス』, 岩波書店, 2005, p.36.

33　朴裕河, op.cit., p.153.

34　金富子, 板垣竜太, 日本軍「慰安婦」問題webサイト制作委員会 編, 『Q&A朝鮮人「慰安婦」と植民地支配責任ーあなたの疑問に答えます』, 御茶の水書房, 2015, p.48.

35　リサーチ・アクション 編, 西野美・金富子・小野沢あかね責任編集, 『「慰安婦」バッシングを越えてー「河野談話」と日本の責任』, 大月書店, 2013; 鄭栄垣, 『忘却のための「和解」ー『帝国の慰安婦』と日本の責任』, 世織書房, 2016, pp.43~47.

5. 모뉴먼트 확산과 표상의 확장

'위안부'가 '소녀'로서 '능동적·선별적으로' 표상되고 기억되는 것을 문제 삼는다면 일본대사관 앞의 소녀상이 아니라 각지에 이 소녀상을 답습하는 '평화비'가 경쟁하듯이 건립되는 것에 눈을 돌리는 것이 가능하다. 2016년에 한국 국내에 33개소에 설치된 '위안부' 비나 소녀상은 2021년 말에는 144개소로 증가하고 현재도 늘어나고 있다. 더 나아가 미국, 캐나다, 오스트레일리아, 독일 등 국외에도 설치된 소녀상은 철거된 것을 제외하고도 16곳에 이른다.

각 지역의 시민단체나 학생 그룹이 그들 지역에서 '위안부' 문제 해결을 향해 목소리를 내고 '평화비'를 설치하고 있는데 그 대부분은 일본대사관 앞의 소녀상과 동일한 것이던가 거기서 파생된 것들이다. 그런데 소녀상 건립이 지역민의 총의總意에 근거하지 않고 유지有志에 의해 경쟁적으로 진행된 것에서 설치장소를 둘러싸고 주민들끼리 알력이 생기기도 하고, 동일 지역에 각각 다른 두 개의 모뉴먼트가 세워지기도 하여 물의를 일으키는 경우도 있다.

또한, 외부로 눈을 돌려보면 미국에서는 일본군 '위안부'에 관한 광고전을 전개하고 소녀상을 각 지역에 설치하는 등 소녀상을 확장하고 혹은 그것을 멈추게 하려는 한일 시민 그룹이 미국을 '기억을 둘러싼 투쟁의 장'으로 삼아 로비 활동을 전개하고 있다. 미국 샌프란시스코시의 공유지에 설치된 '위안부' 상을 둘러싸고 오사카시가 샌프란시스코시와의 자매도시 관계를 끊은 일은 기억이 새롭다. 이 '위안부' 상은 한반도, 중국,

필리핀 출신의 '위안부' 소녀 3명이 손을 잡는 모습을 김학순이 지켜보는 작품으로, 2017년 9월 22일에 제막식이 열렸다. 다만 이러한 '일본의 '인도에 대한 죄'의 미국화'는, 미국을 세계평화와 인도에 있어서 청렴결백한 관리인으로 내세우는 것이기도 하다.[36]

2020년 9월에 독일 수도인 베를린시 미테^{Mitte}구의 공유지에 설치된 소녀상에 대해서도 외무장관 회의에서 일본 정부는 그것을 철거하도록 독일에 요청했다. 한번은 철거명령이 내려지기는 했지만, 시민 그룹의 반발로 오히려 존속이 1년간 연장되었다. 더 나아가 미테구 의회에서는 소녀상 보존을 위한 결의안이 가결되고 영속적인 설치를 인정하는 방향으로 기울어졌다.

일본대사관 앞의 소녀상이 한일 '위안부' 문제를 둘러싼 대립에서 나온 것처럼 그 이후 각 지역에 소녀상 건립이 계속되는 것은 점점 격해지는 한일 간이 역사문제, 더 나아가서는 영토문제의 대립에 촉발되어서이다. 여기서 일본대사관 앞이라는 장소성이 사상捨象된 소녀상이 그 모습대로 확산해 가는 현상은 후술하듯이 소녀상이 '정전화正典化'되어 특유의 위치를 차지하고 있는 것과 무관하지 않다.

'상기의 공간'으로서 소녀상은 항상 앉아있는 것만은 아니다. 거제나 해남 지역의 소녀상은 서 있으며 김학순을 모델로 한 고양시의 국립여성사전시관 소녀상은 처음부터 '소녀'가 아니다. 그림자 부분이 '소녀'이다. 대학생이 주도한 이화여자대학 앞의 소녀상은 나비의 날개를 펼치고 날

---

36   リサ・ヨネヤマ, 水溜真由美 訳, 「「ポスト冷戦」と日本の「人道に対する罪」のアメリカ化」, 『現代思想』, 青土社, 2002年7月号, p.124.

아오르려고 하고 있으며, 마찬가지로 고등학생들에 의한 프란체스코 성당서울 앞의 일어선 소녀상의 손끝에는 나비가 앉아있다. 서울 성북구의 소녀상은 '중국인 위안부' 소녀상과 함께 나란히 있다.

이들은 모두 일본대사관 앞 소녀상을 답습하고 있는데 근래에는 최초 소녀상으로부터의 탈각도 보인다. 창원에 있는 소녀상은 기존의 소녀상는 전혀 다르게 그 표정이나 자세는 강렬한 의지를 내뿜고 있다. 한편 군위의 소녀상은 손을 모아 기도하고 있으며, 광주는 하늘을 바라보는 '희구希求'의 소녀상이다. 일본대사관 앞이라는 장소성으로부터 떨어져나온 이들 지역의 소녀상은 적극적으로 앞으로 향하려는 지역 주민들의 바람을 담아 일어서 있는 것이다. 이들 소녀상도 치마저고리 모습인 것은 변함이 없는데 소녀상의 인물상이나 콘셉트도 다양화하고 있다.

표상 레벨에서의 '위안부=소녀' 이미지는 한국의 민족 담론에 의해서만 구축되고 소녀상 건립에 의해서만 고정된 것은 아니다. 그 이미지는 '위안부' 피해자들의 기억의 투영이기도 하다. 이러한 기억이 피해자가 '인권운동가'로 변해가는 과정에서 선별되고 첨예화된 것이라고 해도 피해자 스스로가 직접 표현한 '기억'의 의미는 매우 무겁다. '위안부' 피해자는 말로 표현할 수 없는 '기억'을 그림으로 표현했다.

'위안부' 피해자들이 공동으로 생활하는 나눔의 집에서는 피해자들에게 치유요법의 일환으로 미술을 활용한 적도 있는데, 할머니들은 여러 그림 작품을 남겼다. 작품은 연행될 때의 상황이나 위안소에서의 있었던 사건을 그렸고, 당시를 상기할 때 심리상태를 나타내고 있으며, '위안부'가 되기 이전이든 이후이든 '소녀'들은 치마저고리 모습이던가 능욕을 당하는 벌거벗은 신체의 그림이다. 여성이 군인의 손에 끌려가는 김순덕의 〈강제연행〉, 위안소의 풍경을 그린 강덕경의 〈라바울Rabaul 위안소〉, '위안부' 할머니들이 일본군에 학살되는 강일출의 〈불에 탄 소녀들〉도 여성들은 치마저고리를 입고 있다.[37]

이러한 '위안부' 피해자의 자기 표상이 그 이후 '위안부' 문제를 그린 만화, 애니메이션, 드라마, 영화 등에 영향을 주고 있다. 실제 2016년에 개봉되어 호평을 얻은 〈귀향鬼鄕〉은 조정래 감독이 나눔의 집에서 '위안부' 피해자들의 작품을 직접 본 것이 계기가 되어 제작되었다고 한다. 이 작품도 그렇지만, 〈귀향〉과는 반대로 거의 주목을 받지 못한 〈마지막 위안부〉임선 감독, 2015도 '실화'를 바탕으로 하고 있으며, 따라서 연행 당시나 위안소 묘사에는 공통의 요소가 적지 않다.

애니메이션 작품인 〈소녀이야기〉김준기 감독, 2011는 '위안부' 피해자를 모델로 하고 한국 여성가족부가 기획한 〈끝나지 않은 이야기〉2014도 증언에 근거하고 있다. 근래 이러한 영상작품은 '위안부' 피해자의 체험이나 증언을 재구성한 것이 많다. 한편 2015년에 방영된 KBS 2부작 드라마 〈눈길〉극장판 공개는 2017년은 드라마 작가의 오리지널 시나리오에 의한 것인데, 여기서도 두 명의 '소녀'가 주인공이다.

'위안부'에 관한 영상, 예술작품의 대부분은 피해자의 실제 체험에 근거하고 있는데, 일본대사관 앞의 소녀상도 이러한 표현행위의 흐름 속에

---

37   ハルモニの絵画展実行委員会編集, 日野詢城, 都築勤, 『ハルモニの絵画展—一万五〇〇〇の
      出会い』, 梨の木舎, 1999. 다만 강덕경의 〈라바울 위안소〉는 치마저고리 모습과 그렇지
      않은 것 두 가지 버전이 있다.

위치 짓지 못할 것은 없다. 원래 소녀상이 '소녀'를 모티브로 하여 제작된 것은 김운성, 김서경 부부의 예술작품으로서 인정되는 창작행위의 범주에 있었다. 거기에는 '위안부'의 표상불가능성과 회복 불가능성을 넘어 그 인생에 있을 곳을 부여한다는 제작자의 고뇌도 들어있는 것이다.

그런데 박유하는 '소녀상이 치마저고리를 입고 있는 것도 리얼리티의 표현이라기보다는 위안부를 존재해야 할 '민족의 딸'로 만들기 위한 것이었다'고 말한다. 마찬가지로 '위안부' 피해자의 작품에서 치마저고리를 입고 있는 위안소의 '소녀'가 실태에 맞지 않는다고 말한다면 그것은 '역사적 사실'의 검증으로서는 어떠하든 그림으로 승화된 기억의 파괴가 되는 것이다.

이러한 기억의 파괴에 경종을 울리는 철학자 노에 게이치野家啓一의 말은 아주 명료하다. "문학작품과는 달리 역사적 증언은 그 증언자가 계속 살아있는 한 그의 의도에서 떼어낼 수 없는 것이다. 그는 언제든 역사가의 역사서술에 대해 절대적인 '불가'를 들이대는 권리를 보류하고 있기 때문이다. 그렇기 때문에 증언자가 생존하고 있는 동안에는 역사가는 그 서술을 완결할 수 없다. 아니 시작하는 것조차 불가능하다."[38] 노에 게이치의 말을 그대로 받아들이면 『제국의 위안부』에 대한 '위안부' 피해자들의 제소는[39] 박유하가 기존의 '위안부'의 이미지와는 다른 이야기를 서술

---

38 野家啓一, 「記憶と歴史 4 証言者の死」, 『へるめす』, 岩波書店, 1995年 11月号, p.172.
39 한국에서는 '위안부' 피해자들이 2014년 6월, 명예를 훼손당했다고 하여 서울동부지방법원에 『제국의 위안부』에 대한 출판, 판매 등의 정지 가처분을 청구했다. 재판에서는 2015년 2월, 원고의 주장을 일부 인정하여 애국적 존재, 동지적 관계 등 세 곳을 삭제하고 판매하는 것으로 판결을 내렸다. 더 나아가 2016년 1월에 내린 손해배상소송의 1심

한 것에 들이댄 '불가'라고 말할 수 있다. '위안부' 피해자가 생존하고 있는 한 그 이야기는 아직 완결되지 않은 것이다. 그것과 다른 이야기는 시작되지도 않았다.

사실 처음에 소녀상이 건립된 것은 일본대사관 앞이 아니다. 그것보다 앞서서 '위안부' 피해자들의 공동생활 시설인 나눔의 집에 소녀상이 세워져 있었다. 2011년 8월 영면한 '위안부' 피해자 할머니들 한 사람 한 사람의 흉상이 설치되었을 때 배후에서 그들을 바라보듯이 '위안부' 피해자의 소녀시기를 추상화한 소녀상이 건립되었다. '위안부' 피해자의 흉상과 함께 있는 것으로 소녀상은 저항성은 없고 일부러 그것을 보여줄 필요도 없었다.

그러나 이 경우도 소녀상은 '소녀'였다. 나눔의 집에는 흉상이나 소녀상 이외에도 '연옥의 늪'에 빠진 '할머니' 모습의 모뉴먼트가 놓여져 있다. 박유하가 인정하는 '소녀'가 아닌 '위안부' 상이다. 그래도 박유하에게는 단아한 기모노 모습의 '일본 여성'을 체현하는 '위안부'가 아닌 한, 거기에 '조선인 위안부'는 존재하지 않는 것이다.

판결에서는 9인의 원고에 대해 한 사람당 천 만원 합계 9천만 원을 지불할 것을 명령했다. 한편 저자는 2015년 11월에 '위안부' 피해자의 명예를 훼손했다는 이유로 형사 사건으로도 재택 기소되었다. 2017년 1월 1심판결에서 무죄가 선언되었지만 같은 해 12월 공소심에서는 벌금 천만 원의 유죄 판결을 선고받았고 현재는 상고(上告) 심리중이다.

6. 정전화하는 소녀상

지금 한국에서는 '평화비'나 영상작품에 그치지 않고 각종 예술작품이나 전시회, 그리고 연극이나 퍼포먼스 등 여러 가지 장르를 통해 일본군 '위안부'의 기억을 계승하고 있다. 소녀상의 형상은 다양해지고 있는데 여기에서도 소녀상을 모티브로 한 작품이나 퍼포먼스가 자주 보이듯이 그 중심에는 특유의 지위를 확립한 주한일본대사관 앞의 초대 소녀상이 위치하고 있다.

얀 아스만은 집합적 기억의 구성요소로서 자신이 살고 있는 생의 구체적인 관련 속에서의 기억='소통적 기억'과 체험당사자 세대의 죽음과 생을 과경跨境해 현재의 요구를 정당화하는 기억 = '문화적 기억'을 대치시켰다. '문화적 기억'은 상기의 문화적 장치를 낳는 것으로 항상 죽은 자의 기억의 문제와 관련되게 된다.[40]

따라서 "불가피적으로 희미해져 가는 과거의 흔적을 모든 수단을 통해 고정화하고 보존하는 것에 대한 생기있는 관심이 존재할 경우에 반복해서 새로운 재구성이 이루어지는 것이 아니라 고정적인 전승이 성립한다. 이것이 소통적 생활 관계로부터 분리되고 정전화된 공동 기억의 내용이 된다".[41] 이러한 망각에 저항하여 작용하는 고정화 매커니즘에 휘말려 들어가듯이 하여 소녀상도 '문화적 기억'으로서 한국 사람들을 움직이고 일본군 '위안부'라는 과거의 기초를 다지고 있다.

---

40 岩崎稔, op.cit., p.21.

41 Ibid., p.22.

'문화적 기억'은 무언가의 가치관에 의해 구조를 부여받으며 집단에 게는 규범적인 의미를 산출하는 것으로 구속력을 갖는다. 소녀상은 한국 사회에 있어서 일본군 '위안부'를 둘러싸고 자기상을 고정시키고 전달하 는 텍스트이고, 이미지이며, 의례인 것이다. 이 경우 과거 표상은 허구인 가 역사적 사실인가에 상관없이 '신화'가 되고, 그 이야기의 힘은 상기의 공동체에 집단의 자기 이미지를 기초 짓고 방향성을 부여하고, 미래 행 위에 목표와 근거를 부여한다.[42]

단, 언뜻 보기에 '정전화'한 듯한 소녀상이라도 그 이야기는 아직 끝 나지 않았다. 체험자의 '생물학적 죽음'이 직접적으로는 그 사태를 경험 하지 못한 사람에게 있어서 어떻게 그 집합적 기억을 이해하고 유지하는 가라는 문제에 지금 말 그대로 직면하고 있다.[43] '위안부' 문제는 기억과 역사, 상기와 망각이 교착交錯하는 지점에 있으며 그 문화적·예술적 양식 의 확장은 현재진행중에 있다.

예를 들면 혁신계의 예술단체인 민족예술인협회 서울지부가 매년 주 최하는 '우리들의 시대의 리얼리즘전'은 2013년 제4회에서 정대협·나 눔의 집 등 관련 단체와의 공동기획으로 '일본군 '위안부'와 조선 소녀들' 을 테마로 하여 개최되었다. 회화·조각·영상·오브제·퍼포먼스 등 출품 된 200여 점의 작품은 '위안부'의 표상이 이미 '소녀'로만 수렴되지 않는 것을 보여주었다. 초대 소녀상은 '위안부'의 표상에 있어서 하나의 텍스

---

42 安川晴基,「文化的記憶のコンセプトについて」, 2007, アスマン, op.cit., アライダ·, pp.564~565.

43 岩崎稔,「ヤン·アスマンの《文化的記憶》1」, op.cit., p.24.

트로서 도입되고 모방되고 해석되고 있는 것이다.

다른 한편에서는 이러한 예술 부문에서 '위안부' 표상의 확장은, '위안부' 문제를 둘러싼 한일의 대립 속에서 활성화되어 온 것이기에 일본에 대한 강력한 메시지를 동반하는 것도 있다. 그 경우 '위안부' 표상의 전개는 한일 역사문제나 영토문제, 더 나아가 국내의 현실정치와도 뒤엉키게 된다.

'위안부' 문제의 해결을 둘러싼 투쟁 무대가 된 서울 일본대사관 앞에는 '위안부' 문제 이외에도 다른 역사문제나 영토문제와 관련한 현수막이 내걸리는 것이 드문 일도 아니다. 일본의 '다케시마竹島의 날'에 대항하는 집회가 소녀상이라는 '상기의 공간'에서 이루어지는 것이다. 역사문제의 근저에는 식민지배에 대한 철저하지 못한 '과거청산'이 그림자를 드리우고 있으며, 일본 정부에 대한 사죄와 보상요구는 그것을 선도하는 '위안부' 문제에 편승하는 것으로 상승효과를 발휘하고 있다.

일본대사관 앞뿐만이 아니다. 각지에 설치된 소녀상 건립도 그 동기는 '위안부'의 '상기의 공간'의 범주를 넘으려 하고 있다. 진주에서는 2016년 2월 22일에 시민단체가 기자회견을 열고 강덕경 등, 이 지역 출신 '위안부' 피해자가 있는데도 불구하고 지금까지 기념비가 없었다는 것을 지적하고 소녀상을 설치할 것을 표명했다. 회견에서는 '위안부' 문제에 대한 '12·28한일합의'를 비판함과 동시에 임진왜란까지 거슬러 올라가 항일 전통을 강조하는 것으로 소녀상 건립의 의의를 어필했다.[44]

---

44 기자회견에서는 더 나아가 "진주는 항일의 역사가 남강과 함께 면면히 흐르고 있는 고장이다. 왜적의 침략에 맞서 7만 민관군이 장렬히 산화한 역사, 민족반역자 이지용을 꾸

근래 3·1독립운동 기념일 관련 행사에서는 각 지역에서 당시 궐기를 재현하는 퍼포먼스가 종종 펼쳐진다. 이러한 '역사 연출'은 식민지배를 '굴욕의 역사'가 아니라 '저항의 시대'로서 능동적·선별적으로 기억하는 내셔널 아이덴티티 구축과 계승의 실천이다. 단, 일반 시민이 참가하는 '대한 독립 만세' 라이브 퍼포먼스는, 마지막에 일본 헌병과 조선 민중이 기념 촬영하는 축제로서 펼쳐진다.

이러한 기념행사에 '위안부' 소녀상의 '소녀'가 등장하면 축제는 한순간에 비장감으로 휩싸인다. 3·1독립운동 발상지가 한국 사람들에게 '굴욕'이든 '저항'이든 의미작용을 하는 것은 지금은 무균화無菌化된 식민지 시대의 '역사 연출'이다. 소녀상은 그러한 퍼포먼스에 리얼리티를 가미하고 현실의 역사적 쟁점에 눈을 돌리게 한다.

이제 '반일'을 인도하는 것은 '역사의 장소'가 아니라 '상기의 공간'이다. 여기서 말하는 '반일'이란 식민지배에 대한 역사적 감정에 발단하면서도 제2차 세계대전 후의 국제질서와 한일의 정치적·경제적 유착 속에서 해결되지 못한 탈식민지화의 과제가 냉전구조의 흔들림에 동반한 민주주의의 정착과 '기억의 글로벌화'에 의해 전후보상문제로서 부상하고 한국사회의 '친일청산'과 '과거의 극복'을 목표로 하는 이념과 행동을 가리킨다.

일본대사관 앞 소녀상은 '상기'와 '망각'이 길항하는 '상기의 공간'으로서 현실정치와 밀접하게 뒤엉키면서 2015년 말 한일합의에 이의를 제

_____

젖은 진주기생 산홍의 기개가 남아있으며, 친일화가 김은호의 논개 영정을 폐출시킨 고장"이라는 것을 어필했다.『오마이뉴스』, 2016.2.22.

기하는 사람들을 가까이로 끌어당기고 있다. 수요데모에 참가하여 소녀상을 지키는 것이 '성지순례'가 되고 그것이 집합적 아이덴티티의 확인과 재구축 프로세스가 된다.

그렇다고 하면 소녀상은 '위안부' 문제의 심벌에 그치지 않고 3·1독립운동 발상지 탑골공원이나 서대문형무소역사관이라는 '역사의 장소'를 능가하는 '반일'의 거점으로 위치 지워지는 것을 보여준다. 여기서는 기타 역사문제나 영토문제가 하나의 묶음이 되어 인권이나 역사에 대해서 숙려가 아니라 과거에 식민지였다는 관념 속에서 정당화된 반일감정, 즉 '관념적 반일'의 무대가 된다.

그렇다면 소녀상은 스스로를 둘러싼 민족·젠더·계급의 모든 차원이 뒤엉킨 정치성과 마주하며, '반일' 거점에 그치지않고 글로벌 정의로부터 접근하는 트랜스내셔널한 기억의 지평을 여는 것이 가능할까. 이러한 물음이 요구되는 것은 과거가 '능동적·선별적으로 재구성'된다는 기억론의 방법을 수용하여 아이덴티티의 재구축을 추인하는 것만으로는 기억의 내셔널한 작용에 개입하여 트랜스내셔널한 기억으로 연결하는 길이 보이지 않게 되기 때문이다.

7. 동아시아의 트랜스내셔널한 '상기의 공간'

소녀상은 새로운 '영웅이야기'의 아이콘으로서 '국민적 건조물'이 되었는가. 모뉴먼트로서의 소녀상은 각지에 확산하고, 표상으로서의 소녀상은 표상의 영역을 확장하여 공적 기억의 원천이 된다. 더 나아가 소녀상은 역사·영토문제의 타 부문을 끌어당겨 '정전화'한다.

그곳에는 요네야마 리사^{Yoneyama Lisa}가 이야기하듯이 묻혀있던 과거를 상기할 때 어쩔 수 없이 동반되는 기억의 폴리틱스의 위험성도 존재한다. 겨우 어둠에서 회복한 지식이 조명되어 주체적 위치를 부여받은 것에 의해 다시 종속화되어 간다면[45] '정전화'한 소녀상의 의미, 기호, 표상이 상기하는 내셔널한 서사에 대한 효용을 비판적으로 검토하는 시점은 필요하다.

실제로 2016년 3월 19일에는 '소녀상' 현상을 둘러싼 토론회 '소녀상의 예술학'이 개최되고, 미술비평, 미학, 젠더 연구, 문화연구 전문가가 모여 그 정치적·사회적·예술적 의미에 대해 토론을 벌였다.[46] 토론자로 참가한 디자인 평론가인 최범은 소녀상이 '순수한 피해자와 악마와 같은 가해자 양쪽을 표상하'는 국가주의적인 예술이 아닌가라며 그 '극단적 이분법 세계'를 비판하고, 예술작품이라고 한다면 그것을 초월하는 태도와 비전이 필요하다고 지적했다.

그것에 대해 제작자 중 한 사람인 김운성은 소녀상에 대해서 일본을 응징하는 요소는 없고 아픔만을 나타내고 있으며 '이분법'을 넘는 노력의 산물이라는 것을 강조했다. 소녀상을 둘러싼 각 영역의 담론들이 교차하면서 그 다양한 의미를 읽어내려는 것으로 '국가주의적인 예술'이라

---

45 ヨネヤマ・リサ,「記憶の未来化について」, 小森陽一·高橋哲哉,『ナショナルヒストリーを超えて』, 東京大学出版会, 1998, p.237

46 안태호 외,「[토론회] 소녀상의 예술학 — '평화의 소녀상'을 둘러싼 정치·사회·예술적 의미」,『문화+서울』, 서울문화재단, 2016.4.

고 한 지적에 답하는 진지한 토론의 장이 성립되었다.

그렇지만 한일의 '화해'를 방패로 "성노예 이외의 기억을 억압하면서 위안부 자신의 살아온 기억보다 이상화된 '식민지의 기억'을 그녀들은 대표하고 있다"[47]고 하여 '영웅이야기'에 잠재된 내셔널리즘을 폭로하는 것만으로는 트랜스내셔널한 기억은 생성될 수 없다. 한일 간의 '화해'가 급선무라고 하더라도 그것이 "과거에 대해 어느 하나의 해석의 진실성을 입증 또는 부인할 수 있는 초월적 위치"에 있지는 않을 것이다.[48]

오히려 소녀상은 단순히 '반일'의 거점이나 국가 간의 대립적 산물이 아니라 식민주의와 전시 성폭력에 저항하는 시민적 연대의 십자로에 서 있다. 그렇기 때문에 원 '일본군' '위안부'의 실천은 주한미군 기지 주변에 조성된 '기지촌'에서 국가관리 하에서 인권을 착취당한 '미군 위안부' 여성의 저항 행동을 촉진한 것이다.[49] 그것은 '위안부' 피해자들이 스스로의 이야기에 대해 실체화·고정화를 거부하고 이야기를 계속해서 만들어가는 것에서도 확인이 가능할 것이다. '나비기금'도 그러한 실천으로서 운영되고 있다.

---

47 朴裕河, op.cit., p.152

48 米山リサ, op.cit., p.38.

49 '미군 위안부'였던 122명은 2014년 6월 25일 한국 내 기지촌 미군 '위안부' 국가 손해배상 청구 소송을 일으켰다. 2017년 1월 20일 서울 중앙지방재판소 1심판결은 성병에 감염된 여성을 강제적으로 격리수용한 것에 대해서는 명백한 위법행위라고 인정하기는 했지만, 국가가 성매매를 조장하고 경찰이나 공무원이 중개업자와 유착하는 것을 방치했다는 원고의 주장은 인정하지 않았다. 2018년 2월 8일 서울고등법원 공소심 판결에서는 국가가 기지촌 운영 주체가 되고 원고의 인격권과 인간으로서의 존엄을 침해한 것을 인정하고 위자료 지불을 명했다.

일본군 '위안부' 피해자 및 지원단체는 2012년에 '나비기금'을 창설했다. 베트남전쟁에서의 한국군에 의한 민간인학살이나 성폭력 희생자를 비롯해 전 세계의 전시 성폭력 희생자를 지원하는 것을 목표로 하고 있다. 그 일환으로서 2014년 2월에는 베트남을 방문하여 위령비에 헌화하고 다음 해에는 한국군에 의한 민간인학살 생존자가 한국을 방문했다.이는 이 책의 제8장에서 후술 소녀상이 상기시키는 것은 파괴된 '위안부'의 기억만이 아니다. 베트남전쟁에서 '망각의 구멍'으로 내던져진 한국군에 의한 민간인 희생자의 '쌓여진 시체들'을 상기시킨다.[50] 그 이전부터 '위안부' 피해자는 정부로부터 받은 일본군 '위안부' 생활지원금 등을 한국군 민간인학살지역에서의 평화자료관 건설을 위해 기부해 왔다.[51]

소녀상은 '위안부' 피해자의 '생물학적인 죽음'을 기다리는 '증거인멸'에 대한 안티테제에 그치지 않는다. 기억이 선별되고 배제된 과거의 잔여라고 한다면 아스만이 말하듯이 '상기'에서 '망각'을 떼어내는 것은 불가능하다. 소녀상을 에워싼 '상기' 행위는 '망각'의 끝이기도 하다. 그 '망각'과 '상기'의 주체가 소녀상을 지키는 자신인 한 '상기'는 '피해'의 기억만이 아니라 '가해'의 기억도 활성화하여 압박해 온다. 김운성과 김서경 부부는 베트남 전쟁에서 한국군에 의한 민간인 희생자를 추도하는 '피에타상Pieta, 마지막 자장가'을 제작하고 베트남에서 건립을 추진하고 있다. 소녀상은 '자유민주주의의 수호'를 위해 베트남에서 싸웠다는 공동체 기

---

50   板垣竜太·鄭智泳·岩崎稔, 「〈東アジアの記憶の場〉を探求して」, 板垣竜太·鄭智泳·岩崎稔 編, 『東アジアの記憶の場』, 河出書房新社, 2011, p.19.

51   金賢娥, 安田敏朗 訳, 『戦争の記憶記憶の戦争－韓国人のベトナム戦争』, 三元社, 2009, pp.308~309.

억에도 틈새를 만들고 있는 것이다.

또 하나 에피소드를 보태어 두기로 하자. 2016년 구마모토熊本 지진의 이재민들에게 '위안부' 피해자가 지원금을 보내기로 결정하자 '위안부' 문제에 대한 일본 정부의 대응도 뒤엉키면서 불만을 품는 사람들이 나타났다. 그것에 대해 '위안부' 피해자인 김복동은 '일본을 지원하는 것에 불만을 품는 사람들은 일본에 의한 피해나 고통을 입지 않은 사람들일 것'이라고 말하고, '오히려 아픔을 모르는 사람이 그런 말을 하는 경우가 많다'며 '관념적 반일'을 훈계했다.

수요데모 현장도 트랜스내셔널한 '상기의 공간'으로서 이제 국민적 기억에 안주하지 않는다. 수요데모를 주최하는 것은 '위안부' 피해자 지원단체 정대협이 아니다. 일본의 '9조 모임九条の会'이 주최하는 것도 있는가 하면 가정 내 폭력 등의 문제를 다루는 '한국여성의 전화'가 주최하는 것도 있다. '미국 위안부'였다가 인권운동가가 된 엄숙자도 2021년 12월 14일의 '평화의 소녀상' 10주년 기념이벤트에 참가했다.

그 중심에 있는 소녀상은 일본대사관을 향해 세워지기는 했으나, 전물자의 공적 영령과 같은 지배의 정당화에 기여하는 기억도 아니다. 전시 성폭력이라는 '인도에 대한 죄'를 묻고, 국가권력의 폭주에 대항하여 여성의 인권을 옹호하는 시민적 연대의 거점으로서 소녀상은 장소와 시대를 넘어 전쟁피해자를 추도하는 보편성을 지니고 있다. 역으로 말하면 한국 사회는 전시 성폭력을 '인도에 대한 죄'로 받아들이는가 그렇지 않은가 시험대에 들어선 것이다.

이러한 것은 한일간에 있어서 '위안부' 문제의 방향이 아스만이 말하는 '대화적 상기'를 가리키고 있음을 보여준다. 두 국가가 대화적인 상기 모델을 발전시키는 것은 어느 한쪽이 혹은 상호 간에 상대의 트라우마 trauma 역사에 자신이 관여하고 있다는 것을 인지하고, 자신들이 앞장서서 책임을 질 상대 국민의 고통에 대한 공감을 통해 자신들의 기억에 함께 포함시키는 것이다. '대화적으로 상기'하는 것은 국민적 기억에 계류되어 있는데 트랜스내셔널한 퍼스펙티브를 통해 국민의 경계를 넘는다.[52]

'위안부'가 역사가 되지 않은 채로는 소녀상의 '정전화'도 완성되지 않는다. 소녀상의 시선을 수용하고 그것을 재응시하는 것을 통해서만이 한일 간의 지배와 피지배의 역사와 여성에의 억압 속에서 잉태된 일본군 '위안부'의 과거를, 콜로니얼리즘의 망각을 넘는 동아시아의 '상기의 공간'에서 공유하는 것이 가능해 질 것이다.

8. 역사와 기억의 대극화를 넘는 역사서술로

소녀상은 '위안부' 문제의 심벌로써 그 존재 자체가 외교교섭의 대상이 되듯이 기념비가 유발하는 기억의 폴리틱스는 현실정치와 떼어낼 수 없다. 전체주의 체제의 종언을 독재자 동상의 붕괴가 상징하는 익숙한 광경이 아니더라도 기념비가 상기시키는 '기억'이 국내정치는 물론 국제정치에 있어서 '역사'의 전환을 결정짓는 것에 현실미가 더해지고 있다.

---

52 アライダ・アスマン, 安川晴基 訳, 「トラウマ的な過去と付き合うための四つのモデル」, 『思想』1096, 岩波書店, 2015.8, pp.41~44.

소녀상은 한일합의 이후의 '위안부' 문제가 어떠한 방향으로 나아가는가를 정할 운명을 짊어지게 된 것이다.

2015년 '위안부' 문제를 둘러싼 한일합의에 근거하여 다음 해 7월에 '화해치유재단'이 설립되었을 때 『산케이신문産経新聞』은 "재빠르게 10억 엔을 각출하고, 이후는 한국 측 합의 불이행의 책임을 물어 도덕적 우위에 선 외교를 시행하면 좋을 것"이라는 논설위원의 칼럼을 게재했다.[53] 이렇게 '도덕적 우위'에 선 일본 정부는 한국의 문재인 정부가 표명한 한일합의를 둘러싼 새로운 방침2018.1.9에 강하게 반발하고 아베 신조安倍晋三 수상당시은 '1밀리미터도 움직이는 것은 있을 수 없다'며 합의의 착실한 이행을 재차 요구했다.

한국 정부는 한일합의를 사실상 무효화하고 2018년 11월에 '화해치유재단'의 해산을 발표했다. 그 근거가 된 한국 외교부장관 직속의 '한일 일본군위안부 피해자 문제 합의 검토 태스크포스'가 검증하여 밝힌 한일합의의 중대한 결함이 되는 비공개 부분은 일본대사관 앞 소녀상 이전도 그러하지만 제3국에 설치된 소녀상에 대해서도 확산 방지에 노력할 것이 담겨져 있었다. 소녀상은 모뉴먼트로서 항상 배제의 위기에 놓여져 왔다.

따라서 '위안부' 소녀상에 대한 배제 시도는 일본 국내에서는 보다 더 심해졌다. 그것은 근래 〈표현의 부자유전不自由展〉에 대한 조직적인 방해·협박으로 나타나고 있다. 국제예술제 〈아이치 트리엔날레Aichi Triennale 2019〉에서는 '평화의 소녀상' 등을 전시하는 기획전 '표현의 부자유전·

그 이후'를 마련했다. 2015년에 도쿄에서 열린 '표현의 부자유전, 지워진 것들'이 초대된 것이다. 그런데 기획전은 우익단체의 가두 선전 활동 등으로 항의·협박이 이어지면서 개최 3일째에 중지하지 않을 수 없게 되었다. 표적이 된 것은 소녀상뿐만이 아닌데 소동의 중심에 소녀상이 있는 것은 확실했다.

〈표현의 부자유전〉은 2021년에도 도쿄와 오사카, 나고야名古屋에서도 기획되었다. 도쿄의 〈표현의 부자유전〉은 압력에 의해 연기하지 않을 수 없었다.2022년 4월 2일~5일에 개최 이어서 나고야7월 6일~11일 및 오사카7월 16일~18일의 〈표현의 부자유전〉에서는 우편물이 파열하는 사건이 일어났다. 나고야의 〈우리들의 표현의 부자유전 그 이후〉는 중지되었지만, 〈오사카의 표현의 부자유전, 간사이関西〉는 협박행위나 오사카부립大阪府立 시설 이용 승인 취소 획책을 이겨내고 3일간의 일정으로 무사히 끝마쳤다. 교토에서는 〈평화를 위한 교토의 전쟁전戦争展〉의 일부로 소녀상이 전시될 예정이었는데, 다른 장소에서 그리고 1일 한정의 비공개로 개최되었다.[54] 영속적인 설치를 위한 브론즈가 아니라 일시적인 전시를 위한 이동식portable의 인형형 소녀상도 일본에서는 있을 장소가 없었다.

이처럼 소녀상은 모뉴먼트로서의 존재뿐만 아니라 그 표상에서도 '소녀'라는 것을 흔드는 '성성聖性 박탈'의 위협에 직면했다. 그러나 모든 것을 파괴하고 불태웠다고 생각하는 원자폭탄의 파괴력과 비인도성을 파괴되기 일보 직전의 원폭 돔이나 구부러진 도시락통의 불탄 쌀알이 상징

---

[54]　「表現の不自由展かんさい」の報告書編集委員会, 『「表現の不自由展かんさい」の報告書』, ハンマウム出版, 2022, pp.10~23.

하는 것은, 존재와 소멸을 매개로 하는 것으로서 그 흔적에 담지된 이야기가 표상 불가능성, 회복 불가능성을 대체하기 때문이다. 마찬가지로 소녀상에도 '소녀'의 기억으로서가 아니면 그려낼 수 없는 이야기가 있다.

아스만이 '문화적 기억'을 기억과 망각의 선택을 통해 집단이나 개인이 아이덴티티의 윤곽을 그리고 행위에 규범을 부여하여 제반 가치를 매개하는 능동적인 '기능적 기억'과 진실을 추궁하는 한편, 그때의 가치나 규범을 보류함으로써 아이덴티티에 중립적인 살 수밖에 없는 수동적인 '축적적 기억'으로 나누는 것은 역사와 기억을 대극화 하지 않고 '상기'의 두 양태로서 위치 짓기 위해서이다. 두 개의 기억이 뒤엉키는 것으로 소녀상의 기억과 경직화·절대화하는 것이 아니라 일본군 '위안부'의 역사 서술을 가치 있는 것으로 할 수 있는 것이다.[55]

'위안부' 소녀상이 없는 일본대사관 앞은 수요데모가 계속되지 않으면 '상기의 공간'으로서의 역할도 이의제기의 퇴조와 함께 사라져갈 것이다. 그러나 모뉴먼트로서 확산되고 표상으로서 확장을 계속하는 소녀상의 상징적 의미는 일본대사관 앞에서 모습을 감춘다고 해도 '위안부' 문제가 역사문제로서 지속되는 동안은 퇴색되는 일은 없을 것이다.

그렇더라도 물리적으로 존속하는 기념비가 그 의미와 함께 언제까지 살아온 기억으로는 있을 수 없다. 소녀상은 언젠가 '반일'이 탈색될 때 어떤 모습으로 우리들 앞에 나타나게 될까. 이러한 역사적 상상력의 물음은 '평화의 소녀상'이 '역사전쟁'이라는 대결의 장소가 아니라 전시 성

---

55   アライダ・アスマン, op.cit., 2007, pp.158~176.

폭력에 대항하는 것의 보편적인 메시지를 통해 '말을 건네'려고 하는 시도와 '말을 건네받는' 것이 가능한 주체와의 '만남'의 지점에서 생성되는 '아이덴티티'의 모습을 가리키고 있는 것이다.

포스트제국의

동아시아

제5장

한국의 '식민지영화로,' 본
탈내셔널리즘의 한계

영화 《군함도》의 '친일파,' 표상을 둘러싸고

1. 담론으로서의 영화 〈군함도〉

이 장은 2017년 7월 한국에서 개봉된 식민지 지배하의 조선인 강제동원이라는 역사적 사실을 배경으로 한 한국영화 〈군함도〉감독 류승완를 소재로 한다. 최근 '식민지영화'에서 시도된 가해일본-피해한국의 대립구조를 대체하는 영상표현의 양식 및 전략, 그리고 이러한 시도의 한계가 부각된 식민지의 기억을 재현하는 한국영화를 둘러싼 포스트콜로니얼의 문화표상에 대하여 고찰하고자 한다. 이 장에서는 2000년대 이후에 제작된 일본제국의 식민지 지배하의 한반도일본, 중국으로의 확장을 포함함를 무대로 하는 작품을 '식민지영화', 그중에서 독립운동이나 항일전쟁을 테마로 한 작품을 '항일영화'로 부른다.

한국의 '식민지영화'에서 정형화된 것으로 여겨지는 일본제국의 식민지배의 역사 표상에 대하여 가해-피해의 대립 구도로부터 탈각을 표명한 영화 〈군함도〉는 영화가 표상하는 역사적 사실을 둘러싸고, 한국 사회뿐만 아니라 일본에서도 논쟁을 불러일으켰다.[1] '친일'과 '반일', 역사적 사실과 픽션을 둘러싼 논란에 휘말리며 결과적으로 흥행에 실패한 것은 이 영화가 작품을 넘어 담론으로 생산·유통·소비된 것을 의미한다.

〈군함도〉는 통칭 '군함도'라고 알려진 나가사키현 하시마端島섬에 탄광부로 강제동원된 조선인 노동자의 집단탈출을 그린 액션영화이다. 하

---

1   일본의 미디어는 영화 개봉 전까지 민감한 반응을 보였다. '반일영화'라고 단정한 보수파 미디어뿐만 아니라 비보수파 미디어도 〈군함도〉에서의 탈출극이라는 스토리 그 자체에 이견을 주장했다. '반일 색'이 강한 예고편 영상이나, 포스터의 '지옥섬' 등의 자극적인 문구가 방아쇠가 되었을 것이다.

시마 탄광은 '강제노역Forced to work'이라는 표현을 둘러싸고 한국과 일본이 첨예하게 대립하는 가운데, 2015년 7월 유네스코국제연합 교육과학문화기구의 세계문화유산으로 '메이지 일본 산업혁명유산'이 등재 결정되자 한일 양국에서 주목받았다. 일본제국에 의해 다수의 조선인이 하시마 탄광에 강제동원되어 가혹한 노동을 강요받은 역사적 사실을 모티브로 한 영화 〈군함도〉는[2] 당초 압도적인 관객을 동원했지만, 곧 조선인끼리의 알력을 부각시켜 강제동원에 대한 일본제국의 책임을 외면한다는 비판을 받고, 이후 관객의 발길도 점점 뜸해졌다.

한국영화에서 '식민지영화'가 표상하는 가해와 피해의 문제설정에 대해서는 〈역도산〉2004과 〈청연〉2005, 〈기담〉2007 등 몇 편의 작품이 도마 위에 올랐다.<표 3 참조> 2000년대 중반의 '식민지영화'가 활기를 띤 제1차 붐 시기의 내러티브는 글로벌시장을 겨냥하여 식민지배에 저항하는 민족적 주체로 그려내기보다는 개인적 욕망의 발현을 드러냄으로써 식민지 시대에 대한 기존의 재현방식을 우회해서 탈역사화하는 특징이 있다는 것이 일반적인 평가다.[3]

---

2   나가사키 재일조선인의 인권을 지키는 모임은 1980년대에 하시마에서 사망한 조선인과 중국인의 '사망진단서', '화장인허증'(『端島資料』)를 발견하고 강제연행한 조선인 노동자와 중국인 포로에게 가혹한 노동을 강요했던 것을 고발하고 있다. 하시마에서 21년간 총 사망자수는 1,295명이고, 그중 조선인은 122명, 중국인은 15명이 포함되었다. 조선인의 경우, 압사, 질식사, 폭상사爆傷死 등 사고사가 압도적으로 많고 위험한 장소에서 가혹한 노동이 강요된 것을 분명히 밝히고 있다. 長崎在日朝鮮人の人権を守る会, 『長崎在日朝鮮人被爆者実態調査報告書 第4集 原爆と朝鮮人－飯島の呻き声』, 発掘『端島資料』が問いかけるもの, 1986, p.9.

3   박명진, 「식민지의 기억, 또는 낯선 독법(讀法)들에 대하여」, 『황해문화』 59(여름호), 새얼문화재단, 2008.6, 349면; 이승환, 「'식민지 근대'의 영화적 재현을 통한 한국 사회의

그 대표적인 작품으로 한국 최초의 여성 비행사를 그린 〈청연〉을 들 수 있다. 영화 〈청연〉[4]은 자기실현을 위해서 제국주의에 포섭되어가는 주인공이 근대적 주체의 표상이라는 점에서 관객으로부터 비판받았다. 〈청연〉을 둘러싸고 인터넷을 중심으로 '친일' 논쟁이 일면서, 이에 작품이 휘말리며 흥행에 실패한 전말을 몇몇 연구는 내셔널리즘 비판의 시점에서 접근했다.[5] 〈군함도〉 또한 〈청연〉과 유사한 상황에 맞닥뜨렸다고 볼 수 있다. 하지만 〈청연〉이 제작된 제1차 붐과 〈군함도〉가 제작된 2010년대 중반의 제2차 붐을 만들어낸 한국의 정치적·사회적·문화적 상황은 같지 않으며, 결정적으로 비판의 표적이 된 '친일'의 의미도 다르다.

　뒤에서 서술하겠지만 이러한 점에서도 제1차 붐과 제2차 붐 사이에는 식민지 시대를 그리는 양식의 차이가 있다는 것을 확인할 수 있다. 최근의 '식민지영화'는 독립운동가나 항일무장투쟁을 테마로 하는 '항일영

인식-〈청연〉과 〈기담〉을 중심으로」, 『영화연구』 41호, 한국영화학회, 2009.9, 107면; 김지영, 「정념과 근대-영화 〈기담〉의 식민지 시대 재현방식 연구」, 『한국문학이론과비평』 54호, 2012.3, 371면; 정영권, 「탈냉전시대 영화 〈역도산〉이 말하지 않은 것들-'세계인'의 균열과 트랜스 / 내셔널리즘」, 『영화연구』 72호, 한국영화학회, 2017.6, 272면.

4　영화 〈청연〉은 한국 최초의 여성 비행사로 알려진 박경원의 반생을 그린 작품이다. 1901년 대구에서 태어난 박경원은 23세에 도일해 3년 후, 일본 비행학교 다치가와 분교에 입학하여 조종사 면허를 취득했다. 그 후 비행대회에서 입상하는 등 여성 조종사로서 경력을 쌓고 1933년 만주국 건국 기념 친선 비행대회에서 추락하여 젊은 나이에 죽음을 맞이했다. 식민지 여성으로 태어나 많은 고난을 이겨내고 비행사가 되는 주인공의 도전과 비운의 이야기다.

5　平井由紀恵, 「映画『青燕』をめぐるポストコロニアル状況-現代韓国の大衆文化と「記憶」の表象」, 斉藤日出治·高増明 編, 『アジアのメディア文化と社会変容』, ナカニシヤ書店, 2008; 권은선, 「〈청연〉-'신여성' 재현에서의 민족주의와 페미니즘의 경합」, 『영상예술연구』 11호, 2007.11; 이승환, 「'식민지 근대'의 영화적 재현을 통한 한국 사회의 인식-〈청연〉과 〈기담〉을 중심으로」, 『영화연구』 41호, 한국영화학회, 2009.9.

화'가 위세를 떨치고 있다. 가해와 피해, 선과 악의 대립 구도는 액션영화로서 한층 더 강조되고 있지만, 주목해야 할 것은 '개인적 욕망의 실천'으로서의 '친일'이 아니라, '민족의 배신자'로서의 '친일파'라는 식민지 시대의 대일對日 표상이 새롭게 포함되었다는 것이다. 그렇다면 〈군함도〉를 둘러싼 '친일' 논쟁도 이러한 제2차 붐 시기의 문맥에서 고찰되어야 한다.

더욱이 제2차 붐 속의 '식민지영화'에서 '친일파'를 등장시키는 것은 하나의 양식으로서 정착되었다. 즉, 〈군함도〉를 향한 몇 가지 쟁점은 제2차 붐 이외의 작품에서도 공통적으로 나타나지만, 평판에 영향을 줄 만큼 소란스럽지는 않았다. 따라서 왜 '친일파'에 대한 비판이 〈군함도〉에서 두드러지게 나타났는지를 규명하기 위해서 이 현상의 배경에 있는 것을 다면적이고 중층적으로 검토할 필요가 있다. 이를 통해서 한국영화에서 '항일영화'의 양식과 '친일파' 표상의 문제점이 보여주는 '식민지영화'에서 교착하는 '탈민족'과 내셔널리즘의 포스트콜로니얼에 대한 사회적 실천을 분명히 알 수 있을 것이다.

2. '식민지영화'에서 보이는 탈내셔널리즘의 시도

방법으로서의 '탈민족'

한국에서 '식민지'는 남북 '분단'과 함께 민족적 비극을 내면화하는 내셔널리즘의 대상이자 영화표상의 주요한 무대배경이기도 하다. 하지만 굴욕의 시대인 '식민지'를 영화화하기 위해서는 이를 해방과 승리의 이야기로 전환하여 다시 읽어내는 방법이 필요하다. 반공주의의 쇠퇴와 포스트콜로니얼니즘의 도입에 따라 처음으로 '항일'의 역사를 그릴 수 있는 조건의 토대가 마련되었다.

최근의 '식민지영화'는 '항일영화'가 중심이 되면서 제1차 붐 시기의 '탈민족' 경향에서 제2차 붐 시기의 '민족주의'로 회귀했다고 볼 수 있다. 그러나 그 연장선에서 〈군함도〉를 '항일영화'로만 접근한다면 제1차탈민족에서 제2차독립운동로의 변화양상을 '반일'의 강화로만 인식하게 되며, 이 변천은 퇴행적인 현상으로 비칠 것이다. 그것을 국제정치적 정세와 관련지어 보면 한일 간 역사적 대립에 따른 긴장 관계가 영화산업으로까지 비화되었다는 단편적인 결론에 그치게 된다. 하지만 제2차 붐 시기의 '항일영화'의 요소에 포함된 '민중 레벨의 연대'를 바탕으로 한 '국가에 대한 대항'의 시점이나 '친일파'의 표상 효과에 대해 깊이 파고 들어가다 보면, 2000년대 이후의 '식민지영화'의 표상 양식이 변화했으며 전략도 다양해졌다는 것을 알 수 있다.

바꿔 말하자면, 한국의 '식민지영화'는 '반일내셔널리즘'에 호응해서 나타났다기보다는 '규제'로 작용되어 온 반공주의가 누그러지면서 식민지 시대를 묘사하는 새로운 방법을 손에 넣음으로써 붐이 된 것이다. 제1차 붐에서는 '민족'보다 '개인'을 주체로서 그려내고 있으며, 제2차 붐에서는 '일제'보다도 '친일파'를 악역으로 정면에 내세우는 것으로 '식민지영화'를 성립시켰다.

한국의 '식민지영화'의 표상 변화에 주목하면, '탈민족'의 경향은 후퇴하는 것이 아니라, '식민지영화'가 양식과 전략을 암중모색하면서도 다양한 형태로 '탈민족'을 실천하고 있다는 가설을 설정하는 것도 가능하다. 이러한 가설을 통해 제1차부터 제2차 붐 시기의 양식적 변화를 정치적 정세에 근거하여 논의한다면 〈군함도〉가 야기한 '친일' 논쟁의 의미를 보다 입체적으로 분석할 수 있다. 이를 위해서는 텍스트에 초점을 맞춘 접근법과 영화산업 본연의 모습을 결정짓는 문화적, 정치적, 제도적, 산업적인 요인에 주목하는 컨텍스트 접근법을 결합한 이데올로기 분석이 효과적일 것이다.[6]

대중문화인 영화는 관객의 의존도가 높다는 점에서 작품의 텍스트와 수용자의 대화적 관계가 대단히 중요하다. 영화생산의 주체는 감독을 포함한 제작자, 시나리오 작가, 촬영팀은 물론 예술로서의 생산 및 기술의 구조, 작가의 지식체계도 포함된다. 거기에 영화는 필연적으로 수익성을 전제로 하는 상업적 측면에 규정됨과 동시에 작가와 텍스트의 이데올로기를 공유하고, 제작자의 경제적 목표나 감독 개인의 예술적 비전 및 표현양식을 갖춤으로써 역사적 변화 속에서 다양한 사회적 함의를 표상하게 된다.[7] 〈군함도〉를 둘러싼 일련의 사태는 분명 이러한 사회문화적 대화의 극적인 전개를 제시하는 것으로 볼 수 있다.

〈군함도〉는 역사적 사실을 기반으로 하면서 집단탈출이라고 하는 픽션을 통해서 '항일'을 표현했다. 하지만 그 '항일'은 지배와 피지배를 이분법적으로 그리지는 않는다. 게다가 '친일'적인 인물이나 대일 협력자

---

6   グレアム・ターナー, 松田憲次郎 訳, 『フィルム・スタディーズ—社会的実践としての映画』, 水声社, 2012, pp.187~188.

7   주윤탁, 「영화사회학 연구 서설」, 『영화교육연구』 Vol.2, 한국영화교육학회, 2000, 291~292면.

를 등장시킴으로써 오히려 지배와 피지배의 구도를 뒤흔든다. 이렇듯 '탈민족'이 저류에 깔린 제2차 붐 시기의 '식민지영화'의 특성을 충분히 의식하고 있었을 〈군함도〉의 류승완 감독은 개봉 전 단계부터 이 영화가 기존의 '항일영화'와는 선을 긋는 영화라고 공언했다. 그런데 예고편에서는 일장기를 찢는 장면이 포함되면서 과도한 내셔널리즘을 투영한 '국뽕영화'가 아닌지 의심을 받는 등[8] 〈군함도〉는 영화의 선전에 모순된 이데올로기적 배치를 교묘하게 활용했다. 광복절을 앞두고 내셔널리즘이 높아지는 시기에 개봉될 예정이었던 이 영화의 성공은 확실시되었다.

이러한 기세가 급변하고 개봉 직후부터 인터넷상에서 〈군함도〉에 대한 비판이 쇄도한 원인에 대해 '친일파'의 표상을 빼고서는 생각할 수 없다. 〈군함도〉에서 일본제국의 가해 장면은 톤이 약해진 반면, 일본 측에 협력하는 조선인의 존재는 부각되었다. 조선인끼리의 음모와 알력이 이야기 전개의 주축이 됨으로써 '반일'은커녕 오히려 '친일'적이며, '내면화된 식민주의'로서의 '식민사관'을 반영하고 있다는 비난도 있었다. 주요 미디어도 비판적인 논조로 문제를 삼았고 여기에 스크린 독과점 논란이 결정타를 날렸다.[9]

---

8 '국뽕'이란 한국사회에 의한 자민족중심주의를 비판, 조소하는 조어로 '국(國)'과 각성제의 '히로뽕'을 결합한 표현이다. 민족주의를 고취하는 영화를 '국뽕영화'라고 부르지만, 이것은 항일영화만을 칭하는 것이 아니라 보수정권 시기에 제작된 반공영화로 회귀하는 국가주의에도 비판하는 경우에도 사용된다.

9 〈군함도〉는 공개 첫날에 97만 352명의 입장자 수로 역대 기록을 갈아치웠다. 역사 최다 2,027개 스크린에서 상영되어 점유율은 37.1%에 달했다. 상영회수의 점유율은 55.3%이다. 이러한 스크린 독과점도 비판의 대상이 되었고 흥행성적에 영향을 준 것으로 보인다. 「개봉 첫날 97만 명 신기록 〈군함도〉…스크린 '독점' 비판도」, 『중앙일보』,

이처럼 〈군함도〉는 제2차 붐으로서 '탈민족'의 흐름에 편승했지만 다른 한편으로는 내셔널리즘의 자장이 영화의 내러티브나 표상 등 텍스트 내재적으로 영향을 주기도 했고, 영화에 대한 비평 등 텍스트 외재적으로 작용하기도 했다. 〈군함도〉가 담론으로 생산·유통·소비된 것은 영화 산업과 텍스트, 제작과정과 수용과정에서 각각 쌍방이 어떠한 형태든 이데올로기와 관계를 맺고 있음을 보여준다. 이것은 영화의 텍스트와 그 문화적 맥락을 보완적으로 다루면서 명확하게 파악할 수 있다.[10]

'식민지영화' 속의 '친일파'

〈군함도〉에 대한 인터넷상에서의 비판은 '친일파'의 표상을 둘러싸고 전개되었다. 영화 〈군함도〉를 둘러싼 논쟁은 역사를 재현하는 '역사영화'와 '식민지영화' 및 '항일영화'라는 세 개의 위상을 가지고 성립한다. 나아가 '항일영화'는 '일본제국의 탄압'을 그리지만 지배와 피지배의 이항 대립을 피하는 장치로서 '친일파'가 등장한다.

〈군함도〉가 제작된 '식민지영화'의 제2차 붐에서는 제1차 붐에서 메인 테마가 되지 않았던 독립운동이 전면적으로 드러나는 한편, 일본제국과 싸우기보다는 '친일파'라고 하는 '내부의 적'과의 대립 구도를 설정함으로써 가해와 피해의 이항대립을 극복하려 했다. 그렇다면 최근의 일본 식민지 지배를 배경으로 하는 한국영화는 '역사영화' → '식민지영화' → '항일영화' → '일제의 탄압' → '친일파'라고 하는 방향으로 이데올로기

2017.7.27.

10   グレアム·ターナー, op.cit., p.188.

를 제거하면서 최종 단계로 향하는 주제의식을 갖췄다고 볼 수 있다.

'식민지영화' 붐의 배경에는 한일관계를 둘러싼 여러 문제를 강하게 의식하고 있는 한국의 정치정세가 있다고 볼 수 있다.[11] 최근의 항일영화가 이데올로기를 제거함으로써 성립된다는 의미는 한국영화에서 '식민지영화'가 항일을 표명하면서도 실제로는 그러한 움직임이 어떤 정치적 의미를 은폐하고 있는 것을 나타낸다. 제1차 붐 시기의 〈모던보이〉2008를 포함해, 제2차 붐 시기의 영화인 〈암살〉2015, 〈밀정〉2016, 〈덕혜옹주〉2016를 중심으로 '식민지영화'를 분석한 케빈 스미스Kevin Michael Smith는 이 영화들을 통해 '항일영화'의 표상에 잠재하는 현실정치의 이데올로기에 주목했다.[12]

스미스는 영화가 현실과 허구와의 간극을 확대시키고 정치적으로 무해한 히어로가 만드는 비현실적인 이야기로 회수됨으로써 다양한 저항의 형태를 단순화하는 정치적 효과를 만들어낸다고 지적한다. 이러한 주장은 식민주의의 잔재와 현대에서 지속되는 불평등에 어떻게 관여할 수 있는가에 대해 문제를 제기하는 것에는 유효하다. 하지만 식민지 상황이

---

11 '식민지영화'의 제2차 붐에서 주요인물에게 '친일파'의 표상이 공통해서 나타나는 것은 한국사회에 있어 식민지 비판 현상의 반영이기도 하다. 역사문제를 둘러싸고 한일의 대립이 격하게 되는 한편 일례로서 문학 연구자 박유하의『제국의 위안부』가 일본군 '위안부' 문제에 대해서 일본제국보다도 조선인 협력자의 책임을 강조하여 비판이 들끓은 것처럼(박유하,『제국의 위안부 ― 식민지 지배와 기억의 투쟁』, 뿌리와 이파리, 2013), 식민지 시대의 '내부의 적'은 가해자, 피해자의 경계를 흔들리게 하고 있다. 또한, 2013년 제국군인이었던 박정희 전 대통령의 딸인 박근혜가 대통령에 취임하고 나서 '친일파'를 둘러싼 논쟁이 재점화되었다. '친일파'는 현실의 정치문제로도 존재하는 것이다.

12 Kevin Michael Smith, "Vicarious Politics : Violence and the Colonial Period in Contemporary South Korean Film", *Japan Focus* Vol.15 No3. 2017. https://apjjf.org/2017/12/smith.html

폭력 장면에 휩쓸려가는 표상의 정치미학적 양식에 질문을 던지는 것에 그친다면 한국영화의 생산과 소비에 대한 포스트콜로니얼 문제는 간과되고 만다.

'식민지영화'의 제2차 붐은 현실정치의 영향을 받았지만 산업적인 측면에서도 '친일파'의 표상은 필요했다. 정창훈과 정수완은 〈암살〉 및 〈밀정〉에 등장하는 '친일파'의 상품미학 이데올로기적 측면에 주목했다. '내부의 적'인 친일적 인물을 중심으로 내러티브가 전개되면서 액션이나 스릴러의 장르적 문법이 실현된다는 것이다. 여기서 '친일파'는 청산되지 않은 역사의 '반일'적 표상이 아닌, 문화산업적 측면에서 자극과 긴장을 유지시키는 게임적 리얼리티의 역학적 장치가 된다.[13]

그리고 이야기 속에서 '친일파'를 '처단'하는 것으로 민족의 이야기는 무균화된다. 그렇게 되면 '식민지영화'는 시대 배경과 인물묘사에 대해서도 그리고 장르적으로도 감독의 상상력을 자극하는 풍부한 공간성을 가지게 된다.

이러한 상품미학적 이데올로기 분석은 '식민지영화'에서 나타나는 '항일' 내러티브가 획득하는 문화상품적 가치의 소재를 통해서 표면에 드러나는 역사적 사실과 심층에 보이는 상품 미학이 모순되는 이데올로기의 작용을 분명히 보여준다. 더욱이 최근의 '식민지영화'가 역사해석의 충돌 지점에 대한 미학화를 시도함으로써 공적 영역에 대한 사회문화적 스캔들로서 모습을 드러내고 있다는 지적을 통해[14] 이후의 〈군함도〉

---

13 정창훈·정수완, 「식민지시기 배경 영화들의 상품미학 이데올로기 비판-〈암살〉, 〈밀정〉, 〈아가씨〉를 중심으로」, 『인문콘텐츠』 제45호, 인문콘텐츠학회, 2017.6.

사태를 예견하고 있다.

하지만 '식민지영화'의 문화산업적 작용의 원인은 '반일'보다 '탈민족'에 있다고 보는 이 장의 방법적 관점에서 살펴보자면 '저항과 해방'의 내러티브를 전제로 하는 그들의 분석은 모순되는 이데올로기적 배치의 다른 구조를 가리키고 있다. 따라서 '항일'과 '탈민족'의 모순되는 이데올로기적 배치를 궁극적인 형태로서 추구한 〈군함도〉가 수용자의 능동적인 사회적 실천과 맞닥뜨리면서 '친일' 논쟁에 빠졌던 것에 대해서는 의미 있는 설명을 제시하지 못하고 있다.

무엇보다 중요한 것은 '식민지영화'를 구성하는 정치적·사회적·문화적인 여러 힘 간의 다툼이 붐을 구성하는 작품들의 방향을 어떻게 설정하고 있으며, 의미를 생성하고 있는가를 규명하는 것이다. 폴 두 게이 Paul Du Gay가 지적한 것처럼, 영화를 제작하는 사람이 작품에 어떤 의도를 넣었는가 하는 생산 프로세스의 한 면으로만 바라본다면 문화적 산물에 대한 충분한 분석이 이루어지지 않는다. 따라서 이 장에서는 한국영화에 따른 '식민지영화'와 '항일영화'가 유통되는 메커니즘의 고찰에 맞춰, 문화의 의미 생산과 교환이 이루어지는 표상·생산·소비·규제·아이덴티티라는 5개의 '문화의 회로'를 통해 분석을 시도해 보고자 한다.[15]

이하에서는 한국영화를 둘러싼 문화산업과 내셔널리즘의 자장에 있는 〈군함도〉의 텍스트 및 컨텍스트를 '식민지영화' 붐의 변천세로축과 동시

---

14   Ibid., pp.49~54.

15   ポール・ドゥ・ゲイ他, 暮沢剛巳 訳,『実践カルチュラル・スタディーズ―ソニー・ウォークマンの戦略』, 大修館書店, 2000, p.8.

대 타 작품과의 대비가로축를 통해서 고찰한다. 구체적으로는 이 작품에서 '친일파'가 최종심급이 되는 '식민지영화'의 표상 문제를 제1차 및 제2차 붐 시기의 다른 작품들과 비교하면서 제시하고, 이러한 것들이 생산·소비·규제·아이덴티티의 '문화의 회로'를 어떻게 종횡하면서 증폭하고 전체의 구조에 영향을 주고 있는가를 밝히려 한다.

그 전에 '친일파'에 대해서 정의해 보자. 정치적인 의미의 '친일파'는 한일병합조약1910에 가담하고 작위를 수여 받은 정부 고위관료, 일본 통치 시대에 일정 이상의 직위에 있었던 관료·군인·경찰, 전쟁 수행을 위해 헌금한 기업가, 솔선하여 전시동원 프로파간다를 한 지식인 등, 일본제국의 지배에 적극적으로 협력한 대일협력자를 가리키며, 특히 독립운동을 탄압하는 등 민족 구성원에 해를 끼친 자를 민족반역자라고 칭한다.

다음 절에서 자세히 언급하겠지만, 제1차 붐에서 '친일'이라고 비판 받은 주인공은 자기실현을 위해 무의식적으로 제국에 포섭된 존재이며, 엄밀하게는 '친일파'라고 말할 수 없다. 반면, 제2차 붐에 등장하는 대일 협력자는 출세를 위해서 의식적으로 독립운동을 탄압하는 '민족반역자' 라고 할 수 있다. 이 장에서는 '식민지영화'에 대한 '친일' 논쟁에 중점을 두기 위해 의식·무의식에 관계없이 일본제국에 영합한다는 넓은 의미의 '친일', '친일파'라는 용어를 사용하기로 한다.

3. '식민지영화'와 내셔널리즘의 자장 __ 〈청연〉과 〈군함도〉의 사이

탈내셔널리즘으로서의 제1차 붐

제1차 붐에서의 '식민지영화'로 연구자들의 주목을 모은 〈청연〉은 민족적 주체를 넘어 개인적 주체에게 초점을 맞추면서, 식민지라는 정치적이고 민족적인 의미를 전복하는 영화인 것처럼 보였다. 이 작품에서 맞서 싸워야 할 지배적 구조는 식민주의가 아닌 가부장제이었으며, 이러한 제국주의에 포섭된 주인공의 표상이 '친일' 프레임에 휩쓸리게 된 원인이 되었고 특히 페미니즘의 시점에서 비판이 쏟아졌다. '제국과 조국의 경계로부터 일탈하여 탈역사적인 공간으로 탈주'하려고 한 주인공 개인의 욕망이 그것을 거부한 민족적 욕망으로 인해 좌절한 것이다.[16]

1990년대 말부터 시작된 한국영화의 뉴웨이브는 2000년대에 들어서면서 그동안 식민지라는 시대성을 액션이나 전통, 빈곤의 배경으로만 설정했던 과거 작품들과는 구분되는 '식민지영화'라고 일컬을 수 있는 영역적 경향성을 만들어냈다.[17] 식민지 시대를 지배와 피지배의 폭력적 구조로서 내러티브에 편입시키면서 SF · 액션 · 일상 · 미스터리 · 코미디 등 다양한 장르의 작품이 제작되었다.

그러던 중 〈청연〉에 '친일' 비판이 쏟아진 것은 '식민지영화'라는 영역적 범위가 확립되어 가는 과정에서 일어난 사건이라고 할 수 있다. 즉, 〈청연〉은 '항일'보다 식민지 시대를 살아가는 주인공의 민족적이고 개인적인

---

16   권은선, op.cit., 85~104면.

갈등을 묘사하는 표상의 가능성과 전략의 필요성을 지적한 작품이다.

다만 〈청연〉의 주인공은 개인의 꿈을 좇으면서도 마지못해 독립운동에 휩쓸린다. 같은 시기의 작품 중, 일본에서 분투하는 조선인 무도가를 그린 〈역도산〉이나 〈바람의 파이터〉2004 또한 자신의 성공을 위해서 일본제국에 포섭되어가는 존재이지만 조선 민족으로서의 의식을 잃지는 않는다. 이렇게 보면 제1차 붐 시기의 '식민지영화'의 특징은 '민족을 뛰어넘지 않는 범위에서 개인에게 포커스를 맞춘 탈민족적인 내러티브'로 정리할 수 있다. 이렇듯 한국의 '식민지영화'는 민족문제를 다루면서도 탈내셔널리즘의 흐름과 함께 시작된 것이다.

〈청연〉의 '탈민족'적인 등장인물의 표상이 비판받은 것은 수용의 레벨에서 한국사회의 내셔널리즘이 발현했기 때문이라고 할 수 있다. 물론 〈청연〉이나 〈역도산〉, 〈바람의 파이터〉의 흥행성적이 부진했던 원인을 '반일내셔널리즘'에서만 찾는 것은 공정하지 않다. 사실 〈역도산〉의 반응은 나쁘지는 않았다. 제1차 붐 시기의 '식민지영화'는 '항일영화'의 색채가 진하지 않았고 대중의 내셔널한 욕망을 반영하고 있다고는 결코 말할

---

17 한국영화에서 반일 투쟁을 가시화하는 영화는, 1945년 해방 직후의 '광복영화'나 1960년대의 '만주 액션영화'로 거슬러 올라갈 수 있다. 이러한 작품은 일본군에 대항해서 무장투쟁을 전개하는 한국인의 영웅적인 투쟁을 반복하는 것으로 민족주의를 발현하는 '항일영화'로서 본 논문의 테마인 '식민지영화', '항일영화'와는 구분된다. '만주 액션영화'에 대해서는 안진수, 「만주액션영화의 모호한 민족주의」, 『만주연구』 제8집, 만주학회, 2008.12을 참조하길 바란다. 물론 일례로서 작가 가지야마 도시유키梶山季之의 동명 소설을 영화화한 〈이조 잔영〉(감독 신상옥, 1967)이나 〈족보〉(감독 임권택, 1978) 등 식민지 시대를 그린 우수한 한국영화로 평가된 작품도 있다. 川村湊, 「解説 梶山季之『朝鮮小説』の世界」, 川村湊 編, 『李朝残影－梶山季之 朝鮮小説集』, インパクト出版社, 2002, p.331.

수 있는 것은 아니었다.

하지만 그보다도 중요한 것은 제1차 붐 시기의 '식민지영화'가 '항일영화'로서가 아닌 다양한 장르적 특성을 갖추어 나타났다는 것이다. 그리고 제1차 붐 시기는 식민지 시대를 재현하는 방법과 전략을 확립하지 못한 채 수용자에게 방치되어 방향성을 잃어버렸다. 이를 상징하는 것이 거액의 제작비를 들인 〈마이웨이〉2011의 흥행 실패이다.

일본제국의 지배와 피지배의 폭력구조를 보다 거대한 전쟁의 폭력 속에 끌어들여 두 청년이 스포츠마라톤에 의해 표현된 '민족을 뛰어넘은 우정'이라는 이 작품의 주제는 관객의 공감을 끌어내지는 못했다. 일본인과 조선인의 갈등 묘사 방법이 불충분하고, 화해로 가는 과정의 설득력이 약했다는 분석도 있었다.[18] 민족주의보다도 우정을 강조한 이 작품의 실패는 제1차 붐 시기의 종언을 상징하는 것이 되었고, 이후 한동안 '식민지영화'는 기피의 영역이 되었다.

이것을 〈마이웨이〉 쇼크라고 한다면, 제2차 붐 시기는 필연적으로 '항일영화'로서의 그림자가 옅어지고 지배와 피지배의 식민지 구조의 인물 표상에 대한 전략이 부재했던 제1차 붐에 대한 안티테제대립명제로서 전개되어야 했다. 제2차 붐 시기의 '식민지영화'는 주요인물이 제국주의와 치열한 싸움을 전개했지만 동시에 제1차 붐과는 다른 형태로 가해-피해의 양자 대립 구도에서 벗어나려 했다.

---

18 강성률, 「일제 강점기 배경 영화의 탈식민주의적 독해-파농으로 〈마이웨이〉와 〈암살〉 분석」, 『씨네포럼』 제22호, 동국대 영상미디어센터, 2015.12, 479~483면.

〈표 3〉 2000년대 이후 제작된 주요 '식민지영화' (저자 작성)

제1차 붐 2000~2001년	제작년도	관객 동원수 (만명)	제2차 붐 2015~2017년	제작년도	관객 동원수 (만명)
아나키스트	2000	23*	경성학교-사라진 소녀들	2015	35
2009 로스트 메모리즈	2001	85*	대호	2015	176
YMCA 야구단	2002	56*	암살	2015	1270
바람의 파이터	2004	144	해어화	2015	48
역도산	2004	101	귀향	2015	358
청연	2005	49	눈길	2015	13
기담	2007	64	동주	2016	117
라듸오 데이즈	2007	21	밀정	2016	750
좋은 놈, 나쁜 놈, 이상한 놈	2008	668	덕혜옹주	2016	559
원스 어폰 어 타임	2008	154	아가씨	2016	428
모던 보이	2008	76	박열	2017	235
다찌마와리	2008	62	군함도	2017	659
그림자 살인	2009	189	아이 캔 스피크	2017	326
마이웨이	2011	214	대장 김창수	2017	36
-	-	-	허스토리	2017	34

※식민지 시대를 배경으로 하는 영화는 아니지만 〈아이 캔 스피크〉〈허스토리〉는 전 일본군 '위안부'가 주
인공이고 〈대장 김창수〉(2017)는 독립운동가인 김구의 청년기를 그린 것이기 때문에 '항일영화'로 표에 포
함했다.
※관객 동원수는 한국영화진흥위원회 산하의 영화관입장권 통합전산망(KOBIS) 기록에 의한다(1만명 미만
은 버림). 2004년 이후는 발권 통계, 그 이전은 한국영화연감의 통계이다. 2000~2002년의 *표시는 서울만
의 관객동원수이다.
※KOBIS의 홈페이지 주소 http://www.kobis.or.kr(최종 검색일 : 2022.2.14)

가해-피해의 대립구조를 넘어선 새로운 제2차 붐의 양식

제1차 붐에서 '친일' 논쟁의 중심에 있었던 것이 〈청연〉이라면 제2차
붐에서 논쟁의 한가운데 선 것은 〈군함도〉이다. 제1차 붐에서 '항일영화'
는 주변적 위치에 있었으며 〈청연〉도 이와 같았다. 〈군함도〉는 제2차 붐
의 중심이었던 '항일영화'로서 이름을 올렸다. 두 붐의 특징적인 차이 중
하나가 '항일'의 내러티브이다.

독립운동을 주제로 한 〈암살〉2015, 〈밀정〉2016은 필연적으로 일본제
국과 독립운동 세력과의 대립 장면이 여러 곳에서 나타난다. 〈동주〉2016,
〈박열〉2017은 인물의 이름을 타이틀로 내세운 것에서 알 수 있듯이 식민
지의 폭력에 개인으로 맞서는 한 사람 한 사람의 삶에 초점을 맞췄지만,
이 두 사람은 독립운동가로서 이름을 떨친 인물들이다. 〈덕혜옹주〉는 역
사적 사실과는 다르게 저항적 요소를 가미한 것이 역사의 재현을 둘러싼
여러 의견을 불러일으켰다.

일본군 '위안부'를 테마로 한 〈귀향〉2015은 크라우드 펀딩으로 제작되
었다. 원작의 미스터리한 배경을 일본 지배하의 한반도로 옮겨온 〈아가
씨〉2016와 같이 '항일' 요소가 희박한 것도 있지만 제2차 붐 속 '식민지영
화'의 다수는 '항일'을 전제로 하고 있다는 것을 알 수 있다. 그렇다고 해
서 '항일'이 제2차 붐의 테마라는 것을 의미하지는 않는다.

'항일영화'의 도화선을 당긴 영화 〈암살〉에서는 일본 군인과 '친일파'
를 타깃으로 하여 경성서울 중심부에서 무장투쟁이 벌어지는데 일본인 아
나키스트와도 '연대'하여 현실적으로는 이룰 수 없었던 '친일파'를 처단
하면서 결말을 맞이한다. 하지만 이 영화의 주제는 '항일'보다도 '친일파'
에 의해 진행된다. 대립 구도는 대일對日 항쟁보다도 '내부의 적'과의 싸
움으로 구축된다. 일본제국의 경찰관이 되어 독립운동을 탄압하는 조선
인의 분열하는 아이덴티티를 그린 〈밀정〉에서는 이러한 주제의식이 보
다 선명하게 드러난다.

무장투쟁하는 '항일영화'가 아닌, 개개인의 삶을 소재로 한 〈동주〉,
〈박열〉에서는 가해와 피해의 대립이 그 삶의 방향에 의해 또렷이 새겨지

면서도 동시에 착란도 일어난다. 〈동주〉에서 주인공인 시인 윤동주의 재능을 높이 평가하고 시집의 출판에 분주한 것은 일본인이다. 〈박열〉에서는 일본인 가네코 후미코金子文子가 주인공일 뿐만 아니라 법정에서 박열과 가네코 후미코를 위해 열변을 토하는 변호사도 형무소를 격려차 방문하는 사람도 일본인이다. 검사도 선량한 사람으로 그려지고 악랄한 형무소장도 점점 주인공들에게 호의를 갖게 된다. 〈덕혜옹주〉의 허진호 감독이 『아사히신문』과의 인터뷰에서 '일본은 악, 한국은 선이라고 하는 단순한 선악 구조를 그리고 싶지는 않았다'고 말한 것처럼[19] 〈덕혜옹주〉에서 직접적인 '악역'은 조선인이고, 일본인 등장인물은 일관되게 '비운의 황녀'를 동정하고 있다.

그렇다면 '항일영화'가 영향력을 발휘하고 있는 '식민지영화'의 제2차 붐을 '생산'적인 측면에 놓으면서 내셔널리즘으로의 회귀라고 단정짓는 것은 타당하지 않다. 제1차 붐 시기의 특징이 여러 장르를 차용하면서 '민족을 넘지 않는 범위에서 개인에게 포커스를 맞추는 탈민족적인 내러티브'라면, 제2차 붐 시기의 내러티브의 특징은 '독립운동을 테마로 하면서도 지배자와 피지배자의 연대·공감·반전을 통해서 그 대립적인 구도를 흔든다'고 볼 수 있다.

〈군함도〉는 이러한 제2차 붐의 중심적 장르인 '항일영화'의 흐름에 편승하여 제작되었다. 무엇보다도 한국의 식민지 시대를 그린 상업영화에서 강제동원을 그린 작품은 이제까지 없었다. 따라서 제2차 붐에서 '식

19　「日韓, 単純な「善悪」構造でなく ―『ラスト・プリンセス―大韓帝国最後の皇女―』」, 『The Asahi Shimbun Globe』, 2017.06.24.

민지영화'가 독립운동을 주제로 한 것은 내셔널리즘을 고취하는 피해─
가해의 대립 구도의 무대장치로서 유효하기 때문이기도 하다. 하지만 그
이상으로 '자극과 긴장을 유지시키는 게임적 리얼리티의 역학적 장치'로
서 '친일파'를 등장시킨 것은 독립운동이 최적이기 때문이라는 반대 논
리도 성립할 수 있다.

〈암살〉, 〈밀정〉과 같이 〈군함도〉도 '친일파'를 중요한 주제로 다루고
있다. 영화산업의 상품미학적 측면에서 '친일파'의 표상이 '식민지영화'
에서 빠질 수 없는 것이 자극과 긴장이라고 한다면 〈군함도〉에서 '친일
파'가 중요한 위치를 차지하는 것은 자연스러운 흐름이라 할 수 있다. 항
일 요소가 적은 〈해어화〉2015도 라이벌 가수에게 복수하기 위해 조선총독
부 경무총감의 첩이 되는 주인공이 해방 후에 '친일파'로 규탄받는다. 이
러한 '친일파'와 대립하는 '선량한 일본인'한일 민중의 연대이 제2차 붐의 '식
민지영화'의 키워드로서 제1차 붐과 구별되는 '친일' 논쟁의 또 다른 포
인트다.

이상, 2000년대 이후의 한국영화에서 나타나는 '식민지영화'를 제1
차 붐과 제2차 붐으로 나누어 각각의 내러티브의 특징을 확인했다. 다음
절에서는 〈군함도〉가 무엇을 어떻게 그렸는지 특히 '친일파'에 초점을 맞
추어 분석하고, 식민지 시대를 그린 영화의 생산과 소비가 새로운 표상의
양식을 추구하면서도 한편으로는 내셔널 아이덴티티를 훼손시킴으로써
이로 인해 규제가 강화되는 양상에 대해서 고찰하고자 한다. 〈군함도〉에
서는 '식민지영화'의 제2차 붐과는 이질적인 '친일파'의 표상이 떠돌았다.

4. '친일'에 의해 무너진 〈군함도〉

표상 – 실패로 끝난 '친일파'의 표상 전략

일본의 패전을 앞둔 1945년, 경성의 악단장 이강옥은 일거리가 있다는 이야기에 어린 딸 소희와 배를 타고 일본으로 건너간다. 그런데 알고 보니 사실은 하시마에서 일할 탄광부를 감언이설로 꾀어 모은 것이었다. 하시마행 배에는 서울의 번화가 일대를 주름잡던 폭력배 대장 최칠성, 중국에서 '위안부'로 일하다가 하시마 유곽으로 끌려온 오말년도 타고 있었다. 감언이설과 사기에 의한 연행은 조선인 전시동원의 '강제성'을 둘러싼 최근 연구현황에 부합한다.

조선인용 기숙사와 일터인 해저탄광의 환경은 열악하기 그지 없다. 갱도는 일어설 수도 없을 정도로 좁았고, 가스폭발이나 낙반에 의한 사망사고도 빈번히 일어난다. 이를 참지 못하고 섬에서의 탈주를 시도한 노동자들은 도중에 총으로 살해당하거나 붙잡혀서 익사 당하게 된다. 영화의 선전용 포스터나 예고편에서 '군함도'는 '지옥섬'이라고 묘사되어 있으며, 이렇듯 가혹한 상황은 제대로 그려졌다고 볼 수 있다.

제작진은 약 400억 원을 들여 강원도 춘천시의 옛 미군기지 터에 1945년 당시의 하시마를 3분의 2 크기로 재현했다. 미술 담당자는 일부가 공개된 군함도를 방문하기도 하고, 사진과 생존자의 증언 등 자료를 검토했다고 한다. 그리고 집단탈출에 사용하는 석탄 운반선이나 어둡고 좁은 갱도뿐 아니라 상층부에 일본인, 하층부에 조선인이 사는 아파트, 영화관이나 술집, 우체국 등이 나란히 있는 번화가 등 전체 모습을 재현하고자 했다. 더욱이 채광 장면의 리얼리티를 보여주기 위해 진짜 석탄을 반입했다. 이러한 철저한 세부 묘사가 가혹한 노동을 생생히 표현하고 있는 것은 틀림이 없다. 그런데도 〈군함도〉가 '친일영화'로서 비판받은 것은 이후 전개되는 일본제국과 식민지 민중의 관계 설정 때문이다.

탄광회사의 간부인 일본인은 조선인 노동자를 학대한다. 강옥은 딸을 지키기 위해서 일본인 간부의 기분을 맞추느라 안간힘을 쓴다. 여기서는 지배자에게 순종적인 태도를 보임으로써 살아남고자 하는 피지배자의 전략이 표현되어 있다. 한편, 조선인 노동자가 직접적으로 대립하는 상대는 조선인으로 배치된 장면이 많다. 실수하거나 지시에 따르지 않는 노동자에게 폭력을 휘두르는 것은 노무계원 송종구다. 종구의 강압적인 태도에 반발한 칠성이 욕실에서 싸움을 걸어 승리하면서 한번은 주도권을 손에 쥐지만 제국의 폭력의 대행자인 이 '내부의 적'과의 대립관계는 이야기의 다른 한편의 축이 된다.

이야기를 구성하는 주요인물 중에는 또 다른 '내부의 적'이 있다. 노동자의 정신적 지주인 독립운동가 윤학철이다. 일본인으로부터 이토로 불리는 학철은 영화 전반부에서는 조선인의 대우 개선을 회사 측에 건의하는 등 동포를 위해서 힘을 쓰는 인물로 그려지며 그를 구출하기 위해서 광복군 소속의 OSS^{미국전략사무국} 요원 강무영이 섬으로 잠입한다. 그런데 알고 보니 학철은 뒤에서 일본인과 결탁하여 조선인 노동자의 급여의 일부분을 착복하고 있었다. '동지'에서 '배신자'로 180도 바뀌는 반전은 확실히 이야기에 자극과 긴장을 주는 장치이다.

학철의 존재를 통해 '친일파'라는 이 영화의 주제의식이 명확하게 드

1945년, 지옥섬 군함도
그곳에 조선인들이 있었다

류승완 감독 작품

군함도

황정민 · 소지섭 · 송중기 · 이정현 · 김수안 · LUSANDO · MEDIA · 외규내강   7월 26일 대개봉

〈그림 10〉 〈군함도〉 포스터 앞줄 왼쪽부터 칠성, 강옥, 소희, 무영, 말년
(ⓒ외유내강)

러나야 했지만 결국 실패했다고 볼 수밖에 없다. 왜냐하면 학철에게도 노무계의 종구에게도, 왜 그들이 친일행위를 해야만 했는지의 필연성이 전혀 드러나지 않기 때문이다. 〈암살〉에서는 전 독립운동가가 '친일파'로 전향해야만 하는 이유가 나타나 있고, 〈밀정〉에서도 주인공은 권력에 영합하면서도 독립운동을 돕는다는 갈등이 표현되어 있다.

그런데 〈군함도〉에서는 '친일파'를 최대의 적으로 삼고 있지만 그러한 설정은 단지 일본제국의 폭력을 대행하는 데에 지나지 않는다. 이렇게 희화적이고 표면적으로 '친일파'를 그리는 방식은 영화의 주제의식이 지닌 의미를 저해하고, 오히려 뒤에서 설명하게 되는 '열등한 조선인', '나쁜 건 같은 조선인'이라는 담론을 보강하는 역할을 하게 된다. 더 나아가 〈군함도〉를 둘러싼 '친일' 논쟁의 본질은 '친일파' 존재 그 자체가 아니다. '친일파'는 '처단'하면 되지만 여기에는 쉽게 단죄할 수 없는 것이 존재하고 있다. 바로 '내면화된 식민주의'다. 이는 오늘날 역사 인식의 근저에 있는 정신상태로서, 광복 이후 청산하지 못했던 '친일파' 이상으로 한국 사회를 옭아매고 있다. '친일파'가 청산하지 못한 식민주의에 대한 문제라고 한다면, 소위 '식민사관'은 계속되고 있는 포스트콜로니얼에 대한 문제이다.

'식민사관'은 다음과 같은 대사에서 나타난다. 일본의 패색이 짙어지자 탄광회사는 입막음을 위해 조선인들을 갱도에 가두어 폭파하려는 계획을 세운다. 이를 눈치를 챈 무영이 사람들을 모아 섬을 탈출할 계획을 털어놓자 "막말로 일본 사람들이 우리보다 억수로 이 의식이 깨어 있는 사람들인데 대화라도 좀 나눠보고"라며 탈출을 말리는 사람이 나온다. 이에 대해 강옥은 "누가 조선 종자들 아니랄까 봐. (…중략…) 허구한 날 처밟혀 살다보니까 알아서 기는 게 습관 됐어?"라며 다그친다.

이 장면은 동포 간의 갈등을 그리면서 피지배의 지위를 감수하고 받아들인 '노예근성'에 대한 자기비판이라고도 해석할 수 있다. 그런데 여기서 문제는 '조선 종자'라는 자학적인 표현이 '국민의식이 낮다'며 열등한 존재라고 말하는 지배자의 논리를 내면화하고 있다는 것이다. 앞에서 언급한 '일본인은 의식이 깨어 있다'거나 '조선인은 모이기만 하면 싸움만 한다'는 대사처럼 식민주의적 열등의식을 내면화한 인물에게 자학적인 표현을 반복적으로 말하게 하고 있다. 이러한 대사가 당시의 모습을 재현한 것인지 어떤지는 의문이다.

더욱이 말년이 "그 먼 위안소까지 위안부로 보낸 것도 조선 면장이고 부대 퇴각할 때 겨우 살아서 도망치는 것을 잡아다가 이짝으로 다시 보낸 것도 조선 포주 놈이고"라며 조선인에 대한 불신을 드러내는 대사는 '위안부' 동원에서 조선인 개입업자의 역할에 대한 논쟁 상황을 참조한 현재 가치관의 투영일 것이다. 이러한 조선인 중개업자의 존재는 나중에 역사의 검증과정에서 부상하고 한국의 운동단체의 피해자 담론을 비판하기 위해서도 사용된다. 그러나 당시의 강제동원의 구조를 피해자가 이해하고 있었는지 어떤지는 명확하지 않다. 그럼에도 불구하고 일본군 '위안부' 문제에 대한 현재의 쟁점을 안이하게 역사적 사실로서 영상화한 것이다.

클라이맥스의 탈출 장면은 제작진이 가장 공을 들인 장대한 액션이다. 400명의 탈출극은 역사적 사실에 없는 장면이므로 군사 전문가의 의견을 구해 격렬한 총격전을 전개하고 욱일기를 찢어 연결하여 배에 승선하는 도구로 사용하는 등 시각적인 효과를 강하게 의식했다. 이 과정에서 '친일파'인 학철과 인본인 관리자는 단죄되지만 많은 조선인도 목숨을 잃게 된다.

반면, 일본인과 조선인의 직접적인 대결을 조심스럽게 피하려는 의도는 일관되게 나타나고 있다. 일본인 소장 시마자키의 목숨을 빼앗는 것은 소장의 자리를 노리고 있던 일본인 야마다이고, '친일파'인 학철을 '처단'하는 것은 무영이다. 무영은 학철에게 "민족의 적과 내통한 죄, 인민들의 피를 빨아 사리사욕을 채운 죄, 지도자 행세를 하며 민중을 기만한 죄를 물어 너의 반민족 행위를 조선의 이름으로 처단한다"고 통보한 뒤 처형한다. 한편으로 일본인과 조선인이 뒤섞여서 총격전을 벌이는 집단탈출 신에서는 양쪽에서 많은 사상자가 나오지만 여기에서 일본 측 가해자는 이른바 '얼굴이 보이지 않는 존재'이며 일본과 조선의 대립구조에서 오는 증오는 지워져 있다.

'친일파'에 대한 단죄는 제2차 붐의 '식민지영화'의 이항대립을 넘은 양식에서는 마치 의식처럼 따라다닌다. 하지만 〈군함도〉에서 '내부의 적'은 학철과 같이 가시화된 '친일파'가 아닌, 식민주의가 내면화되어 보이지 않게 된 '나쁜 건 같은 조선인'과 같은 담론이다. 이렇게 일본인보다 '친일파'와의 대립구조를 강하게 드러낸 것이다. 이처럼 비극의 원인이 '친일파' 또는 조선인끼리의 알력에 있다고 하는 표현을 많이 사용하면서 〈군함도〉는 '식민사관'을 반영하고 있다는 비판을 받게 된다.[20] '내부의 적'은 '민족의 이름 아래'에 '처단'되었지만, 집단탈출의 쾌감에도 '나쁜 건 같은 조선인'이라고 하는 찜찜함은 해소되지 못했다.

　결국 〈군함도〉가 지배와 피지배의 이항대립을 넘어서려 한 방법은 '내면화된 식민주의'를 무균화하지 않은 채 관객의 마음에 남긴 것이다. 화제작으로서 기대를 모은 〈군함도〉의 추락을 보고 류승완 감독은 "'친일'에 의해 무너졌다"고 말했다.[21] 마치 자신이 내셔널리즘에 의해 희생된 듯 뱉어내는 말이지만 감독이 이 영화에 기대한 식민지 조선 민중의

20　'친일파'를 야유하는 표현은 감독이 자료로 썼다고 전해지는 한수산의 소설 『군함도』에도 자주 나온다. 韓水山, 川村湊ほか 訳, 『軍艦島』 上・下卷, 作品社, 2009. 한국어판은 『까마귀』라는 제목으로 2003년에 발표되었다. 이 책에서는 선량한 일본인이 등장하고 "지금까지 겪는 일이지만 조선인이 힘든 일을 당할 때는 꼭 사람 살을 벗기는 조선인이 있다"(上卷, p.24), "자신의 동포를 팔아먹는 놈들, 일본인보다도 더 나쁜 놈"(下卷, p.201) 등의 기술이 곳곳에서 보인다. 다만 이 책은 상, 하권 900면으로 '부국강병'을 내세운 일본의 산업정책에서의 하시마에 대한 평가, 전황과 노동환경과의 관련성, 다양한 배경을 가진 조선인들의 심리, 그리고 나가사키의 원폭 투하로 희생된 조선인의 비극을 치밀하게 묘사함으로써 '식민사관'적 담론에 대한 저항감을 넘어서는 것에 성공했다.

21　「영화 '군함도' 류승완 감독 - '친일'에 무너졌다」, 『데일리안』, 2017.8.7, http://www.dailian.co.kr/news/view/651260

표상과 관객의 호응에는 커다란 갭이 있었던 것은 틀림없다.

그 중심에 있는 것이 일본인과 조선인의 등장인물이나 대사, 대립구조, 인간관계에서의 '친일'의 표상이었다. 이러한 표상은 무의식의 투영이 아닌 가해-피해의 대립 구도를 넘어서기 위한 장치로서 의도적으로 설치된 전략이었다.

생산 – 이항대립에서의 탈피와 '애국 마케팅'

〈군함도〉의 표상 분석에서 드러난 것처럼, 연출은 가해-피해의 대립구조를 뛰어넘어야 한다는 것을 강하게 의식하고 있다. '친일파'의 캐릭터가 두드러지지만 그것만이 전부는 아니다. 일본제국의 폭력에 떨고 있는 조선 민중은 살아남기 위해서 체념하고 순응하고 변절하고 배신하는 다면적인 군상을 보여주고 있다.

이러한 다면적인 군상은 물론 감독이 의도한 바일 것이다. 개봉 직전인 7월 19일 언론 시사회에서 류승완 감독은 "군함도의 자료를 조사해보니 나쁜 일본인, 선한 조선인만 있던 것이 아니었다"며, "이러한 소재를 이분법적으로 또는 좌우의 이론을 가지고 자극적으로 표현하는 것이 오히려 역사를 왜곡하기 좋은 방법"이라면서 이 작품이 지배와 피지배의 구도를 넘어서는 작품이라는 것을 강조했다.

개봉 전달에는 제작발표회6월 16일 및 약 3천 명이 참가하는 대규모 공개 전 이벤트6월 26일가 열렸다. 이벤트에서 감독은 "반일감정, 민족주의의 정서를 자극해서 선전·선동하는 흥행을 위한 영화로 보이지 않도록 주의했다. 역사 속 개인에게 중점을 두었다"고 말했다. 이에 앞선 제작발표회에서 감독은 "다큐멘터리가 아닌 서스펜스나 박력 등 영화적 쾌감을 중시한 영화"라고 말했다. 일본 기자로부터 이 영화가 한일관계에 끼칠 영향에 대해서 질문을 받고 "말할 것은 말해야 한다"면서도 "극단적인 민족주의에 바싹 달라붙은 국뽕영화가 아니다"고 강조했다. 그리고 영화가 공개되면 한일관계의 걱정은 없어질 것이라고 말했다.

이처럼 감독은 사람들의 관심이 높은 역사문제를 주제로 하면서도 〈군함도〉는 어디까지나 창작물임을 강조했다. 7월 19일 시사회에서 감독이 "아픈 역사를 전하는 것도 하나의 목적이지만 그것이 제1의 목표는 아니다"라고 말한 것도 이 영화가 '민족의 이야기'로 회수될 것을 염려하여 스펙터클한 영화라는 점을 내세울 요량이었을 것이다.

그러나 이러한 발언과는 달리, 예고편 영상에서는 욱일기가 찢어지는 등 '반일'을 드러냈다. '군함도 전국민 알리미 쇼케이스'라는 이름을 내건 공개 전 이벤트는 영화를 역사의 기록과 결합하는 장치로 충분히 이용되었다. '군함도를 기억해주세요'를 슬로건으로 삼아 배우들은 거대한 플랜카드를 들었고, 배지와 팔찌 등 굿즈도 등장했다. 의류회사와 손을 잡고 티셔츠를 제작했으며, 수익금을 군함도의 역사적 실태 해명에 힘쓰는 나가사키의 오카 마사하루岡まさはる기념 나가사키평화자료관에 기부하는 캠페인도 벌였다.

오락영화인 것을 강조한 감독의 홍보 이벤트에서의 발언과 내셔널리즘에 호소하는 '애국 마케팅'은 모순되었으며, 이렇게 한눈에 봐도 뒤죽박죽인 홍보 활동은 결과적으로 역효과를 가져왔다. 개봉된 영화에서는 사전에 언급되지 않았던 '친일파'의 존재가 두드러졌고, 조선 민중은 분열적 존재로서 표상되었다. 이는 '역사영화' → '식민지영화' → '항일영화' → '일제의 탄압' → '친일파'라는 구조의 최종심급으로서의 '친일파'가 민족반역자로서 '처단'된다고 해서 해소되는 것이 아니었다.

상품미학적 관점으로 볼 때, '친일파'는 '반일'적 표상이 아닌 자극과 긴장을 유지시키는 게임적 리얼리티의 역학적 장치가 된다고 앞서 언급했지만, 〈군함도〉는 정치미학을 마케팅에 활용했다. 결국, 마케팅은 정치미학에 의거하고 작품은 상품미학을 추구한 것이 엇박자를 초래하게 된 것이다.

소비 – 조선인 강제동원의 영상화에 대한 벗어난 기대

지금까지 한국 상업영화에서는 식민지 시대의 강제동원을 다루지 않았다. 제2차 세계대전 당시의 조선인 강제동원에 대해서는 일본 정부뿐만 아니라 한국 정부도 1965년 한일협정에 의해 해결되었다는 인식이 있었다. 그러던 것이 신일본제철현 일본제철 및 미쓰비시 중공업을 상대로 일어난 손해배상청구 소송에서 2012년 한국 대법원이 원심을 깨고 원고의 일부 승소판결을 내린 것이 계기가 되어 역사문제로서 새롭게 부상했다.본서 제3장

이렇게 '강제동원' 문제가 대두되고 하시마 탄광의 세계문화유산 등록 과정에서 '강제노역Forced to work'이라는 표현을 둘러싸고 한국과 일본이 대립하는 가운데 '군함도'의 존재가 알려지게 되었지만, 그 이전까지 강제동원에 대한 관심은 낮았었다. 그 다음 달에 MBC의 간판 프로그램인 〈무한도전〉에서 '군함도'를 방문한 기획을 방영한 것이 한일 강제동원을 상징하는 역사문제로서 '군함도'에 대한 관심이 높아지는 계기가 되

었다. 영화 〈군함도〉는 필연적으로 강제노동에 대한 '역사영화'로서 기대를 모으게 되었다.

하시마 탄광의 세계문화유산 등록에 대한 한국 측의 문제 제기를 비난해 온 『산케이신문』이 이미 2017년 2월 8일 기사에서 당시 제작 중이었던 〈군함도〉를 비판한 것에서 알 수 있듯이 이 시기에 벌써 〈군함도〉는 화제가 되어 있었다. 제작자 측도 이러한 분위기를 활용해서 적극적으로 '애국 마케팅'을 펼쳤다. 블록버스터 영화가 내셔널한 감정을 따르는 것은 흥행의 성공을 보증하는 하나의 공식이기도 하다.

그런데 막상 개봉된 영화를 보니 예고편에 있었던 욱일기를 찢는 신은 탈출에 로프가 필요하기 때문이었고, 적극적인 저항의 의미보다도 탈출 도구로 활용하는 소극적인 의미로 받아들여졌다. 이 영화에서는 일본의 강제노동의 혹독함과 착취, 폭력 등 일본인의 잔학성을 드러내는 장면이 적지 않다. 그러나 비극의 섬으로 '군함도'가 그려지기보다도 창작된 클라이맥스의 집단탈출 장면이 최고의 볼거리였다. 감독이 주무기로 삼는 액션 장면을 위해서 비극의 역사가 그저 이용된 것은 아닐까. 이러한 의문을 받게 된 〈군함도〉는 일단 장엄한 '항일영화'를 기대했던 관객에게 실망을 안기게 되었다.

한편, '국뽕영화'라고 비난받지 않기 위해서라도 이 작품이 '민족의 이야기'가 아니라, '역사 속 개인'에 의한 탈출극이라는 점을 보여줄 필요가 있었다. 감독은 사전 홍보 이벤트에서 '지배와 피지배의 구도를 뛰어넘는'다고 '국뽕영화'에 지친 영화 팬들에게 호소했지만, 그것을 위해 비장의 카드로 꺼내든 '친일파'는 역효과를 초래했다. 이렇게 해서 '군함도'의 비극은 민족문제라기보다 인간의 욕망에 의한 것이라는 점이 부각되었지만, 이러한 표상 방법은 관객에게 수용되지 않았다.

이에 실망한 관객의 반응이 '친일영화'나 '역사왜곡'으로 인터넷상에서 거론되고 미디어에서도 추종하며 이 영화에 대한 비판적인 평가가 확산되었다.

규제 – 일본 시장에 대한 고려

한국의 '식민지영화'에서 내셔널한 이야기를 기대하는 관객의 욕망이 '규제'로서 작용하는 것은 분명하다. 〈군함도〉를 둘러싼 담론에서도 내셔널리즘에 기초한 '규제'의 영향을 지적할 수 있다. 그런데 이 영화의 표상에서는 '일본 시장에 대한 고려'라는 '규제'의 존재도 엿볼 수 있다.

〈군함도〉는 제작 단계에서부터 일본 측의 견제를 받은 것에서 알 수 있듯이, 이 영화는 공개되기 전부터 담론으로서 유통되었다. 글로벌 시장을 바라보는 영화산업에서 봤을 때 일본의 반응은 무시할 수 없다. 일본의 영역 안에 있는 하시마를 거대한 세트장으로 재현한 것이 일본에서도 화제가 되었을 것은 충분히 예상되지만, 감독이 일본 시장도 의식했다고 한다면 이 영화가 '반일영화'가 아님을 보여주는 것은 중요하다. 최근의 '식민지영화'의 '탈민족' 경향은 때마침 좋은 흐름이었을 것이다.

제작발표회에서 감독이 "영화가 공개되면 한일관계에 대한 우려는 충분히 불식될 것이다"라고 말한 것은 담론으로서는 어떻게 논해지든 간에 작품으로서는 일방적으로 일본을 규탄하지는 않는다는 자신감으로부터 우러나온 것이었을 것이다. 이는 다시 말해, '반일' 표상에 대한 억제 또한 '식민지영화'의 규제로 작용하고 있다는 것이기도 하다. 2014년에 공개된 헐리우드 영화 〈언브로큰〉감독 안젤리나 졸리이 '반일영화'라고 규탄받아 상영 보이콧운동이 일어난 것은 기억이 생생하다.[22]

그럼에도 〈군함도〉가 '항일영화'인 이상 '반일'의 표상을 배제하는 것은 애초에 불가능하다. 그렇지만 '친일파'를 등장시켜 대립구조의 축을 제국 지배에서 조선인 간의 이야기로 옮김으로써 가해-피해라는 이항대립 구도를 넘어서 '반일'은 회피할 수 있게 된다. 이러한 이야기 구조는 일본 시장을 염두에 둔 것이기도 할 것이다.

주인공 오말년을 연기한 이정현이 개봉 전 인터뷰에서 "'일본이 무조건 나쁘다'고 말하지 않아서 마음에 들어요. 실제 역사를 봐도 조선인이 같은 조선인을 속이기도 하거든요."라고 말한 것은[23] 이러한 감독의 자신감을 뒷받침한다.

최근 한국의 문화상품이 일본에서 폭넓게 받아들여지고 있는 상황에서 '반일영화'에 출연하게 되면 일본에서의 이미지에 영향을 끼친다. 지금까지 역사문제나 영토문제에 관한 이벤트에 참가한 한국 연예인들이 일본에서 비난받은 일은 종종 있었다. 실제로 〈군함도〉에서도 일본에서의 이미지를 고려해서 출연을 거절한 경우도 있다고 한다. 제2차 붐의 '식민지영화'에는 일본인 배우도 다수 등장하지만 〈군함도〉에서는 그렇지 못했다.

---

22 『朝日新聞』, 2015.3.17(朝刊).
23 「이정현, '군함도' 천만 돌파보다 중요한 것은」, 『한국경제신문』, 2017.7.27, http://news.hankyung.com/article/201707266899H.

아이덴티티-수용자의 요구와 제작자의 응답

'친일영화'라는 비판을 받고 나서 류 감독은 해명하기에 바빴다. 개봉 직후인 7월 28일에 감독은 '영화 〈군함도〉 관련 일본의 고의적 왜곡에 대한 입장'이라는 제목의 보도자료를 발표하고 "일본은 아직도 자신들이 저지른 전쟁범죄와 청산되지 않은 어두운 역사를 마주할 준비가 안 되어 있는 것 같아 너무나 실망스러웠다"고 코멘트했다. 더욱이 공개 전과는 다르게 "내가 취재한 사실을 기반으로 당시 조선인 강제징용의 참상과 일제의 만행, 그리고 일제에 기생했던 친일파들의 반인륜적인 행위를 다루고자 했다"고도 말했다.

그럼에도 〈군함도〉에 대한 '친일' 비판은 그치지 않았고, 감독은 신문과 방송사의 인터뷰에 차례로 응하면서 사태 진화에 나섰다. 인터넷 신문 『오마이뉴스』와의 인터뷰에서는 "친일파라고 하는 표현은 일부러 쓰지 않았다"고 변명했다.[24] 사실 독립운동가 학철이 '친일파'라는 반전은 내러티브의 중요한 요소이기에 사전에 그것을 공개할 필요는 없었을 것이다. 개봉 전부터 '나쁜 일본인, 착한 조선인만이 있었던 건 아니다'라고 말한 것에서도 일관성이 엿보인다. 『한국경제신문』과의 인터뷰에서는 "'친일영화'라는 해석은 부당하다"고 말하며 "영화의 친일청산 의지는 명백하다"고 호소했다.[25]

---

24 「류승완 "쉽게 가는 건 선동…다시 만들어도 같은 선택"」, 『오마이뉴스』, 2017.8.8, http://star.ohmynews.com/NWS_Web/OhmyStar/at_pg_m.aspx?CNTN_CD=A0002349030.

25 「류승완 감독 '군함도'는 현재진행형…영화가 일본 정부 의지 꺾었죠」, 『한국경제신문』, 2017.8.1, http://plus.hankyung.com/apps/newsinside.view?aid=2017080165311&cate-

그런데 류 감독의 발언은 서서히 '과격'해진다. 『노컷뉴스』와의 인터뷰에서는 광복 이후 한국에서 '친일파' 청산에 실패한 것을 들면서 "이걸 덮으려고 하는 이들이 있으니 더 이야기해야 하는 거다"라고 언급했다.[26] SBS서울방송와의 인터뷰에서는 "난 이 영화를 통해 식민 통치 아픔이 어디에서 시작되었고 어떤 과정을 거쳤는가를 그려 이에 관한 건강한 논의가 이뤄지길 기대했다"고 말했다.8월 13일 이 뉴스의 타이틀이 '류승완은 왜 〈군함도〉에서 친일청산을 외쳤나'인 것처럼 미디어도 〈군함도〉가 애초부터 친일파 청산을 테마로 한 영화였던 것처럼 전했다.

이러한 감독의 대응은 〈군함도〉가 '친일영화'이고 '역사를 왜곡'하고 있다는 비난을 막을 필요가 있었기 때문이다. 〈군함도〉가 '친일' 논쟁에 휩싸이면서 감독이 해명을 요구받는 사태는 '식민지영화'나 '항일영화'의 대일對日 표상에 대한 수용자의 곱지 않은 시선이 뿌리 깊게 깔려있음을 보여준다. '친일' 논쟁에 휩싸인 감독은 그러한 아이덴티티의 요망에 부응하여 민족적 주체임을 표명해야 했던 것이다.

gory=starPlus&sns=y.

26　「류승완 감독이 밝힌 '군함도'의 오해와 진실」, 『노컷뉴스』, 2017.8.16, http://www.nocutnews.co.kr/news/4831615.

5. 〈군함도〉 쇼크를 넘어서

제2차 붐 외의 '식민지영화'가 그 최종심급에서 '친일파'의 '회개'나 한일 민중의 '연대'를 나타냄으로써 '내부의 적'이라고 하는 이화異和를 불식시켰다면, 〈군함도〉에서는 '친일파'를 표상하는 목적의식이 결여된 채 집단탈출의 스펙터클이 전개되면서 강제동원의 역사를 액션영화의 미장센으로만 소비했다. 이에 따른 식민지 지배를 배경으로 한 한국영화에서의 각 단계의 연결방식의 관계구조가 무너지면서 해소되지 않는 위화감이 남아 결과적으로 '역사 왜곡'이라는 비판을 받게 된 것이 〈군함도〉를 둘러싼 일련의 사태라 할 수 있다.

한쪽에서는 '반일영화'라며 견제받고, 다른 한편에서는 '친일영화'라는 비판에 휩싸인 아이러니컬한 상황은 '항일영화'를 주류로 하면서도 가해-피해의 대립 구도를 넘어서려는 제2차 붐 시기의 일본제국을 표상으로 한 양식과 전략의 모색이 벽에 부딪혔음을 의미한다. 〈군함도〉가 흥행에서 하락세를 보인 것은 '친일파'를 통해 식민지 시대에 대한 민족 내부의 모순이나 갈등을 그려내는 방법에 보다 진중하고 깊은 문제의식이 요구되고 있음을 의미한다.

류 감독은 앞선 『한국경제신문』과의 인터뷰에서 '친일영화'라는 평가의 부당성을 호소하면서 극 중의 '친일파'가 모두 비참한 최후를 맞이하는 것을 그 근거로 들었다. 딸을 위해 지배자에게 가까이 다가갔다가 나중에는 저항의 모습을 분명하게 드러낸 강옥마저 죽음을 맞이한 것을 놓고 '친일청산의 의지'의 표명이라고 한다면 다양한 '친일파'의 군상을 제시한 의도가 무엇인지 알 수 없게 된다. 감독의 발언은 '친일파'는 모두 말살되어야만 하는 존재라고 하는 것과 동일하기 때문이다.

이렇게 되면 결국 '민족'은 선, '민족의 배신자'는 악으로 만드는 이분법에 빠지고 만다. 실제로 이 작품에서 희화적이고 표면적으로 '친일파'를 그리는 방식은 감독의 의도와는 상관없이 선악의 이분법을 보강했다고 볼 수 있다. 이렇게 애매모호한 제국주의, 식민지배에 대한 관점을 가지고 조선인 강제동원을 다루었다는 점 때문에 역사적 사실을 조선인의 집단탈출이라고 하는 스펙터클로 대체한 표상의 아크로바티즘곡예과는 균형이 맞지 않다고 말할 수 있을 것이다.

역사적 사실이나 실화를 소재로 하는 한국영화를 분석한 문학자 노자키 미쓰히코野崎充彦는 현대 한국영화의 경향에 대해 "'가치관의 상대화'이자 '한국사의 재검토'이며, 그것이 필연적으로 초래하는 '역사정의'나 '사회정의' 실현에 대한 강렬한 희구"라고 분석하고 있다.[27] 다시 말해 한국영화는 그것이 생산되는 단계에서부터 역사나 사회의 '마땅히 그래야 할 모습', '이상적인 모습'을 추구하고 있는 것이다. '마땅히 그래야 할 모습'의 추구는 소비자관객의 아이덴티티에 기초한 기대나 요망의 반영이기도 하며, 영화는 각종 규제 사이에서 흔들리면서도 다양한 표상을 낳으려는 모색을 지속하고 있다.

이 장에서는 한국영화에서 '식민지영화'의 표현양식과 표상 전략이 어떻게 변화하고 어떤 의미를 만들어냈는지에 대해 한일 역사문제를 둘

---

[27] 野崎充彦,「記憶の作法－現代韓国映画の地平」,『韓国朝鮮の文化と社会』第14号, 2015, p.183.

러싼 정치적·사회적 상황에 비추어 고찰해 보았다. 이를 통해 2000년대 이후의 '식민지영화'가 내셔널리즘으로 향한다는 단순한 도식으로는 파악할 수 없는, 대일對日 표상의 양식과 전략을 더듬어 가면서 다양한 형태로 가해-피해의 대립 구도를 넘어서려는 사회적 실천으로서의 한국영화의 고충을 엿볼 수 있다. 군함도가 그러한 한계를 드러냄에 따라 후속 '식민지영화'들은 또 다른 표현양식을 찾아낼 수 있을 것이다. 그러나 제3차 붐이 될 새로운 표현양식은 아직 그 특징을 표명하고 있지 않다.

'식민지영화'나 '항일영화'는 2018년에도 〈말모이〉, 〈자전차왕 엄복동〉, 〈항거-유관순 이야기〉가, 2019년에 〈봉천 호랑이 이상대〉, 〈천승-극강의 싸움꾼〉, 〈봉오동전투〉가, 2020년에 〈조선주먹〉, 〈영웅〉, 〈경계인〉이, 그리고 2021년에도 〈유령〉이 제작되었다. 항일무장투쟁을 그린 〈봉오동전투〉가 478만 명, 치안유지법 아래에서 일어난 조선어학회 사건을 모티브로 한 〈말모이〉가 286만 명을 동원했고, 또한 독립운동가 유관순의 투쟁을 그린 〈항거-유관순 이야기〉가 115만 명을 동원한 것을 제외하면 거의 흥행에 실패하거나 저예산의 액션영화이다.[28] 독립운동가 안중근의 이토 히로부미 저격과 그 마지막을 뮤지컬 영화로 연출한 〈영웅〉은 2022년에 개봉하여 320만 관객을 동원했지만, 2023년에 개봉한 〈유령〉은 흥행에 실패했다.

흥행에 성공한 작품의 경우, 독립운동을 주제로 하는 것에서 제2차 붐의 연속선상에 위치한다고 말할 수 있을 것이다. 그러나 2018년 이후

---

28 관객동원수는 KOBIS에 의한다. (최종검색일 : 2021.12.24.)

의 '식민지영화'는 독립운동을 주제로 하면서도 '지배자 측과 피지배자 측의 연대, 공감, 반전을 통해서 그 대립적인 구도를 흔드는' 것은 없고 제 2차 붐의 내러티브의 특징을 보이지 않는다. 최근의 '식민지영화'에서는 '선한 일본인'^{한일 민중의 연대}이 등장하지 않게 된 것이다. 이것이 〈군함도〉를 둘러싼 사건에 영향을 받은 것이라 한다면 〈군함도〉 쇼크는 그야말로 '식민지영화'의 '퇴행적인 현상'을 초래한 전환점으로서 기록될 것이다.

그래도 〈봉오동전투〉는 명실 공히 '항일영화'이면서 일본에서의 공개는 바랄 수 없어도, '항일영화'라는 '규제'를 돌파하고 다수의 일본인 배우를 캐스팅했다. 이러한 영화인의 연대가 '식민지영화'의 퇴행을 막고 다음의 새로운 스타일을 낳는 기반이 될지 모른다.

제6장

'해군의 고장'을 연결하는 근대화 유산의 기술적 상상력

야마토 뮤지엄大和ミュージアム이 표상하는 '전함 야마토'의 서사

鎮守府
横須賀・呉・佐世保・舞鶴
～日本近代化の躍動を体感できるまち～

JAPAN HERITAGE
日本遺産

1. 근대화 유산으로서의 야마토 뮤지엄

일본의 문화청은 1990년대부터 근대적 수법으로 만들어진 산업·교통·토목의 건조물 등 유·무형의 유산에 관하여 문화적·역사적 가치를 인정하여 '근대화 유산'으로 지정하고, 이를 보호하기 위해 노력해 왔다. 이후 '근대화 유산'은 문화재 행정에 있어서 중요한 위치를 차지하고 있다. 그런데 '근대화 유산'은 일본 국내외에서 부負의 기억을 불러일으키지 않을 수 없다. 특히 근대를 식민지로 경험한 한반도에 있어서 일본의 '근대화 유산'은 지배와 억압의 유산이기도 하다.

문화지리학자 야마모토 리카山本理佳는 '근대화 유산'에 대하여, 자본에 의한 부의 축적을 군대라는 물리적 폭력을 수단으로 이용함과 동시에 보장함으로써 성립한 근대국가의 자본·군사 쌍방을 대상화한 카테고리라고 지적한다. 다양한 근대적 사업의 대상설정 중에서도 중공업이나 군사에 관련된 것에 대해서는, 공해나 전쟁 등의 긍정하기 어려운 사회적 경험이 문화유산과는 양립할 수 없지만, '근대화 유산'이라고 하는 폭넓은 포함성包含性을 가진 개념의 창출을 통하여 이를 문화유산으로써 구축해 나가는 것이 가능하게 된 것이다.[1]

이러한 문화유산이나 '근대화 유산'은 관광 진흥을 뒷받침하는 중요한 요소가 되기 때문에 문화재로 적극적으로 재검토되고 있다. 2015년에 제도가 시작된 문화청 주관의 '일본유산'도 그러한 시도 중 하나이다.

---

1   山本理佳, 『「近代化遺産」にみる国家と地域の関係性』, 古今書院, 2012, pp.31~32.

요코스카橫須賀, 가나가와현(神奈川県) · 구레吳, 히로시마현(広島県) · 사세보佐世保, 나가사키현(長崎県) · 마이즈루舞鶴, 교토부(京都府)의 구舊 군항 4개 시는 2016년에 '일본유산'에 등재를 신청하여 '진수부鎭守府 요코스카 · 구레 · 사세보 · 마이즈루~일본 근대화의 약동을 체감할 수 있는 고장~'[이하, 일본유산 '진수부']이 선정되었다.

　이것을 주도한 것이 '전함 야마토가 태어난 마을', 구레시이다. 일본에서 높은 인기를 자랑하는 '전함 야마토'를 테마로 하여 야마토 뮤지엄이라는 통칭으로 알려진 구레시해사역사과학관市海事歴史科学館, 도다카 가즈시게(戸高一成) 관장이 2005년에 오픈했다. 일본유산 '진수부'의 구성문화재에 포함된 자료를 소장하는 야마토 뮤지엄은 개관 이래 많은 관광객을 불러모으고 있는 관광명소이다.

　'전함 야마토'는 전후 일본에서 문화적 내셔널리즘의 상징으로 소비되어왔다.[2] 이 장에서는 '전함 야마토'의 서사가 대중문화 영역에서뿐만 아니라 야마토 뮤지엄의 설립과 전시, 나아가 구레 시를 필두로 한 '해군의 고장'의 지역적 아이덴티티를 창출하는 일본유산 '진수부'의 스토리로 이야기될 때의 역동성에 주목한다. 이러한 역동성에 주목하여 '근대화 유산'으로 부터 야마토 뮤지엄의 전시구조를 풀어헤치면, '전함 야마토'의 서사를 관통하는 근대주의 이데올로기가 드러나게 된다.

　야마토 뮤지엄은 일본의 '근대화'가 아시아 여러 나라를 군사적으로 짓밟고 식민지 지배한 역사와 표리일체로 깊이 연결되어 있었다는 사실

2　塚田修一,「文化ナショナリズムとしての戦艦「大和」言説－大和・ヤマト・やまと」,『三田社会学』18号, 三田社会学会, 2013, p.131.

을 무시하고, '근대화'와 '과학기술'의 발전이라는 적극적 측면만을 일면적이고 표면적으로 전시함으로써 가해 또는 부負의 측면을 엄폐하는 역사전시로 이루어져 있다.[3] 다만, 전쟁 시기의 병기를 전시하는 야마토 뮤지엄은 '과학전쟁박물관'임을 위장하거나 분식粉飾하기보다는 과학기술의 순정무잡純正無雜을 내세우고 있는 것이다. 그렇다면 중요한 것은 거기에 은폐된 내셔널리즘이나 전쟁의식을 분석해 내는 것보다도 과학기술에 의한 근대주의의 이데올로기가 시대와 장르를 넘나들며 다양하게 전개되는 '전함 야마토'의 서사구조를 어떻게 뒷받침하고 있는지를 밝히는 것이다.

무엇보다 근현대 일본사를 제국주의와 테크노크라시가 결합된 역사로서 제시한 아론 무어Aaron Stephen Moore는, 전쟁 시기 일본의 기술을 둘러싼 담론은 '제국적 파시즘'이라는 사회 전체의 통치와도 관련되는 이데올로기가 되고, 이를 합법화하는 '기술적 상상력'은 전후 일본의 사회와 외교에도 더욱 강력한 레거시가 되었다고 지적한다.[4] 무어는 저서 『'대동아'를 건설하다—일본제국의 기술과 이데올로기』에서 다종다양한 집단이 '기술'이라는 용어에 이데올로기적인 의미와 비전을 맡기는, 그 다양한 방법으로서 '기술적 상상력'이라는 조어를 도입하고, 과학기술에 근거한 전후 일본의 근대화라는 서사를, 그 기원으로 거슬러 올라가 전시

---

3   南守夫, 「「科学・技術」の名による戦争博物館(下)—大和ミュージアムを中心に」, 『季刊戦争責任研究』第73号, 日本の戦争責任資料センター, 2011, p.61.

4   アーロン・S・モーア, 塚原東吾 監訳, 『「大東亜」を建設する—帝国日本の技術とイデオロギー』, 人文書院, 2019, p.16.

체제하의 '기술적 상상력'을 추적함으로써 비판적으로 고찰한다.[5]

이러한 무어의 지견에 따라 '전함 야마토'의 서사구조를 대상으로 삼아 전전戰前과 전후戰後를 관통하는 역동성에 다가가는 것은, 근대 일본의 '기술적 상상력'의 연속되는 과거와 현재를 사회학적으로 고찰하려는 작업이기도 하다. 이때의 '전함 야마토'를 낳은 전시 체제하의 '기술적 상상력'은 일본제국이 추구한 근대주의의 이데올로기로서 '기술'과 '문화'로 인수분해 될 수 있을 것이다.

2. 구 군항 4개 시의 '해군의 고장'이라는 스토리

이 장에서는 요코스카·구레·사세보·마이즈루의 구 군항 4개 시가 '해군의 고장'이라는 스토리를 공유하는 데 중요한 역할을 한 구레시에 주목한다. 스토리의 근간을 이루는 담론이라 할 수 있는 '기술로서의 근대'와 '문화로서의 해군'을 도출하고 연결하는 데 있어서, 구레에서 건조된 '전함 야마토'의 이야기를 빼놓을 수 없다고 생각되기 때문이다. 그 중심에 있는 것이 야마토 뮤지엄이다.

일본의 근대화와 함께 군항으로 번창한 요코스카·구레·사세보·마이즈루는 일본제국 해군의 거점인 진수부가 설치됨으로써 해군 주도하에 철도교통과 인프라 등 그 군사 기능을 뒷받침하는 데 주안점을 둔 도

---

5   Ibid., p.11.

시형성이 진행되었다.[6] 해군의 병기 제조와 조선 부문을 뒷받침하는 공장 지대에는 첨단기술과 노동력이 집결되어 공업력의 약진과 인구의 급격한 증가를 가져왔다. 그중에서도 구레해군공창吳海軍工廠은 '제국해군 제일의 제조소'의 역할을 맡아 야마토를 포함한 다수의 군함을 건조했다.

일본의 패전으로 인해 이들 군항도시는 새로운 길을 모색해야만 했다. 군도軍都로서의 이미지와 자기 정체성을 벗고 '평화산업항만도시'로 거듭나는 것이야말로 '평화국가'의 전후 일본에서 살아남기 위한 비전이었다. 해군에 종속되는 일그러진 발전을 이루고, 해군의 해체 후에도 연합군에 접수된 광대한 구 군용지를 가진 구 군항 4개 시는, 현지 의원들이 나서서 1950년에 구 해군 관련시설을 평화산업으로 전환하는 것을 목적으로 하는 '구군항시전환법舊軍港市轉換法' 제정에 이르게 했다. 이때 이 법안에 대한 이해를 넓히는 활동을 주도한 것이 해군 해체에 의한 인구의 유출과 지방경제에의 타격이 가장 심했던 구레시이다. '일본 제일의 해군공창'으로서 군항 4개 시 중에서 최대 40만 명에 달했던 구레시는 패전 이후 인구가 15만 명으로 급감해 해군 해체로 인한 지방경제에의 타격이 가장 심각했다.

그러나 1950년 한국전쟁이 발발하면서 구 군항 4개 시의 군항평화도시건설을 향한 움직임은 궤도수정을 피할 수 없게 된다. 미군의 기지확대는 지역경제 활성화를 가져오는 한편, 다시 군항으로서의 역할을 요구한 것이다. 이렇게 하여 냉전체제에 의한 미국의 전략전환으로 일본의

---

6   林美和, 「軍港都市吳における海軍受容」, 『年報日本現代史』 17号, 「年報日本現代史」編集委員会, 2012, p.79.

재군비가 진행되면서 구 군항 4개 시에는 제국해군의 진수부에 해당하는 해상자위대의 지방대地方隊가 설치됨으로써 아오모리현(青森県)의 오미나토(大湊)를 포함 전전과 전후는 단절이 아니라 연속하게 된다.

구 군항도시에 관해서는 시리즈 『군항도시사연구』전7권, 세이분도출판(清文堂出版), 2010~2018가 해군과 연계된 각 군항도시의 형성과 발전에 대해 규명하고 있다. 이번 장의 테마인 구레시의 군항도시로서 연속하는 전전과 전후에 대해서도 지적하고 있다.[7] 또한, 관광명소로 주목받고 있는 야마토 뮤지엄의 전시내용과 관광전략에 미치는 영향에 대한 비판적인 관점을 포함한 분석도 이루어지고 있다.[8] 전후 일본에서의 전쟁관戦争観과 연계하여 '전함 야마토'의 담론의 변천을 살피는 저서도 있다.[9]

이 장에서는 이러한 연구의 축적을 바탕으로 일본유산 '진수부'에 주목하여 '근대화 유산'을 보유한 구 군항도시가 '해군의 고장'이라는 지역적 아이덴티티를 창출하는 문화정치적 의미에 대해서, 특히 구레시가 '전함 야마토'의 서사를 통하여 주도하고 있는 것과 관련지어 고찰한다. 일본유산 '진수부'의 스토리 구축은 역사서사를 가교하는 지점에서 성립

---

7   Ibid.; 上杉和央, 「連続と断絶の都市像—もう一つの「平和」都市・呉」, 福間良明・山口誠・吉村和真 編, 『複数の「ヒロシマ」—記憶の戦後史とメディアの力学』, 青弓社, 2012; 高橋香織, 「軍港都市・呉の戦後史—旧軍港都市転換法と自衛隊誘致と中心に」, 『北陸史学』 67号, 北陸史学会, 2018.

8   南守夫, op.cit.; 山本理佳, 「大和ミュージアム設立を契機とする呉市周辺の観光変化」, 『国立歴史民俗博物館研究報告』 193集, 国立歴史民俗博物館, 2015; 林美和, 「戦艦「大和」表象がもたらしたもの—大和ミュージアムにみる博物館コンセプトの変容」, 『日本史研究』 629号, 日本史研究会, 2015.

9   一ノ瀬俊也, 『戦艦大和講義—私たちにとって太平洋戦争とは何か』, 人文書院, 2015.

된다고 할 수 있다. 그렇다면 문제는 서사의 담론이 편성되는 동태이며, 그것을 해명하는 데 있어 열쇠가 되는 것이 '전함 야마토'라고 하는 경합하는 서사의 '역사서술에 있어서의 심층구조', 즉 미국의 역사학자 헤이든 화이트가 말하는 '메타역사'이다.[10]

'전함 야마토'의 서사를 분석함에 있어 텍스트가 묘사하는 '서사된 것'^{'이야기'}·'서사된 세계'과 텍스트 제시기법을 포함한 이야기의 매체인 '서사행위'를 구별하는 마티아스 마르티네스와 미하엘 쉐펠의 서사 이론을 원용한다.[11] 야마토 뮤지엄은 해군·군항·기술·야마토가 만들어내는 '해사역사과학관'으로서, 전시라고 하는 형식 아래 '전함 야마토'를 둘러싸고 구레 시와 관람자의 상호행위가 행해질 뿐만 아니라, 그 자체가 표명하는 아이덴티티는 가치관을 공유하는 지역 간의 연계도 촉진한다. 이러한 담론을 둘러싼 장소의 의미작용을 이해하기 위해서는 우선 미디어로서 야마토 뮤지엄이 보여주는 '서사'의 구조와 그 효과를 밝혀내야 한다.

---

10 ヘイドン·ホワイト, 岩崎稔監訳,『メタヒストリー―一九世紀ヨーロッパにおける歴史的想像力』, 作品社, 2017.

11 マティアス·マルティネス／ミヒャエル·シェッフェル, 林捷·末長豊·生野芳徳 訳,『物語の森へ―物語理論入門』, 法政大学出版局, 2006.

3. 유산에서 서사로_서사로서의 '전함 야마토'

일본유산 '진수부'의 서사 담론 – '기술로서의 근대'와 '문화로서의 해군'

'일본유산'은 문화유산의 보존에 그치지 않고 이를 적극적으로 활용하기 위한 스토리를 중시한다. 역사나 지역에 뿌리를 내리고 계승되는 문화·전승·풍습·풍토·역사적 배경 등 유·무형의 모든 문화재를 대상으로 하며, '지역의 역사적 매력이나 특색을 통해 우리나라의 문화·전통을 이야기하는 스토리'에 대해서 문화청이 '일본유산'으로 선정하는 것이다.[12]

유산으로서의 물체에서 서사로서의 스토리로 축을 옮김으로써 '일본유산'은 단일의 시정촌市町村에서 스토리가 완결되는 '지역형'일 뿐만 아니라, 여러 시정촌에 걸쳐 스토리가 전개되는 '네트워크형'도 가능해진다. 2015년 제1기 등재물이 공표되었고, 2016년 제2기 등재에 '해군의 고장'을 표방하는 구 군항 4개 시의 일본유산 '진수부'가 포함되었다. 천연의 항구에 진수부가 설치되어 그곳에 사람과 첨단기술이 모여들면서 군항도시가 탄생하고 특유의 해군문화를 키웠다고 하는 '바다와 역사가 연결하는 4개의 스토리'가 '일본유산'으로 선정된 것이다.[13]

---

12 文化庁,「日本遺産(Japan Heritage)」(パンフレット), 2019.

13 일본유산 '진수부'의 스토리는 다음과 같다. '메이지 시기 일본은 근대국가로서 서구열강에 대항하기 위한 해양 방위력을 갖추는 것이 급선무였다. 이 때문에 국가 프로젝트에 의해 천연의 항구 4개를 선택하여 군항을 구축했다. 조용한 농어촌에 사람과 첨단기술을 집적하고, 해군의 여러 기관과 함께 수도, 철도 등 인프라가 급속히 정비되어 일본의 근대화를 추진한 4개 군항 도시가 탄생했다. 백 년이 넘는 지금도 여전히 현역으로 가동되는 시설도 많아 역동적인 과거의 모습을 간직한 구 군항 4개 시는 어딘가 그립고

'해군의 고장'의 근대경
관은 문화재로서의 '근대화
유산'으로부터 스토리를 갖
춘 '일본유산'이 되어 이야기
됨으로써 '서사'가 된다. 여
기에서 '서사된 세계'는 전
쟁의 참화와는 무관한, 근대
일본의 토대를 마련한 기술
에 의해 채색되는 '안정된 세
계'[14]이다='기술로서의 근대'. 한
편, '해군'은 서사의 주인공
으로서 느낀 것, 생각한 것,
체험한 것, 만든 것 등의 다
양한 정보를 언어화하는데,[15]

〈그림 11〉 일본유산 '진수부'의 스토리북 (구 군항시 일본유산활용추진협의회)

군함이나 병기는 제조해도 사용은 상정하고 있지 않다='문화로서의 해군'. 이
처럼 '기술로서의 근대'와 '문화로서의 해군'이라는 두 가지 담론이 서로
얽힘으로써 '해군의 고장'에는 새로운 스토리가 구축되는 것이다.

　'기술로서의 근대'와 '문화로서의 해군'은 '전함 야마토'를 서사화할

　　도 씩씩해 지금도 찾는 이들을 매료시키고 있다. 一個人(特別編集), 「鎭守府を訪ねる：近
　　代化の先端を歩んだ海軍の本拠地」(パンフレット), 2007.
14　서사 텍스트에서 '서사된 세계'의 양식에 있어서 '안정된 세계 / 불안정한 세계'에 대해
　　서는, マティアス・マルティネス / ミヒャエル・シェッフェル, op.cit., pp.187~189.
15　李春喜, 「物語理論と翻訳」, 『外国語学部紀要』 7号, 関西大学外国語学部, 2012, p.172.

때의 구조체가 되는 '기술적 상상력'의 개념 모델이다. 필연적으로 이 두 담론은 '전함 야마토'의 연속되는 제국과 제국 이후의 역동성을 포착하는 분석 개념으로서 보완적으로 작용한다. 즉 '기술'은 근대문화의 마중물로 해군에 도입되고, '문화'는 첨단기술의 종착지가 되어 서사를 생성하는 것이다. 요컨대 '기술로서의 근대'로서 물상화된 '전함 야마토'의 서사는 '문화로서의 해군'에 의해 인격화되는 것이다. 그것이야말로 '전함 야마토'의 서사를 끊임없이 재생산·재구축하는 '기술적 상상력'이다.

전후 '구군항시전환법'의 대상 지역으로서 구 군항 4개 시가 추진한 연계는, 제국해군과 성쇠를 함께 한 일체감을 구사하면서도 '평화산업항만도시'를 목표로 전전과 전후의 '단절'을 도모하는 것이었다. 구 군항 4개 시는 그로부터 65년이 지나, 이번에는 '일본유산'을 발판으로 하여 '평화관광항만도시'를 추구하는 것이다. 구 군항 4개 시의 관광 진흥을 위한 네트워크는 문화청의 '일본유산' 신청을 통해 '단절'보다는 오히려 그 '연속'을 부각시켰다고 할 수 있다. 그렇다면 일본유산 '진수부'의 등재는 일본 제국시대의 근대관·전쟁관이라는 '커다란 서사'와 무관할 수 없다.

여기에 야마토 뮤지엄이 표상하는 '전함 야마토'의 서사는 어떻게 기여했을까?

대중문화 속의 '전함 야마토'

일본유산 '진수부'의 '일본유산' 신청에서 대표 시가 된 것이 '구군항시전환법' 제정 때와 마찬가지로 구레시이다. 그것은 '평화관광항만도시'에 대한 절실한 마음에서였다. 다만 구레가 그러한 주도권을 발휘할 수 있었던 것은 일본유산 '진수부'의 '바다와 역사가 연결하는 4개의 스토리'의 구성에 있어서 야마토라는 킬러 콘텐츠Killer Contents를 보유한 '전함 야마토가 태어난 곳'임을 빼놓을 수 없었을 것이다.

진수부가 설치된 구 군항은 제국해군 군함의 건조 기지였다. 기존의 공창을 통합해 1903년에 출범한 구레해군공창은 해군공창 중에서도 유일하게 제강부가 설치되어 국산에 의한 전함의 건조거점으로 중요시되었다.[16] 건조한 함선의 진수식에는 많은 사람이 참관을 위해 방문하는 것이 관례였지만 점차 기밀을 우선하게 된다.[17] 1940년 8월 8일의 야마토의 진수식도 비공개로 진행되었다. 그 존재가 비밀에 부쳐진 야마토는 1945년 4월 7일, 오키나와로의 특공작전 중 미군기에 요격당해 침몰된 사실조차 전후 한동안 일반에게 알려지지 않았다.

전쟁을 통해 야마토는 전과다운 전과를 올리지 못했다. 전후, 구 해군의 무능을 상징하는 야마토가 현재와 같이 찬미의 대상이 된 요인에 대해 그 비극적인 최후가 의도적으로 개변改變된 데다, 오늘에 이르기까지 신화화되고 있음을 역사학자 이치노세 도시야一ノ瀬俊也는 지적한다.[18] 야마토가 그 전사자들에게 경의를 표함으로써 신화화되는 계기가 된 것이 야마토에 학도병으로 승선하여 기적적으로 생환한 요시다 미쓰루吉田満가 1952년에 출간한 소설『전함 야마토의 최후』이다. 이듬해에는 이 소

---

16   林美和, 「呉市における戦後復興と旧港湾都市転換法」, 河西英通 編, 『軍港都市史研究 III 呉篇』, 清文堂, 2014, p.311.

17   齋藤義朗, 「軍港呉と進水式－昭和前期の臨時イベント」, 河西英達 編, Ibid..

18   一ノ瀬俊也, 「戦艦大和 戦後作られた最強神話」, 『文藝春秋』 92(11), 文藝春秋, 2014.9, p.266.

설을 원작으로 하는 영화 〈전함 야마토〉가 공개되었다. 이후 '전함 야마토' 서사는 대중문화를 통해 전후 일본인이 그때그때의 욕망을 충족시키고 자신들의 입장을 지키기 위해 소비되어 간다.[19]

'전함 야마토' 서사는 1960~70년대를 통해서 소년문화 속에서 계승되어 간다. 1960년대는 대일본제국의 영광을 회고하는 전기戰記 만화와 아동용 야마토 도감이 출판되었다. 고도성장의 한가운데 있는 일본에서 야마토를 만든 기술입국이라는 번영을 상징하는 기억으로서 서사가 소비되었던 것이다. 그리고 1974년에 〈우주전함 야마토〉의 TV 방영이 시작되었고, 이어진 극장판 애니메이션의 상영은 야마토 붐을 일으켰다. 1980년대에는 야마토의 수중탐사가 이루어지면서 야마토가 활약하는 가상전기물假想戰記物이 유행했다. 1990년대 이후 버블경제가 붕괴되며 미국에 대한 추종이 한층 거세진 일본에서 '세계최강'을 자랑하는 야마토는 일본인의 자존심을 만족시키기 위해 소환되었다.[20]

2000년대 이후에도 〈남자들의 야마토 / YAMATO〉2005, 〈스페이스 배틀쉽 야마토〉2010, 〈아르키메데스의 대전〉2019 등 야마토大和 / ヤマト의 영화는 계속 제작되고 있다. 2013년에는 TV시리즈 〈우주전함 야마토 2199〉가 리메이크판으로 방영되었고, 또한 야마토를 포함한 전함이 미소녀가 되는 온라인 게임 "함대 컬렉션-칸코레"가 등장한다. 이치노세는 이러한 애니메이션과 게임도 머지않아 야마토 서사의 역사의 일부가 될

19　一ノ瀬俊也, op.cit., 2015, p.279.

20　Ibid., p.252.

것이라고 예측한다.[21]

야마토 뮤지엄의 명예관장을 맡은 것이 〈우주전함 야마토〉의 작화作畵를 담당한 만화가 마쓰모토 레이지松本零士이다. 구레시의 상점가에 오픈한 마쓰모토의 작품을 전시하는 〈야마토 갤러리 레이(제로)ヤマトギャラリー零(ZERO)〉는 야마토 뮤지엄의 자매관이기도 하다. 일본유산 '진수부'의 심볼마크를 디자인한 것도 마쓰모토이다. 사실의 텍스트로서의 '야마토大和'와 허구의 텍스트로서의 '야마토ヤマト'는 분리할 수 없는 것이다.

'희극喜劇'으로서의 야마토 뮤지엄

따라서 야마토가 다양한 대중문화에 의해 호출되는 것은 '전함 야마토'의 서사를 역사로 파악하고자 하는 데 있어서 중요한 의미를 가진다. 역사서술의 서사성을 조명한 『메타역사』의 저자 헤이든 화이트는 역사의 설명에 있어서 사건의 크로니클연대기로부터 스토리를 편성하여 다른 가능한 스토리 사이의 관계에 대해 전체를 조망한 평가를 부여하는 '서사'로서의 개념화 양식을 세 가지로 제시한다. ① 플롯 구성에 의한 설명, ② 형식 논증에 의한 설명, ③ 이데올로기적 의미에 의한 설명이다. 그 중 '플롯 구성에 의한 설명'은 전승되고 있는 스토리의 종류를 특정함으로써 스토리에 의미를 부여하는 것이다.[22] 이러한 개념화의 양식은 마르티네스 / 쉐펠의 분류로 본다면 '서사 행위'에 해당한다.

화이트는 '역사적인 사건을 서사로 플롯화하는 스타일'에 대해 '로맨

---

21 Ibid., p.324.

22 ヘイドン・ホワイト, op.cit., pp.58~63.

스', '풍자극'해학극茶番, '희극', '비극'의 네 가지를 제시했다.[23] 이 네 가지 스타일을, 화이트의 정의에 마르티네스 / 쉐펠의 해설도 덧붙여 다음과 같이 제시한다.

> 로맨스 : 영웅이 경험의 세계를 초월하여 그것을 이겨내고 최종적으로 해 방자로서 귀환한다고 하는 줄거리[24]
>
> 풍자극(해학극) : 불리한 상황, 사악한 힘, 혹은 죽음에 의한 주인공의 피 하기 어려운 패배를 그림
>
> 희극 : 적대하는 여러 힘과의 일시적인 유화宥和와 주변 세계에 대한 주인 공의 일시적 승리를 표현
>
> 비극 : 갈등 원인에 대한 체념을 포함한 통찰을 통해, 주인공이 파멸의 희 생을 치러야만 얻을 수 있는 갈등의 해결[25]

야마토를 표상하는 소설·영화·전기물·애니메이션 등의 '전함 야마 토' 서사는, 텍스트가 사실인지 허구인지에 상관없이 이들 네 가지 스타 일에서 '플롯 구성에 의한 설명'이 가능하다.

그 건조부터 베일에 싸여 있던 야마토의 운명은, '1억 총 특공의 선봉' 이 될 것을 요구하는 불합리한 출격 명령에 의해 농락된다. 호위기도 수

---

23 '풍자극'에 대해 화이트는 훗날의 논문에서 '해학극'(Farce)이라는 표현도 이용하고 있 다. マティアス·マルティネス / ミヒャエル·シェッフェル, op.cit., pp.229.

24 ヘイドン·ホワイト, op.cit., p.62

25 '풍자극', '희극', '비극'의 정의에 대해서는 マティアス·マルティネス / ミヒャエル·シェ ッフェル, op.cit., pp.226~232을 참조했다.

반하지 않는 해상특공은 '불리한 상황'과 '사악한 힘'에 의한 주인공=야마토의 '피하기 어려운 패배를 묘사한다'라는 의미에서 '해학극'이었다. 패전 후, 구 해군의 무능을 상징하는 것이 야마토였던 것처럼, 애초부터 '전함 야마토' 서사는 '풍자극'이었다. 그것이 요시다 미쓰루의 『전함 야마토의 최후』에 의해서 '패배하고 깨닫는다敗レテ目覚メル'고 하는,[26] 주인공들=야마토의 승무원의 '체념을 포함한 통찰을 통해 파멸의 희생을 치르고 갈등을 해결'할 수밖에 없는 '비극'이 됨으로써 신화화되었다.

지구를 구원하고 나아가 주인공들이 '특공'을 그만두고 생환하는 애니메이션 〈우주전함 야마토〉는 '영웅이 경험의 세계를 초월하여 그것을 이겨내고, 최종적으로 해방자로서 귀환'하는 '로맨스'이다. 반면, 〈우주전함 야마토〉는 물론이고 이후의 가상전기물은 일본이 미일안보조약에 의존하는 상황에서 미국을 적으로 묘사하기를 꺼려하면서도, 역사상의 패배를 승리의 서사로 다시 쓴다. 즉 거기에서 야마토大和/ヤマト의 서사는 '적대하는 여러 힘과의 일시적인 유화와 주변 세계에 대한 주인공의 일시적인 승리'를 나타내는 '희극'이 되는 것이다. '전함 야마토'는 텍스트

---

26 요시다 미쓰루는 『전함 야마토의 최후』에서, 함상에서의 오키나와 특공작전에 대한 '필패론의(必敗論議)'에 대해, 초계장(哨戒長)인 우스부치 이와오(臼淵磐) 대위가 했다고 하는 말을 다음과 같이 적고 있다. "진보하지 않는 사람은 결코 이길 수 없다. 패배하고 깨닫는 것이 최상의 길이다. / 일본은 진보라는 것을 너무 가벼이 여겼다. 사적인 결벽이나 덕의에 연연하여 진정한 진보를 잊고 있었다. 패배하고 깨닫는다, 그 외에 어떻게 일본이 구원받을 수 있을까. 우리는 그 선도가 되는 것이다. 일본의 새로운 탄생에 앞서 흩어진다. 바로 본래의 소망이 아니더냐". 야마토에서 연일 들끓는 '사생담의(死生談義)'에서 이에 반론할 자는 없었다고 한다. 吉田満, 『戰艦大和ノ最期』, 講談社文芸文庫, 1994, p.46.

안의 표상이 다양한 플롯 아래 포괄됨으로써 공통되는 논리구조를 부여받아 서사성을 획득하는 것이다.

이러한 다양한 플롯이 보여주듯이, 대중문화로서 '전함 야마토'는 캐릭터의 배후에 있는 서사를 소비하는 '서사 소비'로 수용되고 있다고 할 수 있을 것이다.[27] 그것은 나아가 "함대 컬렉션"이 등장함으로써 '데이터베이스 소비'로 이행하는데,[28] 제국해군이라고 하는 '거대한 서사'로부터 분리되어 단편화된 전함의 표상으로서의 미소녀 여신의 캐릭터는 해상자위대의 마스코트로도 활용된다. 이 '심쿵萌え(모에) 홍보'의 큰 효과로 "함대 컬렉션" 등의 '심쿵 밀리터리' 팬이 자위대 시설이나 이벤트로 유입되면서 자위대 측도 적극적으로 협업하는 상황을 볼 수 있다.[29]

이러한 '전함 야마토'의 다양한 대중문화에서의 서사와 마찬가지로 야마토 뮤지엄도 '플롯 구성에 의한 설명'이 가능하다. 야마토의 운명을 예감케 하는 '거함거포주의巨艦巨砲主義'에 대한 비판마저도 물리치고, '기술력과 일본인의 혼이 응축된 결정'인 '야마토가 '전후'에 영광을 가져왔다'고 도다카 가즈시게 관장이 말하듯이,[30] 야마토 뮤지엄은 전쟁이 초래하는 '참화'보다도 전쟁 전부터 길러진 '기술'의 계승을 전경화前景化한다. 거기에서는 '평화의 소중함과 과학기술의 훌륭함'을 주거니 받거니 하면

27 大塚英志, 『定本 物語消費論』, 角川書店, 2001, p.14.

28 東浩紀, 『動物化するポストモダン―オタクから見た日本社会』, 講談社現代新書, 2001, pp.77~78.

29 須藤遙子, 「「萌え」と「映え」による自衛隊広報の変容」, 蘭信三ほか 編, 『シリーズ戦争と社会 2 社会のなかの軍隊/軍隊という社会』, 岩波書店, 2022, pp.243~244.

30 戸髙一成, 「戦艦大和と武蔵は, 日本人の「魂」と「技術力」の結晶だった!」, 『WEB歴史街道』, 2015.7.8. https://shuchi.php.co.jp/rekishikaido/detail/2406?

서, 기술이 쉽게 무기로 전용되는 것에 대한 우려는 멀어지고, 미군에 의해 침몰이 되더라도 기술을 손에 넣음으로써 전후 일본이 번영을 구가한 것만이 강조된다. 미국과는 화조하게 되는 '안정된 세계'에서 '전함 야마토'는 승자가 되는 것이다. 그러면 야마토 뮤지엄의 '전함 야마토'의 서사는 '적대하는 여러 힘과의 일시적인 유화와 주변 세계에 대한 주인공의 일시적 승리'라고 하는 '희극'으로 플롯화할 수 있을 것이다.

그리하여 야마토 뮤지엄은 '기술'이라는 근대주의의 이데올로기를 자아내며 '안정된 세계'를 구축하고, 이어 '해군'은 전쟁의 참화가 아니라 기술을 가져왔다고 하는 줄거리를 세움으로써 '불안정한 세계'를 한 구석으로 몰아내는 것이다. '전함 야마토'의 서사는 이러한 일관된 세계에서 예정조화적으로 결말로 향한다. 야마토 뮤지엄은 후술하는 바와 같이 '형식 논증에 의한 설명' 및 '이데올로기적 의미에 의한 설명'으로서도 '전함 야마토' 서사에 있어서 중요한 의미를 부여한다.

4. '전함 야마토'의 메타역사

'전함 야마토'의 메시지

야마토大和/ヤマト는 대중문화로 소비되며 일본의 전쟁관의 변천을 상징하는 콘텐츠로서 군림해왔다. 특히 야마토ヤマト의 서사는 여러 비평가가 지적하듯이, 태평양전쟁에서의 일본의 환상 속의 승리라는 회고적 낭만주의를 통하여 문화적 아이덴티티를 자극하는 것이다.[31] 그렇다면 야

마토의 건조지인 구레시가 그 서사를 문화자원으로 활용하는 것은 필연적인 흐름이라고 말할 수 있을 것이다. 2005년에 오픈하는 야마토 뮤지엄의 기획은 1990년대부터 시작되었다.

1980년대 조선업 불황에 따른 경제침체로부터 탈출을 모색하는 구레시는 1990년대 들어 상업·관광개발에 나서면서 '조선기술에 주목한 박물관 건설'을 목표로 한 현립박물관 구상이 수립되었다.[32] 그 구상은 '전함 야마토'를 중심축으로 하여 구체화되지만, 히로시마현 측이 이에 난색을 표함에 따라, 구레시 주체의 해사박물관 설립이 계획된다.[33] 구레시는 야마토 관련 심포지엄을 종종 개최해 분위기를 북돋았다. 1999년의 잠수 조사로 유품이 인양되면서 야마토 붐은 최고조에 달했을 것이다. 2003년 정식명칭이 확정되고, 통칭으로 '야마토 뮤지엄'도 공표되었다. 그리고 2005년에 개관을 맞이한다.

이와 같이 야마토 뮤지엄은 단순히 하나의 문화·관광시설로 건설된 것이 아니라 구레시의 일대 프로젝트로 만들어져 갔던 것이다.[34] '전함 야마토가 태어난 곳'에는 야마토 뮤지엄 뿐만 아니라 곳곳에서 야마토의 흔적이 눈에 들어온다. '아! 전함 야마토의 탑噫戰艦大和之塔'이 서 있는 '역사가 보이는 언덕'에서는 야마토가 건조된 도크Dock의 건조물을 조망할 수 있다. 야마토의 전갑판을 형상화한 공원은 야마토 부두라 불리며, 이

31　森有礼,「『ヤマト』は二度死ぬ－プロパガンダ映画としての『宇宙戦艦ヤマト』シリーズの変遷」,『国際英語学部紀要』14号, 中京大学国際英語学部, 2011, p.65.

32　上杉和央, op.cit., p.122.

33　山本理佳, op.cit., 2015, p.195.

34　Ibid., p.201.

리후네야마기념관入船山記念館구 구레 진수부 사령장관 관사 으로 가는 언덕길과 나가하마長浜 공원구 해군묘지 보도의 맨홀은 야마토가 디자인되어 있다. 레스토랑에서는 '전함 야마토의 오므라이스'를 맛볼 수 있다.

야마토 뮤지엄은 설립 취지에서, '전쟁 전에는 전함 '야마토'를 건조한 동양 제일의 군항, 일본 제일의 해군공창 도시로 번창하고, 또 전후에는 전쟁 전부터 길러져 온 기술이 새로운 기술과 결합하여 세계 최대의 유조선을 수많이 건조하는 등 일본이 전후 약 10년 만에 세계 제일의 조선국으로 발전하는 데 일익을 담당했습니다. 그 후 유수의 임해공업 도시로 발전하여 지역의 산업 발전뿐만 아니라 일본의 근대화에 크게 공헌해 왔습니다'라고 강조한다. 구레는 야마토 뮤지엄이 캐치프레이즈로 내세우는 '거대전함 '야마토'가 남긴 메시지'를 받아들여 미래로 향하는 지역적 아이덴티티의 재정립을 도모하고 있다.

그렇다면 구레가 이어받은 '전함 야마토'의 메시지란 무엇인가?

'기술의 결정結晶'으로서의 '전함 야마토'

'기술의 결정'으로서의 야마토 스토리는, 1969년에 세워진 '아! 전함 야마토의 탑'의 '건탑의 유래'에 '구레해군공창에서 구레 시민의 손으로 건조된 자랑스러운 기술의 결정'강조점-저자이라고 적혀 있는 것처럼, 그다지 새로운 것은 아니다. 소설『전함 야마토의 최후』의 신문광고는 '일본과학의 정수를 집대성하여 만든 불침전함'으로 야마토를 형용했다.[35] 1955년 조선 붐이 도래하자 구 일본해군의 설비와 기술도 주목받았다. 앞서 언급했듯이 '야마토를 만든 기술입국'이라는 번영을 상징하는 기억으로서의 서사'는 1960년대의 '전함 야마토'를 소비하는 트렌드였다. 하지만 오늘날 거대과학기술에 대한 회의나, 그것이 군사개발로 연결되는 것에 대한 우려도 대두되고 있는 가운데 야마토 뮤지엄이 근대과학주의를 노골적으로 드러내고자 한다면 그것을 정당화할 근거를 찾아야만 한다.

실제로 야마토 뮤지엄의 전시는 야마토 등 구레해군공창에서 건조된 군함의 역사를 비롯해 여기서 길러진 기술이 전후의 조선업에 어떻게 활용되어져 왔는지를 보여주고 있다. 관람객들은 먼저 야마토 뮤지엄의 상징인 10분의 1 크기의 야마토 모형26미터에 압도되어 '전함 야마토'의 서사에 빠져든다.

관람객들은 전시실 'A 구레의 역사'로 걸어 들어가 '해군 정비의 시대'와 '기술 습득의 시대'를 체험한다. 전쟁 전에는 '군축기의 산업합리화'조차도 '질 높은 조선 기술의 개발이 추진되는 동시에 이를 뒷받침하는 인재의 육성 또한 도모되었고' 나아가 '항공기 기술의 개발·생산'이 진행되었던 시대이다. 해군 군축조약을을 교묘하게 빠져나가는 의도도 '기술'이라는 이름으로 정당화된다. 전쟁 시기의 일반시민의 생활이나 미군에 의한 공습에 대해서도 전시되어 있지만, 전후는 '평화산업항만도시로서의 재생'을 완수한다. 전시실 A는 '기술로서의 근대'를 중심으로 한 역사관을 보여주는 것이다.

전시실 'A 구레의 역사'는 '야마토의 역사'로 이어진다. 이것은 야마토가 구레의 역사임을 가리키고 있지만, 여기서도 전시내용의 축은 야마

---

35   『読売新聞』, 1952.9.1(朝刊).

토를 만든 '기술의 결정'이다. '야마토의 건조'에는 '치밀한 계획'이 필요했으며, '야마토의 기술'은 '일본의 부흥과 고도성장을 뒷받침하고 현대에도 계승되고 있'다는 것이다. '조선 기술에 착안한 박물관의 건립'이 애당초 구상이었던 만큼 '기술'을 중심으로 한 야마토의 스토리도 납득 못 할 것 없다. 전환의 계기는 '조선 기술'에 구 해군이 결합하여 '전함 야마토'를 테마로 한 것일 것이다.

이러한 '기술'은 '전함 야마토' 서사에 있어서 근대 일본이라고 하는 '안정된 세계'를 구축한다. 전시는 '야마토의 생애'와 '야마토에 타고 있던 사람들'의 코너로 이어지는데, 여기에서 '전함 야마토'의 '해학극'과 '비극'이 이야기된다. 야마토승무원을 포함의 운명을 이야기함으로써 순간적으로 '불안정한 세계'로 이끌려가지만, 그것은 '전함 야마토'와 그것을 만든 기술의 연속성에 의해서 이내 원래 자리로 돌아온다.

세 차례의 잠수 조사를 통해 밝혀진 '야마토의 현재'에서는, 야마토는 침몰해도 '야마토의 기술'이 현대일본에 계승되는 것으로 일관되고 있다는 데 주안점을 둔다. 2016년 5월의 조사에서는 야마토 선체의 상태, 구조, 장갑, 주포탑 등 세부 상황이 밝혀지는데, 거기에서 발견된 것은 '전함 '야마토'를 건조한 구레해군공창의 제강 기술 등의 그 수준의 높이'이다. 부활하는 야마토는 앞서 서술한 '아! 전함 야마토의 탑'에도 적혀 있듯이 '야마토는 가라앉아도 그 기술은 가라앉지 않았다'라는 것의 귀결이다.

'B 대형자료전시실'에 이르면 야마토 뮤지엄의 '과학기술'의 콘셉트는 '전쟁박물관'의 면모를 드러낸다. 거기에서는 영식零式 함상전투기와 특공병기 '가이텐回天', 특수잠수정 '가이류海龍' 등을 전시하여, '실물 자료로 전쟁의 비참함과 평화의 소중함을 전한'다. 야마토와 무쓰陸奥의 포탄도 진열되어 있다. '기술'을 통해 전쟁과 평화의 경계를 애매모호하게 만들고 있지만, 그 전시가 전쟁을 일으킨 역사적 사실을 미화하고 있다고는 할 수 없다.

문학연구자의 미나미 모리오南守夫에가 지적하듯이 전쟁관련박물관 정의의 방법으로 전쟁을 긍정하는 사상에 근거하는지 부정하는 사상에 근거하는지로 이분한다면, 구레 앞바다의 에다지마江田島에 있는 구 해군 병학교인 해상자위대 제1술과학교의 교육참고관教育参考館은 '전쟁박물관', 히로시마의 평화기념자료관은 '평화박물관'에 해당한다. 이러한 이분법에 근거한다면 야마토 뮤지엄은 설립이념으로 '평화의 중요성'을 내세우고 있지만, 전시의 본질은 군사기술의 과시이다. 역사전시에서 아시아에 대한 가해의 역사를 명시하지 않고, '과학'의 이름으로 그 군사기술이 인간의 파괴에 이용되는 것에 대한 진지한 사색이나 반성을 찾아볼 수 없는 '과학전쟁박물관'의 대표가 되어 있다.[36] 하지만 야마토 뮤지엄은 오히려 '과학전쟁박물관'으로서의 패러다임 전환을 주창하고 있는 것이다.

야마토 뮤지엄의 역사서술에서의 심층구조

화이트가 말한 역사서술의 두 번째 양식인 '형식 논증에 의한 설명'은, '역사가가 최종적으로 '전체의 의미' 내지 '그 목적' 등을 설명하고자

---

36   南守夫, 「日本における戦争博物館の復活①」, 『戦争責任研究』 65号, 日本の戦争責任資料センター, 2009, p.34.

하기 위한 전제가 되는' 개념화의 수준이다.[37] 이것은 스토리의 요소로 여겨지고 있는 역사 사건의 플롯 구성이 아니라, 그러한 사건을 특수한 시공간의 영역 안에 구체적으로 존재하는 요소로서 인과관계의 조합 속에서 특징짓는 것을 가리킨다.

야마토 뮤지엄은 '과학기술'에 의한 '근대화'라는 '사건의 구조나 형식적 일관성을 제시함으로써 역사의 과정을 설명'하는 것으로 보아,[38] 화이트가 '형식 논증에 의한 설명'으로 제시하고 있는 네 가지 형식적 범례 중에서도 '유기체론적 설명'을 도입하고 있다고 할 수 있다.[39] '전함 야마토'의 서사에 구조를 부여하고, '풍자극'이나 '비극'으로서의 '확산적인 일련의 사건 속에서', '기술'이라는 '한 덩어리의 통합된 존재가 응결되고 결정화되는 것처럼 묘사해 낸'는 것이다.[40] 그리고 '기술로서의 근대', 즉 근대기술주의라는 원리를 바탕으로 하여 '전함 야마토'는 부활하여 현대 일본의 번영이라는 역사 과정의 귀착점을 향해 돌진한다.

또한, 세 번째 양식인 '이데올로기적 의미에 의한 설명'으로 본다면, 야마토 뮤지엄은 근대라는 시대를 긍정적으로 바라보고, 근대를 극복하는 것이 아니라 그 유산을 계승하는 것에 역사 발전의 의미를 둔다. 이처럼 야마토를 낳은 일본인의 기술력이 가져온 근대와 현대를 '유토피아'로 간주하고 '현시점에서 사실로서 지배적인 제도적 구조의 점진적 향

---

37   ヘイドン・ホワイト, op.cit., p.63.
38   Ibid., p.70.
39   화이트는 '형식 논증에 의한 설명'으로서 '개별기술적 설명', '유기체론적 설명', '기계론적 설명', '맥락주의적 설명'의 네 가지 유형을 제시하고 있다. Ibid., p.73.
40   Ibid., p.70.

상'으로 이미지화하는 것이다. 따라서 야마토 뮤지엄이 표현하는 이데올로기적 차원은 '사회의 기본구조는 본래 건강한 것으로 이해되고' 있으며, '사회의 초월'이 아니라 '사회의 조화'로 향해가기 때문에 '보수주의' 혹은 '자유주의'라고 할 수 있다.[41]

소설『전함 야마토의 최후』에 등장하여 유명해진, 야마토에 승함했던 우스부치 이와오臼淵磐대위의 '패배하고 깨닫는다'라는 말은, 야마토 뮤지엄의 전몰자 명부 옆에도 걸려 있다. 그것이 저자의 '전후 민주주의의 가치관'을 투영하는 것이라 하더라도,[42] 이미 검토한 바와 같이 야마토 뮤지엄의 '전함 야마토' 서사의 플롯은 '풍자극'해학극이나 '비극'이 아니라 '희극'이다. 도다카 관장은, "전함 야마토와 무사시武蔵가 지금도 많은 사람에게 알려진 것은, 요시다 미쓰루가 저술한『전함 야마토의 최후』를 계기로 그 비극성에 주목이 집중된 측면도 있을 것입니다. 그러나 이 세계 최대 최강의 전함이 말하는 것은 결코 '비극'

〈그림 12〉 야마토 뮤지엄의 전함 '야마토' 1/10 모형 (저자 촬영)

41   Ibid., pp.84~85.
42   渡辺浩平,『吉田満－戦艦大和学徒兵の五十六年』, 白水社, 2018, pp.12~13.

만이 아닙니다"라고 말한다.[43] 야마토 뮤지엄이 계승해야 할 야마토의 역사는 '패배하고 깨닫는다'의 '비장미'에 있는 것이 아니라, 세계 최대의 전함을 만들어 낸 '기술의 결정'에 있다. 그것이야말로 바로 '거대전함 '야마토'가 남긴 메시지'이다.

화이트의 분류로 되돌아가 야마토 뮤지엄의 역사서술 양식을 정리하면, '전함 야마토'의 서사는 '플롯 구성에 의한 설명'으로서는 '희극', '형식 논증에 의한 설명'으로서는 '유기체론적 설명', '이데올로기적 의미에 의한 설명'으로서는 '보수주의' 또는 '자유주의'에 해당한다. 그리고 '희극'–'유기체론적 설명'–'보수주의'자유주의'의 양식의 결합에는 위상 간의 친화성·동조성이 인정된다.[44]

야마토 뮤지엄에 있어서 '전함 야마토'의 '역사서술에서의 심층구조'를 풀어냄으로써 부각되는 것은 뮤지엄이 나타내는 '기술로서의 근대' 담론이다. 그로 인해 일본유산 '진수부'의 스토리가 물상화되는 것에 대한 딜레마는 다음 절에서 논의하는 바와 같이 '문화로서의 해군' 담론을 도입함으로써 보완되어, '전함 야마토'는 근대 일본의 '기술적 상상력'을 구성하는 것이다.

---

43 戸高一成, op.cit.
44 ヘイドン・ホワイト, op.cit., pp.91~92.

5. '해군다움'의 서사 담론

'해군다움'이라는 해군문화

'거대전함 '야마토'가 남긴 메시지'를 '과학기술' 및 '근대화'가 엮어내는 서사로서 계승하려는 구레시 및 야마토 뮤지엄의 아이덴티티는 '근대화의 첨단을 걸었던 해군의 본거지'인 진수부가 설치된 구 군항 4개 시의 네 가지 스토리를 다듬는 데 중심적인 플롯을 제공했음에 틀림없다. 이것이야말로 일본유산 '진수부'의 신청에 있어서 구레가 대표 도시로 된 가장 큰 요소였다고 할 수 있을 것이다.

'일본유산'으로 등재된 구 군항 4개 시는 4개의 스토리로 연결된다. ① 진수부 개청 : 4개 시의 지세와 진수부의 역할, ② 약동의 시대 : 근대 일본의 기술을 결집, 그리고 발전, ③ 농어촌에서 근대도시로 : 군항도시의 형성과 시민문화의 번영, ④ 4개 시의 '지금' : 이 고장에 숨 쉬는 근대화 유산이 그것이다.[45] 제국해군·근대기술·군항도시·문화유산이 시공을 초월하여 연결되는 스토리로 구성되어 있다. 그리하여 단순히 군항도시에 남아있는 '근대화 유산'이 아니라, '해군'이 있었기에 최신기술을 활용한 인프라 정비를 통해 한촌寒村에서 근대도시로 성장하고, 거기서 길러진 근대기술과 해군문화가 약동하는 빛나는 시대를 함께 걸었다고 하는 스토리가 만들어지는 것이다. 그 스토리 구성에 빠뜨릴 수 없는 '해군'이란, '군대로서의 해군'이 아니라 '해군다움'이 넘치는 '문화로서의 해군'이다.

45　旧軍港市日本遺産活用推進協議会,「鎮守府 横須賀·呉·佐世保·舞鶴~日本近代化の躍動を体感できるまち」(パンフレット), 2017, p.4.

전후에도 연속되는 전쟁 시기의 그림자가 짙은 구 군항 4개 시의 '일본유산' 등재를 위한 노력은, 야마토 뮤지엄의 설립을 위해 축적한 경험이 아직 새로운 구레를 대표 도시로 삼으면서 일사천리로 진전된 것으로 보인다. '근대화 유산'을 '마을 만들기まちづくり'에 활용해 온 구 군항 4개 시가 일본유산 '진수부'의 스토리를 구축하기 위해 필요했던 것이, 야마토를 낳은 '모노즈쿠리ものづくり, 장인정신을 바탕으로 한 제조의 기술과 문화'의 근원에 있는 '해군다움'이었다. 진수부는 일본해군의 군사 거점이라기보다 첨단 기술과 근대문화의 중심지이기 때문이다.

일본유산 '진수부'의 홍보 팸플릿 「진수부를 방문하다」는 '최신기술을 집적하여 구축한 일대 국가 프로젝트'로서 진수부를 자리매김시키고, 그 기술을 수도·철도·건축물로 나누어 설명하고 있다. 이 팸플릿을 감수한 것이 야마토 뮤지엄의 도다카 가즈시게 관장이다. "이러한 최신기술의 도입과 높은 디자인성의 양립을 진수부와 같은 지방 도시의 시설조차 철저히 하고 있다. 역시 거기에는 해외와 호각을 이루며 싸우는 해군이라는 조직이기 때문에 가질 수 있었던 긍지도 있었을 것이다."[46] 여기서 도다카 관장이 말하는 것이 바로 '벽돌이나 콘크리트 등 당시의 최신건축 기술을 채용'한 건축물에 있어서의 '해군다움'이다.

붉은 벽돌로 만들어진 건축물은 요코스카나 사세보, 마이즈루에서도 '근대화 유산'으로서 중요한 관광자원이다. 그러나 이들 '해군의 고장'에 비해서도 '벽돌'의 기억이 폭넓게 정착된 구레에는 해군의 유산을 둘러

---

46   一個人(特別編集), op.cit.

싼 모종의 독특함을 엿볼 수 있는 것이다.[47] 붉은 벽돌이나 산업시설 등 '근대화 유산'이 원풍경이 되는 '해군의 고장'의 스토리는 이러한 '해군다움'에 의해 구 군항 4개 시를 연결하는 진수부의 '서사'가 된다.

'해군다움'은 '근대화 유산'으로서 도시경관을 형성하는 것만이 아니다. '로망이 넘치는 바다의 유산'으로서 '바다에 살았던 자의 물건을 보는 방법·사고방식·행동하는 방법을 전한다'.[48] 해군은 군대이기도 하지만 그 이전에 '바다의 사나이'인 것이다. 그렇기에 '해군'은 조직·기관이 아니라 '해군 아저씨'로서 인격화되고, '해군 아저씨'가 활보하는 진수부의 거리는 '해군다움'의 운치가 감도는 근대문화의 발상지가 된다.

따라서 '해군다움'을 포함하는 것은 건축물이나 인프라의 첨단기술에 그치지 않는다. 해군사·해군요리 연구가인 다카모리 나오후미森高直史는 해군음식의 상징인 '니쿠자가にくじゃが, 고기와 감자 등을 간장으로 조린 요리'에 대해 '일본해군의 합리성의 상징이며, 서양문화를 완전히 소화한 일본과 서양 절충의 정화精華로 태어난 '해군문화'라고 한다.[49] '바다의 사나이의 요리가 발전한 배경에는 해군이 있고, 세계를 잇는 넓은 바다가 있었다'고 하듯이,[50] 해군요리는 '해군다움'에 의해 태어난 것이다. 그리고 다타미 료조多々見良三 마이즈루 시장이 말한 것처럼, '구루메グルメ, 미식가 구 해

---

47   上杉和央, op.cit., p.126.

48   山口透, 『次代の指標海軍文化』, 高文堂出版社, 1996.

49   高森直史, 『帝国海軍料理物語-「肉じゃが」は海軍の料理だった』, 光人社NF文庫, 2010, pp.6~7.

50   高森直史, 「町おこしになった海軍グルメ」, 『Ocean Newsletter』 454号, 2019. https://www.spf.org/opri/newsletter/454_3.html

군과 관련된 문화를 발신함에 있어서 가장 호소하기 쉬운' 것이다.[51]

일본해군의 양식糧食에서 유래한 '해군 카레'는, 구레와 마이즈루가 원조를 놓고 겨루는 '해군 니쿠자가'와 함께 그 대표적인 식문화이다. '카레는 해군이 발상'이라고 하는 통설을 선취한 요코스카시는, 현지의 해상자위대 및 상공회의소와 연계하여 '해군 카레'의 뿌리임을 내세워 1999년부터 '카레의 거리'를 표명하고 있다. 1908년에 발행된 『해군할팽술참고서海軍割烹術参考書』의 레시피를 복원해 '요코스카 해군 카레'라 이름 짓고, 브랜드 인증제도를 마련해 지역행사에 활용하고 있다.[52]

구레의 '해군 카레'는 '해군 아저씨 카레'이다. '해군 아저씨'라 붙인 상표명은 구 군항 4개 시 중에서도 구레가 효시일 것이다. 1959년에 창업한 구레 시내의 스바루커피昂珈琲는 약 40년 전부터 '해군 아저씨 커피'라는 오리지널 상품을 판매하고 있다. '해군 아저씨 커피'는 '전함 야마토'에서 '해군 아저씨가 마시던 것'을 재현한 것이다. 선대의 창업자가 야마토의 전 승조원이었던 단골손님으로부터 '옛날 야마토 안에서 마신 커피는 매우 맛있었다'라는 말을 들은 것이 계기였다고 한다.[53] 그 커피가 입에서 입으로 전해져, 유족들도 포함하여 '해군 아저씨가 마시던 커피를 나누어 달라'고 하는 의뢰를 받아 제품화한 것이 '해군 아저씨 커피'이다. 그 '해군 아저씨'는 '돌아가신 아버지이고, 가족이며, 상관이고, 벗인 이들의 별칭'이기에, '상품명은 자연스럽게 명명되었다'고 2대 오너는 자

51 『旬間旅行新聞』, 2018.12.7. https://www.ryoko-net.co.jp/?p=46373

52 カレーの街よこすか推進委員会, 『よこすか海軍カレー』(ガイドブック), 2020, p.2.

53 『読売新聞』, 2015.8.18(朝刊, 大阪版)

신의 블로그에 적고 있다.[54] 인격적 존재로서의 '해군 아저씨'의 표상에
는 '전함 야마토'가 크게 영향을 끼쳤다.

구레시에서는 '해군 아저씨 카레', '해군 아저씨 커피' 외에 '구레 니쿠
자가'와 '해군 아저씨의 요정料亭 사쓰키소五月荘', 그리고 '해군 아저씨 맥
주'가 '해군 구르메'의 상징이 되고 있다. 1901년에 창업한 사쓰키소는
현존하는 유일한 '해군 요정'으로 지금은 '해군 아저씨의 요정'으로 사랑
받고 있다.[55] '해군 아저씨 맥주'는 1995년 지역 활성화를 추진하기 위해
현지 기업과 개인의 출자에 의해 설립된 구레맥주주식회사의 제품이다.
'해군 아저씨 맥주'라는 브랜드명으로 제품을 판매한 것은 1999년의 일
인데, 구레에서는 '해군 아저씨'가 아니면 안 되는 것이었다. 이 회사 운
영의 레스토랑도 야마토 뮤지엄에 의한 관광객의 증가에 따라 '해군 아
저씨 맥주관'으로 명칭을 변경했다.[56] '해군 아저씨'라는 존칭은 구레의
독특한 '해군문화'의 표현인 것이다.

만들어진 '해군 아저씨 고장'

물론 구레에서만 '해군 아저씨 고장'을 내세우고 있는 것은 아니다. 마
이즈루 시도 '해군 연고의 고장'을 공식화하고 있다. 마이즈루 시 동쪽 지
구의 시가지는 1901년에 진수부가 개청하자 '북쪽의 군도' 아사히카와旭

---

54 「海軍さんのコーヒーについて」,『広島・呉でコーヒー屋!!にいやんのブログ』, 2013.1.19.
   https://ameblo.jp/subarucoffee/entry-11452490129.html
55 『広島経済新聞』, 2016.4.15(電子版). https://hiroshima.keizai.biz/headline/2323/
56 佐々木雅治,「戦艦「大和」の呉から届ける「海軍さんの麦酒」」,『生物工学会誌』89(5), 日本生
   物工学会, 2011.

川를 모델로 하여 바둑판 모양의 구획으로 만들어져, 군인·군무원을 위한 주거 및 상업지로서 발전했다. 동서로 뻗어 있는 시가지 도로의 명칭은 당시 이름을 떨쳤던 '미카사三笠', '아사히朝日', '시키시마敷島', '야시마八島' 등 군함의 이름이 붙여졌는데, 지금은 관광자원으로도 활용되고 있다.

'붉은 벽돌'을 중심으로 한 '구 해군 이미지'와 '바다·항구 이미지'는 '마이즈루 관광브랜드 전략'의 수립으로 2008년에 공표된 것이다.[57] 지자체·해상자위대·상공회가 관민을 총동원하여 임하는 '해상자위대 카레'의 캠페인도 해상자위대의 지방대가 있는 도시 중에서는 가장 늦었는데, 레토르트 카레 '해군 아저씨 카레 마이즈루 편'을 판매한 것은 2006년의 일이다. 메이지 창업의 노포老鋪 여관인 쇼에이칸松栄館이 리모델링되어 『해군할팽술참고서』에 따라 복원한 '해군 카레'를 제공하는 격조 높은 레스토랑으로 2018년에 오픈한 것도, 최근의 '해군'에 의한 지역 활성화에 편승한 것이라고 할 수 있다.

마이즈루는 '해군의 고장'임을 표방하는 한편, 패전 후 1958년에 업무를 마치는 마지막 인양원호국引揚援護局이 있던 인양항引揚港으로 13년에 걸쳐 66만 명의 인양자를 수용한 '인양의 고장'이기도 하다. 1970년에는 인양기념공원이 건설되었고, 1985년에 개관한 '마이즈루 인양기념관'의 소장자료는 2015년 유네스코 세계기록유산에도 등재되었다. 즉 일본제국의 확장과 수축의 양쪽 경험을 모두 겸비한 것이다. 이러한 지역 아이덴티티를 기반으로 하는 마이즈루가 그 빛의 부분만을 강조하는

57 筒井一伸, 「「海軍」・「海上自衛隊」と舞鶴の地域ブランド戦略」, 板根嘉弘 編, 『軍港都市史研究 I 舞鶴編』, 清文堂, 2010, pp.391~392.

것에는 주저했을 것이다.

사세보에서는 일본유산 '진수부'가 선정됨에 따라 2017년 4월부터 지역관광협회의 관광브랜드로서 '진수부 연고의 일본유산을 방문한다'의 버스 가이드투어 '해군 아저씨 산책길'이 시작되었다. '해군 아저씨 고장이라 불릴 만큼 지역에 뿌리내린 해군문화를 브랜드화하여, 관광객 유치에 박차를 가하려는 의도이다'라고 당시의 신문은 전한다.[58] 다만, 사세보에서 '해군 아저씨의 고장'의 표상이 신문지상에 본격적으로 등장하는 것은 2000년대에 들어서부터이다. 또한, 도고 헤이하치로東鄕平八郎가 영국 유학 중에 매료되어 일본에 전했다고 하는 '해군 아저씨 비프스튜'나, 귀항 전야에 승조원의 피로를 풀어줄 목적으로 나눠줬다고 알려진 '해군 아저씨 입항 젠자이ぜんざい, 일본식 팥죽'가 복원되어, '해군 아저씨가 전해준 항구도시 구르메'로 사랑받고 있다.[59] '해군 아저씨 비프스튜'는 구레의 '해군 아저씨 카레'에 비견되는 지역 명물이다. 이들 '해군 구르메'가 브랜드화되는 것이 2003년인 것처럼,[60] '해군 아저씨 마을'이 '해군문화'로서 지역에 뿌리내리는 것은 비교적 최근의 일일 것이다.

미군기지가 설치되어 있는 사세보에서는 오히려 미군의 존재와 국제성을 결합시킨 '사세보 버거'와 '레몬 스테이크'가 출시되어 지역 명물로 인지되고 있다. 주말이면 번화가 사카에마치栄町의 '외국인 바'에 미함선의 '해군 아저씨'로 붐비는 사세보는 미국문화와 떼려야 뗄 수 없다.

---

58   『朝日新聞』, 2017.4.2(朝刊, 長崎版).

59   佐世保観光情報センター,「SASEBO MAP海軍さんのビーフシチュー 入港ぜんざい」(リーフレット), 2008.

60   筒井一伸, op.cit., pp.390~391.

1990년대 후반 이후 사세보에서는 먼저 미군이 지역의 아이덴티티로 연출된 것이다.[61] 현지의 관광 가이드북에서도 언급하고 있듯이 '메이지 시대 이후 근대적 해군도시로 발전했고, 전후에는 미국문화에서 촉발되면서도 독자적인 문화를 키워 하이칼라인 항구도시로 번창했던 사세보'[62]는 이러한 하이브리드적인 지역의 아이덴티티를 계승하고 있다. '해군 아저씨 비프스튜'는 미국 전래의 '사세보 버거'에 대항하기 위해 새롭게 '발견'되어 명물로 자리 잡았다.[63]

현재도 가동되는 일본에서 가장 오래된 드라이독을 보유한 구 요코스카 제철소조선소·해군공창를 '근대 일본의 뿌리'라고 호언하는 요코스카는, 사세보 이상으로 미군기지와 밀접하다. 무엇보다 구 구레 진수부 청사가 구레해상자위대 지방총감부 제1청사로서 활용되고 있는 것과는 정반대로, 구 요코스카 제철소와 함께 미 해군 요코스카기지 내에 있는 구 요코스카 진수부 청사는 주일 미 해군사령부 청사로 사용되고 있다. 크루징 투어 'YOKOSUKA 해항순례'는 '미 해군과 해상자위대의 함선을 가까이에서 볼 수 있다'는 것이 세일즈 포인트인 것처럼, 같은 항구를 사용하는 해상자위대와 미 해군의 관계는 너무나도 '가깝고'도 '깊다'.

미국 외 최대의 해군기지로서 '일본 속 미국'이라고도 불리는 미 해군 요코스카기지에서 지역주민과의 관계는 중요한 과제이다. 요코스카의 '요코스카 네이비 버거'나 '요코스카 체리치즈케이크'는 요코스카 미 해

61   山本理佳, op.cit., 2012, pp.181~183.
62   海風クラブ 編, 『『海風の国』佐世保·小値賀観光ガイド·テキストブック』, 2016, p.45.
63   『読売新聞』, 2004.1.19(夕刊, 西部版).

군기지가 요코스카 시에 레시피를 제공해 '미일 우호의 상징'으로서 지역 명물이 된 '해군 구르메'이다. '요코스카 네이비 버거'는 2008년에 '해군의 전통적인 햄버거 조리법'이 제공되어 상품화한 것이다. 일본의 상징 '벚꽃 = 체리'를 토핑한 '요코스카 체리치즈케이크'는 2009년 미 해군 요코스카기지가 프로듀스한 '다른 곳에는 없는 본고장 아메리칸 테이스트'이다.[64]

그런데 '해군의 고장'으로서 구레는 다른 구 군항 도시들과도 다른 독특한 지역적 아이덴티티를 키워왔다. 세토나이카이瀬戸内海에 위치한 구레는, 그런대로 다른 문화와의 교류 창구가 된 요코스카나 사세보, 그리고 전후에 방대한 인양자를 받아들이는 인양원호국이 있던 사세보우라가시라항(浦頭港)나 마이즈루와는 달리, 항만도시이면서도 '수용'에 익숙하지 않은 역사적 경험을 지니고 있다. 구레가 구 군항 4개 시의 허브로서 전후를 관통하게 된 것은 이러한 지리적·문화적 요인도 간과할 수 없다. 즉 '해군의 고장'인 구 군항 4개 시를 연결하는 구레 시의 위상은 그 역사적·사회적·지리적·문화적 배경에 의한 지역적 아이덴티티를 바탕으로 하면 한층 더 명확해진다.

이상의 분석에 비추어 볼 때, 구 군항 4개 시에 있어 '해군 아저씨' 이미지는 구레의 독특한 해군문화에서 재발견되어, 다른 구 군항 도시에서도 받아들여지고 있음을 알 수 있을 것이다. 그리하여 구 군항 4개 시는 '해군 아저씨'가 이끄는 '문화로서의 해군'의 표상을 공유한다.

---

64 横須賀集客促進実行委員会, 『ヨコスカネイビーバーガー / ヨコスカチェリーチーズケーキ ガイドブック』(ガイドブック), 2018, p.2.

구 군항 4개 시는 일본유산 '진수부'가 선정됨에 따라, 각 시의 상공회의소, 관광협회 등과 함께 등재된 스토리에 근거한 연계사업을 추진하기 위해 2016년 6월 '구 군항시 일본유산 활용추진협의회'를 발족시켰다. 해상자위대의 함선에서 아침저녁으로 흐르는 나팔의 '기미가요'가 '진수부의 나팔'로 2017년 4개 시 공동으로 일본유산 '진수부'로서 추가 선정된 것도 이러한 연계의 성과라고 할 수 있다. '진수부의 나팔'은 2018년 '나팔 기미가요'로 명칭을 변경했다.

따라서 해상자위대 기지가 있는 구 군항 4개 시에서 욱일기자위함기는 일상의 풍경이다. '나팔 기미가요'의 멜로디에 맞춰 자위함 함수의 일장기와 함미의 자위함기를 게양·강납降納한다. 구레의 일본유산 '진수부'의 구성 문화재인 '아레이 가라스코지마アレイからすこじま'구 구레해군공창 본부 앞 호안 및 관련 시설에서는 그 광경이 가까이 보인다. 사세보와 요코스카처럼 미 해군기지에서 흐르는 미국국가 '성조기'에 압도되는 일도 없다. 야마토 뮤지엄의 뮤지엄샵 야마토やまと에는 욱일기가 들어간 상품이 진열되고, 거리에서도 제복과 모자의 '해상자위대 협력점'이나 앞서 언급한 '해군 아저씨 커피', '해군 아저씨 맥주' 등 가게 간판에 욱일기가 펄럭인다. 구레의 군항 경관의 독특함은 '붉은 벽돌'의 기억뿐만 아니라 욱일기의 사용에 있어서도 다른 군항도시에 비해 돌출되어 있다.

이러한 구레의 군항경관은 한편으로는 구 해군병학교가 있던 에다지마의 해상자위대 제1술과학교·간부후보생학교에서 접할 수 있는 구 해군의 역사교육참고관나 유적전함 야마토 주포 포탄의 비(戰艦大和主砲砲弾の碑)과 일체화되고, 다른 한편으로는 인접한 '평화도시'로서의 히로시마와의 대비가 두

드러진다. 한때는 히로시마평화기념자료관을 능가할 기세였던 야마토 뮤지엄의 관람객은 현재 연평균 100만 명 안팎의 추이를 보이고 있다.

구레시가 2019년에 맞이한 진수부 개청 130주년 기념사업을, 같은 해에 개청한 사세보에 비해 대대적으로 전개한 것은, 계승되는 '해군다움'의 '긍지'에서 비롯된 것이라 할 수 있다. 그 기념사업의 하나가 야마토 뮤지엄의 기획전 〈해저에 잠들어 있는 군함-'야마토'와 '무사시'〉2019.4.24~2020.1.26였다. 그리고 '전함 야마토'의 건조로부터 80년을 맞이한 2021년에는 기획전 〈준공 80년 전함 '야마토'와 구레 군항〉2021.7.31~2022.5.30이 개최되었다.

〈그림 13〉 '나팔 기미가요'와 자위함기의 강납 (저자 촬영)

6. 근대 일본의 '기술적 상상력'

전후 일본의 '근대화'에 대한 시선이 '근대화 유산'에 의해 증폭되고, 나아가 '일본유산'을 통해 재생산되고 있다면, 거기에서의 야마토 뮤지엄의 역할은 결코 작지 않다. 그 야마토 뮤지엄이 '기술의 결정'이라고 하는 '전함 야마토'의 밝은 측면을 중시함으로써 '전쟁박물관'으로서의 성격을 띠고 있는 것은 확실하지만, 일본유산 '진수부'의 등재에 있어서 수행한 뮤지엄의 역할을 밝혀내기 위해서는 부負의 측면을 숨기고 있는 역사전시의 문제성을 지적하는 것만으로는 충분하지 않다.

야마토大和/ヤマト는 '로맨스', '풍자극', '비극', '희극' 모든 플롯화가 가능하지만 '전함 야마토'의 서사를 '비극'에서 '희극'으로 변화시키는 야마토 뮤지엄의 '역사서술의 심층구조'를 파고듦으로써, '기술로서의 근대'로서 '안정된 세계'가 구축되는 서사 행위의 전략을 파악할 수 있다. 나아가 일본유산 '진수부'는 '서사 된 세계'로서의 '안정된 세계'에 의거함과 동시에 '이야기'로서의 '해군다움'이라는 해군문화, 즉 '문화로서의 해군'의 담론에도 의존한다. 그리하여 '기술로서의 근대'와 '문화로서의 해군'의 담론이 결합 되어 구 군항 4개 시의 일본유산 '진수부'의 스토리는 완성되는 것이다.

이 장에서는 야마토 뮤지엄과 구레시 등의 구 군항 4개 시에 의한 캠페인인 일본유산 '진수부'라고 하는 '근대화 유산'의 문화사업에 있어서, 전전과 전후를 관통하는 '전함 야마토'의 서사가 완수한 문화정치적 의미에 대해서 '기술로서의 근대'와 '문화로서의 해군'이라는 두 가지 담론을 통해 검증했다. 두 가지 담론이 결합된 근대 일본의 '기술적 상상력'을 명확히 함으로써 보이게 되는 것은, '전함 야마토'의 서사는 전후 일본에 있어서 '기술 이데올로기가 현재도 구동되고 있는 일본제국주의에 깊이 뿌리내린 전문기술과 특수한 과학기술 체제에 의해 어떻게 뒷받침되었는가'를 여실히 보여주는 텍스트라는 것이다.[65]

'전함 야마토'의 서사는 전후 일본의 문화적 내셔널리즘의 기반이 되는 '기술적 상상력'으로서 기능하며, 성장주의 이데올로기가 폭을 넓히는 한 내셔널 아이덴티티가 흔들릴 때마다 반복적으로 욕망되어질 것이다. '근대화 유산'으로서 야마토 뮤지엄의 전시구조를 풀어나간다면 근대 일본의 '기술적 상상력'의 빛과 그림자의 대비는 한층 더 명확해진다.

65 アーロン·S·モーア, op.cit., p.313.

제3부

'포스트제국'의 기억

제7장

조국을 넘어 선 '조국지향',

한일연대로서의 제주4·3운동

1. '자이니치론在日論'의 벡터와 로직

제국주의와 식민지배의 역사로 말미암아 재일코리안이하 자이니치 사회
에는 '민족으로서 살아가기'를 이야기함에 있어 서로 다른 논의의 벡터
와 로직이 출현했다. 벡터로는 귀국 / 정주, 로직으로는 동화 / 공생이라
는 대립적 구도가 형성되어, 1970년대 이후 내부에서 민족적인 삶의 방
식을 둘러싼 논의가 생겨난 것이다. 그 배경에는 자이니치를 둘러싼 정
치적·사회적·경제적 여러 조건의 변화가 있었다.

한반도의 분단선이 일상생활 레벨까지 밀려든 자이니치 사회는 한신
阪神교육투쟁[1]이나 한국전쟁, '귀국사업'[2]과 한일국교정상화,[3] 7·4남북공
동성명[4]이나 김대중 납치사건[5] 등 남북분단은 물론 한일·북일 관계의 정

---

1   조선인학교 폐쇄를 반대하는 대규모 항의 데모로 1948년 4월 24일을 전후로 오사카부
    (大阪府)와 효고현(兵庫県)에서 발생했다.
2   1959년 12월 14일 제1진 귀국선이 니가타(新潟)를 출항했고, 잠시 중단되었다가 1984
    년에 종료되기까지 약 9만 3천 명의 재일코리안 및 그 가족들(일본인 배우자 포함)이
    북한으로 넘어갔다. 재일코리안이 차별이나 편견에 시달리는 가운데 사회주의 체제의
    우위성을 선전하고자 한 북한과 사회의 불안정 요소를 배제하고자 한 일본 정부의 의도
    가 일치하여 집단 귀국이 이루어졌다.
3   일본과 한국 양측 정부는 1951년 예비회의를 개시하고부터 14년에 걸친 한일회담을
    거쳐, 1965년 6월 22일에 한일기본조약 및 여러 협정에 조인하고, 같은 해 12월 18일에
    발효됨으로써 양국 국교가 정상화되었다.
4   1972년 7월 4일, 남북 양측 정부가 자주·평화·민족적 대단결의 3원칙을 기반으로 한
    교류를 발표한 공동성명. 재일코리안 사회에도 고양감이 소용돌이쳤다.
5   한국의 김대중 전 대통령 후보가 반독재활동을 이유로 방일 중이던 1973년 8월 8일 그
    랜드팰리스호텔에서 납치되어, 5일 후 서울에서 풀려났다. 한국의 공권력이 일본의 주
    권을 침해한 사건으로 일본 여론이 들끓었는데, 이에 대해 한일 양측 정부는 정치적 해
    결을 도모했다.

치정세에 따라 항상 뒤흔들렸다. 냉전체제는 경계선이 애매한 자이니치 사회에 분단의 경계선이 명확한 한반도와는 또 다른 형태로 그림자를 드리웠다. 그리하여 북한을 지지하는 재일본조선인총연맹조총련과 한국을 지지하는 대한민국민단민단이라는 2대 조직의 존재가 자이니치 사회에서 중요한 위치를 차지하게 된다. 그런데 본국과의 관계에서 벗어날 수 없는 이 두 조직의 주된 활동은 빈곤이나 차별에 허덕이는 사람들의 생활 실태와는 동떨어져 간다.

1970년대에 들어서자, 통명通名을 사용했다는 이유로 채용을 취소당한 박종석朴鐘碩 청년이 히타치日立제작소를 제소하여 민족차별에 맞선 히타치취직차별투쟁이 발생했다. 이를 계기로 공영주택 입주나 아동수당 지급, 공무원 국적 조항 및 지문 등록 철폐를 요구하는 공민권운동이 부상했다. 이는 큰 조직 기반을 가진 민족단체와는 거리를 두고, 일본인의 지지나 협력을 받아 성장한 '주민으로서의 권리'를 요구하는 새로운 시민운동이었다.[6] 자이니치 사회의 세대교체가 진행되고, 귀화·국제결혼이 증가함에 따라 정주화가 현실이 되자 자이니치의 생활세계와 밀착된 사회운동이 중시되었다. 이러한 성과로 '민족차별과싸우는연락협의회민투련'가 결성된 것은 필연적인 흐름이었다.

벡터로서의 '귀국 / 정주'론은 조국 지향 / 자이니치 지향으로, 로직으로서의 '동화 / 공생'론은 차이 / 평등으로 다듬어지면서 아이덴티티의 변용을 둘러싼 논쟁이 서로 다른 시공간에서 끊임없이 반복되었다.

---

6   朴一, 『〈在日〉という生き方ー差異と平等のジレンマ』, 講談社, 1999, pp.51~52.

1980년대에는 자이니치 사회도 전환기를 맞이한다. 민족이나 조국, 통일을 중심으로 한 기존의 사고방식이 크게 흔들리게 된 것이다. 그때까지 본국으로의 귀국을 전제로 한 '조국 지향'을 부정하고, 일본에서의 정주를 기정사실로 하는 '자이니치 지향'을 주장하는 사고방식이 다양하게 전개되었다.[7]

2. '조국 지향' 재고

변용하는 아이덴티티

1980년대 중반, 서로 대립하는 벡터와 로직이 차별에 맞서 '민족으로서 살아가기'에 대한 사상적 과제로 논의된 것 중 하나로, 자이니치의 논단잡지 『계간삼천리季刊三千里』에서 전개된 강상중·양태호의 논쟁이 있다. 강상중·양태호 논쟁은 벡터로서는 조국 지향 / 자이니치 지향을 대변하는 듯 보이기도 하지만, 로직으로서는 차이 / 평등으로 나뉘고, 또 일본의 사회 정세 파악으로서는 국수화 / 국제화 등 단순하지는 않지만, 이 항대립의 포맷을 통해 자이니치의 존재성과 삶의 방식이라는 의미에서 큰 공간을 연 '자이니치론在日論'이었다.[8]

---

7   尹健次, 『「在日」の精神史 3 ―アイデンティティの揺らぎ』, 岩波書店, 2015, p.147.
8   강상중이 『계간삼천리(季刊三千里)』(三千里社, 42호, 1985)에 「'자이니치'의 현재와 미래 사이(「在日」の現在と未来の間)」를 게재하자, 양태호는 같은 잡지 43호에 「사실로서의 자이니치―강상중 씨에 대한 의문(事実としての「在日」―姜尚中氏への疑問)」(1985)을 반론으로 게재했다. 이에 대해 강상중은 「방법으로서의 '자이니치'―양태호 씨의 반

『계간삼천리』지상에서 희망과 절망, 관용과 차별이라는 극단적인 요소가 순차적으로 혹은 교차하면서 비판과 반反비판이 반복되었다. 양측은 세대교체나 국제결혼, 귀화의 증가 등 사회·정치적 변화에 자이니치가 직면하고 있는 상황에 맞서면서 각자의 주장에 대한 정당성을 피력했다. 양측의 주장은 논쟁을 통해 '방법으로서의 '자이니치''강상중와 '사실로서의 '자이니치''양태호 구도로 정립되어 간다.

조국 지향 / 자이니치 지향이라는 구도가 동시대적으로는 양자택일을 압박하여 옴짝달싹 못하게 하는 대립처럼 보이기도 하지만, 거기에는 '조국'이나 '일본'이라는 공간과 인간의 상호작용 양식, 또한 아이덴티티가 만들어지는 프로세스라는 자이니치 사회의 '공간성'을 은폐한다.[9] 아이덴티티는 정태적이지 않으며, 상호작용의 공간적 패턴은 유동적이기 때문에 분극화된 '조국 지향'이나 '자이니치 지향'을 달성하는 것은 애초에 불가능하다. 강상중·양태호 논쟁이 1970년대 '민족차별 극복과 민족의식 획득은 과연 양립하는가'라는 근본적인 문제를 예리하게 지적한 것은 틀림없다.[10] 하지만, 방법으로서의 '자이니치' / 사실로서의 '자이니치'를 둘러싼 사상적 고투는 논쟁을 통해 봉합되지 않은 채 1990년대 '탈민족'의 파도에 휩쓸렸다.

론에 답하다(方法としての「在日」－梁泰昊氏の反論に答える)」(44호, 1985)를 게재하여 재반론하고, 양태호도 다시금 「공존·공생·공감－강상중 씨에 대한 의문(II)(共存·共生·共感－姜尚中氏への疑問(II))」로 응답했다(45호, 1986).

9   アレクサンダー・C・ディナー / ジョシュア・ヘーガン, 川久保文紀 訳, 『境界から世界を見る：ボーダレススタディーズ入門』, 岩波書店, 2015, p.79.

10   朴一, op.cit., p.79.

1990년대에 '시민사회적 자이니치론'이나 이른바 '탈아이덴티티론'이 등장한 것도 이러한 이분론에 대한 비판에서부터였다. 사회학자인 김태영도 프스트모던적인 '유연한 아이덴티티'의 가능성에 주목했다. 그리고, '대외적 방어'의 필요성을 인정하면서도 '대내적 규제'를 강제하는 민족 아이덴티티의 딜레마에 맞서[11] '자이니치'가 '아이덴티티 폴리틱스를 넘어'서는 길을 생활세계의 실천 속에서 찾고자 했다.[12]

　　아이덴티티의 탈구축론이 주목받더라도 조국 지향 / 자이니치 지향 논쟁이 던진 문제가 해소된 것은 아니다. 폐쇄된 동질적인 시스템으로서의 공동체를 상정하는 것이 이미 불가능해진 상황에서 내부의 차이 존재, 심지어 외부와의 상호침투 방식 등도 고려하면서 생각할 수밖에 없다.[13] 결국 이러한 포스트모던의 조류 속에서 부상하는 '시민사회적 자이니치론'이나 '탈아이덴티티론'은 새로운 시대를 응시하는 '자이니치론'에 있어서 로직으로서의 차이 / 평등을 정밀화하여 발전적으로 해소한 것일 뿐, 벡터를 상대화하는 시점을 제공하는 것은 아니었다. 즉 벡터로서의 조국 지향 / 자이니치 지향은 그 자체가 모순이 아니라 변증법적으로 아이덴티

11　캐나다 정치철학자인 윌 킴리카(Will Kymlicka)는 에스닉 집단 등 각종 마이너리티의 집단적 권리에 대해 집단의 연대 혹은 문화의 순결성이라는 이름 아래, 각 구성원의 자유를 제약하는 권리(대내적 제약)와 어느 마이너리티 집단이 의존하는 자원이나 제도가 다수파의 결정으로 침해되는 일을 방지하기 위해 그 집단이 주류 사회에 행사할 수 있는 경제적·정치적 권한을 제약하는 권리(대외적 방어)로 집단을 분류하고 있다. ウィル・キムリッカ, 角田猛之・山崎康仕・石山文彦譯, 『多文化時代の市民権－マイノリティの権利と自由主義』, 晃洋書房, 1998, p.9.
12　金泰永, 『アイデンティティ・ポリティクスを超えて』, 社会思想社, 1999.
13　杉田敦, 『境界線の政治学』, 岩波書店, 2005, p.69.

티를 재생하는 것으로서 가치를 도출하지 못한 채 버려지게 된 것이다.

　이에 대해 작가 서경식은 민주주의와 남북통일을 목표로 군사독재정권에 대항한 '조국 지향'의 역사적 의미를 정면에서 논하지 않는 것에 대해 문제를 제기했다. 한반도의 정치적 현실은 국경을 넘어 재일조선인의 삶의 조건을 근본적으로 규정하는 "본국'이라는 요인'을 강조함으로써 '자이니치론'에서 벡터로서의 양자택일론을 넘어서고자 했다. 거기서는 '조국 지향'을 '당위'론이 아닌 '자신의 운명을 좌우하는 정치적 결정 프로세스에 주권자로서 참여하는 길을 닦는' 것이라고 규정한다.[14] '자이니치론' 및 그 이분론에 대한 비판을 포함해 '민족으로서 살아가기'에 대한 논의의 주요 쟁점은 '전후 50'년이 되어서야 모두 갖추어졌다고 할 수 있다.

　21세기에 들어선 오늘날에도 '자이니치론'이 끊임없이 반복되는 것은 한일관계가 정치적인 상부구조의 중심축인 자이니치 사회에서 탈식민지화와 탈냉전화가 시작되면서 한일관계의 성격이 극적으로 변화했기 때문일 것이다. 심지어 그것은 자이니치의 속성 변화나 일본 및 '조국'과의 관계 변용이라는 단선적인 것이 아니라, '가로로도 세로로도 분단된 존재'서경식인 자이니치의 경계선을 안쪽과 바깥쪽에서 뒤흔드는 것이었다. 그리고 탈제국화를 향한 시도는 자이니치를 규정하는 여러가지 정치적 힘들이 조국 / 일본이라는 틀에 한정되지 않는다는 것, 즉 세계에서 각각의 장소를 인식하는 방법에 크게 영향을 미친 새로운 영역적 전제나 실천을 불러내고 있다.[15] 이러한 탈영역성의 침투는 경계를 소멸시킨 것

14　徐京植,『半難民の位置から－戰後責任論爭と在日朝鮮人』,影書房, 2002, pp.149~184.

15　アレクサンダー・Ｃ・ディナー / ジョシュア・ヘーガン, op.cit., p.18.

처럼도 보이는데, 조국 / 일본의 경계 변화는 거기에 관계하는 자이니치의 존재 방식에 있어서도 초국가적 아이덴티티 뿐만 아니라 서브내셔널한 아이덴티티도 초래하고 있는 것이다.

자이니치를 둘러싼 사회적·정치적 변화에 따라 '조국 지향' 재고를 촉진하는 요소로 자이니치가 민족으로부터 멀어지는 원인이기도 한 냉전형 남북 대립이 평화공존으로 향하고, 한국의 대중문화가 일본에 폭넓게 받아들여져 붐을 일으켰다는 점을 무시할 수 없다. 이러한 상황은 자이니치의 아이덴티티에서 '삶의 조건을 근본적으로 규정한다'는 무게를 넘어, '조국'이 상상 속에서의 선택지 이상의 의미가 있음을 나타낸다. 사회학자인 가와바타 고헤이川端浩平가 인터뷰한 서울에 거주하는 자이니치의 젊은 세대가 표층적으로는 글로벌하고 동시대적인 감각을 가지면서도 부모 세대가 '조국'이나 일본 사회에 품어 온 갈등과도 맞닿아 있듯이, 그 월경의 궤적은 과거와 현재를 둘러싼 몇 가지 역사의 존재를 들춰낸다.[16]

무엇보다도 2000년대 이후의 '새로운 시대'가 공생사회와는 거리가 멀고, 오히려 노골적인 배외주의가 만연해 있는 한, 해소된 듯 보였던 '자이니치론'의 차이 / 평등이라는 로직도 무의미해지지는 않는다. 사회학자인 곽기환은 『차별과 저항의 현상학―재일조선인의 '경험'을 기점으로 差別と抵抗の現象学―在日朝鮮人の〈経験〉を基点に』에서 '자이니치론'이라기 보다 자이니치를 사례로 한 '차별론'을 전개한다. 이를 통해 차별의 근원을 거슬

---

16   川端浩平,「ルーツと越境の現在―グローバル都市ソウルで生活する在日コリアンの語りから」, 山泰幸 編, 『在日コリアンの離散と生の諸相―表象とアイデンティティの間隙を縫って』, 明石書店, 2017, pp.60~61.

러 올라가 그 체험의 구조와 행위의 동기를 안쪽에서 읽어냄으로써 피차 별 체험의 원한을 옹호하면서, '공생' 이념의 허구성을 파헤쳐 저항의 의 지와 주체의 생성에 대해 논한다.[17] 여기서 차별 / 공생의 이항대립, 즉 차 이 / 평등의 로직이 벡터로서의 조국 지향 / 자이니치 지향과 분리된 것 에 주목하고자 한다. 차별론을 파고들면 차이=조국 지향/평등=자이니 치 지향이라는 대립적 구도의 하위에 보이는 친화성은 자명한 사실이 아 니게 된다.

자이니치의 '운동'과 아이덴티티

강상중은 『계간삼천리』 지상 논쟁에서 "'자이니치'는 조국보다 앞서 조 국이 안고 있는 문제를 선취할 수 있는 위치에 서 있다"라며 그 연속성을 받아들였다. 그렇게 함으로써 '조국에 어떠한 영향을 주는' 것을 추구했다 고 할 수 있다.[18] 이러한 '방법으로서의 '자이니치''에 대해 양태호는 '조직 이 아닌 개인으로서의 행동을 전개하는 것'이 '자이니치'의 장래에 상징적 인 의미가 있다고 반론하며 '사실로서의 '자이니치''를 주장했다.[19] 한쪽은 한국학생동맹에 소속되어 한국의 민주화 운동에 공명하고,[20] 또 한쪽은 민 투련 멤버로 일본 시민과 함께 투쟁하는 대조적인 위치에서 양측의 주장 이 도출되었듯이[21] 그 배경에는 자이니치로서 실천해 온 '운동'이 있다.

---

17   郭基煥, 『差別と抵抗の現象学ー在日朝鮮人の〈経験〉を基点に』, 新泉社, 2006.
18   姜尚中, op.cit., 1985, p.125.
19   梁泰昊, op.cit., 1985, p.147.
20   姜尚中, 『在日』, 講談社, 2004, pp.78~88.
21   梁泰昊, 『부산プサン港に帰れないー「国際化」の中の在日韓国・朝鮮人』, 創生社, 1984.

동전의 양면과 같은 관계인 '차별'과 '공생'은 '자이니치론'의 원동력이기도 하다. 말할 것도 없이 이들 문제의식은 자이니치 지식인의 담론보다 먼저 그러한 차별에 맞서고, 공생을 추구하며 행동으로 일본 사회에 이의를 제기 하면서 부상했다. 배외주의가 헤이트스피치로 나타나기 이전부터 일본의 단일민족적인 '국민환상'으로 인한 동화와 차별을 겪어온 자이니치는 사회운동이나 문화운동을 전개하거나, 때로는 정치투쟁도 마다하지 않고 이의를 제기하는 등 스스로의 존재의의를 표명해 왔다.

이처럼 부단히 이어진 '자이니치'의 '운동'에서는 아이덴티티의 구축과 변용 프로세스가 보인다. 사회학자인 정영진이 『재일조선인 아이덴티티의 변용과 흔들림-'민족'의 상상 / 창조在日朝鮮人アイデンティティの変容と揺らぎ-「民族」の想像 / 創造』에서 자이니치에 대한 차별철폐나 사회적 지위 향상, 일본 사회의 변혁을 요구하는 행동 등, 조직·개인의 실천 = '운동'으로부터 재일조선인 총체의 바람직한 모습을 파악하고자 한 것도 '운동'하는 존재로서 자이니치를 다루었기 때문일 것이다.[22] 정영진보다 앞서 자신의 운동 체험으로부터 '자이니치론'에 파고든 싱어송라이터 조박의 경력은 자이니치의 아이덴티티 변용과 흔들림의 축소판이다.[23]

그런데 자이니치의 '운동'이 표상하는 다양한 담론을 통해 아이덴티티의 변용을 고찰하고자 할 때, 정영진과 같이 '조국'이라는 벡터의 중요한 부분을 놓치게 된다. 1970년대 이후, 한국의 민주화운동에 관련된 한

22 鄭栄鎭, 『在日朝鮮人アイデンティティの変容と揺らぎ-「民族」の想像 / 創造』, 法律文化社, 2018.

23 趙博, 「「在日論」の現在-極私的運動体験から」, 『現代語学塾 塾報 글방 グルパン』 40, 現代語学塾, 2009.

민통재일한국민주회복통일촉진국민회의, 현 한통련재일한국민주통일연합은 그 활동이 자이니치의 생활실태와 동떨어졌다며 비판받았고, 독자적인 아이덴티티에 직결되지 않는 '조국 지향'의 정치운동으로 여겨 지금까지 그다지 돌이켜보지 않았다. 민족기관인 조총련이나 민단에서 떨어져 나와 그것을 비판한 세력 역시 '조국 지향'과 똑같은 취급을 받은 것이다. 상당히 많은 자이니치가 북한으로 건너간 '귀국사업'은 자이니치의 생활 근거를 이전하는 '조국 지향'을 가장 강력하게 실천한 역사적 사건이었다. 자이니치의 생활실태와 동떨어졌다고 비판받은 한민통의 민주화 운동도 역시 '조국 지향'임에는 변함없으나, 한국 민주화의 한 장면으로서도 정치적으로도 그다지 평가받지 못했다. 그러나 자이니치의 한국민주화운동에는 뒤에서 서술하겠지만 정치범으로 많은 자이니치 유학생들을 죽음으로 내몬 군사독재의 발톱 자국이 깊이 남아 있듯, 그것은 목숨이 걸린 문제이기도 했다. 그러한 체험은 자이니치의 아이덴티티에서도 오늘날로 이어지는 중요한 문제성을 품고 있음에도 불구하고 그다지 주목받지 못한 것이다.

지역연구를 전문으로 하는 조기은은 한민통이나 한청재일한국청년동맹 등의 '민단계 재일조선인'에 의한 한국민주화운동에 대해서 정력적으로 연구를 수행한다. 그러나 거기서도 이러한 운동이 자이니치의 생활 감각과 괴리되어 한계를 드러냈다는 점에는 변함이 없으며, 다른 한편으로 자이니치의 주체성을 표현하는 회로이기도 했던 점은 중시하지 않았다.[24] 다

---

24 조기은, 「한민통의 한국민주화운동—1970~80년대 활동을 중심으로」, 『동방학지』194호, 연세대 국학연구원, 2021.3; 조기은, 「민단계 재일조선인의 한국민주화운동—민단민주화운동세력과 김대중의 '연대'를 중심으로」, 『한국학연구』75집, 고려대 한국학연구소, 2020.12.

른 논고에서는 '조국 지향'과 '자이니치정주 지향'의 이분법적인 구분에 대한 중요한 문제를 제기했는데, 그 관심은 아이덴티티 분석이라기보다 한민통이나 한청의 성격 규명에 있다고 여겨진다.[25]

사상연구자인 윤건차가 말하듯 '자이니치론'에 하나의 해결이나 결론이 있을 리도 만무하지만, 민족, 조국, 통일문제는 더욱이 재일조선인에게 부정할 수 없는 과제로서 계속 남아있다.[26] 민족의식에 눈뜨고 통일에 헌신하고자 하는 '상식적 아이덴티티론'[27]에 빠지지 않고, 또 벡터로서의 조국 지향 / 자이니치 지향의 대립적 구도에 매몰되지도 않는 새로운 시대의 도래를 응시하며 이러한 문제를 논의하는 것이 가능할까. 그러기 위해서도 한국의 민주화라는 '한일연대'의 과거·현재·미래를 재검토하고, 해방 후 한국과 일본의 시민사회 레벨에서 노력해 온 공동의 역사·담론·실천을 고찰하는 것이 중요하다.

그것은 '한일연대'라는 컨택트 존의 역사문화적 쌍방향성의 계보를 거슬러, 자이니치를 탈식민지화, 탈냉전화, 탈제국화를 위해 나아가는 시간 축과 공간 축으로부터 그 변용하는 아이덴티티를 민족적·시민적 존재로서 다시금 자리매김하는 시도이기도 하다. 자이니치의 '운동'을 아이덴티티 구축에 관련된 본국 / 자이니치의 구도에 한정하지 않고, 시민적 존재가 본래 가지는 정치적 능동성으로도 접근하면 글로벌화 상황 속에서 '조국 지향'이 어떻게 연속되고, 또 단절되는지 그 일부가 보이기 시작한다.

---

25 趙基銀,「韓国民主化運動への参加に見る在日朝鮮人のアイデンティティ―民団系在日朝鮮人を中心に」,『言語·地域文化研究』17号, 東京外国語大学大学院, 2011.

26 尹健次, op.cit., p.151.

27 趙博, op.cit., p.10.

3. 보답받지 못한 '조국 지향'

한민통에 대한 '반국가단체' 속박

1990년대에 들어서자 조국 지향 / 자이니치 지향의 구분이 무의미해지는 듯 글로벌화 시대를 살아가는 자이니치 사회의 변용이 기다리고 있었다. 강상중은 「민족의식과 보편원리─확산하는 '자이니치'의 아이덴티티 民族意識と普遍原理と─拡散すうる「在日」のアイデンティティー」라는 제목으로 『아사히신문』에 기고해, '전후 50년'에 즈음하여 '인구동태, 법적 지위, 혼인 관계, 사회경제적 지위, 가족관계 패턴, 서브컬처, 젠더, 나아가 과거 기억의 농도 등, '자이니치'의 변화는 다방면에 걸쳐 무서운 기세로 집단적인 아이덴티티의 동요와 분화가 진행되고 있다'고 말하며 자이니치가 처한 상황을 냉철하게 주시했다. 거기에 '지금은 집단적 아이덴티티 내부의 하이브리드적인 복합성을 무시하고서는 '자이니치'의 아이덴티티를 말할 수 없게 되었다'고 지적하며, '상황대응적으로 끊임없이 재구성되는 신분적 집단'으로 재일코리안의 모습을 전망했다.[28]

2000년대 이후, 포스트모던의 조류와 글로벌화의 진전에 따라 '민족'의 가치 그 자체가 상대화되면서 조국 지향 / 자이니치 지향, 차이 / 평등이라는 이항대립의 방법으로 자이니치가 '민족으로서 살아가는' 아이덴티티의 전망을 발견하는 것이 더더욱 곤란해졌다. 일례로 근무처 사장에게 재일한국인이라는 것이 알려져 본명 사용을 강요당해 정신적 고통을

---

28   『朝日新聞』, 1995.11.16(夕刊)

받았다며 손해배상을 요구한, 이른바 '본명 강요 사건'을 둘러싼 재판은 '탈민족'을 상징하는 사건이었다고 할 수 있다.[29] 동시에 '한류'에 대한 반동을 가장한 '혐한류'가 자이니치 사회를 휩감고 있는데, 강상중이『계간 삼천리』의 지상 논쟁에서 '국수화'를 우려했던 것이 현실화되어 일본의 배외주의가 가속화하는 것도 이 시기부터였다.

둑이 무너지듯 '자이니치론'이 분출한 1980년대라는 전환기를 보더라도 글로벌시대인 오늘날, 일본에서 국제화라는 단어는 이미 낡은 것이 되었고, 인권의식의 확대와 더불어 도입된 제도도 대부분 정착했다. 일본과 국가 간의 지배-예속관계를 강요받는 '조국'의 상황도 한국 민주화와 경제발전에 따라 대등해져, 강상중이 고민한 '조국을 명확히 정립시킨 '자이니치'의 모습을 모색한다'는 역사적 사명의 무게는 더 이상 짊어지지 않아도 되는 상황에 이르렀다.[30]

강상중·양태호 논쟁에서 주목할 것은 양측이 바라보는 '한일연대'의 차이이다. 양태호가 의식하는 것은 '민족차별에 대해 일본인^{다수자}으로서 싸워온 많은 이들에게 재일조선인은 지금이야말로 배워야 한다'라고 말하는[31] '자이니치 지향'의 '한일·북일연대'이다. 이는 자이니치 경제학자 박일이 말했듯 '한일·북일연대'형의 새로운 시민운동으로 '자이니치'와 '일본인'과의 연대를 가리킨다.[32] 그러나 '한일연대' 시민운동은 한민통

29 '본명 강요 사건'에 대해서는 玄武岩, 『「反日」と「嫌韓」の同時代史)』의 제7장「在日コリアンの名前とアイデンティティー本名と通名の裂け目)」참조.

30 姜尚中, op.cit., 1985, p.178.

31 梁泰昊, op.cit., 1985, p.149.

32 朴一, op.cit., p.53.

운동처럼 '조국 지향'으로서도 중요하다.

그런 의미에서 강상중에게 한민통 운동은 "'남북'과 일본, 그리고 '자이니치'의 관계 총체를 시야에 넣으면서 '정주 외국인'으로서의 삶을 민족적 가치 재생과 통일로 나아가는 민족국가로 방향을 설정해 가는 것을 의미'하게 될 것이다.[33] 자이니치의 한국민주화운동 지원이 1970년대 이후의 '한일연대'의 흐름 속에 자리하는 것은 확실하다. 하지만 여전히 한국에서 '반국가단체'의 위치에 있는 한민통 = 한통련은 '조국이 짊어진 문제를 선취할 수 있는 위치에 있다'라는 점이 냉전 해체와 민주주의 정착으로 인해 '조국'이 스스로 해소하고 있는 상황으로부터도 뒤처져 있다.

무엇보다도 1970년대 이후, 일본의 시민사회가 한국의 민주화 운동에 관여한 '한일연대운동'은 한국의 민주화와 함께 과거의 것이 되었다. 북한 공작원으로 날조되어 탄압받거나 투옥당한 '자이니치 정치범'의 고난을 밑거름으로 삼아 군사독재정권에 대치하고, 한국민주화운동에 매진한 한민통의 운동은 '본국'에서도 자이니치 사회에서도 제대로 평가받지 못하고 있다.

버림받은 것은 그뿐이 아니다. 원래라면 남북 경계의 동요가 한국과 자이니치의 경계를 해체했을 것이다. 한국에서는 1985년 세상을 떠들썩하게 만든 구미 유학생 간첩단 사건에서 북한을 방문해 사형이 한 번 확정되기도 한 김성만·양동화가 재심을 청구해 2021년 7월 무죄가 확정되었다. 유럽 체류 중 북한 대사관원과 접촉하여, 관광목적으로 북한을

---

33   姜尚中, op.cit., 1985, p.179.

방문한 것만으로는 이적행위에 해당하지 않으며, 국가보안법 위반이 아니라는 판단이었다. 국가보안법이 건재하다고는 해도 한국에서 반공주의의 경계는 확실히 변화했다.

그러나, '자이니치 정치범'도 재심에서 차례로 무죄판결을 받아내는 오늘날, 여전히 한민통 = 한통련에 대한 반공주의의 벽은 여전히 견고하다. 자이니치의 '조국 지향'은 보답받지 못한 것이다. 한민통 = 한통련에 대한 '반국가단체'라는 속박, '조선적' 자이니치들에게 여전히 계속되고 있는 한국 국적으로의 변경 강요가 그 결과라고 한다면, '본국'과 '자이니치'의 뒤틀린 경계를 뛰어넘을 열쇠도 '조국 지향'의 역사적 체험을 재생하는 데에 있을 것이다.

연속성과 우발성의 자이니치

'조국 지향'이란 조총련이나 민단이라는 2대 민족기관처럼 본국 정부와 밀접하게 연결되어 재일학도의용군으로서 한국전쟁에 참전하거나 '귀국사업'을 통한 귀환, 그 밖에도 민주화운동이나 통일운동은 물론, 유학, 비즈니스나 경제지원, 특히 제주도 출신자의 경우에는 고향에 대한 기부나 성묘 등, 정치적·경제적·사회적으로 다방면에 걸친 유대 실천을 가리킨다. 송영순宋榮淳도 기업가로서 한국 경제발전에 기여하고, 또 민주화운동에 목숨을 바친 이들 중 한 명이다.

송영순은 1966년 설립된 신한애자공업주식회사1967, 삼도애자공업주식회사에서 사명 변경의 부사장으로, 후에는 대표로 취임한다.[34] 이 회사는 애자제조공장의 플랜트 수출을 목표로 했으나, 한국 측에 리베이트를 제공하지 않왔다는 것이 빌미가 되어 도산했다.[35] 1946년 형에게 의지해 일본으로 건너간 송영순은 리쓰메이칸대학立命館大学과 메이지대학明治大学 대학원에서 고학하며 전기공학을 전공했다. 한일국교 정상화 이전인 1960년에 재일한국인산업기술연구회를 설립하는 등, 조국의 발전에 공헌하고자 하는 열정을 불태웠으나, 정권 유착과 정치계의 부패를 목도하고 민주화의 필요성을 통감했다고 한다.[36] 이렇게 해서 송영순은 한국의 민주화운동에 매진하게 된다.

송영순은 '밀항'으로 도일한 것으로 보인다. 자이니치 작가 후카자와 우시오深沢潮의 작품 『바다를 안고 달에 잠들다海を抱いて月に眠る』2018는 저자의 아버지를 모델로 하여 전후 한반도의 정치적 격동 속에서 밀항해 일본으로 건너온 조선 청년의 우정, 가족, 운동을 그리고 있다.[37] 나중에 서술할 제주4·3사건 당시에도 많은 이들이 박해를 피해 일본으로 밀항하게 되는데, 가족과 흩어진 '1세'가 '조국'을 지향하는 것은 자연스러운 일이었을 것이다. 또, 식민지배로부터 해방되기는 했으나 남북으로 분단된 '조국'에서 가족이나 이웃이 국가폭력에 의해 학살당한 충격은 분명 통일과 민주주의에 대한 정념을 북돋웠을 것이다.

실제로 김시종·윤학준·강재언 등 자이니치의 저명한 작가나 학자, 활동가가 '밀항'으로 일본으로 넘어갔다. 오사카에서 태어났으나 한번

---

34 제80회 국회 중의원 예산위원회(제9호), 1977.2.17. '한일 유착'에 관한 안타쿠 쓰네히코(安宅常彦) 일본사회당 중의원 의원의 질의(국회의사록 검색시스템).

35 『동아일보』, 1975.2.27.

36 『한겨레』, 2019.9.21.

37 深沢潮, 『海を抱いて月に眠る』, 文藝春秋, 2018.

귀국했다가 해방 후 다시 일본으로 넘어간 김석범도 '밀항자'이다. 윤건차가 『자이니치의 정신사[在日]の精神史』에서 '밀항자'에 대해 지면을 할애해 상세히 기술하고, 자이니치의 역사에서 중요한 존재로 다루는 것도 자이니치의 형성에는 이러한 연속성과 우발성이 있었기 때문일 것이다.[38] 마이즈루 인양원호국舞鶴引揚援護局에서 귀국선을 기다리던 윤씨 일가는 한국전쟁 발발로 인해 '귀환'을 단념하고,[39] '혁명' 와중에 청년 윤건차가 북한으로 '귀국'하지 않았던 것도 '우연'이었다.[40]

이렇듯 해방 후에 '밀항'으로 도항한 이들도 자이니치의 전전戰前과 전후戰後의 연속성 안에서 다루어져야 한다. 일본제국의 이동과 동원에 의한 전후 풍경으로 일본에 거주하는 조선인이 귀국하여 '귀환동포'가 될 것인가, 그렇지 않으면 잔류하여 '재일동포'가 될 것인가는 종이 한 장 차이에 불과한지도 모른다. 일본제국의 붕괴가 국민국가로 수렴됨에 따라 다시금 경계가 그어지고 전전의 이동시스템이 파탄난 결과 경계에 둘러싸인 사람들이 각각의 생활권을 재생하고자 한 움직임이 '밀항'으로 나타난 것이다.

무엇보다도 한국민주화운동이나 통일운동을 짊어진 사람 중에는 '2세'도 많으며, '조국 지향'을 각각의 이산상황에 한정시킬 수는 없다. 그것은 '조국'의 민주화·통일에 기여하는 정치적 능동성을 일상생활과 떼어놓을 수 없기 때문인데, 앞서 서술했듯 이러한 자이니치의 주체적 창

---

38   尹健次, 『「在日」の精神史1－渡日·解放·分断の記憶』, 岩波書店, 2015.

39   Ibid., pp.110~114.

40   尹健次, 『「在日」の精神史3』, op.cit., p.122.

조가 갖는 정치적 의미는 '조국 지향'에 대한 비판 속에서 깊어지지는 않았다. 민주화와 경제발전이라는 국가적 성공을 성취한 한국의 반독재민주화운동과는 달리, 자이니치의 '한일연대운동'은 '가로로도 세로로도 분단된 존재'인 자이니치의 경계를 해체하는 결정타가 되지는 않았다.

4. '한일연대'로서의 '조국 지향'

한민통이 실천한 '조국 지향'

1970년대 이후, 일본 시민사회에서는 한국의 민주화운동과의 관계나 빈곤·공해수출·매춘관광 등의 사회문제에 대한 관심이 커졌고, 자이니치의 사회적·법적 권리를 둘러싼 시민운동에서도 '한일연대'의 흐름이 존재했다. '한일연대운동'에는 다양한 그룹이 활약했다. 그중에서도 한민통·한청이 한국의 민주화를 목표로 하는 '한일연대'를 대표한다면, 민투련이 대표하는 공민권운동은 '자이니치'와 '일본인'이 연대하는 '한일·북일연대'형의 시민운동이었다. 이윽고 '한일연대운동'은 과거의 일이 되고, 그때까지의 자이니치의 '조국 지향'도 잊혀졌다.

그러나 박정희 군사정권의 유신체제와 광주항쟁을 유혈 탄압하여 권력을 장악한 전두환 군사정권에 계속해서 저항해 독재체제에 종지부를 찍은 전민항쟁의 결과로 1987년 한국의 민주화가 이루어졌다면, 1970년대부터 80년대에 걸쳐 '한일연대운동'에서 중요한 역할을 담당한 자이니치의 '조국 지향'도 재고되어야 한다. 그도 그럴 것이 자이니치의 '조국 지향'은 '자기의 운명을 좌우하는 정치적 결정의 프로세스에 주권자로서 참여하는 길을 닦'았다는 점에 머무르지 않기 때문이다. 대통령 긴급조치 발령 등 언론이 엄격히 통제된 한국의 정보를 국제사회에 발신하는데 한민통·한청은 결정적인 역할을 하여, '한일연대운동'의 한 축을 담당했다. 이러한 활동을 정당하게 평가 하는 것이 '조국 지향'으로서의 아이덴티티에도 영향을 주게 될 것이다.

한민통은 주로 한국 정치적·사회적 실정이나 민주화운동 상황을 일본이나 해외에 알리고, 일본 사회의 여론 형성을 도모하는 형태로 운동을 전개했다. 당시 일본으로 건너간 전 대통령 후보자인 김대중과의 연대를 모색한 적도 있으며, 한국 정부에 납치된 김대중의 원상회복을 요구하는 여론 형성에 중요한 역할을 했다고 할 수 있다. 이러한 김대중 구원 운동은 재일코리안 정치범 구원 운동으로 발전하여 한일연대연락회의나 베헤이렌베트남에 평화를! 시민운동과도 함께 싸웠다.[41] 한민통 활동은 해외의 한국민주화운동과의 연대로 확대되어 간다.

1970년대, 1980년대 군사정권의 엄격한 언론통제로 인해 '소통폐쇄 상태'였던 한국 사회에서 한민통이나 한국문제그리스도자긴급회의1974 결성 등에 의해 한국 민주화 지원·연대는 국경을 초월한 정보교환 네트워크로 기능했다.[42] 그 대표적인 사례가 'T·K생'이라는 펜네임으로 시사월간지 『세카이世界』에 연재한 「한국으로부터의 통신韓国からの通信」1973~1988

41   조기은, 앞의 글, 2021, 319면.
42   李美淑, 『「日韓連帯運動」の時代－1970~80年代のトランスナショナルな公共圏とメディア』, 東京大学出版会, 2019, p.160.

인데, 집필을 위해서는 한국정세에 관한 자료나 정보 유출이 반드시 필요했다.

더욱이 해외에서의 한국민주화운동 지원에 관한 뉴스나 해외 정세 및 『세카이』의 「한국으로부터의 통신」 등이 한국으로 유입되었는데, 미디어를 연구하는 이미숙이 분석했듯 이러한 정보의 '운반책'을 기독교 관계자 등의 외국 국적 활동가가 담당했다.[43] 인권과 민주주의를 억압하는 사건을 전하는 외국 미디어의 보도는 한국 정부를 압박했다. 이러한 상황이었기에 외국의 잡지 기사 유입뿐 아니라, 복사하여 읽다가 발각되면 체포당하는 시대였다.

국경을 초월한 정보교환 네트워크

'일본가톨릭정의와평화협의회'의 간사였던 송영순도 '운반책' 중 한 명이었다. 한국민주화운동 진영의 주요 인물인 김정남金正男과 한민통의 핵심 간부인 배동호裵東湖가 1970년대 중반부터 비밀리에 편지를 교환했던 것을 『한겨레』2019.9.21가 보도했다. 한일의 '민주화 연대'에서 한민통과 송영순의 역할에 주목하는 기사이다. 한국과 일본 가톨릭교회 네트워크의 결절점이던 송영순은 한국에서 보내온 자료를 복사해 아들에게 맡겼다. 김정남은 '반국가단체'의 간부로부터 받은 편지는 소각하고 증거를

---

43 Ibid., pp.191~193. 시기는 약간 거슬러 올라가지만, 1968년 방한한 작가 모리자키 가즈에(森崎和江)가 3선을 꾀한 박정희 정권의 헌법개헌에 반대하는 학생데모 정보에 대해 한국의 '지적계층이 일본의 신문 등을 통해 자국의 모습을 파악하고자 했다'라는 점에 감동했다고 말하듯, 해외에서 들어온 정보는 한국 지식인에게도 중요한 정보원이었다고 할 수 있다. 이 책 제1장 참조.

남기지 않았다. 외국 국적의 '운반책'에게 맡겨진 「한국으로부터의 통신」 정보는 때때로 송영순의 손을 거쳐 전달되었다. 일본 가톨릭교회는 한국 가톨릭교회의 민주화 운동을 지원하려는 목적으로 앞서 말한 협의회의 간사로 송영순을 임명한 것이다.[44]

한국영화 〈1987〉2017에 등장하는, 지명 수배되어 도피 중이던 민주화 운동가 김정남과 배동호의 교류는 1989년 배동호가 사망할 때까지 이어 졌다. 이 작품의 배경이 되는 1987년 민주화 항쟁에서도 한민통은 그 정 보를 바탕으로 일본에서 항의 활동을 전개했다. 앞서 언급한 『한겨레』 기 사에서처럼 김정남은 '송영순 선생이 없었다면 한국의 민주화는 훨씬 늦 어졌을 것이다'라고 칭송했다. 한일연대연락회의 사무국장이었던 역사 학자 와다 하루키和田春樹는 송영순과 함께 한국에서 가져온 자료를 일본 어로 번역하는 등의 활동을 했다. 그는 '1974년 이후 한국인은 민주주의 를 위해 위대한 투쟁을 전개했다. 그 투쟁을 일본으로 또 세계의 여론으 로 전달하기 위해 혼신의 노력을 쏟은 송영순은 실로 한국 현대사의 주 역'이라고 평가했다.[45]

이러한 '국경을 초월한 정보교환 네트워크'는 비밀리에 정보를 공유 할 뿐 아니라 각종 실천적인 활동을 촉진하는 통로이기도 했다. 1970년 11월 분신자살한 노동운동가 전태일의 평전 자료도 송영순 루트로 일본 에 전달되어 한국보다 먼저 일본에서 출판되었다.[46] 심지어 한민통은 같

44 『한겨레』, 2019.9.21.

45 Ibid..

46 金英琪, 李浩培譯, 『炎よ、わたしをつつめ―ある韓国青年労働者の生と死』, たいまつ社, 1978.

은 책을 원작으로 한 영화 〈어머니~분노가 불타오르다オモニ~怒りは燃える〉를 제작해 상영 운동을 전개했다. 수익 중 일부는 영화의 모델인 전태일의 어머니 이소선 여사에게 보내 노동교실 설립에 활용되었다.

윤건차가 말하듯 한국민주화운동에 주력을 쏟는 한편 재일동포의 생활문제는 뒷전인 경향이 강했던 한민통=한통련을 자이니치의 역사在日史에서 어떻게 평가할지는 어려운 문제이다.[47] 자이니치에게 있어서 남북분단은 한반도처럼 경계선에 의해 차단된 것이 아니라, 투과성이 높은 일상생활 공간으로 존재하기 때문에 '적과 아군'을 구별하는 것은 애초에 불가능하다. 이 때문에 한민통은 김대중을 포함해 한국민주화운동 세력으로부터 경계를 받기도 했다. 다만 분명한 것은 한국의 반독재민주화 투쟁에서 한민통 등의 운동조직이나 기독교인, 또 송영순과 같은 실업가나 자이니치 정치범 등이 '국경을 초월한 정보교환 네트워크'의 중요한 한 부분을 담당했다는 점이다.

또, 조기은도 지적하듯 한국민주화운동과의 관계와 자이니치의 권리획득 운동을 이항대립적으로 다루는 것 역시 재고의 여지가 있다.[48] 분명 자이니치의 운동사에서 양자는 이질적인 것으로 여겨져 '조국 지향'과 '자이니치 지향' 사이에서는 '공감하면서도 냉담'한 거리감이 있었음에 틀림없다.[49] 그러나 1세 중심의 한민통은 그렇다 쳐도, 한청의 경우 개인 레벨의 권리획득 운동에 대한 지지·지원 운동도 실시했다. 다만 '권리획

---

47 尹健次, 『「在日」の精神史2—三つの国家のあざまで』, 岩波書店, 2015, p.213.

48 趙基銀, 「韓国民主化運動への参加に見る在日朝鮮人のアイデンティティ」, op.cit., p.24.

49 李美淑, op.cit., 2019, p.143.

득 운동을 과제로 삼으면서도 거기에 적극적으로 뛰어들 만큼 역량이 미치지 못했던' 것이다.[50] '조국'의 정치 정세와 자이니치의 법적 지위·생활권이 밀접하게 엮여 있다고 인식하고, '민족으로서 살아가기'의 방법론으로 전자를 우선시한 것이라 할 수 있다.

한국의 민주화 투쟁을 주도한 학생운동 그룹NL주사파은 한민통 이상으로 북한의 혁명노선을 추종했는데, 지금은 한국의 정치세력의 중추를 차지하고 있다. 보수세력으로부터 비판을 받기는 하나 사회혁명이론으로 경도된 동시대의 사상 상태에 대해 문제시하지는 않는다. 한국 민주화의 주역으로 불리는 이러한 '386세대'를 압박하는 것은 오히려 세대교체론이다. 그런데 한민통 = 한통련은 지금까지도 '반국가단체'의 속박에서 벗어나지 못했다. 무엇보다도 한민통이 '반국가단체'로 지정된 계기인 '김정사 간첩사건'1978은 재심에서 무죄판결이 내려졌다. 김정사는 1977년 서울대학교 유학 중에 체포되었는데, 한민통 지도원의 지령을 받고 국가기밀을 탐지했다는 혐의로 실형이 확정되었으나, 1979년 가석방되었다. 한민통 = 한통련의 명예 회복을 위해서도 한국 민주화에 대한 기여를 정당하게 자리매김할 필요가 있다.[51]

---

50 임병택 씨의 인터뷰(2021.8.31). 임병택은 한청의 중앙집행위원을 역임했다. 현재 '일본의 전후책임을 청산하기 위해 행동하는 홋카이도(北海道) 모임'의 공동대표이다.
51 한통련은 '한통련의 완전한 명예회복과 귀국 보장을 위한 대책위원회'를 발족시켜 2019년 4월 23일에 프란체스코교육회관(서울)에서 기자회견을 열었다. 그 자리에서 관계자의 상당수가 유효기간이 1년~5년인 여권밖에 발급받지 못하고, 그조차도 간단히 손에 넣을 수 없다는 점에 항의했다.

5. 한일연대로서의 제주4·3운동

자이니치와 4·3운동

자이니치의 '조국 지향' 운동으로 한국의 민주주의와 사회변혁을 촉진시킨 또 하나가 제주4·3사건 진상규명 및 위령제 등을 전개한 4·3운동이다. 제주4·3사건은 '1947년 3월 1일, 경찰 발포사건을 기점으로 경찰·서북청년단 탄압에 저항하면서, 단독 선거 실시·단독 정부 수립 반대를 기치로 내걸고 1948년 4월 3일에 남로당 제주도당 무장대가 무장봉기를 일으킨 후, 1954년 9월 21일 한라산 출입 금지 지역이 전면 개방될 때까지 제주도에서 발생한 무장대와 토벌대 간의 무력 충돌과 토벌대 진압과정에서 많은 주민이 희생된 사건'이었다.[52] 이는 2003년 한국 정부가 확정한『제주4·3사건 진상조사 보고서』에서 공식적으로 정의된 것이다.

일본의 식민지배로부터 해방된 한반도는 남북으로 분단되었다. 남한 각지에서 좌우 대립이 격화되는 가운데, 제주도는 그러한 혼란스러운 정세에 휘둘리지 않았다. 그러나 1947년 3·1절 기념행사가 끝나고 시작된 가두데모 도중 경찰의 발포로 6명이 사망하는 사건이 발생했다. 이에 항의하기 위한 총파업을 결행하자, 제주도 미군정 당국은 대대적인 탄압에 나섰다. 거기에 서북청년단서청이라는 우익단체의 횡포가 기름을 부었다. 제주도 젊은이들은 산으로 들어가거나, 경찰·경비대·우익 등이 되어 군정의 앞잡이가 되거나, 그렇지 않으면 그 땅을 버리고 일본 등지로

---

52   済州四・三事件真相究明及び犠牲者名誉回復委員会, 済州大学校在日済州人センター 訳,
      『済州四・三事件真相調査報告書』(日本語版), 済州四・三平和財団, 2014, pp.554~555.

도망가거나 셋 중 하나를 선택해야만 했다.[53]

산에 들어간 무장대가 1948년 4월 3일에 일제히 봉기하여 경찰주재소 등을 습격했다. 1948년 5월 10일에 대한민국 건국을 위한 총선거가 실시되자, 무장대는 단독 선거에 반대하며 방해 공작에 나섰고, 선거구 3개소 중 2개소가 무효화되었다. 이에 당국은 초토화 작전으로 대응하여 토벌대가 대량 살육을 자행했다. 제주도는 학살의 섬으로 변했다. 한국전쟁 발발은 수형자와 예비검속자에 대한 집단 학살을 초래했다. 한라산 통행금지가 해제된 것은 한국전쟁 후인 1954년의 일이었다.

제주4·3사건에서는 봉기한 무장 세력 500명뿐 아니라, 섬 전체에서 수만 명이 학살당했다. 제주도민 인구의 10명 중 1명에 해당하는 참극이었다. 그런데 제주4·3사건은 국가의 정통성에 반한 '반란'으로 금기시되어 진상규명은커녕 사망자를 기리는 것도 꺼려졌고 유족이나 생존 피해자는 오랫동안 침묵을 강요당했다. 피해자가 침묵을 깨고 이야기하기 시작한 것은 민주화 이후의 일이다. 이후 진상규명을 위한 오랜 작업을 거쳐 1999년 말 '제주4·3사건 진상규명 및 희생자 명예회복에 관한 특별법'제주4·3특별법이 제정되었는데, 여기에는 4·3운동에서 자이니치가 담당한 역할도 빼놓을 수 없었다.

작가 현기영은 1978년 제주4·3사건을 소재로 한 「순이 삼촌」을 『창작과 비평』에 발표했다. 이듬해 작품집 『순이 삼촌』이 발행되자 현기영은 군의 특무기관인 보안사령부에 연행돼 고문을 받고, 이 책은 금서로

---

53   文京洙, 『済州島四·三事件─「島のくに」の死と再生の物語』, 平凡社, 2008, p.93.

지정된다. 이처럼 한국에서는 제주4·3사건에 대해 쓰는 것도 말하는 것도 불가능한 군사정권 시대에 무시무시한 국가폭력에 대항한 것이 제주도 출신 자이니치였다.

김석범은 1957년부터 62년까지 「까마귀의 죽음鴉の死」, 「간수 박 서방看守朴書房」, 「관덕정観德亭」, 「똥과 자유糞と自由と」 등을 발표했다. 그리고 1976년 연재를 시작해 1983년에 총 3권으로 간행된 『화산도火山島』는 1997년 제7권이 간행되면서 완결되었다.[54] 김석범의 작품은 한국에서도 잘 알려져 있다. 한국이 민주화된 직후인 1988년에 단편집 『까마귀의 죽음』과 『화산도』전5권가 한국에서 번역 출판되었다. 한국에서는 제주4·3사건 관련 서적이 본격적으로 간행되기 이전에 자이니치 작가의 작품이 읽히게 된 것이다.

무장대가 되는 등 제주4·3사건과 관련되어 일본으로 밀항한 김봉현·김민주가 편집한 『제주도 인민들의 《4·3》 무장투쟁사−자료집』문우사, 1963도 그러한 서적 중 하나이다. 이 책은 1970년대 한국 사회에 대두된 운동권에서 바이블로 읽혔다.[55] 사회과학 무크 『녹두서평』의 1987년 3월호에 게재된 장편서사시 「한라산」은 제주4·3사건을 모르던 대학생들에게 큰 충격을 주었는데, 저자 이산하는 이 필화사건으로 인해 국가안보법 위반으로 기소된다. 그때 작품의 모티브를 제공한 것이 위의 책이었다.[56]

---

54 中村福治, 『金石範と「火山島」−済州島四·三事件と在日朝鮮人文学』, 同時代社, 2001, pp.16~17.

55 文京洙, op.cit., p.207.

56 양조훈, 『4·3 그 진실을 찾아서』, 선인, 2015, 22~23면.

제주4·3사건의 진상규명에는 무엇보다도 피해자나 유족의 증언이 필요하다. 먼저 지역 언론이 이제까지 침묵을 강요받아 온 사람들이 증언할 수 있는 공간을 열었다. 1989년『제주신문』은 4·3취재반을 구성하여「4·3의 증언」을 연재하기 시작했다. 기획은『제민일보』의「4·3은 말한다」로 계승되어 1998년에 456회에 이르는 연재를 끝으로 종료된다. 연재를 책으로 엮은『4·3은 말한다』는 1994년 제1권이 간행되고, 같은 시기 일본에서도 신칸샤新幹社에서 동시 출판되었다. '국경을 초월한 정보교환 네트워크'는 제주4·3사건 진상규명 운동에서도 가동된 것이다. 이러한 정보교환 네트워크는 그 후의 진상규명 활동에서의 연대로 이어진다.

민주화 이후의 한국에서 대두된 제주4·3사건의 진상규명 움직임에 보조를 맞추듯 도쿄에서는 1989년 '제주도 4·3사건을 생각하는 모임'이 발족했다. 이 모임은 1988년 4월 '제주도 4·3사건 40주년 추도기념 강연회'를 개최했는데, 강연장에는 수많은 사람이 몰려들었다. 제주4·3사건 발생으로부터 40년째가 되는 1988년은 서울에서는 학술발표회, 제주도에서는 제주대학교에서 학생주최의 위령제와 진상규명을 요구하는 집회가 열리는 정도에 여전히 머무른 시기이다. 이듬해 1989년 제주지역의 사회단체가 '4월제 공동준비위원회'를 결성하여 제주 시내에서 제1회 '제주항쟁추모제'를 개최했다.

제주4·3사건 진상규명과 위령 활동은 이후 문화예술제로서 오늘날까지 계속되고, 이윽고 유골 발굴, 명예 회복, 공식사죄, 보상 입법 요구로 발전했다. 이러한 추도 행사에는 일본에서도 방문단을 꾸려 참가하는 것이 통례이다. 여기에는 김석범 등의 자이니치 문화인의 존재도 큰 역할을 차지한다. 김석범은 '조선적朝鮮籍'인 채로 몇 번이나 한국을 방문함으로써 현실 배제와 차별에도 맞섰다.

'제주도 4·3사건을 생각하는 모임'은 그 후에도 강연회나 기념행사, 출판 활동을 이어갔다. 그리고 제주4·3사건과 인연이 깊은 오사카로 활동의 장을 넓혔다. 그런데 제주4·3사건을 둘러싼 침묵의 벽은 도쿄 이상으로 제주도 출신자가 많이 사는 오사카에서 한층 더 두꺼웠다고 한다. 이 침묵의 벽은 1998년 제주4·3사건 50주년 기념사업을 통해 흔들리기 시작한다. 오사카 이벤트에서는 제주도에서 신방神房, 제주도 무당을 부르고, 조박 등 자이니치 뮤지션의 연주도 어우러져 추도식이 열렸다. 회장에는 1세 할머니들을 비롯해 500여 명의 참가자가 신방의 위령무와 이야기에 울고 웃었다.[57]

서장에서도 언급했듯 서승徐勝이 기획한 국제심포지엄 '동아시아 냉전과 국가 테러리즘'은 1997년 타이베이台北에 이어 1998년 제주도에서 제주4·3사건 50주년에 맞추어 2회째 심포지엄이 개최되었다. 이는 서승이 반공주의의 희생양이 된 자신의 운명을 제국주의에 냉전 구조가 겹친 국가폭력의 연쇄에 휩쓸린 동아시아 안에 다시금 자리매김하는 시도였다고 할 수 있을 것이다. 제2회 제주도대회가 4·3운동의 일환이었던 것처럼 제주4·3사건은 동아시아의 '포스트제국'이라는 토양에서 인식되기 시작했다. '민중 측으로부터의 냉전 해체, 동아시아 지역 평화의 실현'을 이념으로 하여 제주4·3사건의 진상규명과 피해자에 대한 배상·

---

57   文京洙, op.cit., p.208.

〈그림 14〉 제주도4·3사건을 생각하는 모임·도쿄가 주최한 제주4·3사건 70주년 기념행사 '잠들지 않는 남도'
(2018.4.21, 김기삼 촬영)

명예회복에 초점을 맞춘 제주도대회는 450명이 참가한 한국에서 역대 최대규모의 민간 심포지엄이었으며, 이듬해 제주4·3특별법 제정으로 결실을 맺었다.[58]

계속되는 냉전구조와의 싸움

2000년에 제주도민 및 유족들의 염원이던 제주4·3특별법이 공포되었다. 여기에는 1998년 정권교체로 김대중 정부의 발족이 순풍으로 작용했는데, '공산폭동'이라는 낙인을 찍은 반공주의에 맞서 인권과 화해의 길을 열 수 있었던 것은 제주4·3사건의 진상규명과 피해자의 명예회복을 요구하는 한국, 자이니치, 일본 시민, 학자, 저널리스트, 작가, 예술가, 정치가들이 연대하여 노력해 왔기 때문이다. 2003년에는 한국 정부가 공식적으로 『제주4·3사건 진상조사 보고서』를 채택했다. 그것을 수용해 당시 노무현 대통령은 국가폭력에 의해 희생된 피해자·유족을 향해 사과했다.

제주4·3특별법이 제정되었다고는 해도 보상·배상을 동반하지 않는 법률은 제주4·3사건의 완전한 명예회복과는 거리가 멀었다. 게다가 불법적인 재판을 받은 사형수나 무기수 등은 희생자에 포함되지 않았다. 또 보수세력이 이 법률에 대해 위헌 심판을 요구한 소송은 기각되기는 했지만, 이때 한국의 헌법재판소는 무장봉기의 지휘관이나 남조선노동당 제주도당의 핵심 간부에 대해서는 '희생자로 간주할 수 없다'고 판단

---

58 徐勝編, 『東アジアの冷戦と国家テロリズム―米日中心の地域秩序の廃絶をめざして』, 御茶の水書房, 2004, p.5.

무장봉기대 2대 총사령관 이덕구가 그 대표 격이다. 본인은 물론, 연좌죄로 체포되어 학살당한 이덕구의 팔촌까지의 일족 역시 희생자로 간주되지 않았기에, 제주4·3평화공원 위패봉안실에 안치된 1만 3천여 위패와 이름을 나란히 할 수 없다.[60] 제주4·3특별법이 제정되자 오사카에서 결성된 재일본 제주4·3사건 유족회 초대 회장에 오른 것이 그의 조카인 강실이다.

오랜 기간 4·3운동에서 활동한 국제정치학자 문경수가 지적하듯 광주항쟁 등 한국이라는 국가의 존재를 전제로 하는 군사정권기의 주민학살 및 인권침해에 대한 '과거청산'과는 다르게 제주4·3사건에 대해서는 애초에 국가의 역사적 기원 그 자체의 정통성을 묻게 된다. 즉, 이러한 과제는 한국이라는 한 국가가 역사 청산으로서 짊어져야 할 과제라는 점을 이미 초월했

〈그림 15〉 제주4·3평화공원 위패봉안실 (저자 촬영)

---

59   헌법재판소, 「제주4·3사건 진상규명 및 희생자 명예회복에 관한 특별법 의결행위 취소」, 2001.09.27.

60   金石範, 「私は見た、四·三虐殺の遺骸たちを」, 済州島四·三事件を考える会·東京 編, 『済州島四·三事件 記憶と真実(資料集)－済州島四·三事件六〇年を越えて』, 新幹社, 2010, p.60.

다고 할 수 있다.[61] 따라서 남북통일이 실현되지 않는 한 '희생자로 간주할 수 없는' 사람들이 공식적으로 희생자로 인정받는 일은 없을지도 모른다.

그렇다고 해도 제주4·3사건이 '폭동'이 아닌 '항쟁'으로 정당한 명칭을 획득하기 위해서는 좌익이나 '빨갱이'면 학살당해도 어쩔 수 없다고 하는 것과 같은 『제주4·3사건 진상조사 보고서』의 기조를 넘어서야 한다. 이 보고서는 피해자 중 상당수는 좌익이나 '공산폭동'과는 상관없는 무고한 '양민'이었다는 점을 전제로 하는 것이다.[62] 실제로 자이니치의 4·3운동은 '국경을 초월한 정보교환 네트워크'를 통해 이러한 담론에 대항해 왔다. 일본에서의 추도·계승행사는 제주의 예술단체가 조선학교에서 공연하는 등 이데올로기를 넘어선 연대를 실천함으로써 한국의 반공주의를 뒤흔들고 있다.

2019년 제주4·3사건에서 불법적인 군사재판을 받아 '폭도'라는 낙인이 찍힌 수형자의 재심청구가 받아들여지고, 무죄판결을 이끌어낸 것이 그 성과라 할 수 있을 것이다. 그리고 2021년 2월에는 제주4·3 특별법이 전면 개정되었다. 이에 따라 '위자료' 지불과 시효에 상관없이 특별재심 청구가 가능해졌다. 또 유죄판결에 대해서는 법무부 장관의 직권만으로도 재심청구를 권고할 수 있게 되었다.[63] 그 다음 달에는 내란죄 등

61 文京洙, op.cit., p.213.

62 Ibid., p.217.

63 제주4·3특별법 전면 개정을 받아들여 2021년 12월에는 제주4·3사건 피해자에 대한 국가보상 조항을 포함한 이 법의 일부개정안이 국회 본회의를 통과했다. 해당 법률 개정에 따라 제주4·3사건으로 인한 사망·행방불명자가 된 희생자는 한 명당 9천만 원,

으로 형을 받고 행방불명된 335명의 재심청구에서도 제주지방법원은 무죄를 선고하는 등 희생자의 범위를 조금씩 늘려감으로써 '제주4·3'의 '정명正名'을 향해 나아가고 있다.

6. '조국'을 넘어선 '조국 지향'

자이니치의 4·3운동은 '조국 지향'의 구체적 표현임과 동시에 살아남은 죄악감에 대한 재일제주도인의 트라우마 극복 과정이기도 했다. 일본에서 개최된 각종 추도 사업을 추진하는 주체는 2세 혹은 3세이다. 그 활동은 제주도를 고향으로 하는 많은 1세의 트라우마를 치유했음에 틀림없다. 한국 민주화와 관련된 한민통 운동이 보답받지 못 한 것에 반해, 4·3운동은 '제주4·3'을 국가폭력에 의한 희생으로 정착시키는 실천을 계속하고 있다. 여기에는 군사정권하의 한국에 대한 일방적인 지원이었던 '연대'가 개방성·탈중심성·상호작용성을 갖춘 본래의 의미로 변화하는 민주화 이후의 정치적 조건이나 자이니치와 제주도의 유대라는 사회적 배경이 있는 것은 분명하다.

이처럼 제주-오사카·도쿄를 잇는 신뢰와 경의를 바탕으로 한 '친밀성'을 가지고 연대 활동을 전개한 것이 제주4·3운동을 지속하는 원동력

수형자 및 장애가 남은 피해자에게도 피해 상황에 따라 생존자 및 유족에게 9천만 원 이내의 보상이 이루어지게 되었다. 국가폭력으로 인한 피해 보상을 재판 판결이 아니라 입법 조치로 취한 것은 한국의 '과거청산'에서 첫 사례이다.

이 되었을 것이다. 오랜 기간 제주4·3연구소장을 역임한 김창후가 4·3 운동과 관련된 여섯 명의 운동가를 인터뷰한 『4·3으로 만나는 자이니 치』2017를 제주대학교 재일제주인센터의 연구총서로 출판한 것도 제주 와 자이니치 사이에는 오랫동안 함께 투쟁하면서 키워 온 '친밀성'이 있 었기 때문이다.[64] 물론 제주4·3운동을 통해 형성된 '트랜스내셔널한 정 보교환 네트워크'가 제주4·3특별법 제정으로 결실을 맺고, 이 법이 전면 개정되는 토대를 만든 것은, 냉전 구조가 만들어낸 반공주의를 타파해야 지만 피해자의 명예회복과 화해가 실현 가능하다고 여겼기 때문임에 틀 림없다.

이러한 '한일연대'를 통해 제주4·3운동이 보답받았다면 한민통 = 한 통련의 '반국가단체'라는 굴레를 푸는 것이 한국의 국가안보법 철폐를 향한 새로운 연대의 근거가 될 것이다. 하지만 이러한 연대의 가능성은 탈냉전화의 실패는 물론이고 '조국 지향'을 시대에 뒤처진 것이라 보는 '자이니치론', 민주화 운동을 전유하는 한국의 '한반도 중심주의'에 막혀 있다.

제국주의에 냉전 구조가 겹친 폭력의 연쇄에 휩쓸린 일본제국 해체 이후의 탈식민지 동아시아는 국가폭력의 시대를 극복하고 정의를 회복 하는 과제와 맞서 왔다. 그러던 중 동아시아에서 역사적으로 형성되고 다시금 활성화하고 있는 영역횡단적 한민족의 관계 구조는 '본국'과 코 리안 디아스포라의 다층적 관계 및 소통에 의해 성립되고 있다. 자이니

---

64 김창후, 『4·3으로 만나는 자이니치』, 진인진, 2017.

치의 '조국 지향'은 이처럼 한반도가 식민지화 과정에 놓인 내셔널리즘 형성기부터 제국지배의 시대, 그리고 제2차 세계대전 이후 냉전기와 탈냉전의 글로벌화 시대까지 동아시아에서 경계를 초월해 전개해 온 코리안 네트워크 안에 자리한다.

그리고 한국의 민주화 운동이나 '과거청산'은 오키나와의 평화운동, 타이완의 '이행기 정의', 베트남전쟁 중 한국군에 의한 민간인학살 진상규명과도 연동되어 있다. 한민통운동 및 제주4·3운동의 '한일연대'도 이처럼 국경을 초월한 연대의 톱니바퀴이다. 자이니치의 '조국 지향'이 갖는 의의는 한민통운동이나 제주4·3운동을 한국민주화운동 안에 다시금 자리매김함으로써 동아시아에서 경계를 초월해 전개되면서도 지금은 단절된 코리안 네트워크의 틈새를 메우고, 나아가 동아시아의 '과거 극복'을 위한 '포스트제국'의 연대로서 실천적 의미를 묻는 것으로 한층 명확해진다.

제8장

한국군 베트남전쟁 시기 민간인학살을 심판하는 시민평화법정의 도전

고통에 대한 연대의 법정

1. '가해'의 죄업과 마주하다

2018년 4월 21일부터 22일까지 서울 마포구에 있는 '문화비축기지'에서 '베트남전쟁 시기 한국군에 의한 민간인학살 진상규명을 위한 시민평화법정'^{이하, 시민평화법정}이 열렸다. 1964년 비전투부대를 시작으로 이듬해부터 전투부대를 전개해 1973년 철수할 때까지 연인원 31만여 명을 베트남에 파견한 한국. 반공독재체제제하의 한국군은 한국전쟁을 겪으면서 일그러진 공산주의에 대한 적의를 베트남 민중을 향해 쏟아냈다. 시민평화법정은 이러한 살육의 '죄업'을 심판하는 민중법정이다.

'가해'의 죄업은 1999년에 한 주간지의 보도가 있기 전까지 표면화되지 않았다. 고엽제 피해를 입은 파월 참전군인들이 목소리를 높이기 시작한 것을 제외하면 베트남전쟁 자체가 과거의 일이 되어 있었다. 그동안 한국군이 주둔한 베트남 중부 마을에는 살육의 기억을 대대로 계승하기 위해 원한을 새긴 증오비와 위령비가 많이 세워졌다. 그로부터 20년 가까이가 흘러 한국의 시민사회세력은 민중법정을 열어 50년 전에 베트남에서 한국군이 일으킨 집단학살 사건을 법적 심판의 자리에 끌고 들어 왔다. 시민평화법정은 우리가 깊이 관여한 전쟁에 대해 무엇을 심판하고 무엇을 밝혔는가.

제2차 세계대전이 끝난 후에도 한반도는 동서냉전의 최전선에서 한국전쟁이라는 '골육상잔'을 겪었다. 비극은 그치지 않고 국내외 위기 상황 속에서 한국 군사정권은 베트남 참전에서 활로를 찾았다. 베트남전쟁은 한반도에서 봉합한 상처가 국외에서 파열된 것일 뿐이었다. 따라서 국민에게도 목숨을 걸고 '자유 세계'를 지키거나 한국전쟁 때의 지원에 보답한다는 대의명분은 다른 나라 전쟁에 관여하는 것을 주저하지 않게 했다. 가난에 허덕이는 우리 사회에서 그것은 '돈벌이 파병'이기도 했다.[1]

1990년대는 전쟁과 분쟁에서 파괴와 살육의 잔학행위가 국가 간 영역을 넘어 피해자의 인권과 존엄성 회복을 위해 문제시되는 글로벌 시민사회의 개막이었다. 일본군 '위안부' 문제는 이러한 국제적 논의로 전개되고, 일본은 가해자로서, 한국은 피해자의 일원으로서 '기억의 글로벌화'앙리루소(Henry Rousso)에 편입된다.[2] '기억의 글로벌화'는 필연적으로 냉전 시대에 발생한 열전에서의 피해자의 목소리도 속박에서 벗어나게 했다.

그것은 한국 국민이 '우리의 폭력'에 대면하는 것을 의미했다. 제주 4·3사건이나 한국전쟁 때 한국군 및 미군에 의한 민간인학살 실태가 드러나자 때마침 베트남전쟁에서 한국군이 일으킨 참살慘殺과 강간이 폭로된 것이다. 1999년에 시작되는 시사주간지 『한겨레21』의 일련의 보도가 전쟁 가해자임을 우리 국민에게 알렸다.

이듬해인 2000년 시민사회단체의 연합체로 '베트남전쟁 학살 진실 위원회'가 출범하고 이어서 "미안해요! 베트남" 캠페인이 시작된다. 『한겨레21』을 발행하는 한겨레신문사에 '참전군인'이 난입하는 사태에 직면하면서도 20여 년간 한국의 시민사회는 '가해'의 죄업과 마주하는 활동을 베트남과의 사이에서 펼쳐왔다. 그러나 '제2의 망각'이라고도 하듯

---

1   桑原史成, 『水俣·韓国·ベトナム』, 晩馨社, 1982, p.172.
2   アンリ·ルソー, 剣持久木·末次圭介·南祐三譯, 『過去と向き合う: 現代の記憶についての試論』, 吉田書店, 2020, p.239.

이 '가해'의 죄업은 그 정치적·도의적 책임을 다하지 못한 채 희미해져가는 위기감이 감돌고 있었다. 2000년대에 들어 "미안해요! 베트남" 캠페인에 대한 반발로 국내 각지에 베트남 참전 기념비가 세워지면서 '파월용사'를 현창하게 되었다.

한국에서의 베트남전쟁 시기 민간인학살문제의 진상규명에 대한 노력에 대해서 일본에서는 이토 마사코伊藤正子의『전쟁기억의 정치학 – 한국군에 의한 베트남인 전시학살문제와 화해로 가는 길戦争記憶の政治学 – 韓国軍によるベトナム人戦時虐殺問題と和解への道』이 그 과정에서 중요한 역할을 한 평화활동가 구수정과의 만남을 포함하여 상세히 기술하고 있다.[3] 따라서 그 전개에 대해서는『전쟁기억의 정치학』에 맡기고 이 장에서는 최소한의 내용만 다루며 주로 한일 시민사회의 연대 및 시민평화법정의 경과를 중심으로 최근의 진상규명과 국가배상을 위한 움직임에 대해 소개한다.

2. 베트남전쟁 시기 한국군 민간인학살을 들춰낸
일본 시민사회

피스보트Peace Boat의 충격

베트남전쟁에서 한국군의 민간인학살문제가 진상규명을 위한 움직임을 보이는 2000년 말 일본에서는 '일본군 노예제를 심판하는 여성국제

---

3   伊藤正子,『戦争記憶の政治学 – 韓国軍によるベトナム人戦時虐殺問題と和解への道』, 平凡社, 2013.

전범법정'이하, 여성국제전범법정이 열렸다. 1991년에 한국의 김학순1924~1997이 일본군 '위안부' 피해자로 나선 이후 10여 년간의 투쟁을 거쳐도 국가가 책임을 인정하지 않으려는 데 대항해서 개설된 민중법정이다.

시민평화법정은 '가해국 수도에서 일본군 '위안부'라는 전쟁범죄의 책임을 묻는' 획기적인 여성국제전범법정을 모델로 삼았다. 일본군 '위안부' 문제의 '국제적 연대와 공론화에 크게 공헌한' 일본 시민사회의 노력을 평가하고 뒤늦게나마 그 뒤를 잇겠다는 뜻을 표명한 것이다. 이 시민평화법정도 일본의 '위안부' 문제와 마찬가지로 교착상태를 타개하기 위한 시도로 설립되었다. 이를 돌파구로 한국의 사법 권력 하에서 공식적으로 국가를 제소할 수 있게 되기를 기대했다.

이 시민평화법정이 실현되기까지 롤모델이 되었던 여성국제전범법정뿐만 아니라 베트남전쟁에서의 한국군에 의한 민간인학살에 관심이 쏠리는 과정에서도 일본 시민사회의 노력이 한몫했다. 한국에서는 아무도 베트남전쟁에서 한국군이 저지른 잔학 행위에 마주하려 하지 않았던 시기에 일본 피스보트가 그곳을 방문한 것이다.

1983년에 국제 NGO 피스보트가 아시아를 향해 '과거의 전쟁을 직시하고 미래의 평화를 만든다'를 표어로 첫 출항을 한 것은 한 해 전의 '역사교과서문제'가 계기였다. 1982년 일본의 역사교과서 검정 때 일본의 아시아에 대한 군사침략이 '진출'로 바뀐다는 보도가 한국과 중국에 알려지면서 아시아 각국으로부터 비판을 받았다. 그것에 자극받은 젊은 이들이 '지금까지 자신들이 배운 역사는 사실일까?'라는 의문을 품고 실제로는 어땠는지 '현지에 가서 우리 눈으로 확인해보자'라고 생각한 것

이 출발점이었다.[4]

제1회 오가사와라小笠原, 이오지마硫黄島, 괌Guam, 사이판Saipan으로의 항해를 시작으로 제2차 세계대전의 상흔이 남아 있는 아시아 국가들을 순회하는 크루즈는 1984년에는 난징南京, 이듬해 1985년에는 종전 10주년을 맞은 베트남에도 기항했다. 1987년에는 세계 최초로 비핵 헌법을 공포한 남태평양의 파라오공화국The Republic of Palau, 1988년에는 북한과 소련, 중국 등 사회주의 국가로도 향했다. 1989년에 피폭지被爆地 피해와 조선 침략의 가해 역사를 함께 고민하는 기획으로 히로시마広島를 거쳐 제주도와 인천에 기항해 한국을 방문하게 되었다.

그것은 냉전이 붕괴하기 전이었고, 한국에서는 해외여행이 막 전면 자유화된 시기였다. 한국에서 보기에 피스보트를 창립한 쓰지모토 기요미辻本清美는 '수억 원의 예산으로 장기 항해를 주도하고 있다고는 믿을 수 없는 젊은 여성'이었다. '참가비가 비싼 중산층 운동이 아닌지'라는 한국 기자의 질문에 쓰지모토 기요미는 '일본의 경제 상황을 고려하지 않고 "돈"을 곧바로 "악"으로 단정하는 기존 운동가들의 태도는 옳지 않다'라고 되받아쳤다.[5] 규모도 예산도 상상을 초월하는 것이어서 북한과 소련 등 사회주의 국가를 방문하는 피스보트는 꿈만 같은 기획으로 보였을 것이다.

대형 여객선을 전세 내어 일본이 침략한 아시아 각지를 방문하여 교류하는 피스보트는 대학교수나 시민운동가도 승선해 강좌를 여는 등 젊

---

4   피스보트 홈페이지에서 인용. https://peaceboat.org/about.html. 당시 와세다대학(早稲田大学) 학생이었던 전 국회의원 쓰지모토 기요미(辻元清美)가 설립했다.
5   『한겨레』, 1989.4.19.

은이들의 반전·평화운동으로 정착해 간다. 1990년대에 '위안부' 문제가 불거지자 '위안부' 피해자가 승선하는 기획도 마련되었다.[6] 한편, 경제 개발을 위해 움직이기 시작한 베트남도 정례적인 방문지가 되어 베트남전쟁 때 고엽제에 의한 피해자나 주민학살 등의 기억에 고통받는 사람들도 그 시야에 들어 있었다.

1998년 2월부터 3월까지 중국, 베트남, 캄보디아, 브루나이Brunei, 필리핀을 방문한 '춘풍 아시안 크루즈'에는 아시아 외환위기 여파로 인원은 줄었지만, 한국의 작가와 시민운동가 등 10명이 참가했다. 게스트로 영화 〈나눔의 집〉1995의 변영주 감독과 '위안부'였던 이용수도 동승했다. 코디네이터 겸 통역을 맡은 강제숙은 1995년에 일본 유학을 마치고 나서 일본에서 온 시민단체를 대상으로 '나눔의 집'을 안내했으며, 일본에서 열린 '위안부' 할머니의 그림 전시회 때 코디네이트도 담당했다.[7] 그 계기가 되었던 것이 일본 유학 중인 1992년 가을에 도쿄東京 YMCA 강당에서 있었던 김학순의 증언을 들었던 일이었다.[8]

'춘풍 아시안 크루즈'는 22번째 항해로 한국 젊은이에게도 참가 모집

---

6   1995년 6월 출항한 피스보트는 트럭(Truk)섬, 과달카날(Guadalcanal)섬, 라바울 등 과거 격전지에서 현지인들과 교류하며 전쟁책임과 전후책임에 대해 의견을 교환했다. 이곳에는 서울에 거주하는 '위안부' 강순애(姜順愛) 씨도 승선해 전시 중 연행된 남양군도 파라오(Palau)로 위령 여행을 떠나 이야기를 듣는 세미나도 열렸다. 『朝日新聞』 1995.6.3(夕刊).

7   金賢娥, 安田敏朗 譯, 『戰爭の記憶 記憶の戰爭－韓国人のベトナム戰爭』, 三元社, 2009, p.37.

8   カン·ジェスク, イ·ダム(絵), ヤン·ユハ·都築寿美枝 譯, 『終わらない冬－日本軍「慰安婦」被害者のはなし』, 日本機関紙出版センター, 2015.

을 했다. 피스보트가 외국의 젊은이들과 함께 여행하는 것은 이것이 처음이었다. 아시아로의 항해를 거듭하는 동안 베트남전쟁과 기업 진출 등을 통해 보였던 한국의 모습이 일본과 겹쳐져 베트남전쟁의 상흔을 확인하고 한일 기업이 삼림을 벌채한 동남아시아 각지를 방문하기로한 것이다. 피스보트 측에도 한국의 행동을 문제삼는 것에 당혹감이 있었지만, 이 제안에 한국 주요 시민단체들은 동참했다.[9] 그 단체 중 하나가 강제숙과 김현아작가 등이 설립한 '위안부'와 장애인, 외국인 노동자를 지원하는 '나와 우리'이다.

피스보트 측의 우려는 현실이 되었다. '위안부'와 함께 피해자로 승선한 한국 측 참가자들은 현지에서 목격한 자국 군대의 잔학 행위에 충격을 받았고, 피스보트 선상에서는 가해와 피해의 역사를 둘러싸고 논쟁이 벌어졌다. 뜻밖에도 이 기획은 가해와 피해가 뒤엉키는 복잡한 문제를 짚어내게 되었다.

피스보트는 중국 샤먼廈門을 경유해 베트남 중부의 다낭에 입항했다. 다낭Da Nang에서는 '베트남전쟁과 한국군'을 포함한 3개의 프로그램이 준비되어 있었다. 한국인 참가자와 일부 일본인 참가자가 '베트남전쟁과 한국군'을 선택했다. 일행은 꽝남Quang Nam성省 디엔반Dien Ban현縣으로 향했다. 1967년 12월부터 이듬해 초까지 한국군 해병대에 의해 많은 민간인이 학살당한 곳이다. 이때 수류탄에 맞아 두 다리가 잘린 팜띠호아Pham Thi Hoa를 대면하기 전까지 한국인 참가자들은 베트남전쟁에서 한국군의

9   『朝日新聞』, 1998.1.29(朝刊).

잔학행위에 대해 듣지 못했다.[10] 그래서 한국인 참가자들은 그녀의 증언이 사실인지 확신할 수 없었다.

팜띠호아는 135명이 학살당한 디엔즈엉사의 하미 마을 학살 사건 생존자이다. 그녀도 한국인에게 자신의 체험을 말한 적이 없었다. 애초에 베트남전쟁이 끝나고 하미 마을을 찾은 한국인은 이 피스보트 참가자가 처음이었을 것이다. 팜띠호아는 이후에도 찾아오는 한국인을 2013년 생을 마칠 때까지 따뜻하게 맞아주었다. '과거의 원한은 내가 다 안고 간다. 그러니 한국의 친구들이 오면 정중히 대접하라'고 말한 것으로 알려진 그녀의 죽음에는 한국뿐만 아니라 일본에서도 조의금이 전달되었다.

준코JUNKO들의 연대 - 준코淳子에서 수정秀姃으로

'피해'와 '가해'가 엇갈리는 피스보트 선내의 심상치 않은 분위기에 대해 강제숙은 귀국하자마자 김현아와 대화를 나눴다. 자료를 살펴봐도 한국군의 민간인학살에 대한 자료는 찾아볼 수가 없었다. 베트남전쟁에서 한국군이 어떤 일을 벌였는지 직접 확인하기 위해 '나와 우리'는 1999년에 베트남으로 갔다. 그곳에서 베트남 국가대학 호치민시 캠퍼스 대학원 역사학과에서 베트남 현대사를 연구하는 구수정을 만난다. 현재 한베평화재단 상임이사를 맡고 있는 구수정은 1993년 말 한국과 수교한 지 얼마 되지 않은 베트남에서 유학하고 있었다.

'한국군의 베트남전쟁 개입'을 석사논문 주제로 정하고 있던 구수정

---

10 金賢娥, op.cit., pp.42~43.

은 베트남 외무성의 국가문서보관소에서 베트남 인민군 정치총국이 작성한 것으로 보이는 「전쟁범죄조사보고서 – 남부 베트남에서의 남한 군대의 죄악」 자료를 입수했다.[11] 다만 너무 충격적인 내용에 자료는 책상 서랍에 넣어두고만 있었다. 김현아 등이 찾아오자 구수정은 피스보트가 말한 것은 사실일지도 모른다며 자료를 내밀었다. 김현아에게는 그 참혹한 내용이 전쟁 중에 적개심을 부추기기 위한 선전으로밖에 생각되지 않았다.[12]

김현아 일행은 이 자료를 들고 1999년 4월 중순부터 한 달여간 호찌민과 하노이Ha Noi를 잇는 대동맥 국도 1호선을 타고 북상해 한국군에 의한 학살행위가 있었던 것으로 알려진 지역을 방문했다. 마을에 도착하자 마을 사람들은 먼저 위령비로 안내했다. 한국군의 학살행위가 있었던 베트남 곳곳에 희생자 위령비와 한국군 증오비가 세워져 있었다. 피해자가 호소하는 말을 제대로 이해하지 못한 김현아는 그것을 종이에 적어 가끔씩 구수정에게 팩스를 보내 의미를 물었다.[13]

이때 동행했던 구수정은 첫 조사지인 닌 투언Ninh Thuan성의 판랑Phan Rang에 있는 사찰 린선사 승려를 살해한 사실을 확인하고 일단 호찌민으로 돌아갔다. 빈딘Binh Dinh성에서 조사를 계속한 김현아는 구수정에게 보낸 팩스에 '학살은 정말 있었다'라고 써넣었다. 이렇게 '빈안Binh An의 학살'에 관한 실태가 알려지자 구수정은 이들 정보를 토대로 『한겨레21』

---

11 Ibid., p.37.
12 『한겨레21』, 2019.10.23.
13 Ibid..

에 최초로 관련 기사 「아, 몸서리쳐지는 한국군」을 1999년 5월 6일 발행 256호에 게재했다.[14] 본격적인 보도 캠페인이 시작된 것은 같은 해 9월부터였다.

'나와 우리'의 조사가 있은 지 얼마 지나지 않아, 구수정도 45일에 이르는 본격적인 현지 조사에 나섰다. 베트남어를 구사하는 구수정이 마을에 도착하자 '증언, 증언'하며 몰려드는 생존자들의 증언은 자신이 발굴한 한국군에 대한 「전쟁범죄조사보고서」가 현실로 밝혀지는 과정이었다. 이 조사를 토대로 한 구수정의 기사는 『한겨레21』 273호[1999.9.16]에 실렸다. 같은 호 특집 '베트남 종단 특별 르포'가 큰 반향을 일으켜, 이후 베트남전쟁 시기 한국군 민간인학살에 관한 진상규명과 사과를 요구하는 운동을 전개해 나간다.

이후에도 여러 곳에서 조사활동을 계속한 구수정은 꽝남성 디엔반현의 최빈 지역 디엔푸억사의 한 초등학교를 찾아갔다. 시골 학교로서는 꽤 훌륭한 건물이었다. 디엔푸억사는 1967년 12월에 한국군 해병대 제2여단청룡부대이 145명의 주민을 학살한 디엔토Dien Tho사의 투이보Thuy Bo촌과 1968년 2월에 74명의 주민이 학살당한 디엔안Dien An사 퐁니·퐁넛마을을 잇는 도로 중간에 있다. 이들 마을에서의 학살은 그곳에서 동해안쪽의 하미 마을 학살과 더불어 디엔반현 3대 학살사건으로 알려져 있다.

구수정이 교내에 들어서자 아이들이 '준코가 왔다'라고 하며 환호성을 지르며 다가왔다.[15] 이 학교는 준코 스쿨JUNKO School이었던 것이다. 준

---

14   伊藤正子, op.cit., pp.22~23.
15   『한겨레』, 2016.1.16.

코는 다카하시 준코高橋淳子를 말한다. 메이지가쿠인대학明治学院大学 국제학부 3학년이던 다카하시 준코는 수업에서 동남아시아의 경제발전에 대해 공부하고 있었다. 1993년 여름방학 중 한 달간 강의 리포트를 쓰기 위해 베트남에 머물렀던 준코는 현지 아이들을 위해 도움이 되고 싶다는 강한 마음을 갖게 된다. 준코는 전쟁의 상처가 가장 깊은 지역의 아이들을 우연히 만나게 된 것이다.

귀국 후 준코가 제출한 리포트에는 '개발도상국에서 생활하는 많은 사람이 건강하게 살고 충분한 교육을 받을 수 있도록 부유한 나라에 사는 우리는 모든 면에서 지원해야 한다'라고 적혀 있었다. 그 겨울에 준코는 뜻밖의 사고를 당해 세상을 떠난다. 아버지는 딸의 유지遺志를 잇기 위하여 딸을 위해 적립한 약 800만 엔을 기부해 디엔푸억사의 초등학교를 개축하겠다고 했다.[16] 준코의 동기생들도 1995년 NGO법인 JUNKO Association을 설립해 지원에 나섰다현재는 NPO 법인. 같은 해 개교식을 맞은 초등학교는 2003년에 주민들의 뜻에 따라 정식으로 준코 스쿨이라는 이름으로 바뀌었다. 교내에는 준코의 영정도 걸려 있다.

그곳에 구수정이 온 것이다. 영정의 준코를 닮았던 것일까, 아니면 일본인다운 젊은 여성에게 호기심을 품었던 것일까. '준코, 준코'를 외치며 다가오는 아이들에게 당황하는 구수정은 그 후에 학교의 유래를 알게 되었다. '준코가 되겠다' 그렇게 마음 먹은 구수정은 그로부터 20여 년간 평화운동가로서 베트남에서의 참상을 한국에 알리고 피해자 구제와 트

---

16 『読売新聞』, 1995.6.23(朝刊).

라우마를 치유하는 활동에 투신해 왔다. 그리고 타인의 고통에 공감하고 같은 아픔을 함께 견디는 '수많은 준코들의 연대'에서 평화로 가는 길이 열릴 것이라고 믿고 한베평화재단의 설립에 나서게 된다.

3. 시민평화법정의 도전

한베평화재단의 설립

시민평화법정은 한베평화재단과 진보적 변호사단체인 '민주사회를 위한 변호사 모임'이하, 민변 및 현지에서 의료활동을 펼쳐 온 '베트남평화 의료연대'가 중심이 되고 거기에 인권단체와 평화운동단체가 결집하여 실현되었다. 한베평화재단은 그때까지의 운동을 총괄하고 새로운 단계로 나아가기 위해 베트남에서 한반도에 이르는 동아시아의 평화와 화해를 실현하기 위해 평화 투어와 평화아카데미를 개최하여 차세대 활동가를 양성하는 플랫폼이 되는 것을 내걸고 2016년에 발족했다.

〈그림 16〉 하미촌 위령비 (저자 촬영)

한베평화재단은 구수정이 상임 이사를 맡고 있다. 그리고 『한겨레21』의 보도 캠페인을 펼친 『한겨레』 기자, 베트남평화의료연대의 전 대표이사가 중심적 역할을 맡고 있듯이 한베평화재단은 20년에 이르는 진상규명운동과 평화운동의 결정체이다.

이러한 활동을 통해 베트남전
쟁에서의 한국군의 잔학행위에 대
한 한국의 일반 시민의 이해는 확
실히 깊어졌다. 그러나 양국의 화
해를 실현하려면 기존의 운동방식
으로는 한계가 있었다. 한국과 베

〈그림 17〉퐁니·퐁넛마을 위령비 (저자 촬영)

트남 관계는 경제적·사회적으로 밀접하게 되었지만, 아직 한국 정부의
공식사죄와 피해자 구제는 실현되지 않았다.

여기에는 한국과의 관계를 중시하는 한편 '항미구국전쟁'에서 싸운
한국군을 미국의 '용병'으로 규정하는 베트남 정부 입장도 영향을 미치
고 있다. 공식사과를 바라는 한국 시민사회의 요구를 한국 정부는 '베트
남 측이 국내의 분열을 우려해 사과를 받아들이지 않는다'는 것을 이유
로 계속 거부하고 있다. '혁명전사'가 아닌 일반 피해자는 승리의 역사에
서 배제되고 '수인受忍'을 강요당하고 있는 것이 엿보인다.

그러기 때문에 베트남 정부로부터의 요구에 대응해서가 아니라 한국
정부가 솔선해서 베트남전쟁에서의 한국군에 의한 민간인학살 사실을
인정하고 생존자에 대한 법적·정치적 책임을 다하는 것이 필요하다. 그
것이야말로 일본군 '위안부' 문제에 대해 한국 정부가 강조하는 '피해자
중심의 접근'이 아닐 수 없다.

시민평화법정의 설립 - 여성국제전범법정을 모델로

한베평화재단은 발족 때부터 시민평화법정의 개설을 목표로 하고 있었다. 민변 소속의 6명은 2017년 6월에 피해자조사를 위해 현지에 갔다. 같은 해 8월에는 한베평화재단과 민변, 그리고 베트남평화의료연대의 3자가 시민평화법정을 설립하기 위한 준비위원회의 설치를 시민사회를 향해 공식적으로 제안했다. 9월에 민변회의실에서 준비위원회의 설치를 위한 설명회를 마련했다. 11월에는 기자회견을 열어 시민평화법정의 설립을 선언하고 준비위원회도 정식으로 발족했다.[17]

준비위원회는 공동준비위원장, 자문위원회, 집행위원회, 사무국, 법률팀, 조사팀, 홍보팀 등의 실무반을 구성하고 본격적인 활동에 돌입했다. 인터넷을 통한 홍보와 모금에 힘쓰는 한편, 같은 해 12월에는 일반 시민을 대상으로 준비위원의 모집을 시작했다. 베트남전쟁에서의 한국군의 민간인학살문제로 연구자와 활동가가 협업하는 것은 처음 있는 시도였다.

시민평화법정의 설립은 각 언론에서도 보도되었다. 2018년 2월 24일에는 미국 뉴스 전문채널 CNN에서도 〈잊혀진 미래 ─ 베트남전쟁에서의 한국의 학살〉이라는 제목으로 다루어졌다. 같은 해 3월 27일에는 준비위원회가 다시 기자회견을 열고 시민평화법정의 헌장 및 판사단, 진행절차 등을 상세하게 발표했다.

---

17 시민평화법정 준비위원회는 2017년 11월 블로그 '베트남전쟁 시기 한국군에 의한 민간인학살 진상규명을 위한 시민평화법정 2018.4.20~22'를 개설하여 시민들의 협력을 모집하고 준비부터 재판에 이르는 일련의 경과와 후속 사업들을 공개하고 있다. 이 장의 기술은 블로그에 공개되고 있는 자료를 참고했다. https://blog.naver.com/tribunal4peace.

시민평화법정헌장은 '학살의 피해자들과 유족들은 인권침해의 피해와 고통을 국제적으로 호소할 여건이나 책임을 추궁할 기회를 여전히 확보하지 못하고 있다'라고 하며 '베트남전쟁 시기에 발생한 불법행위에 대한 대한민국의 책임을 판.단하려고 한다'라고 선언했다. 그리고 시민평화법정을 '가해국에 대하여 한국인들이 요구하였던 것을 한국정부와 한국인에게 되돌리는 과정'이라고 규정하고 '가해'의 과거에 마주할 것을 내세웠다.

판사단은 전 대법원 판사관 김영란 서강대학교 대학원 석좌교수, 세월호참사조사위원장 등을 역임한 이석태 변호사, 여성국제전범법정에서 남북코리아 측 검사를 맡은 양현아 서울대학교 대학원 교수 등 3명의 재판관으로 구성되었다.

같은 해 3월 30일에는 원고가 되는 생존자 대리인이 시민평화법정의 판사단에 소장訴狀을 제출했다. 소장이 제출됨에 따라 판사단은 피고인 대한민국 정부에 소장 및 증거자료를 송부했다. 법무부의 인권정책과에서 검토했지만 피고 측은 4월 5일의 제1회 구두변론기일에 출석하지 않았다. 따라서 판사단은 법정 헌장에 따라 직권으로 재판을 진행할 것을 결정했다. 3월 11일 제2회 구두변론기일에 피고 대리인을 선임했다.

4월 21일에 시민평화법정이 2일간의 일정으로 개정했다. 자신의 '가해' 죄업을 재판하는 법정에는 21일에 300명, 22일에는 200명이 몰려들었고, 신문·방송의 취재도 열기를 띠었다.

대한민국의 책임을 묻다

한국의 문재인文在寅 대통령은 시민평화법정을 한달 여 앞둔 2018년 3월 23일에 베트남을 방문했다. 정상회담에 임한 문재인 대통령은 '우리 마음에 남아 있는 양국 간의 불행한 역사에 대해 유감의 뜻을 표한다'라고 말했다. 베트남 쩐다이꽝Tran Dai Quang, 1956~2018 국가주석은 '한국 정부의 진심을 높이 평가한다'라고 화답했는데 현지에서는 전혀 보도되지 않았다.

지금까지도 김대중1924~2009 · 노무현1946~2009 정부에서 '고통을 주었다'거나 '마음에 빚이 있다'라는 표명은 있었지만 '불행한 역사'에 대한 자세한 내용은 물론 책임지는 방법에 대해 아무것도 언급하지 않았다. 한국 정부는 물론 한국군도 베트남전쟁 시기의 군의 학살행위를 인정하지 않고 있다. 이러한 대한민국 정부를 상대로 민중법정의 형태로 국가배상청구소송을 제기한 것이다.

일본의 여성국제전범법정에서는 민사재판적인 국가책임의 추궁과 형사 재판적인 개인 책임의 추궁이 함께 이루어졌다. 한편 시민평화법정은 국가범죄에 대한 한국 정부의 법적 책임을 묻는 '배상적 정의'의 실현을 목표로 했다. 일부 군인에게 책임을 전가하는 것이 아니라, 한국 정부를 피고로 함으로써 그것이 정치공동체의 문제임을 제시하려 한 것이다.

시민평화법정에서 다루는 사건은 꽝남성 디엔반현에서 발생한 3대 학살사건 중 74명이 사망한 퐁니 · 퐁넛마을1968.2.12과 135명이 사망한 하미촌1968.2.28 두 곳의 집단학살이다. 디엔반현 남쪽 꽝응아이Quang Ngai 성과의 경계에는 미국해병대 기지가 밀집해 있는 추라이Chu Lai지구가 있었다. 그 남단 발랑안반도BaLangAn半島, 꽝응아이성에 주둔하고 있던 한국군 해병대 청룡부대는 1967년 12월 21일에 지금은 세계문화유산으로 유명한 호이안Hoi An에 인접한 디엔반현을 향해 이동을 시작했다. 두 사건을 포함한 디엔반현의 일련의 학살사건은 주둔지를 정비하는 과정과 1968년 1월에 베트남 민족해방전선 세력에 의해 감행된 구정대공세Su kien Tet Mau Than에 대한 수색·소탕 작전 수행 중에 발생했다.

꽝남성은 한국군이 주둔한 중부 동해안 5성꽝남·꽝응아이·빈딘·푸엔·칸호아에서도 최대의 민간인학살희생자를 낸 지역이다. 청룡부대는 추라이지구 주둔 시기에도 꽝응아이성 빈손현 빈호아사의 각 마을에서 430명에 달하는 주민을 학살하는 사건빈호아학살을 일으켰다.1966.12[18]

또한, 중남부의 항구도시 꾸이년Quy Nhon에 상륙한 맹호부대수도사단가 파견 직후 1966년 1월부터 2월까지 빈딘성 떠이선Tay Son현 타이빈Thai Binh사 일대에서 집단학살을 일으켜빈안학살 사망자는 신원이 확인된 것만으로도 728명, 실제는 1,000명을 넘는다고 한다. 많은 학살사건이 부대가 주둔한 책임 지역을 정비하는 과정에서 발생한 것은 그것이 주민과 '베트콩'남베트남해방민족전선을 구별하지 못하는 교전 중에 일어난 사건에 국한되지 않음을 의미한다. 구수정은 한국군이 주둔한 중부지역을 중심으로 최소한 80건, 9,000명의 민간인학살이 있었다고 추정한다.

수많은 학살사건 중에서 앞에서 말한 두 곳의 사건을 소송의 대상으로 한 것은 증거와 증언이 명확하게 남아 있기 때문이다. 퐁니·퐁넛마을

18 피스보트는 1995년 빈호아사를 방문했다. 또한, 미군에 의한 주민학살사건으로 전 세계에 알려져 반전운동을 일으키는 계기가 된 미라이사건(1968.3.16)이 발생한 선미촌은 팔라완반도(Palawan Island) 남서부에 있으며, 호이안지구로 이동하는 청룡부대의 책임 지역을 인계받은 미군 제23사단 제11여단 제20연대 제1대대 C중대가 일으킨 것이다.

사건관련자로서는 당시 8세였던 응우옌티탄NGUYEN Thi Thanh(A)가 원고가 되고, 하미 마을 사건 관련자로서는 11세였던 동명의 응우옌 티 탄(B)가 원고가 되어 증언대에 섰다. 두 사람은 가족과 마을 사람들이 학살당하는 현장에서 중상을 입으면서도 기적으로 살아남은 생존자들이다. 탄(A)는 피해자의 첫 방한이었던 2015년에 이은 두 번째 방한이었다.

4. 시민평화법정의 공방

증언과 증거

김영란 재판관이 시민평화법정의 개정을 선언하자 원고 측과 피고측은 각각 소장 요지와 답변 요지의 진술을 하고 반론과 질문이 이어졌다. 원고 측의 증거 조사는 '참전군인'의 인터뷰 영상으로 시작되었다. 시민평화법정에서는 모자이크처리 되었는데 전날의 국제심포지엄에서 본인은 실명을 밝히고 발언도 했다. 사건에 연루된 참전군인의 증언은『한겨레21』보도 이후 18년 만이었다.

당시의 보도 캠페인을 주도한 고경태高暻兌『한겨레』기자도 증인으로 출석했다. 고경태 기자는 이후에도 사건의 진상을 규명하고 그것을 알리기 위해 분주하게 뛰어다녔다. 퐁니·퐁넛마을 사건은 504명의 주민이 미군에게 살해당한 미라이My Lai학살선미 학살과 마찬가지로 당시부터 문제시되어 내부조사도 이루어졌다. 따라서 원고 측 증인의 심문 과정에서 많은 증거자료가 제출되었다.

한국군의 공식기록인『파월한국군전사派越韓國軍戰史』전11권는 사건 당일 퐁니·퐁넛 마을에서 청룡부대의 제1대대 제1중대가 작전을 수행한 것을 명확하게 기록하고 있다. 여기에 학살 사실을 암시하는 기술은 없다. 그러나 학살을 감지한 미군은 사건 현장을 촬

〈그림 18〉 빈호아사에 있는 한국군 증오비 (저자 촬영)

영하고 2000년에 기밀 해제된 베트남파견 미군 감찰보고서와 병사의 진술 등의 증거를 남겼다.

하미촌 사건의 경우 하미촌 이외의 인근 주민에게는 소개疏開 명령이 발령되어 있었고, 목격자는 비교적 많으며 유족단체도 조직되어 있다. 『파월한국군전사』에 의하면 사건 당일 청룡부대의 제5대대 제26중대가 현지에서 작전을 전개하고 있었다. 2001년에 한국의 전직 군인단체가 지원해 위령비를 건립한 것도 우연이 아니다. 그런데 한국군이 집단학살 후에 시체를 훼손하여 매장한 장소에 세운 위령비의 비문이 한국 측의 삭제요구로 연꽃무늬 돌로 덮여있다. 이 일 또한 시민평화법정의 대상 사건으로 선정하는 데 중요 포인트가 되었다.

사건의 목격자와 시민평화법정에 출석하지 못한 현지 주민의 인터뷰 영상이 나오고 원고 2명도 증언대에 섰다. 탄(A)는 "법정이 나를 도와준다면 한국이 이 참상을 알게 될 것이다"라고 하며 한국 정부와 '참전군인'에게 학살 사실의 인정과 사과를 요구했다. 그리고 "학살당한 사람들의 넋에 부끄러움 없이 베트남에 돌아가고 싶다"라고 말했다. 한국에 가

는 것을 말리는 가족과 지인을 뿌리치고 왔다고 하는 탄(B)도 "그날 어떻게 사람들이 죽었는지를 이 눈으로 봤으니 공식적으로 학살을 인정해 주기를 바란다"라고 말했다. 애초에 원고들은 '왜 학살당했는지도 아직도 이해하지 못하고, 고난 속에서 생각할 여유조차 없었던' 것이다.

생존자인 원고가 증언을 마치자 박수가 터져 나왔다. 증거와 증언을 토대로 원고 대리인과 한국 정부에 공식사과와 배상금 지급, 진상규명에 대한 실시와 결과의 공표, 전쟁기념관 등에서의 사실 전시를 청구했다.

피고 대리인에 의한 반론

피고 한국 정부의 대리인으로 민변 소속의 3명의 변호사가 변론을 맡았다. 시민평화법정헌장은 피고가 출정 및 반론을 포기한 경우 판사단이 대리인을 선정하여 변론의 기회를 보장하고 있다. 여성국제전범법정에서는 아미키스 쿠리에Amicus Curiae, 법정조언자가 피고가 되는 일본 정부가 예상할 수 있는 주장을 제시했지만, 시민평화법정에서는 대리인이 2명의 원고를 제외하고 증인들에게 반대 심문하는 등 치열한 공방이 벌어졌다.

피고 대리인은 모두 답변에서 시민평화법정은 "대한민국의 법적 책임을 묻는 자리이므로 논증할 필요가 있다"라고 하며 "원고의 주장에 합리적 의심을 가질 수밖에 없다"라고 포문을 열었다. 민간인의 살상이 있었음을 인정하면서도 그것이 한국군에 의한 것인지, 살해된 것은 순수한 민간인인지, 나아가 의도적인 살상이었는지에 대해 의문을 제기하고, 원고 측이 주장하는 한국 정부의 전쟁법이나 진실 의무사실에 반하는 것을 알면서도 주장·입증을 하거나 상대방의 주장에 반증해서는 안 된다는 소송상 의무 위반 여부를 법률적·합

리적 관점에서 다툴 여지가 있
다고 반박했다.

요컨대 '전선戰線 없는 전쟁'
이라 불리던 베트남전쟁에서 '베
트콩'이 잠입하면 그 색출이 작
전이 되므로 사건은 교전 중에
일어난 일로 보아야 하고 부수적
인 피해는 불가피했다는 것이다.

〈그림 19〉 원고심문에 답변하는 응우옌티탄(A) (중앙) (저자 촬영)

이를 뒷받침하기 위해 고경태 기자의 저서에 있는 '퐁넛마을은 거의 베트
콩 해방구'라는 대목을 역으로 들며 주민 상당수가 '베트콩' 혹은 그 동조자
이며 실제로 여성이나 소년 '베트콩'이 체포된 사례도 있다고 주장했다.

이를 전제로 피고 대리인은 원고의 주장을 조목조목 논박했다. 퐁니·
퐁넛 마을 사건에 대해서는 한국군으로 위장한 '베트콩'에 의한 것이라
는 한국군 보고서와 비슷한 유형의 사건린성사 승려 학살사건을 보도한 신문기
사를 증거로 제시했다. 『파월한국군전사』의 작전 수행 시간과 사건 발생
시간에 차이가 있다는 점도 강조했다. 그리고 해당 마을에서 한국군이
작전을 수행하고 있었다고 해서 학살사건의 실행자라고 하는 것은 논리
적 비약이라고 변호했다.

또 원고가 증거로 제시한 미군 측의 '한국 해병대에 의한 전쟁범죄 의
혹 보고서'는 어디까지나 의혹을 제기한 것일 뿐 베트남 당국의 문건도
당사자의 일방적인 진술이어서 신빙성이 떨어진다고 주장했다. 그리고
민간인을 살해한 병사에 대해 처벌한 사례를 거론하며 한국 정부의 진실

의무 위반에 대해서도 해당 사항이 아니라고 반박했다.

피고인 측의 변론은 공식 재판에서의 법정 공방을 방불케 했다. 원고 측 증거를 논박할 자료를 갖춰 증거나 증인의 미비점을 철저히 따졌다. 실제 증인으로 나온 고경태 기자는 자기 저서의 오류를 추궁당했고 구수정 상임이사 또한 사건 건수와 피해자 수를 산출할 당시 보고서의 자료적 한계를 인정할 수밖에 없었다.

군인단체들도 시민평화법정의 동향을 예의주시하고 있었다. 원고 탄 (A)가 2015년에 생존자 최초로 한국을 방문했을 때는 각지에서 대한민국 고엽제전우회의 방해를 받았다. 시민평화법정에 대한 전직 군인단체의 집단행동은 없었지만, 법정에서는 참전군인의 모습도 볼 수 있었다. 피고 대리인의 반론이나 증인에 대한 반대 심문은 이들 참전군인의 갈채를 받았다.

한국군 민간인학살의 실태

피고 대리인은 국가가 제시할 수 있는 최대한의 증거재판주의적 논거를 제시했다. 원고 측과 피고 측이 가장 격렬하게 다툰 것은 피해자가 '단순한 민간인'이었는지 여부이다. 피고 측이 베트남전쟁의 특수성을 유난히 강조한 것은 마을 주민들이 '베트콩'의 일원임을 보여주고, 민간인 살상이 있었다고 하더라도 그것이 '베트콩'을 수색하는 '교전' 과정에서 발생한 불가피한 상황임을 주장하기 위해서다.

이에 대해 원고 대리인은 민간인인지 아닌지를 묻는 것은 부적절하며 이는 준거법으로 든 제네바 협약에 비추어 볼 때도 분명하다고 반박했다. 국제인권법하에서는 '순수한 민간인'이 아니라 모든 민간인을 보호해야 하고 동조자라도 보호해야 하며 그렇지 않으면 국제법을 위반하는 것이라고 주장했다.

원래 국제인권법은 전쟁범죄가 되는 민간인 살해에 대해 '의도적인지 아닌지'=목적가 아니라 '고의적이었는지 여부'=개연성를 기준으로 한다. 집단학살 피해자 대부분이 노인과 여성, 어린이였으며 10세가 채 안 된 어린이와 갓 태어난 영아도 포함돼 있었다. 그것이 동료 사망에 대한 보복 차원에서 이뤄졌다면 국제법 위반이라는 데 의심의 여지가 없다고 피고 측을 추궁했다.

피고 측은 미군이 의혹을 제기한 데 대해 채명신蔡命新, 1926~2013 주월駐越 한국군 사령관이 윌리엄 웨스트모어랜드 미파견군 사령관에게 보낸 보고서1968가 조작·허위일 수 없으며 미국 측도 더 이상 추궁하지 않았다면서 한국군의 학살행위를 부인했다. 그러나 1969년 4월에 청룡부대 헌병대 수사계장이 중앙정보부KCIA로부터 학살 사실을 은폐하라는 지시를 받았고, 이에 따라 허위 조사보고서를 작성했음을 2000년 6월 『한겨레21』 기사에서 증언하고 있다. 한편으로 미군으로서도 한국 측을 궁지에 몰아넣는 것이 상책이 아니었음을 쉽게 상상할 수 있다.

판사단에서도 법정 절차와 자료의 증거능력, 군 지휘권 등에 대한 질문이 있었다. 이석태 재판관은 원고 측에는 책임 추궁을 형사재판이 아닌 민사재판으로 한정한 이유에 대해 묻고, 피고 측에는 베트남전쟁 당시 미군과 한국군의 관계, 채명신보고서 조사 범위, 비정규전 전개 속에서의 교전의 가이드라인 유무를 물었다. 양현아 재판관은 원고 측에는 사건 당시 군의 지휘계통에 대해, 피고 측에는 사건 현장을 '교전' 상태로 보는 근거에 대해 각각 설명을 요구했다.

5. 고통에 대한 연대의 법정

고통의 진의를 다투는 것의 비극을 넘어

시민평화법정은 이틀째로 접어들었다. 이날 2차 변론에서 원고는 최후진술을 통해 다시 한번 한국 정부에 공식 사과와 피해 배상을 요구했다. 원고 측과 피고 측 대리인도 최종변론을 벌였다.

원고 측은 증거자료와 국제인도법을 구사하면서 법리적으로 쟁점이 되는 부분에 대해서 자신들의 주장을 펼치고 피고 측 반론의 부당성을 지적했다. 그리고 원고 측의 청구는 한국 정부뿐 아니라 '공동체 성원 모두'에 대한 것이라며 "증언을 듣는 고통, 그 고통이 진짜인지 가짜인지를 다투는 이 현장이야말로 비극임을 받아들여야 한다"라고 덧붙이면서 변론을 마쳤다.

반면 피고 대리인은 자신들이 주장하는 법리적 논점 정리는 하지 않고 대신에 변론을 통해 느낀 바를 말했다. 이를테면 잔학행위의 가해자로서 추상적으로 '한국군'을 지칭할 것이 아니라 누가 명령을 내리고 살해를 실행했는지에 대해 구체적·실증적으로 규명해야 한다고 하며 미흡한 연구·조사 현황을 훈계했다.

휴정이 있은 후에 재개된 법정에서 김영란 재판관이 약식 판결문을 낭

독했다. 시민평화법정헌장 제16조 제2항에 따라 판결에서는 50일 이내에 작성하는 판결 원본과는 별도로 판결 주문 및 사유 요지만을 발표했다.

판사단은 우선 사실인정으로 퐁니·퐁넛 마을 및 하미 마을에서 한국군에 의한 학살이 있었고 원고 2명이 그 과정에서 중상을 입었음을 인정했다. 피해자는 '순수한 민간인 아니다', 살상은 '의도적이지 않다'라고 하는 피고 측 주장은 인정되지 않았다. 나아가 판사단은 재판에서 다루는 것이 중대한 인권침해이자 전쟁범죄의 성격을 띠는 사건이라며 다음과 같이 판결을 이어갔다.

피고 한국 정부에 대하여 원고에 대한 배상금 지급과 '법적 책임의 인정 및 원고의 존엄, 명예 및 권리를 회복하는 조치를 포함한 공식선언'을 하도록 명령했다. 또 한국군에 의한 베트남 민간인에 대한 불법행위의 발생에 대해 진상조사 실시를 권고하고, 그 사실 및 결과를 전쟁기념관 등 공공시설에서 전시할 것을 명령했다. 원고 측의 청구가 전면적으로 인정된 판결이 되었다.

판결 결과가 통역을 통해 '이 겼다'라고 원고에게 전해졌다. 몸뚱아리와 마음 속에 새겨진 살육의 기억이 부정될지 모른다는 불안감을 안고 그것이 사실임을 증명해야 하는 '고통에 대한 연대의 법정'에서 원고는 비로소 얼굴이 밝아졌다.

〈그림 20〉 시민평화법정의 판결선고 (저자 촬영)

제주에서 베트남으로

시민평화법정 회의장에는 많은 대학생과 중고등학생들도 몰려들었다. 부스를 설치해 자신의 활동을 알리는 젊은이들은 일본군 '위안부' 문제해결을 요구하는 수요시위 참가자들과 마찬가지로 국가권력에 의한 폭력을 근절하려는 인권문제를 가까이 느끼고 있었을 것이다. 그중 유난히 눈에 띄는 것이 제주4·3사건을 알리고자 그 상징인 동백꽃을 가슴에 새긴 셔츠를 입고 제주도에서 온 중학생들이다.

제7장에서 언급한 바와 같이 제주4·3사건에서는 한반도 남북분단에 반대하여 무장봉기한 1948년 4월 3일 이후 공산주의자로 규정된 도민들이 미군정과 한국 정부에 의해 탄압을 받아 수만 명이 희생되었다. 그 역사는 오랫동안 금기시되어 민주화 이후에야 진상규명을 위해 무대에 오르게 되었다. 2018년에는 사건 70주년을 맞아 '제주4·3은 대한민국의 역사입니다'를 캐치 프레이즈로 내세우고 '기억의 전국화'에 힘쓰고 있었다. 중학생들의 활동도 그 일환이었다.

2000년 제주4·3특별법이 시행되면서 명예회복과 유해발굴이 본격화되는데, 최근까지 사건은 '반란', '폭동'으로 불리며 지역적으로 고립되어 있었다. 인권이 극도로 억압받는 상황에서 민간인을 적으로 간주하는 한국군에 의한 대량 집단살육은 제주4·3사건으로 시작되어 한국전쟁, 베트남전쟁, 그리고 5·18광주항쟁의 유혈 탄압으로 계속되었다.

시민평화법정이 끝나자 원고 2명은 곧바로 제주도로 향했다. 주민들의 치열한 반대 운동을 무릅쓰고 해군기지가 들어선 강정마을에서 4월 23일 열리는 '베트남과 제주 기억의 밤'에 초청된 것이다. 원고인 베트남인에게도 제주도 중학생들에게도 제주가 베트남이었고 베트남이 제주였다.

강정마을에는 한국군에 의해 학살당한 베트남 민중을 기억하는 '피에타상Pieta像'이 서 있다. 위안부소녀상을 제작한 김운성·김서경 부부의 작품이다제4장 참조. 한국군에 의한 집단학살의 현장에 세워야 할 '피에타상'이 한국이나 베트남 정부가 난색을 표하면서 설 자리를 찾지 못하고 이곳에 머물러 있는 것이다.

시민평화법정은 제주와 베트남, 과거와 현재를 잇는 '연대의 법정'이었다. 망각을 강요당한 제주도민은 문학과 문화예술 활동을 통해 제주4·3을 재생했다. 제주4·3특별법이 제정되고 나서는 법적 근거를 갖고 진상규명과 명예회복에 힘쓰며 치유와 화해를 위해 노력해왔다. 제주4·3은 베트남전 피해자가 강요당한 침묵을 깨고 나아가는 미래상이기도 하다.

원고 2명은 2019년에 현기영작가가 수상한 제주4·3평화재단이 주관하는 제3회 제주4·3평화상에 이은 특별상을 수상했다. 수상 소감으로 퐁니·퐁넛 마을 사건의 생존자인 탄(A)는 "모의 법정이 아니라 진짜 재판에서 퐁니·퐁넛 마을 학살을 증언하는 그날을 기다리고 있다"라고 말했다. 하미 마을 사건의 생존자인 탄(B)는 이 상이 "평화를 위한 투쟁의 길을 걸어가는 동력이 된다"라고 말했다. 생존자의 증언은 이제 '연대의 법정'에서 '정의의 법정'으로 그 자리를 옮기게 되는 것이다.

시민평화법정은 한국군 민간인학살에 대한 국가의 책임을 묻는 '진짜 재판'을 위해 소장을 마련하고 증거를 수집하기 위한 준비라는 의의

가 있었다. 그러나 그 이상으로 원고 생존자들이 피해자임을 넘어 인권운동가로 거듭나는 데 결정적인 전기가 되었을 것이다. 이러한 가장 큰 의의를 거두면서도 시민평화법정은 공식 재판으로 나아가는 데 있어서 한계와 과제를 드러내기도 했다.

6. 시민평화법정이 밝힌 것 ── '연대의 법정'에서 '정의의 법정'으로

시민평화법정 준비위원회는 개최를 위해 총력을 기울이면서도 개정이 임박해지자 초조해졌다. 왜냐하면 피해자의 기억을 법적 판단의 도마에 올리는 재판에서는 증언의 신빙성을 다투게 되고 이를 위해 비참했던 과거를 상기해야 하기 때문이다. 피해자들의 처참한 체험과 고통받았던 세월은 '사실'을 뒷받침하는 것으로만 의미를 지닌다. 문화인류학자 마쓰다 모토지松田素二가 말하는 것처럼, 수미일관하지 않는 개인적 생각이나 감정의 표출이 인정되지 않는 한편, 사건의 책임에 대해서는 철저하게 개인에게 귀속된다고 하는 구조가, 사회적 치유의 능력이 부족한 법정 공간에는 있는 것이다.[19] 시민평화법정이 열리기 전날에 국제심포지엄을 마련한 것도 '법정에서 말할 수 없는 것'을 말하기 위해서였다. 아울러 가해자와 피해자를 갈라놓을 수 없는 참전군인들과도 마주해야 했다.

피해자의 목소리에 귀를 기울이는 사람들과 이야기하고 공감하는 자

---

19   松田素二,「過去の傷はいかにして癒されるか―被害を物語る力の可能性」, 棚瀬孝雄 編, 『市民社会と責任』, 有斐閣, 2007, pp.117~118.

리가 아니라 홀로 자신의 기억에 대치해야 하는 고독한 증언대에 서려면 용기와 성원이 필요하다. 그 기억이 부정될 가능성이 사법 권력 하에서의 재판에서 없다고는 할 수 없다. 자신의 기억이 환상이 아님을 확인해야 피해자가 증언할 수 있는데 과연 지금 한국사회는 그런 증언을 안심하고 할 수 있는 상황을 마련해 놓고 있는가.

여성국제전범법정이 쇼와천황昭和天皇 및 정부·군 관료 개인의 형사책임을 묻는 데 성공한 것은 '인도에 대한 죄'를 심판하는 동시대 국제전범 법정의 성과와 도쿄재판東京裁判의 부정적 유산까지도 계승했듯이 학술연구 및 지원 운동의 축적이 있었기 때문이다. 이렇게 전후책임론이나 전후보상운동이 1990년대에 확산된 것을 배경으로 함으로써 전시동원 피해자들의 전후보상재판에서는 법적 책임에 대한 주장은 인정되지 않더라도 피해 사실은 인정되는 경우가 많았다.

시민평화법정은 처벌을 목적으로 하는 것이 아니라 생존자의 비통한 외침에 한국사회가 응답하는 자리임을 원칙으로 했다. '가해'의 책임을 처벌할 수 없는 도의적 책임론에 원고 측이 파고드는 것은 법적 책임론이 법 제도적 장벽에 부딪혔을 경우 전략적 수단으로 고려하는 것도 가능하기 때문이다. 민사재판적인 국가책임의 추궁을 목표로 한 것은 공식재판과 연결되기 때문에 어쩔 수 없는 선택이기도 했다. 형사재판적 개인 책임 추궁에는 치밀한 조사연구 축적이 필요하지만 피고 대리인이 최후변론에서 일갈했듯이 베트남전쟁에서 한국군이 수행한 작전이나 살육에 대한 실증적 연구는 극히 드물다.

베트남전쟁에 대한 역사적 평가로서 이 전쟁이 잘못되었다는 인식은 아직 국내에 침투하지 못하고 있다. 또 시민평화법정에 국내의 한국전쟁 전후 민간인학살을 둘러싼 재판 경험이 결집되어 있다고도 보기 어렵다. 이러한 법적 논의를 바탕으로 했다면 시민평화법정을 통해 국내 민간인학살이 단순한 '국민 기본권 침해'가 아니라 '인도에 대한 죄'임을 확립하는 보편적 비전도 제시할 수 있었을 것이다. 인권을 확립하는 데 있어 '가해'라는 폭력이 행사된 장소가 국내인지 국외인지는 중요하지 않을 것이기 때문이다.

한국 시민사회는 그동안 국가권력에 의한 폭력을 '진실위원회'를 통해 밝혀내고 재판 투쟁과 입법 조치로 국가보상을 실현해 온 경험이 있다. 시민평화법정도 이런 시민사회의 역동성이 뒷받침되었다. 제주4·3사건과 한국전쟁의 민간인학살 진상규명 요구로 반공주의 벽을 흔들어 온 시민적 실천은 이제 '가해자'로서의 책임을 지면서 그 보편성을 시험받고 있다.

2020년 4월 21일에 베트남전쟁 시기 한국군에 의한 민간인학살사건의 피해자가 서울중앙지방법원에 한국 정부를 상대로 국가 손해배상 청구소송을 제기했다. '진짜 재판'이 시작된 것이다. 원고는 시민평화법정에서 원고가 된 퐁니·퐁넛 마을 사건의 생존자인 응우옌티탄(A)이다. 소송은 민변의 '베트남전쟁 시기 한국군에 의한 민간인학살사건 진상규명을 위한 태스크포스Task Force'가 원고 대리인을 맡고 있다. 그동안 일본 시민사회와 연대하면서 일본에서 벌어진 전쟁책임·전후책임을 추궁하는 재판을 이번에는 한국 시민사회가 베트남전쟁 민간인학살 생존자들과 연대해 국가의 책임을 묻게 된 것이다.

이 국가배상청구 소송은 1990년대 이후에 일본에서 진행된 전후보
상재판이 오랜 세월이 걸려 결국 원고 패소로 끝난 것과 같은 험난한 여
정을 예견하게 한다.[20] 그래도 한국의 전시동원 피해자들은 일본 지원자
들과의 '만남' 과정에서 '한'을 풀고 승소하지는 못하더라도 재판으로 존
엄을 회복했다. 이러한 사회·문화의 교류 등을 포함한 '친밀성'에 근거하
는 연대가 트랜스내셔널한 공공영역의 기반이 되는 시민적 실천을 보다
크고 견고하게 해나갈 것임에 틀림없다.

---

20 **[역자주]** 2023년 2월 7일, 재판부는 "이 사건으로 응우옌티탄의 이모와 언니, 남동생 등
은 현장에서 사망하고 오빠는 심각한 부상을 입었다"며 이는 "명백한 불법행위에 해당
한다"라고 밝히고, 소멸시효가 지났다는 정부 측 주장에 대해서도 "원고에게 이 사건 소
를 제기할 무렵까지도 권리를 행사할 수 없는 사유가 있었다"며 대한민국에게 손해배
상을 하도록 판결했다.

제9장

타이완의 '백색테러' 시기와 이행기 정의

'일본어 세대'가 기록한 뤼다오 綠島 신생훈도처 新生訓導處

1. '고립무원의 섬' 타이완

감옥섬 타이완─.

계엄령이 내려진 국민당 정권하에서 처절했던 국가폭력에 의해 생명과 인권이 유린당했던 타이완을 현지 사람들은 감옥섬이라 불렀다. 이 장에서는 '감옥섬 타이완'의 처참한 인권 탄압을 말 그대로 실제 감옥섬이었던 남동부의 외딴섬인 정치범 수용소뤼다오(綠島), 신생훈도처(新生訓導處)를 중심으로 살펴본 후, '백색테러白色恐怖' 시기에 '정치범'을 구류, 신문, 재판, 수감했던 시설이 '인권으로의 길'을 지나 국가인권박물관으로 거듭나는 과정을 통해 타이완의 '이행기 정의'에 대해서 고찰한다.

타이완은 국토 전체가 '고립무원의 섬'으로서 암흑의 시대에 박해와 억압에 시달리고, 글로벌 시대인 오늘날에도 주권국가체제의 국제질서로부터 배제되어 있다.[1] 국제정치에서 주체성 발휘가 제한되어왔던 타이완은 감옥화된 섬에서 피비린내 나는 국가폭력에 맞서 인권을 존중하는 진보적이고 개방적인 정치문화를 만들어 왔다. 이러한 '인권으로의 길'은 단지 정치적 민주화에 그치지 않고, 선주 민족 및 성적 소수자의 권리, 탈원전에서처럼 세계에서도 괄목할 만한 성과를 보이면서 사회경제적 영역으로 확장되고 있다.

남북으로 분단된 한국도 '섬'이라고 하는 점에서 다를 바 없다. 민주화를 성취하여 2·28사건1947이나 백색테러 시기1949~1992에 유린되었던

---

1   吳叡人, 駒込武 譯, 『台湾, あるいは孤立無援の島の思想─民主主義とナショナリズムのディレンマを越えて』, みすず書房, 2021, p.78.

인권을 회복하고 불의를 바로잡는 '이행기 정의'를 빠른 속도로 추진해 온 타이완과 군사독재 및 일본제국에 의한 식민지 지배의 '과거사 청산'에 몰두해 온 한국은 '과거의 극복'을 시민사회가 지탱하는 정치문화를 구축해왔다고 할 수 있다. 그럼에도 한국에서는 백색테러의 실상에 다가가려는 시도는 거의 없었다. 한국에서 일어난 제주4·3사건1948이나 광주5·18항쟁1980과의 비교를 통해, 2·28사건을 중심으로 타이완에서 발생한 국가폭력에 대해서는 알려지게 되었지만,[2] 백색테러에 대한 연구는 국가인권박물관 등 기념 시설 분석을 통한 '기억의 정치'에 머물러 있다.[3]

당초 백색테러에 관한 연구는 타이완에서조차 현재 착수된 지 얼마 되지 않는다. 탄압받은 인물이나 가족의 회고록, 인터뷰 등에 의한 자료집 작성의 단계에 있고 일본에서의 연구도 거의 이루어지지 않았다고 지적되고 있다.[4] 백색테러 시기에 일본에서 발족한 '타이완의 정치범을 구하는 모임'에 빛이 비친 것도 2021년 여름 도쿄에서 〈타이완국가인권박물관특별전 우리들의 삶과 인권〉이 개최된 것이 계기였다.[5] 한국의 민주화

---

2 高誠晩, 『〈犠牲者〉のポリティクス-済州4·3／沖縄／台湾2·28歴史清算をめぐる苦悩』, 京都大学出版会, 2017 ; 정나이웨이, 「타이완2·28사건의 재조명 과정」, 『4·3과역사』 18, 제주4·3연구소, 2018.12; 김민환, 「동아시아의 평화기념공원 형성과정 비교연구 -오키나와, 타이페이, 제주의 사례를 중심으로」, 서울대 박사논문, 2012.2.

3 이영진, 「'공포의 문화'에서 벗어나기-타이완 현대사와 기억의 장소」, 『아시아리뷰』 20, 서울대 아시아연구소, 2020.12; 한지은, 「타이완에서 장소를 둘러싼 정체성과 기억의 정치」, 『문화역사지리』 26권 2호, 한국문화역사지리학회, 2014.8; 박강배, 「[동향] 타이완 사람들의 기억과 기념-대만 2·28기념관」, 『민주주의와 인권』 5권 2호, 전남대 5.18연구소, 2005.10.

4 菊池一隆, 「一九五〇年代の台湾「白色テロ」の実態と特色- 外省人, 本省人に対する弾圧とその狙い」, 『愛知学院大学論叢』 49号, 愛知学院大学文学会, 2019, p.200.

5 『朝日新聞』, 2021.10.18(夕刊).

를 위해 전개된 '한일연대운동' 연구가 축적되고 있는 것과는 대조적이다.

백색테러에 관한 연구가 늦어진 것은 계엄령이 해제되고 민주화되기까지 그것에 관해 쓰는 것도 기록을 남기는 것도 위험을 수반하는 행위였기 때문이다. 타이완에서는 최근까지 정치적 수난자受難者의 기록을 출판할 수 없었다.[6] 2·28사건과 달리, 백색테러에 대해서는 '국가 반란'이라는 굴레로 말미암아 제주4·3사건의 명예회복이 늦어진 것처럼 국가의 정통성 문제와 떼어 놓고 생각할 수 없었다. 결국 백색테러의 기록은 일본에서 먼저 출판되는 경우가 많았다. 특히 식민지 시대에 일본어로 교육을 받으면서 자아를 형성한 '일본어 세대'인 수난자들은 중국어보다 일본어로 회고록을 집필했기 때문에 일본에서 출판하는 것이 용이했다.

이 장에서는 일본과 타이완에서 출판된 백색테러의 수난자의 회고록 및 구술 기록과 전기물을 활용하여, 지금까지 잘 알려지지 않았던 타이완 백색테러 시기의 뤼다오 신생훈도처의 기능과 역할의 고찰을 통해 민주화가 이루어지기까지의 타이완의 '감옥화된 삶'에 대해서 검토하고자 한다. 기억의 혼동과 선택, 망각과 재생이라는 애매함을 포함하는 회고록·구술 기록을 역사서술로 활용하는 것은 주의가 요구된다. 그러나 당시 신문조사 기록을 활용한 연구도 사료의 이데올로기적 편향으로 인한

---

6 2·28사건에 대한 자신의 체험을 바탕으로 한 소설『무화과(無花果)』가 발매금지 처분을 받자 우줘류(吳濁流)는 1971년부터 사건의 경위를 더욱 상세하게 기록한『타이완 개나리(台湾連翹)』라는 책을 집필하기 시작했다. 우줘류는 이것을 일본어로 써서 10년이나 20년 후에 발표하도록 유언을 남기고 1976년에 사망했다. 동 저서는 1987년이 되어서야 한자어판이 출판되었다. 何義麟,『台湾現代史－二·二八事件をめぐる歷史の再記憶』, 平凡社, 2014. p.227.

한계를 벗어날 수 없을 뿐만 아니라,[7] 감옥화된 섬에서 삶의 '일상'을 재현할 수도 없다. 여러 수용자의 경험을 교차시킨다면, 기억의 한계를 보완하여 백색테러와 그 수난자를 장기간에 걸쳐 수용했던 신생도훈처의 실상에 다가갈 수 있을 것이다.

2. '외래 정권의 중층화' 속에서의 국가폭력

중층화하는 외래 권력

타이완중화민국과 한국대한민국은 근현대사에서 많은 공통점을 갖고 있다. 그것은 두 나라 모두 제국주의에 냉전 구조가 겹쳐진 제2차 세계대전 후의 국제질서 가운데 동아시아 지정학의 주변적 위치에 놓여 있었기 때문이다. 다시 말하면, 식민지배로부터 벗어난 후에도 냉전 구조에 휩쓸려 들어간 타이완과 한국은 '포스트제국' 상황에 놓여 있는 것이다. 분단과 내전을 거쳐 반공주의적 독재체제를 경험했던 양 국가는 경제 성장에 의해 대두된 중산층이 치열한 싸움을 전개하면서도 구체제와의 일정한 타협을 통해 민주화를 쟁취하여 격렬한 정치적 대립을 펼치면서 과거에 유린되었던 인권의 회복을 추진해 나아가고 있다.

---

7   주석 4는 공안 기록 및 국가인권박물관 자료(國家人權博物館籌備處, 『醫人治世−白色恐怖醫師群像』, 2017)를 통해 백색테러의 실태를 분석했는데, 이 장에도 등장하는 피해자 옌시훙(顔世鴻)이 신생훈도처에 감금된 첫 번째 의사 정치범이라는 것과 석방 후에 국립타이완대학 의학부로 돌아왔다는 기술 등 사실과 맞지 않는 부분이 보인다. 菊池一隆, op.cit., p.187.

동아시아 패권을 다툰 청일전쟁에서 일본은 승리하여, 1895년에 타이완을 편입했다. 타이완은 1910년에 병합된 한국보다 15년 앞서 반세기에 걸쳐 일본제국의 식민지배하에 놓여 있었다. 게다가 일본에 병합되기까지 중앙집권적 봉건왕조국가였던 조선과 달리, 타이완은 오랫동안 네덜란드와 청나라 등 외래세력의 지배하에 있었다. 조선처럼 내셔널리즘이 대두한 근대에 일본제국의 지배를 받았다고는 하나, 이러한 '역사적 맥락'이 식민지배에 대한 인식에서 결정적인 차이가 있음을 알 수 있다.[8] 일본제국의 식민지배에 대한 타이완과 한국과의 인식의 차이가 있다면, 타이완은 대륙 중국으로부터 분리된 식민지였다는 점에서 한국과는 다른 맥락을 고려해야 할 것이다.[9]

그런데도 타이완은 조선과 마찬가지로 일본제국에 저항해 격심한 투쟁을 펼치는 가운데 내셔널리즘을 형성했다는 점에서 다르지 않다. 타이완과 조선의 식민지배하에서의 문화통합의 과정을 분석해 '일본제국' 연구의 틀을 제시한 고마고메 다케시駒込武에 의하면, 식민지 각각의 '다른 맥락'보다 제국주의 체제하에서의 지배-피지배 관계가 본질적인 것이다.[10] 더 나아가 타이완 문학연구자 마루가와 데쓰시丸川哲史가 제국지배로부터 벗어난 동아시아의 근현대사를 '역사적 컨텍스트'와 '공시적 리

---

8   법학자 쉬제린(許介鱗)은 도요토미 히데요시(豊臣秀吉)의 '조선 출병'(임진왜란)이 역사에 깊이 새겨져, 식민지 지배에 있어 토지 수탈이 지주의 원망을 샀던 조선과 비교해서 타이완에는 '황민화' 정책을 받아들일 여지가 있었다고 지적하고 있다. 許介鱗, 門田康宏 訳,「帝国主義による植民地支配」,『植民地文化研究』18号, 植民地文化学会, 2019, pp.221~229.

9   丸川哲史,『台湾における脱植民地化と祖国化』, 明石書店, 2007, p.27.

10   駒込武,『植民地帝国日本の文化統合』, 岩波書店, 1996.

듬'으로 나눈 것은 각각의 지역에서 고유한 역사적 상황에서 나타난 식
민지 지배관계도 그렇지만, 냉전이 규정하는 제2차 세계대전 이후의 국
제체제하에서 공진共振하는 국가폭력을 무시해서는 안 된다고 생각했기
때문일 것이다.[11]

실제 식민지배하의 타이완과 조선은 의회 설치요구, 공산당 결성, 신
문화운동, 제국대학 설립, 자치 운동 등 식민지 시대의 전형적인 포섭과
정을 경험하고 이윽고 창씨개명과 일본어 사용을 강요하는 '내대內台 / 내
선內鮮 융합' 등의 황민화 정책이 추진되면서 전시동원체제에 휘말리게
된다.[12] 타이완과 조선의 '다른 맥락'을 '동화주의'에 의해 일원화해 가는
제국지배의 '역사적 컨텍스트'로부터 파악하면, 타이완의 탈식민지화는
'타이완은 타이완인의 타이완이다'라고 하는 주체성의 문제이며, 그것을
극단적인 방식으로 제시한 것이 '공시적 리듬'으로 표면화된 2·28사건
과 백색테러로 상징되는 국가폭력이었다.[13]

1945년 8월 15일 일본의 패전에 의해 광복을 맞이한 타이완으로 건
너온 국민당 통치자들은 '접수'라는 말에서 나타나듯이 타이완인에 대
한 우월감을 갖고 정복자인 양 행동하는 광경을 여기저기서 보이게 된

11　丸川哲史, op.cit., 2007.

12　許介鱗, op.cit., pp.222~223.

13　2·28사건은 1947년 2월 28일부터 3월 중순에 걸쳐 타이완인과 정부 측과의 사이에
　　발생했던 충돌사건이다. 정부 측은 원래 타이완 사회 지식인과 교섭을 추진하는 자세를
　　보였지만, 대륙에서 증원부대가 도착하면서 타이완인에 대한 무차별 학살을 포함한 가
　　혹한 탄압을 자행했으며 저항을 완전히 진압했다. 사건 희생자는 18,000명부터 28,000
　　명으로 추정되고 있는데, 수천 명부터 10만 명까지로 추정하는 논의도 있어, 오랜 기간
　　사건연구의 중요한 쟁점이 되었다. 何義麟, op.cit., p.718.

다. 예를 들면, 상급 정부 기관일수록 타이완인은 그 직에서 배제되는 차별적인 체제가 구축되었다. 또한, 문화정책에서도 타이완을 접수할 때 대륙에서의 '항일'의 의의를 강조해 타이완의 개성을 무시한 정책결정이 이루어져, 타이완 지식인들에게 큰 실망을 안겨주었다.[14] 결국, 장제스蔣介石가 이끄는 국민당 정부군의 횡포와 부패가 극에 달해 그 과정에서 2·28사건이라고 하는 '타이완 대학살'이 일어나, 38년에 걸쳐 계속된 계엄령하에서 백색 공포 정치가 이어지게 되었다.

한국에서는 분단체제의 극복이 '민족의 염원'이며 '조국 통일'을 이루어내야만 '민족 해방'을 맞이할 수 있다. 그 정치 목표를 둘러싸고 국내정치는 격심하게 대립했다. 마찬가지로 '본성인土着化한 한족 이주자'을 주체로 하는 타이완 내셔널리즘 관점에서 본다면, 탈식민지화는 국민당이라는 외래 정권의 통치로부터 벗어나 '타이완은 타이완인의 타이완이다'라고 하는 '민족 해방'의 목표를 달성하는 것을 의미한다. 정치적 탈식민지화는 이미 달성되었으나 문화적 탈식민지화는 지지부진하여 아직 시작조차 되지 못하고 있다.[15] 한국과 타이완은 '통일인가 독립인가'라는 정치적 아이덴티티의 방향성은 다르지만 '민족 해방'을 지향하는 점에서는 다르지 않다.

따라서 '고립무원의 섬'으로서 타이완이 걸어온 근현대사를 되돌아보기 위해서는 타이완 국민당 지배하에서의 정치적 탄압을 야기한 '외래

---

14   丸川哲史, op.cit., 2007, p.31.

15   吳叡人, op.cit., pp.18~19.

권력의 중층화'에 주목할 필요가 있다.[16] 외세의 간섭이 거듭되는 역사를 거쳐 온 타이완의 근현대사의 서사를 관통하는 '탈식민지화의 중층성'을 포착하면, 타이완이 추구하는 이행기 정의가 '포스트제국'의 동아시아에서 차지하는 의미를 선명하게 드러낼 것이다.

백색테러 시대로 - 내전의 연장

타이완에서의 2·28사건은 제주도에서 일어난 4·3사건과 같이 오랫동안 금기시되어 온 암흑시대의 서막이다. 제주4·3사건이 1947년 3월 1일의 3·1절 기념식에서의 경찰의 발포가 발단이 되었듯이, 그 직전 2월 27일에 담배 암매상을 단속하는 과정에서 일어난 작은 사건이 지배자에 대한 저항으로 발전했던 2·28사건도 거의 동시에 발생했다고 할 수 있다. 그것은 일본제국이 붕괴하고 새로운 영토 주권의 범위를 확정하기 위하여 변경의 '섬'에서 발생한 사건으로 식민지 체제에 냉전 구조가 중첩되어 연동된 것의 귀결이었다.

미군이 지원하는 국민당 정부가 점령한 타이완과 미소 양대 진영에 의해 분할 점령된 남북한이라고 하는 동아시아의 지정학적인 조건하에서 휘몰아친 국가폭력의 독자적인 방식은 분열된 국가에서 발생한 정치 탄압의 세부적인 차이일 수도 있다. 이데올로기의 차이에 의해 '적'으로

---

16 三尾裕子, 「台湾と旧南洋群島におけるポストコロニアルな歴史人類学の可能性 - 重層する 外来政権のもとでの脱植民地化と歴史認識」, 『帝国日本の記憶 - 台湾・旧南洋群島における 外来政権の重層化と脱植民地化』, 慶應義塾大学出版会, 2016, pp.13~18. '외래 권력의 중 층화'에 대해서 우뤠이런(吳叡人)은 '연속적 식민지화' 혹은 '중층적 식민지화'라는 개 념을 사용한다. 吳叡人, op.cit., p.16.

간주된 사람이 '섬멸'의 대상이 된 점은 타이완과 한국도 다르지 않았고, 그 배경에는 '탈식민지화의 중층성'이 있다. 그러나 '외래 정권의 중층화'가 한층 더 농후한 타이완을 이해하려면 그 세부까지 살펴봐야 한다.

광복으로부터 남북한이 정면충돌한 한국전쟁까지 그 사이에 한국에서는 제주4·3사건과 같은 많은 정치 탄압이 벌어졌다. 이데올로기 대립에 의한 폭력이 전면적으로 극단적 형태로 분출한 '내전의 한가운데^{한국전쟁}'에서 수만 명의 사람들이 학살된 국민보도연맹 사건처럼, 군경이나 우익단체는 '적'에 협력할 가능성이 있는 사람들을 조직적으로 말살했다.

국공내전에서 패해 국민당 정부가 철수해 온 타이완은 '식민 국가^{settler state}'로서 여전히 내전 상태가 이어졌다.[17] 국민당과 함께 타이완으로 패퇴한 신규 이주자인 외성인^{外省人}을 제외하고 본성인^{本省人} 및 선주 민족은 직접 전투를 경험하지 않았지만, 어느덧 '전투 없는 내전'에 휩쓸려 갔다. 엄습한 백색테러인 국가폭력은 정치학자 우뤠이런^{吳叡人}이 말하듯 중국 본토에서의 내전을 타이완으로 확산시킨 결과이며, 중국 본토의 '내전의 연장'으로 볼 수 있다.[18]

이렇게 해서 성립한 타이완에서의 강압적인 권위주의 정치체제의 배후에는 남북한이 상대방의 지배 영역을 주권범위로 해서 헌법에 명기한 것과 같은 영토의식이 있다. 한국이 '멸공 통일'을, 그리고 북한이 '국

---

17 '점령자 국가'는 어느 사회에서 이주자 집단이 토착 집단에 대해 우월감을 갖고, 그 사회 위에 성립하는 국가가 출신 모국으로부터 사실상 독립해 있는 정치체제를 가리키는 경우에 사용된다. 若林正丈, 『台湾の政治－中華民国台湾化の戦後史』, 東京大学出版会, 2008 참조.

18 吳叡人, op.cit., p.62.

토 완정完整'을 슬로건으로 내세웠듯이, 국민당 정부도 타이완을 보루로 하여 중국 본토로의 회복을 꿈꾸는 '대륙 반공反攻'이라는 일관성이 있었다.[19] 이러한 실지失地 회복을 위한 슬로건은 국내체제를 독재적으로 통합하기 위한 공식 이데올로기로 작동하고. 그것에 이의를 제기하는 인사들에 대한 '반체제파'라는 낙인은, 타이완에서는 비첩匪諜, 한국에서는 간첩間諜으로 불리는 '공산당 스파이'가 되는 정치범을 양산했다.

폭주하는 특무 조직

국공내전으로 타이완에서 다수의 청년들이 국민당 정부에 의해 동원되었지만 타이완 본도本島가 직접 전란에 휩싸이지는 않았다. 그러나 난징南京에 수도를 둔 중화민국 정부가 1948년 5월 9일에 공포한 총통 및 국회의원을 종신직으로 하는 '동원감란시기임시조관動員戡亂時期臨時條款'은 1991년에 폐기되기까지 헌법을 동결시켜 계엄령이 38년에 걸쳐서 이어지는 '예외상태의 상태화'를 가능하게 했다. 1949년 5월 20일 계엄령이 발효된 직후 '징치반란조례懲治叛亂條例'를 공포, 시행하여 정치범을 처벌할 수 있는 근거를 갖추고, 이어서 중통당과 군통군이 경쟁하는 특무 조직정보기관을 총괄하는 '정치행동위원회'를 설립했다. 타이완으로 철수한 장제스는 특무 조직을 재편해 그 총괄 기능을 부활, 강화시키는 것을 중국 공산당과의 투쟁에서 승리하는 필수적인 조건으로 인식했다. 그리고 그 조직을 가장 신뢰할 수 있는 장남 장징궈蔣經國에게 맡겼다.[20] 백색테러의 시작이다.

---

19 松田康博,『台湾における一党独裁体制の成立』, 慶應義塾大学出版会, 2006, p.433.
20 Ibid., p.365.

1949년 말 대륙에서 공산당에 패한 국민당은 정식으로 타이완으로 철수했다. 그것은 이제 타이완의 '반체제파'와 '불평 분자'를 억압하는 것에 그치지 않고, 국내 치안과 안전을 위협하는 '반역자'의 처단이라는 새로운 단계에 돌입한 것을 의미했다. 한국의 국가보안법1948년 제정에 해당하는 '감란시기검숙비첩조례戡亂時期檢肅匪諜條例'를 1950년 6월 13일에 제정하고, 연대 처벌을 도입함으로써 정부에 저항하는 조직을 송두리째 없애려 했다. '지비불보知匪不報' 즉 '반란분자'를 당국에 고발하지 않는 행위를 형벌의 대상으로 삼았다. 이에 고문과 조작이 횡행했다.

다만 한국전쟁이 발발할 때까지 타이완에서 '비첩'으로 적발되어도 내외적으로 위기에 처한 국민당 정부는 바로 사형에 처한 것이 아니고, 특히 본성인 적籍을 갖고 있는 사회주의자 청년을 총살하는 데에는 망설임이 있었다.[21] 그런데 한국전쟁이 발발하여 미군이 제7함대를 타이완 해협으로 파견하자 장제스 정권은 타이완의 안전보장이 확보되었다고 판단해 대내적 탄압을 강화했다. 이처럼 한국전쟁이라고 하는 국제전쟁 하에서 '탈식민지화의 중층성'에 놓이게 된 한반도와 타이완은 밀접하게 연결되어 있었다.

백색테러를 실행한 곳은 당, 정부, 군의 정보기관인 특무 조직이다. 앞에서 언급한 정치행동위원회는 특무 공작에 관여하는 모든 당·정·군 조직을 지휘했다. 정부보다 더 많은 권한을 갖고 특무 조직을 총괄한다는

21　鍾紀東,「歷史タブーを、人びとに非常を再びもたらさぬために－「幌馬車の歌から『非情城市』へ」, 藍博洲, 間ふさ子·塩森由岐子·妹尾加代 訳, 『幌馬車の歌』, 草風館, 2006, pp.222~223.

것은 총통이 권력의 중심에 있다는 것을 상징했다.[22] 1950년대 초기의 특무 조직은 전혀 분업이 안 되어 혼란스러운 채 운용되고 있었다. 1955년에 국가안전국이 발족하면서 타이완 특무 조직의 일원적인 정치체제가 확립되었다.[23]

타이완 내부의 정치 정찰공작은 조사국, 헌병사령부, 타이완성 보안사령부가 담당하고 있었다. 중통과 군통의 두 계통 사이의 경쟁은 타이완에도 도입되었는데, 대륙과 타이완의 분단 상태가 정착됨에 따라 현실성을 잃게 되었다. 이미 대륙에서의 '업적'을 거두기가 힘들어진 상황에서 각각의 특무 조직의 활동은 타이완 내부에서의 '공산주의자 색출'에 전념하게 되었고 사건이 발생하면 서로 앞다투어 검거에 나서게 되었다.[24]

이처럼 당·정·군에 소속된 각각의 특무 조직이 타이완 내부의 공작과 대륙에서의 공작을 서로 연계시키지 않고 따로따로 실행했는데, 타이완에서 일어난 대부분의 '반란' 사건은 1949년 9월에 설립된 타이완성 보안사령부1958년에 타이완 경비총사령부로 재편에 소속된 군법처에서 재판이 이루어졌다. 체포되어 취조를 받은 정치범은 이곳에서 군법에 의해 재판을 받았다. 판결 후 사형수는 곧바로 형장으로 끌려가 총살에 처해졌고, 징역형을 선고받은 사람은 군인감옥에 수감되거나 뤼다오로 끌려가 장기간 수용되어야만 했다.[25]

---

22 松田康博, op.cit., p.348.
23 Ibid., pp.352~353.
24 Ibid., p.353.
25 陳文成博士記念基金會, 『人権への道－レポート·戦後台湾の人権』(日本語版), 陳文成博士記念基金會, 2007, p.49.

3. 군법에 의한 재판 __ 보안사령부 군법처 구치소

백색테러의 난우難友들

백색테러는 인권 탄압이 극에 달한 국가폭력의 상징이다. 그 중심에는 뤼다오 정치범 수용소가 있었다. 한국전쟁 당시의 국민보도연맹 사건이 초기에 집중적으로 일어난 것처럼, 타이완에서도 백색테러는 특히 1950년대 초기에 극단적인 방식으로 횡행했다. 간신히 사형을 면해도 뤼다오 신생훈도처로 보내졌다. '뤼다오'는 백색테러 시기를 통해서 지리적으로나 관념적으로나 '정치범'은 말소된다는 암시를 통해 정치적 행위를 규율하는 절망의 기호로서 기능했다.

이 장에서 주로 참조한 백색테러의 정치적 수난자는 차이쿤린蔡焜霖, 1930~, 수요우펑蘇友鵬, 1926~2017, 커기화柯旗化, 1929~2002, 종첸슌鍾謙順, 1914~1986, 천샤오잉陳紹英, 1925~2010, 황화창黃華昌, 1929~2010 등 6명이다. 〈표 4〉 및 본문에서 제시하듯이 각각의 수난자들은 체포될 당시의 사상이나 신분, 투쟁 경력과 연루된 사건도 서로 다르지만, 공통적으로 그 체험이 수기나 회고록, 구술 기록과 전기 등으로 정리되어 있다. 백색테러의 피해자들은 같은 처지에 놓인 동지들을 '난우難友'라고 불렀다.

그런데 최근 출판된 차이쿤린과 수요우펑의 구술 및 전기를 제외한 네 명의 회고록은 일본어로 집필된 것이다. 앞서 언급했듯이, '일본어 세대'인 수난자들은 수기를 중국어보다 일본어로 집필하는 경우가 많은데, 이는 타이완 본성인 대부분이 타이완어나 객가어客家語가 모국어이고 일본어로 교육을 받은 반면, 북경어에는 익숙지 않기 때문이기도 하다. 그럼 우선 정치 수난자의 경력을 회고록 및 구술기록, 전기를 바탕으로 간략하게 소개한다.

〈표 4〉 이 장에서 주로 참조하는 백색테러 수난자의 수기·구술·전기

수난자	생몰 연도	투옥기간	회고록·구술·전기
차이쿤린 (蔡焜霖)	1930~	1950~1960	차이쿤린·구술/차이쇼지(蔡秀菊)·기록찬문, 『우리는 노래만 할 수 있다—차이쿤린 생명고사』, 옥산사, 2019.
수요우펑 (蘇友鵬)	1926~2017	1950~1960	궁자오쉰(龔昭勳) 지음, 『사망행군—훠쇼다오의 반란자가 된 신동, 수요우펑 의사의 일생』, 전위출판사, 2018.
커기화 (柯旗化)	1929~2002	1951~1953 1960~1975	『타이완 감옥도—번영 뒤에 감춰진 본 모습』, 이스트 프레스, 1992.[26]
종첸슌 (鍾謙順)	1914~1986	1950~1957 1962~1971 1972~1982	황샤오퉁(黃昭堂) 편역, 『타이완 난우들에게 기도하다—한 정치범의 외침』, 일중출판, 1987.
천샤오잉 (陳紹英)	1925~2010	1950~1963	『외래 정권 압제하의 생과 사—1950년대 타이완 백색테러, 한 수난자의 수기』, 수영서방, 2003.
황화창 (黃華昌)	1929~2010	1950~1960	『타이완·소년 항공병—드넓은 하늘과 백색테러 청춘기』, 사회평론사, 2005.

차이쿤린蔡焜霖

1930년 타이중주台中州 따쟈군大甲郡 칭수웨이가清水街, 현 타이중시 칭수웨이구에서 태어났다. 1949년 고등학교 졸업 후 대학 진학을 포기하고 소학교 사무원으로 근무하던 중 1950년 9월 고교 시절의 독서회가 반란 조직에 참가했다는 혐의로 장화彰化 헌병대에 연행되었다. 그 후 타이난台南 헌병대로 이송되어 단체로 수용되어 있을 때 자신이 '간첩 사건'에 연루된 것을 비로소 알았다. 그곳에서 타이베이台北의 타이완성보안사령부보안처

---

26 이 장에서는 동 서적과 같은 판형으로 2005년에 타이베이에서 재출판되었던 제3판, 柯旗化, 『台湾監獄島—繁栄の裏に隠された素顔』, イースト・プレス, 2005.를 사용한다.

台湾省保安司令部保安所, 국방부 보밀국國防部保密局으로 이송되었다. 타이베이 전신국지부 사건으로 10년 형을 선고받았다. 1951년 5월 17일 뤼다오의 신생훈도처로 보내져 1960년 9월에 석방될 때까지 10년간 복역했다. 2022년 현재, 이 장에 나오는 수난자로는 유일하게 생존하고 있다. 저자는 차이쿤린 씨의 안내로 2019년에 이전의 징메이景美 군법처 구치소와 뤼다오 신생훈도처의 국가인권박물관을 방문했다.

수요우펑蘇友鵬

1926년 타이난 산화善化에서 태어났다. 타이베이제국대학 의학부 재학 중에 소집되어 타이베이 근교의 우구五股에서 패전을 맞았다. 1949년 국립타이완대학 의학부를 졸업하고 동대학 부속병원에 근무하던 중, 1950년 5월 13일 타이베이시공작위원회 사건으로 같은 병원 선배 의사 3명과 함께 체포되었다. 국방부 보밀국 남소南所로 연행되고, 그 후 북소北所로 이송되었다. 선배들과는 단지 서적을 돌려 읽었을 뿐이고 모임에 참석한 적도 없었다. 다행히 고문도 받지 않고, 신문은 단 한 번뿐이었지만, 10년 형을 언도받았다. 함께 체포되었던 선배 의사 쉬창許強은 사형에 처해졌다. 1951년 5월 17일 뤼다오의 신생훈도처에 보내져 1960년 5월에 석방되었다. 그 후 출판된 전기의 저자 궁자오쉰은 수요우펑의 조카이다.

커기화柯旗化

1929년 가오슝현高雄懸 주오잉左營, 현 가오슝시 주오잉구에서 태어났다. 가오슝 중학교에 재학 중 학도병으로 입대해 패전을 맞이했다. 타이완성립사범학원 영어전수과 재학 중에 겪은 2·28사건에서 동급생이 총살되었다. 졸업 이후 가오슝시립일중高雄市立一中 교사로 근무할 때, 사범학교 시절의 합창단이 반란 조직으로 간주되어 체포되었다. 그 후 가오슝에서 타이베이로 압송되어 보안사령부보안처에서 신문을 받았다. 결국 무죄가 되었지만 사상감화훈련에 처해져 1952년 1월부터 1년간 네이후内湖와 뤼다오 신생훈도처에서 지냈다. 그러나 신생훈도처에서 함께 했던 동료와의 관계가 발각되어, 1961년 10월에 다시 체포되어 징역 12년을 언도받았다. 1973년 10월에 형기가 만료되었지만 석방되지 못하고 인접한 예비감찰 기관인 신생감훈대新生感訓隊로 보내져 1976년 6월에 석방되었다. 회고록은 1992년 일본에서 출판되어 그 후 타이완에서 재출판되었다.

종첸순鍾謙順

1914년 타오유안桃園 롱탄현龍潭懸의 명망있는 기독교 가정에서 태어났다. 19살에 일본으로 건너가 도쿄의 아소麻生 수의전문학교를 졸업했다. 소집되어 만주에서 관동군으로 배속되지만 중국 민중의 현실을 목격하고 '신타이완 건설'에 투신하게 된다. 2·28사건에서는 신주新竹 감옥을 습격해 해방시키는 등 방위단을 결성하여 지휘하지만 셰쉐홍謝雪紅이 주도하는 타이완 공산당 봉기에는 협력하지 않았다. 그 후 홍콩에서 타이완재해방연맹을 조직한 랴오원이廖文毅 일파와 접촉하여 독립운동에 투신하고, 1950년 5월 13일에 체포되어 타이완인 향토방위독립군 사건으로 7년 형을 선고받았다. 사법감옥인 타이베이 감옥에서 1년간 복역하고 1951년 4월 뤼다오로 이송되었다. 1957년 만기 출소하지만 1962년 또 다시 체포되어 10년간 투옥되었다. 1971년 10월에 다시 석방되나 이듬 해 6월에 세 번째로 체포된다. 1982년 11월에 출소하기까지 모두 27년 간 복역했다.

천샤오잉陳紹英

1925년 신주주新竹州 주난군竹南郡 싼완압三灣圧, 먀오리(苗栗)현 싼완향에서 태어났다. 진학하기 위해 14살에 일본으로 건너갔다. 고학해서 센슈專修 대학 야간전문부에 진학해 사회과학에 심취해 사회비판 의식을 길렀다. 1945년에 소집되어 약 반년 후에 패전을 맞이했다. 타이완으로 돌아온 후 타이완건설을 기획해 적산기업 잔난展南의 설탕생산합작사 설립 운동 에 매진하는 한편 청년단 활동에도 관여했다. 그러나 공산주의에는 공 감할 수 없어 조직에도 가입하지 않았다. 청년단 활동 등으로 특무 기관 의 감시 대상이던 중 1950년 4월 체포되었다. 타이완민주자치연맹 사건 으로 13년 징역형을 선고받았다. 1951년 5월 17일 뤼다오로 이송되고 1953년에는 타이베이의 신뎬新店 군인감옥으로 이감되었으나, 1961년 10월에 또다시 뤼다오로 이감되어 1963년 5월 석방되었다. 수기는 먼저 일본어로 집필되었고 2005년에 한자어판이 출판되었다.

황화창黃華昌

1929년 신주주 주난군현 먀오리현 주난에서 라면 행상을 하는 가난한 가 정에서 태어났다. "고향의 넓은 하늘을 지키는 비행 장교가 되는 꿈"을 이루기 위해 일본으로 건너가 육군소년비행병학교에 입학해 도요오카

豊岡 육군항공사관학교에 진학하여 특공 훈련을 받지만 패전으로 출격을
면했다. 타이완 귀국 후 공군으로 활약하기 위해 타이완경비사령부에 지
원했지만 이루어지지 않았다. 그 후 민간 항공회사에 근무 중 2·28사건
이 발생했다. 타이베이에서는 제대 군인, 군속 결집을 호소하는 운동이
일어나, 향토 자위군의 항공돌격대에 가입했다. 공산주의에는 공감하지
않았지만, 선배와 동급생의 권유로 '신타이완 건설의 혁명운동'에 관여
하여 1950년 6월 9일에 체포되었다. 징역 10년을 언도받고 1951년 5월
17일에 뤼다오로 보내져 1960년 6월에 출소했다. 일본에 있던 시절의
동료 권유로 회고록은 일본어로 출판되었다. 이후 차이쿤린 등의 번역으
로 한자어판이 출판되었다.

　백색테러의 피해자들은 농민, 노동자 등 사회 하층민도 포함되어 있
었지만, 특히 의사나 교사, 군인 출신, 대학 출신 등 지식인 엘리트층이
많았다. 백색테러에 의해 정치범으로 처형된 정치적 수난자들의 평균 연
령은 33세였다. 처형된 사람들은 일례로 타이완대학 의학부를 나온 예성
치葉盛吉의 짧은 인생을 그린 양웨이리楊威理의 『한 타이완 지식인의 비극
−중국과 일본의 사이에서 예성치 전기』와 파란만장했던 종하오둥鍾浩東
의 인생을 남겨진 사람들이 회상하는 란보조우藍博洲의 『황마차의 노래』
처럼 전기나 회상을 통해 기억될 수밖에 없었다.[27]

　사형은 면하더라도 징역 10년이 보통으로 여겨질 정도의 가혹한 군
사재판이었다. 또한, 이 장에서 참조하는 수난자는 전원 남성이지만, 백

27　楊威理, 『ある台湾知識人の悲劇−中国と日本のはざまで 葉盛吉伝』, 岩波書店, 1993.

색테러 수난자에는 여성도 다수 포함되어, 사형에 처해지거나 뤼다오의 신생훈도처로 보내졌다.

다음은 이러한 백색테러 수난자들의 회고록, 구술 기록, 전기를 통해서 국민당 정권하에서 자행된 정치 탄압의 실상에 다가가 보고자 한다.

백색테러와 정치 탄압의 암흑기

국민당 정부가 유혈 진압한 2·28사건에서 중국 공산당 지하 조직의 역할은 제한적이었지만 사건 후의 민중의 원망과 한탄, 실망은 타이완에서의 지하 조직의 발전을 가속화시켰다.[28] 또한, 사건은 전후 타이완 내부의 에스닉 그룹문제에도 영향을 미치게 되었다. 그중에는 좌익 경향의 사람들도 있었지만 그렇지 않은 대부분의 사람들조차도 중국 공산당이 국민당을 무력으로 격퇴하기를 기대했을 것이다.[29]

이 장에 등장하는 수난자들도 공산주의에 동조하지 않았지만 지하 조직에 가입한 종첸쉰이나, 조직에는 가담하지 않고 사회운동을 전개한 천샤오잉, 혹

〈그림 21〉 국가인권박물관 백색테러 뤼다오 기념공원에서 신생활훈도처의 생활에 대해 설명하는 차이쿤린 씨 (저자 촬영)

28 陳儀深,「より多くの真相を、より多くの移行期正義を」, 財団法人二二八事件紀念基金会著, 陳儀深·薛化元 編,『二二八事件の真相と移行期正義』, 風媒社, 2021, p.18.

29 薛化元,「二二八事件をめぐる「正義と和解の追求」—名誉回復運動の歴史的考察(一九八七年—一九九七年)」, 財団法人二二八事件紀念基金会 著, 陳儀深·薛化元 編,『二二八事件の真相と移行期正義』, 風媒社, 2021, p.379.

은 고등학교나 대학 시절의 활동으로 인해 연루된 차이쿤린이나 커기화, 그리고 좌파적인 사상과는 관계없이 '신타이완 건설'의 일념으로 조직에 가담한 황화창과 같이 '정치범'이라고 할지라도 그 처지는 가지각색이었다. 수요우평의 경우 병원 동료가 지하 조직에 가입했는데 이것은 당시 문화상황에서는 지식인층에서 흔히 볼 수 있는 광경이었다.

1949년에 계엄령이 다시 공포되고 특히 '중앙 정부의 타이완 이전' 후 특무 조직에 의한 고압적인 통치를 강화하여 누명, 오심이 빈번해지면서 인권 침해 사건은 다 기록할 수 없을 정도로 늘어났다.[30] 그 발단이된 백색테러 시기의 도래를 알리는 탄압 사건이 타이완성립사범학원현국립타이완사범대학과 타이베이대학의 학생들이 경찰과 충돌한 4·6사건이었다. 당시 사범학원 학생으로 기숙사 생활을 하고 있던 커기화는 사건에는 휘말리지 않았다.[31] 다만 이에 앞서 3월 29일에는 타이베이의 학생들이 '청년절'을 축하하는 대규모 합창과 캠프파이어 모임이 있었고, 합창단의 일원이었던 커기화는 그곳에 참가해 '혁명가'를 불렀을 것으로 여겨진다.[32] 그리고 5월 20일에 계엄령이 발포되고, '공산당 스파이' 적발을 빌미로 삼아 정치 탄압이 본격화된다.

1950년 5월 13일 타이완의 국방부 총정치부 주임 장징궈는 중국 공산당의 지하 조직 80개를 적발해 중공타이완성공작위원회 최고 책임자

---

30   陳儀深, op.cit., p.18.

31   柯旗化, op.cit., pp.109~115.

32   丸川哲史, 「一九四〇年代後半への視座(覚書)-「冷戦」＝白色テロが台湾の文化構造にもたらした潜在的意味」, 『アジア遊学』48号, 勉誠出版, 2003, p.135.

차이샤오챈蔡孝乾 등을 체포했다고 발표했다.[33] 의사 수요우평과 종첸슌이 체포된 것은 바로 이날이었다. 차이샤오챈이 전향하여 제출한 900명 안팎의 조직 참가자 명단에 이름이 들어있던 쉬창은 수요우평과 같은 타이완대학 의학부 부속병원에 근무하고 있었다. 타이베이시 공작위원회의 리더였던 궈슈충郭琇琮이 동대학병원에 근무하고 있을 당시, 쉬창 등 동료의사를 끌어들였지만, 신참 의사인 수요우평은 조직에는 가입하지 않고 기껏해야 의사 동료끼리 서적을 돌려본 정도였다. 의사들이 중심이 된 타이베이시공작위원회 사건에서는 궈슈충과 쉬창 등 14명이 총살형에 처해졌다.

종첸슌은 백색테러 초기의 타이완독립에 관련한 랴오원이 타이완독립사건에 연루되어 체포되었다. 이 시기는 '타이완 독립파'보다 '공산당 스파이'가 주요한 타겟이었다.

대륙 중국의 항공대에 합류하기 위하여 일본으로의 밀항을 시도하고 있었던 황화창은 5월 13일 자 신문 1면을 장식한 「타이완 보안사령부가 '공비 지하조직' 타이완공작위원회 간부 수십 명을 체포」라는 제목의 기사를 읽고 있었다. 그 내용은 본격적으로 대량체포를 예고하는 것이고, 그 전후로 황화창의 조직도 와해되고 있었다.[34] 이때 황화창을 '타이완 해방의 선견대'로 끌어들인 사람이 도쿄고등사범학교 재학 중에 학도병으로 출진했다가 돌아온 후 타이완사범학원 영어전수과의 학생으

---

33 楊威理, op.cit., p.248.
34 黃華昌, 『台湾·少年航空兵 : 大空と白色テロの青春記』, 社会評論社, 2005, p.255.

로 4·6사건에도 관여한 천수이무陳水木였다.[35] 천수이무는 커기화의 가오슝 중학교 선배로 사범학원에서도 서로 허물없이 의견을 나누는 사이였다.[36] 천수이무는 타이완 해방을 위해 황화창을 비행사로 대륙 중국의 항공대에 보내는 임무를 맡고 있었다.

타이완성공작위원회의 학생운동 핵심 단체인 학생공작위원회가 연루된 사건은 학생운동에서 최대규모의 탄압사건이었다. 체포된 45명의 평균 연령은 23.5세로 그중의 11명이 사형에 처해졌다.[37] 1950년 10월 1일 자 신문에서 타이완성공작위원회 학생공작위원회사건을 접한 커기화는 그중 6명이 사범학원 학생으로, 더구나 천수이무를 포함한 3명이 같은 영어전수과인 것에 충격을 받았다.[38] 타이완사범학원은 타이완 학생운동의 중추였다.[39]

같은 사건으로 처형당한 『어느 타이완 지식인의 비극』의 주인공 예성치는 도쿄제국대학 의학부에서 수학하고 종전 후 귀국해 타이완대학 의학부를 졸업한 의사로, 선배인 궈슈충, 쉬창과 함께 타이베이시공작위원회의 일원이었다. 궈슈충은 1944년에 타이베이제국대학에서 항일 조직을 결성하여 징역 5년을 선고받았다. 이 두 사건에 대한 사형은 11월 28일과 29일에 잇달아 집행되었다. 사형 선고를 받은 궈슈충과 쉬창 등 14명은 형장으로 향하던 중 '인터내셔널가'를 합창했다. 본보기로 삼으

---

35   Ibid., pp.271~278.
36   柯旗化, op.cit., p.113.
37   陳文成博士記念基金會, op.cit., 2007, p.34.
38   柯旗化, op.cit., pp.118~119.
39   楊威理, op.cit., p.237.

려고 했는지, 그들 유해는 수습되지 않고 방치되었다. 같은 책에 기록되어 있듯이, 다음날 예성치 등 11명은 그 광경을 목격하면서 처형되었다고 전해진다.[40] 예성치의 소개로 공산당에 입당한 타이완대학 의학부 후배였던 옌시훙顔世鴻도 예성치와 같은 사건으로 체포되어 징역 12년을 선고받았다. 옌시훙은 1980년대에 회고록 '상강霜降'을 집필했는데, 책으로 출판할 생각은 없었다.[41] 이 시절에는 아직 타이완에서 백색테러 수난자가 수기를 출판할 수 있는 상황이 아니어서 결국 2012년이 되어서야 『칭다오동루 3호-타이완의 부조리한 시대를 상기시키는 나의 백년』을 출판했다. '칭다오동루青島東路 3호'는 보안사령부 군법처 구치소가 있었던 장소이다. 이 책의 뒷표지에는 "이 부조리한 시대에 군법처 구치소에 들어가면, 운이 좋은 사람의 정차역은 뤼다오, 운이 없는 사람의 정차역은 마창팅馬場町이었다"라고 쓰여져 있다.[42] 뤼다오로 보내진 자신과 마창팅에서 처형된 선배들과의 갈림길이 된 '칭다오동루 3호'에 그 회한이 담겨져 있다.

이러한 사건에 그치지 않고, 1950년 5월 13일의 대량 체포로부터 약한 달 후인 6월 25일에 한국전쟁이 발발하자 유망한 청년들이 군사재판에서 가혹한 판결을 언도받아 총살에 처해졌다. 국민당 정부는 한국전쟁 발발을 절호의 기회로 삼아 각지에서 '비첩' 적발 활동을 한층 더 강화시켰다.[43]

---

40 Ibid., pp.269~270.
41 Ibid., p.239.
42 顔世鴻, 『青島東路三號-我的百年之憶及台灣的荒謬年代』, 啟動文化, 2012.
43 龔昭勳, 『死亡行軍-從神童到火燒島叛亂犯:蘇友鵬醫師的一生』, 前衛出版社, 2018, p.101.

죽음의 점호 – 형장의 이슬로 사라진 정치범

앞서 살펴본 바와 같이 1950년대 초기의 특무 조직은 혼란스럽게 운용되고 있었지만, 주요한 수사, 신문기관은 국방부 보밀국國防部保密局 남소·북소와 타이완성보안사령부보안처정보처에서 변경이다. 차이쿤린, 커기화, 천샤오잉은 보안사령부 보안처에서 수요우평, 황화창은 국방부 보밀국에서 주로 구속, 신문을 받았다. 타이베이시 형경총대刑警總隊에 연행되어 조사를 받은 종첸슌은 보안사령부 보안처로 옮겨진 다음날 보안사령부 군법처로 보내졌다. 차이쿤린은 보안사령부 보안처에서 다시 국방부 보밀국으로 이감되었다.[44] 천샤오잉은 이러한 특무 기관 외에도 헌병사령부, 사법행정부 조사국, 타이완성 형경총대 등이 있고, "많은 특무가 경쟁적으로 조작 날조하여 체포했기 때문에 각 특무기관의 구치소가 많았음에도 불구하고 어디든 초만원으로 인간 지옥을 만들어 냈다"고 기술하고 있다.[45]

이들 특무 조사의 조사 신문기관에는 특무 요원에 의한 가혹한 신문과 고문이 기다리고 있었다. 기소되기까지는 친척과의 연락이나 면회를 할 수 없어서 가족은 구속된 정치범이 어디에 있는지조차 알 수가 없었다. 보안사령부 보안처는 식민지 시대의 정토진종 동본원사에 있었기 때문에 정치범은 "동본원사를 잊지 말라"고 하며 서로를 격려했다.[46]

---

44 蔡焜霖(口述)·蔡秀菊(記録撰文), 『我們只能歌唱－蔡焜霖的生命故事』, 玉山社, 2019, pp.86~87.

45 陳紹英, 『外来政権圧制下の生と死－一九五〇年代台湾白色テロ、一受難者の手記』, 秀英書房, 2003, p.231.

46 Ibid., p.213.

군사재판이 이루어진 곳이 바로 보안사령부 군법처였다. 고문이나 장시간 신문이 횡행한 보안사령부 보안처의 '인간 지옥' 보다도 이곳 군법처 구치소가 더욱 가혹했을 것이다. 그러한 이유는, 군법처에서 정치범은 새벽녘에 불려 나가 사형 판결 후 바로 형장으로 향하게 되는데, 주위의 동료들은 그들을 떠나보내야 했기 때문이다. 수난자들은 누구나 두터운 철문이 열리는 삐걱거리는 소리에 죽음이 다가오는 공포와 불안을 느끼지 않을 수 없었다. 차이쿤린은 같은 구역의 감방에 수감되었던 같은 연배의 19살 청년이 사형에 처해지는 것에 충격을 받았다.[47] 이러한 수난자들의 모습을 공샤오쉰은 다음과 같이 묘사하고 있다.

1950년대 칭다오동루 3번지에 있는 군법처 구치소에 갇힌 수난자는 모두 아침 일찍 죽음의 점호를 체험했다. 어둠이 가시지 않은 새벽녘에 두터운 철문이 열리는 소리에 눈이 떠지고 자신의 이름이 불리지 않을까 하는 두려움에 떨며 기다리는 나날이 계속되었다. 그날 누가 불리어 나가는지 알 길이 없고 호명된 사람은 그날로 소중한 목숨을 잃는다는 것을 모두가 알고 있었기 때문이다. 일부 사람들, 아마 자신이 사형당할 것이라 생각한 수난자는 스스로 일찍 일어나 먼저 몸을 수건으로 닦고 복장을 단정히 하고 점호를 기다렸다. 점호가 끝난 후에는 자신이 호명되지 않았으면 오늘은 죽지 않고 지나갔다는 생각으로 옷을 벗어 정리하고, 다음날 다시 그것을 되풀이했다.[48]

---

47 蔡焜霖(口述), 薛化元·游淑如(記錄撰文), 『逆風行走的人生 − 蔡焜霖的口述生命史』, 玉山社, 2017, p.93.

48 龔昭勳, op.cit., pp.118~119.

당시 국민당 정부는 '반란죄'에 대해서는 기소장도 작성하지 않았을 뿐만 아니라 변호사 선임도 없는 1심 판결로 끝이 나고, 상소할 권리조차 주어지지 않았다. 항소해도 형량이 무거워질 뿐이었다. 판결이 내려지면 사형수는 바로 사형장으로 보내졌다. 아직 어둠이 채 가시지 않은 시간에 집행되었기 때문에, 거의 날마다 오전 5시경에 출정을 명하는 '죽음의 점호'가 실시되었다.[49] 법정에서는 군사검찰관이 본인 확인을 하고 판결이 내려지는데, 그 때 '사형'이라는 결론을 내리는 판결주문만이 낭독된다. 사형수는 고량주와 만두가 주어지는 의식을 마치면 헌병에게 넘겨져 그대로 군용 트럭에 실려 형장으로 향했다. 일본 통치 시대에 마창팅이라 불리었던 형장은 타이베이의 남서부를 흐르는 신뎬新店계곡 강가에 위치해 있었다.[50]

재판에서 몇 가지 패턴을 볼 수 있는데, 아침 일찍 이루어지는 판결은 사형수만을 대상으로 행해지는 경우가 많았던 것으로 보여진다. 수요우펑은 1950년 11월 29일 오후에 재판을 받고 징역 10년을 언도받는데, 같은 사건으로 사형이 선고된 궈슈충과 쉬창 등 선배 의사들은 전날인 11월 28일 아침 일찍 처형되었다.[51] 천샤오잉의 경우는 전원이 함께 모여 출정했는데, 사형이 선고된 리더 3명 이외는 일률적으로 13년이라고 하는 판에 박힌 판결이 내려졌다.[52]

---

49   Ibid., pp.116~121.
50   鍾謙順, 黃昭堂 編訳, 『台湾難友に祈る－ある政治犯の叫び』, 日中出版, 1987, p.119; 陳紹英, op.cit., p.240; 楊威理, op.cit., p.239; 黃華昌, op.cit., p.284.
51   龔昭勳, op.cit., p.109.
52   陳紹英, op.cit., p.242.

한편 황화창처럼 사건의 주요 인물이 아닌 경우 재판도 없이 후에 판결문이 전달되기도 했다.[53] 종첸슌이 체포된 타이완인 향토방위독립군 사건도 사형 선고가 없는 경우였는데, 단 두 번의 재판으로 1950년 7월 9일에 판결이 내려지고 수개월 후에 7명 중 1명에게만 판결문이 전달되었을 뿐이었다.[54] 당초 유기형을 선고하는 군법처 판결문의 초안을 총통부가 사형으로 변경해 장제스가 그것을 결재했다는 것이 밝혀졌듯이,[55] 후에 윗선에서 일률적으로 사형으로 변경한 경우도 있었다.[56] 따라서 사형 판결을 내리는 것은 처형 직전이 될 수밖에 없었던 것이다.

타이완 영화 〈비정성시悲情城市〉1989에서는 일본 가요 〈황마차의 노래〉가 흐르는 가운데 감옥에 수감된 젊은이가 형장으로 향하는 모습이 인상적으로 그려져 있다.[57] 이 장면은 식민지 시기에 항일 전선에 참가하고, 전후에는 공산당 지하 조직에 관여하여 1950년 10월 14일 사형에 처해진 종하오퉁이 모델로 알려져 있다. '반동 간행물'인 『광명보光明報』를 발간하여 '징치반란조례懲治叛乱条例' 공포 전에 체포된 지룽基隆중학교 교장 종하오퉁은 사상개조를 선고받아 뤼다오 신생훈도처의 전신인 네이후

53　黃華昌, op.cit., p.287.

54　鍾謙順, op.cit., p.57.

55　陳文成博士記念基金會, op.cit., 2007, pp.104~105.

56　楊威理, op.cit., p.263.

57　일본어 제목은 「幌馬車の唄」. 작사 야마다 도시오(山田としを), 작곡 노바라 다메지(野原為二). 유행가로 콜럼비아 레코드사가 1932년과 1935년에 두 종류의 레코드를 연속으로 발매했다. 처음 발매된 레코드는 와다 하루코(和田春子)가 부르고, 두 번째 레코드는 마쓰바라 미사오(松原操)·사쿠라이 겐지(桜井健二)가 불렀다. 田村志津枝, 『非情城市の人びと―台湾と日本のうた』, 晶文社, 1992, p.32.

內湖 국민학교에 설치된 '신생총대新生總隊'에 수감되었다. 종하오동은 그곳에서 감화교육을 거부해, 동 조례가 공포된 후에 보안사령부 군법처에 돌려 보내지고, 재심 끝에 사형이 선고되었다.[58]

감방은 달랐지만 차이쿤린이나 황화창도 '황마차의 노래'를 부르며 종하오동을 배웅했다.[59] 천샤오잉은 9월 하순에 마침 신덴 분소에 이감되어 있었기 때문에 그 현장에는 없었지만, 그 에피소드를 수기로 써내려 갔다.[60] '죽음의 점호'가 시작되면 통상 '안식가'를 부르는데, 종하오동은 이때 '황마차의 노래'를 요청했고 그것이 영화의 한 장면이 되었다. 이처럼 진혼곡을 불러 주는 것이 곧 죽음을 맞게 되는 수난자에게 남은 동료가 할 수 있는 유일한 것이었다.[61]

또한, 취조는 일단 끝났다고는 할지라도 군법처 구치소도 '인간 지옥'이라는 점에서 별반 차이가 없었다. 새로 사람이 들어오면 변기 옆에 누울 수밖에 없는 것은 물론이고 다리를 뻗을 수 없을 만큼 밀집된 공간에서, 야간에는 모포를 교대로 잡고 흔들어 무더운 감방의 공기를 환류시키지 않으면 잠조차 잘 수 없는 열악한 환경이었다. 감방이 정치범으로 넘쳐날 때는 전원이 같이 누울 수 없기 때문에 수면 시간을 전후로 나누어서 교대로 취침해야 하는 형편이었다.[62]

백색테러는 한국전쟁과 겹치는 1950년부터 1954년에 걸쳐 가장 극

---

58 藍博洲, 『幌馬車の唄』, op.cit., pp.179~186.

59 蔡焜霖(口述)·蔡秀菊(記錄撰文), op.cit., pp.93~94; 黃華昌, op.cit., pp.284~285.

60 陳紹英, op.cit., pp.229~230.

61 龔昭勳, op.cit., p.119,

62 鍾謙順, op.cit., p.47.

심했는데, 계엄령 해제 후에도 계속되다가 1992년 형법 제100조 개정에 의해 종결되었다. 또한, 백색테러는 냉전 전기 국제적 시점에서, 1949년부터 1954년까지의 1950년대 초기에 국민당 정부에 의해 실행된 대규모 좌익 숙청을 가리키는 협의의 정의와, 계엄령이 해제되는 1987년 혹은 1992년까지 국민당 정부에 의해 실행된 다양한 정치적 이단자에 대한 체계적인 정치 폭력으로 이해하는 광의의 정의가 있다.

이 장에서는 뤼다오 정치범 수용소도 백색테러의 일환으로 보아 후자인 광의의 정의를 채택한다.[63] 이 정의에 준하여 백색테러의 실태를 살펴보면, 백색테러 시기에 군사 법정이 수리한 정치 사건은 2만 9,407건이며, 억울한 누명을 쓴 피해자는 약 14만 명에 달하는데, 20만 명 이상으로 보는 의견도 있다.[64] 사형이 집행된 수는 3천 명을 밑돌지 않을 것으로 여겨지지만,[65] 어느 쪽이든 정설은 없다.

그런데 2017년에 설립된 '이행기정의촉진조례移行期正義促進條例'에 근거해 정부기관으로 이듬해 발족한 이행기정의촉진위원회移行期正義促進委員會가 백색테러 실태의 해명에 나섬으로써 구체적인 수치가 명확해 졌다. 동 위원회는 1998년에 성립된 '계엄시기반란및비첩부당심판사건보상조례戒嚴時期叛乱及び匪諜不当審判案件補償條例' 후술에 근거해 백색테러 희생자가 보상을 신청할 당시의 자료国家人権博物館와 국가발전위원회 당안관리국檔案管理局이 설치했던 공문서관의 공술조서, 내사자료, 판결자료를 활용해 체

---

63   吳叡人, op.cit., p.71.

64   若林正丈·家永真幸 編, 『台湾研究入門』, 東京大学出版会, 2020, p.29.

65   陳文成博士記念基金會, op.cit., 2007, p.17.

제9장 | 타이완의 '백색테러' 시기와 이행기 정의   **475**

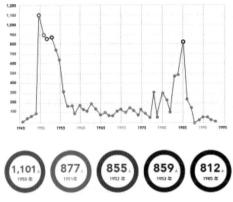

계적으로 조사를 하고 있다.

　이러한 자료는 정치 사건 재판기록으로 한정된 것이기는 하지만, 2021년 2월 26일에 '이행기 정의 데이터베이스'로 공표된 수치가 가장 실상에 근접했다고 할 수 있다. 그것에 의하면, 백색테러로

〈그림 22〉 백색테러 정치사건 발생 수의 연별분포
출처 : 『台湾轉型正義資料庫中之政治案件統計圖表』

인한 정치 사건의 약 반 정도는 1950년대에 발생했다는 것을 알 수 있다. 특히 1950년에 1,101명, 1951년에 877명, 1952년에 855명, 1953년에 859명으로 한국전쟁 시기가 가장 정점이었다는 사실도 확인할 수 있다.

　또한, 정치 사건으로 재판을 받았던 사람 수는 중복을 포함해 1만 3,268명으로 이 가운데 사형이 1,153명, 무기형이 169명, 유기형의 경우 15년 이상이 425명, 10~15년이 1,628명, 5~10년이 1,498명, 5년 미만이 1,021명, 감화감훈 교육이 1,744명이고, 불기소는 348명, 기타가 61명

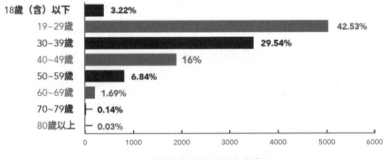

〈그림 23〉 백색테러 정치 수난자의 연령분포
출처 : 『台湾轉型正義資料庫中之政治案件統計圖表』

이다. 군사재판으로 회부된 정치범 가운데 13.12%가 사형에 처해졌다. 연령별로는 19세를 포함한 20대가 3,491명[42.53%], 30대가 1,891명[29.54%]으로 대부분을 차지하고, 18세 이하에서도 381명[3.22%]이 포함되어 있다.[66] 전체의 3.73%는 여성이었다. 정치신조를 표명했다는 이유로 많은 젊은 생명이 부당하게 박탈당했다는 것을 알 수 있다.

특히 극단적인 인권 탄압이 횡행한 것은 1949년부터 1954년까지 협의의 백색테러 시기이다. 정치범을 총살한 다음 날에는 신문에 "중공 스파이 모모가 처형되었다"라는 기사가 실리고 타이베이역 정면 입구와 보안사령부 군법처에 사형 집행 공고가 게시되었다.[67] 운 좋게 사형을 면한 정치범은 징역형으로 복역하게 되는데 이 시기 가장 많은 수난자가 수감되었던 곳이 뤼다오에 설치된 정치범 수용소, 즉 보안사령부 신생훈도처[1951~1965] / 국방부 뤼다오 감훈감옥[1972~1987]이었다.

또한, 백색테러에 의한 정치범과는 별도로 구 타이완경비총사령부의 관할하에는 사상범, 소행 불량자, 아편 중독자, 실업자, 노숙자 등 법률에 벌칙 조항이 없으나 치안에 해를 끼칠 우려가 있다고 여겨지는 이들을 수용해 '생활 지도'와 '직업훈련'을 실시하는 '노동개조캠프' 직업훈련총대가 있었고, 이윽고 뤼다오에도 설치되었다.[68] 당국은 신생훈도처를 장

---

66   促進轉型正義委員會, 『台湾轉型正義資料庫中之政治案件統計圖表』, 2021, https://twtjcdb. tjc.gov.tw/News/Detail/1052.

67   楊威理, op.cit., p.273.

68   天江喜久, 「台湾韓僑のポストコロニアル一任斗旭·台湾韓僑協会理事長を中心に」, 『立命館 アジア·日本研究学術年報』 1号, 立命館アジア·日本研究所, 2020, p.39. 직업훈련총대는 핑린(坪林), 얀완(岩湾), 타이위엔(泰源), 허우리(后里), 뤼다오(綠島), 란위(蘭嶼), 샤오 류추(小琉球) 등에 설치되었다. 陳文成博士記念基金會, op.cit., 2007, p.52.

경영구荘敬營區로, 직업훈련총대를 자강영구自强營區로 나누어 감옥섬으로
서의 뤼다오를 관리했다.

4. 감옥섬·뤼다오의 정치범 수용소

뤼다오의 정치범 수용소 - 신생훈도처

뤼다오는 타이동시臺東市에서 동쪽으로 약 30km 떨어진 태평양 해상
에 위치하고, 면적은 약 16km²로 타이완에서 네 번째로 큰 섬이다. 원래
는 훠쇼다오火燒島로 불리었으며 일본 통치 시대에는 '부랑자 수용소'가
있었던 곳이다.[69] 1949년 뤼다오로 개칭되는데 1950년대에 백색테러가
만연하여 정치범이 급증하는 가운데 '유형의 섬'이었던 뤼다오에 1951
년에 정치범 수용소가 설치되었다.

하지만 국민당 정부가 처음부터 뤼다오에 정치범 수용소를 설치하려
고 했던 것은 아닌 듯하다. 앞서 언급했듯이 보안사령부는 감훈 처분을
내린 정치범의 감화교육을 담당하는 시설로 1950년 2월에 타이베이시
근교에 네이후 국민학교 한쪽에 신생총대를 설치했다. 이 시설을 이듬해
1951년 4월에 뤼다오로 이전하여 신생훈도처가 되었다.[70] 한국전쟁 발
발을 전후로 본격화하는 백색테러에 맞춰 정치범을 집중 수용할 대규모
수용소가 필요해졌을 것으로 보인다. 천샤오잉은 "타이완인에 대한 탄

---

69   國家人權博物館籌備處, 「國家人權博物館籌備處簡介」, 2015.
70   藍博洲, op.cit., p.182.

압, 숙청 계획을 세운 시점에서 미리 정치범 수용소를 건설할 구상이 있었고 타이완인을 대규모로 체포하기 시작하면서 동시에 시공했다"고 기술하고 있다.[71]

1951년 5월 17일 타이완 북부의 지룽항基隆港에서 4,000톤 급의 LST형 선박이 보안사령부 군법처 및 국방부 군인감옥의 정치범 약 700명을 태우고 출항했다. 죄수들은 두 명이 한 수갑에 채워진 채였다. 행선지는 사전에 알려지지 않았지만, 뤼다오라는 것을 항해 중에 소문으로 알게 된 이도 많았다. 이 선박에는 차이쿤린, 수요우핑, 천샤오잉, 황화창 4명도 승선하고 있었다. 4월에는 이미 종첸순이 가오슝에서 해군 수송선으로 뤼다오에 도착해 있었는데 그에 앞서서 타이중 사건1950에 연루된 정치범도 입소해 있었다.[72] 차이쿤린 일행의 입소는 순서로는 세 번째였지만, 5월 17일의 대규모 입소가 뤼다오 신생훈도처의 본격적인 시작이라고 보고 국가인권박물관 기념행사도 이때 하고 있다. 집중 캠프로서의 신생훈도처는 1965년까지 운영되는데, 이곳에 수용되었던 정치범 수는 2,000명에서 3,000명에 달한다고 한다.

뤼다오는 타이완 감옥섬 내부의 실제 감옥섬이었다. 1951년 5월에 뤼다오에 상륙한 정치범은 엄중한 경계 속에 섬 주민들의 부락을 거쳐 신생훈도처에 도착했다. 그곳에는 가건물 슬레이트로 만든 널빤지로 된 막사가 전부였다. 막사 내부는 목제 2층 침대가 놓여 있었고 출입구는 철문이었다. 부지는 철조망으로 둘러싸여 있고 주위에는 아직 담이 없어,

---

71   陳紹英, op.cit., p.262.

72   鍾謙順, op.cit., pp.56~63.

주변 환경은 거의 정비되어 있지 않았다.[73] 정치범은 수용소의 환경 정비를 위하여 맨손으로 중노동을 강요받았다. 보급 물자의 운반도 수용자들의 노동에 의존했다.

신생훈도처는 정치범 수용소이지만 명칭에서도 알 수 있듯이 '사상 개조' 시설이기도 했다. '마르크스·레닌주의의 좌익 사상과 일본으로부터 받은 노예 교육인 군국주의 사상'을 철저히 개조하여 다시 태어난 새로운 인생 = '신생新生'으로 이끈다는 시설로 규정해,[74] 수형자들은 큰 원형의 '신생' 마크가 있는 명찰을 수형복 왼쪽 가슴에 달았다.[75] 이곳에는 커기화처럼 무죄로 사상감화 훈련 처분을 받은 사람도 있거니와 장기 징역형을 언도받은 사람도 보내졌다. 그 외에도 난리다오南日島 전투1952나 한국전쟁에서 붙잡힌 중국군 포로도 격리된 별도의 막사에 수용되어 있었다.[76]

신생훈도처는 군대식으로 관리돼 기상, 점호, 식사, 취침 등 모든 것이 나팔 소리로 명령받는 통일 관제로 이루어졌다.[77] 1개 중대가 약 120명

---

73 陳紹英, op.cit., p.258.

74 黃華昌, op.cit., p.294.

75 柯旗化, op.cit., p.154.

76 한국전쟁에서 중국군 '반공포로' 가운데 중화민국행을 선택한 14,335명이 1954년 1월에 15척의 LST형 선박에 승선해 타이완으로 갔다. 최종적으로 14,342명의 중국군 포로는 반공의사취업보도총대(反共義士就業輔導総隊)로 편성되어 다후(大湖), 샤후(下湖), 양메이(楊梅), 린커우(林口) 4개 지역으로 분산, 수용되어 3개월간 교육을 받았다. 당국은 반공의사취업보도처를 설치해 포로 교육을 실시했고, 포로들은 대부분 중화민국 국군으로 재편성되었다. 박영실, 「타이완행을 선택한 한국전쟁 중공군 포로 연구」, 『아세아연구』 59권 1호, 고려대 아세아문제연구소, 2016.3. 당시 중화민국군으로 편성되지 않았던 포로가 신생훈도처에 수용되었을 수도 있다.

77 黃華昌, op.cit., p.295.

으로 합계 6개 중대가 편성되었다. 앞서 입소한 제1중대를 포함하여 7개 중대로 출발했다. 제1~제4중대가 제1대대, 제5~제7중대가 제2대대로 2개 대대가 편성되었는데, 이윽고 수용자가 증가해 제3대대제9~제12중대까지 편성되었다.

1개 중대는 다시 2개 분대로 구성되고 3개의 반이 1분대로 편성되었다. 분대에는 대위인 분대장과 중위 혹은 소위인 정치 간사가 배속돼 통제하고, 수용자 13~15명으로 구성된 각 반 내에서 반장이 뽑힌다. 중대가 작업이나 취사의 기본 단위가 되었다. 이처럼 운영되는 신생훈도처에 5월 17일에 입소한 차이쿤린, 수요우펑, 천샤오잉, 황화창 4명도 초기에는 환경 정비에 동원되었는데, 생활이 궤도에 오르자 오전 중에는 학과 교육, 오후에는 노동 작업이 매일의 일과가 되었다. 영내의 환경 정비가 어느 정도 일단락된 후에도 해안가의 바위를 깨트려 높은 담장을 자신들이 스스로 쌓아야만 했다.

또한, 1951년 5월에 들어온 본진에는 30여 명의 여성들도 포함되어 있었다. 여성 정치범은 교사와 학생들이 많았다.[78] 이 여성들은 여성 분대로 편재돼 제6중대 소속이었는데 제8중대의 빈 막사를 사용해 남성과는 격리되었다. 여성 분대는 학과 외에 물 긷기나 연극 활동 외에는 외출하지 못했고 남성과의 접촉은 금지되었다.[79] 이 여성 분대는 생산대에도 참가하지 않았기 때문에 부식물은 제6중대가 공급한 것으로 여겨지는데,[80]

78   柯旗化, op.cit., p.141.
79   曹欽榮·林芳微他, 『流麻溝十五號-綠島女生分隊及其他』, 書林出版, 2012, p.410.
80   顔世鴻, op.cit., p.343.

식사 시간이 되면 급식을 여성 분대로 날랐다는 증언도 있다. 여성 분대는 1954년 5월에 전원이 타이베이 교외의 투청土城에 설치된 감화 시설인 생산교육실험소로 이송되었다.

이와 관련하여 제8중대의 막사가 비어 있었던 것은 신생훈도처가 타이완 본도에서 뤼다오로 이송할 정치범의 대기시설로 사용하기 위해서 중대를 남겨 두었기 때문이라고 생각된다. 1951년 4월에 네이후 신생총대가 뤼다오로 이전해 신생훈도처가 설치됐을 때 일부가 타이완 본도에 남아 정치범의 수송 업무를 담당하여, '네이후 집중 캠프'는 정치범을 뤼다오로 보내기 위한 집결장소가 되었다. 일시적으로 대기시설이었던 '네이후 집중 캠프'는 관리통제도 뤼다오의 신생훈도처와 같았듯이 이곳이 바로 신생훈도처 제8중대였던 것이다.[81] 차이쿤린도 신생훈도처가 제3대대로 확대되었음에도 제8중대는 존재하지 않았다고 지적했다.[82]

하지만 뤼다오로 가는 모든 정치범이 '네이후 집중 캠프'를 거쳐간 것은 아니었다. 본진으로 뤼다오로 보내진 차이쿤린은 보안사령부 군법처로부터 판자 칸막이로 된 교실을 감방으로 만든 열악한 시설로 이감된 후 지룽항으로 향했는데, 후에 이곳이 '신생총대'라는 것을 알게 되었다.[83] 한편 천샤오잉과 황화창은 국방부 군인감옥을 나와 근처의 화산華山 화물역으로 가서 지룽항으로 이동했다.[84] 천샤오잉 일행 등 국방부 군인감옥의 정치적 수난자가 지룽항에 도착했을 때 차이쿤린 등 '신생총대'

---

81 Ibid., p.338.

82 蔡焜霖(口述)·蔡秀菊(記錄撰文), op.cit., p.111.

83 Ibid., p.107.

84 陳紹英, op.cit., pp.252~254; 黃華昌, op.cit., p.291.

에서 온 수난자들은 이미 승선해 있었다. 뤼다오 신생훈도처가 생긴 후에도 '네이후 집중 캠프'를 '신생총대'라고 불렀다.[85]

하지만 무죄 감훈 처분을 받아 1952년 1월에 뤼다오로 가기 위해 '네이후 집중 캠프'로 이동한 커기화는 '신생총대'와 혼동되었던 '네이후 집중 캠프'가 신생훈도처 제8중대라고 정확하게 인식하고 있었다.[86] 커기화는 같은 해 4월 상순에 모여진 백수십 명과 함께 가오슝항을 거쳐 뤼다오로 보내졌다. 그리고 커기화는 사상감화 훈련 대상자만으로 편성된 제1중대또 하나는 제2중대에 배치되고 징역형을 선고받은 정치범은 새로 만들어진 제10중대로 편성되었다.[87] 이처럼 네이후 신생총대는 신생훈도처 제8중대로 운영되다가 1952년에는 학교 측에 반환되었다.

신생훈도처는 당초 8중대 규모로 설치되었다가, 예상을 넘는 정치범을 수용하게 되어 규모를 확대해 나갔다고도 볼 수 있다. 그리고 확장된 시설을 활용하기 위해 중국군 포로도 수용함으로써 기능도 확대시켰다.

감옥섬에서 살다-사상개조와 집중수용

뤼다오를 감옥섬이라고 하는 것은 신생훈도처 시설 자체의 경비가 엄중하지 않고 섬 자체와 함께 감옥으로서의 기능을 수행하고 있었다는 것을 의미한다. 야간에는 막사에 자물쇠가 채워졌고 영외 출입은 금지되었지만 주간 노동 작업의 경우 외부 출역도 많아서, 두 개의 정문도 개방

---

85   陳紹英, op.cit., pp.254~255.

86   柯旗化, op.cit., p.147.

87   Ibid., pp.153~154.

되어 있었다. 다만 신생훈도처의 식사는 열악해서 영양을 보충하기 위해 각 부대는 야채를 재배하고 점차 닭이나 거위, 돼지 등도 사육해 자급 생활을 해나갔다. 섬 주민들로부터 생선을 사들이면서 현지 주민과의 접촉도 늘어갔다.

도민들은 감색 제복정치범보다도 녹색 제복부대 병사을 더 두려워했다는 말처럼 정치범이 범죄인이 아니라는 것을 이해하고 있었다. 신생훈도처에는 수요우펑과 같은 다수의 의사도 수감되어 있었는데 군의보다도 이들 의사가 더 신뢰를 받았다. 현지 주민이 신생훈도처에서 수술을 받고 목숨을 구한 경우도 있어서 정치범과 현지 주민과의 신뢰 관계도 점차 돈독해졌다. 이윽고 정치범 의사들은 신생훈도처 부설 의무소에서 모든 진료를 담당하게 되고 내과, 외과, 이비인후과, 산부인과, 안과 등 여러 분야의 의사들이 관리 당국의 군인과 그 가족, 수용되어 있는 정치범 게다가 뤼다오 주민에게도 질 높은 의료 서비스를 제공하게 된다.[88]

신생훈도처에는 의사뿐만 아니라 고학력 엘리트층이나 농민, 공장 노동자 등 각 방면의 인재가 모여 있어 대부분 각각의 대원에게는 적당한 일이 배분되었다.[89] 류마고우流麻溝로 불리는 영내營內에 흐르는 내천에 건설한 저수지도 수용자들이 만들었다. 생산대, 취사대, 기술대, 오락대 등 영내의 운영이나 활동도 수용자들이 담당했다. 차이쿤린에 의하면 현지 주민의 아이들이 와서 공부를 배운 적도 있었다고 한다.

매일의 일과인 정치 학습과 따가운 햇볕 아래서의 노동 작업은 혹독

---

88   國家人權博物館籌備處, op.cit., 2015.
89   陳紹英, op.cit., p.266.

하고 힘들었으며 가족과의 면회도 쉽지 않은 상황이었지만, 수형자로서는 타이완 본도의 군인감옥에 비하면 감옥섬 신생훈도처에서의 생활이 더 나은 면도 있었을 것이다. 본진보다 한발 앞서 뤼다오에 들어온 종첸 숩은 "외딴섬이라 공기가 좋고 환경도 나쁘지 않았다. 죄수들의 숙소도 군법처 구치소나 타이베이 감옥보다 훨씬 마음이 편하다"라고 막 도착했을 때 수용소의 첫인상을 회고하고 있다.[90]

그렇지만 대부분의 정치범은 10년 혹은 그 이상의 형기를 복역하는 장기수이다. 부당하게 체포되어 언제 석방될지도 모르는 외딴 섬에서의 생활은 인권 유린이라고밖에 할 수 없었다. 또한, 대륙 중국과의 분쟁이 일어날 시에는 총살당하는 것은 아닌가라는 중압감도 견뎌내야 했다. 차이쿤린도 이야기하듯 한국전쟁 정세가 국민당에게 불리하게 기울어지면, 신생훈도처의 정치범은 총살당할지 모른다라며 '신생'들은 모두 초조해하지 않을 수 없었다.[91] 초기에는 탈주 사건이 발생해, 산으로 탈주한 도망자 가운데 3명이 총격전이 벌어진 끝에 사살되고, 체포된 한 명도 군법처로 보내져 총살형에 처해지기도 했다.[92] 감옥섬 뤼다오에서 도망칠 곳은 없었다. 또한, 소동을 일으키면 해안가의 토치카콘크리트로 만든 진지에 감금되는 징벌을 받았다.

이렇게 정신적으로 힘든 상태에 내몰린 정치범도 적지 않아 자살자도 발생했다. 이에 대한 대응으로 스트레스 해소를 위해 오락대의 문화

---

90 鍾謙順, op.cit., p.63.
91 蔡焜霖(口述)·蔡秀菊(記錄撰文), op.cit., p.115.
92 鍾謙順, op.cit., p.70.

활동이나 중대별 대항 운동회가 자주 개최되었다. 합창단 결성도 인정되고 악기도 들어오게 되어 악단도 편성되었다. 수요우펑에게 보내온 바이올린은 그것을 모델로 수십 개가 제작되었다.[93] 물론 수용소에서 음악은 생존을 위한 수단이 되고 희망의 메시지도 되었다. 신생훈도처에서 합창단이나 악단이 만들어진 것은, 음악이라고 하는 매체가 폭력과 살인의 '백그라운드 뮤직'이 될 수 있음을 적나라하게 보여준다.[94] 신생훈도처에서는 자살 이외에도 질환이나 자살, 작업 중의 사고로 인해 다수의 사망자가 발생했고 이러한 희생자는 진영 바깥에 있는 산기슭에 조성된 '13중대'라고 불린 신생훈도처 공동묘지에 매장되었다.[95]

또한, 정치적 수난자의 가족들이 신생훈도처의 인권탄압에 대해 당국에 호소할 때마다 해외 언론이나 인권단체에 의한 실태조사도 이루어졌는데, 이때 위와 같은 오락활동은 대외적인 선전용으로 적절하게 기능했다. 당시 신생훈도처에서 기록 사진을 촬영한 천명허陳孟和는 1952년 타이완성공작위원회 학술연구회 사건으로 15년 형을 선고받아 1967년에 석방될 때까지 대부분을 뤼다오에서 보냈다. 천명허는 학과 교육이나 문화 활동, 운동회 등 신생훈도처에서의 생활을 보여주는 자신이 찍은 사진이 연출된 것이고, 대부분의 시간을 할애했던 가혹한 노동개조에 관

---

93   龔昭勳, op.cit., p.180.

94   이경분, 『수용소와 음악－일본의 포로수용소, 트레지엔슈타트, 아우슈비츠의 음악』, 성균관대 출판부, 2021, p.11.

95   2014년에 실시한 신생훈도처 공동묘지 조사에서 55기의 묘가 확인되었다. 다만, 전원이 정치범이 아니고, 그곳에는 신생훈도처 관리를 담당했던 군인 등도 포함된다. 蔡宏明, 「國家人權博物館籌備處綠島人權文化園區新生訓導處公墓(一三中隊) 清査案 報告書」, 國家人權博物館, 2014.

해서는 아무런 기록이 남아있지 않다고 토로했다.[96]

그렇다고 신생훈도처가 사상개조 시설이라고 해서 정치범 수용자들이 마냥 형기 만료를 기다리기만 하면 되는 것은 아니었다. 신생훈도처에서는 관리상 빈번히 지장을 초래하거나 학과 성적이나 생활태도가 나쁜 경우, 수난자를 군인감옥으로 이감시켰다.[97] 1953년 6월 천샤오잉은 60명 가량의 정치범과 함께 불안한 가운데 타이완 본도로 송환되었다. 그중 일부는 군법처로 보내져 20여 명이 총살되었다고 회고하고 있다.[98] 이는 '뤼다오 신생훈도처 재반란'으로 불리는 사건이 조작된 것으로 실제 14명이 사형에 처해졌다. 이 사건은 한국전쟁에서 중국인민지원군의 '반공 포로'를 답습하여, 국민당 정부가 전개한 '일인일사양심애국서명운동一人一事良心愛国署名運動'이 실패한 것에 대한 책임을 정치적 수난자에게 전가하려 한 것에서 비롯되었다.

이 사건으로 차이쿤린과 늘 같이 '노동 개조' 활동을 함께했던 동료 차이핑훙蔡炳紅도 사형에 처해졌다. '양심애국서명운동'이 실패로 끝나자 당국은 신생훈도처 수용소 내부에 대한 조사를 실시했다. 학습 자료를 활용한 '사회주의 자료'와 서로를 격려하는 메모가 발견된 것이 발단이었다. 당시 '신생'들은 난리다오南日島 전투로 포로가 된 중국군 병사로부터 '신중국의 노래'를 배워서 불렀고, 이것은 차이핑훙이 동향인 타이난台南 출신의 여성 분대원에게 건넨 가사 메모로 인해 발각되었다. 당초 한

---

96   陳文成博士記念基金會, 『緑島人權記念園區展示影片 白色見證』, 2003.
97   陳紹英, op.cit., pp.297~298.
98   Ibid., pp.283~285.

사람에게만 사형이 선고되고 차이펑홍도 3년의 감훈처분에 그친 판결안은 장제스의 '엄중하게 재심하라'는 지시에 따라 변경되어, 결국 14명의 젊은 남녀 수난자가 사형되는 비극으로 끝났다.[99]

또한, 별건 사안으로 재판을 받기 위해 본도로 이감되기도 했다. 종첸 순과 함께 신생훈도처로 보내진 랴오시하오廖史豪, 황지난黃紀男은 타이완 본도에서 새로 발각된 조직타이완 민주동맹 사건에 연루돼 군법처로 압송되어 재판을 받고 신뎬 군인감옥에 수감되었다.[100]

천샤오잉도 1961년 10월에 신생훈도처로 돌아올 때까지 신뎬에 새로 설치된 군인감옥에서 복역했다. 이러한 '타이완으로의 송환'과 관련해, 신생훈도처가 표면상으로는 여전히 사상개조를 실시하고 있지만 실제 현실에서는 감옥을 대리하는 집행기관으로 되돌아갔다고 천샤오잉은 지적했다.[101] 1959년 말부터 형기 10년인 대부분의 정치범이 만기를 맞이해 석방되는데,[102] 신생훈도처의 기구를 유지하기 위해서 정치범은 언제라도 뤼다오로 송환될 가능성이 있었다.

그런데 신생훈도처에서 탈주나 소동의 위험성이 줄어들자, 관리 방식도 안정되어 당국은 정치범의 요망에 따라 대우를 개선하고 국민당 기관지 『중앙일보中央日報』도 볼 수 있게 되었다. 천샤오잉이 뤼다오에 다시 돌아왔을 때는 도로가 포장되어 보급 물자도 군용 트럭으로 운반하게 되고 막사도 철근 콘크리트 건물로 개축되었다. 야채나 가축의 자급자족이

---

99 蔡焜霖(口述)·蔡秀菊(記錄撰文), op.cit., pp.131~140.
100 鍾謙順, op.cit., p.71.
101 陳紹英, op.cit., p.298.
102 黃華昌, op.cit., p.332.

가능해져 식량도 풍부해지고 생산대가 산에서 수행하는 생산활동이나 섬 주민들의 촌락으로 물품을 구입하러 갈 때에도 감시병이 붙지 않고, 관리가 대폭적으로 느슨해졌다. 구매부에서 담배나 술도 자유롭게 살 수 있게 되었다.[103] 일반 도서도 비교적 자유로이 반입할 수 있게 되었다.[104] 때때로 불상사도 발생했지만, 정치범과 현지 주민들이 공생하는 유형지가 뤼다오라고 하는 감옥섬이었다.

물론 뤼다오가 감옥섬인 이상, 생활에 어느 정도 여유가 생겼다고 해서 그곳에서 벗어난다는 것은 형기가 만료된 시점이라도 보장되는 것이 아니었다. 복역 중에 국민당이나 장제스, 장징궈를 비판하면 그것이 사실이 아니더라도 밀고된 사람은 가오슝현 외딴섬인 샤오류추小琉球로 보내져 형기가 연장되는 일도 있었다고 천샤오잉은 회고했다.[105] 실제로 본진으로 뤼다오에 들어온 『칭다오동루 3호』의 저자 옌시훙은 형기가 만료되었지만 '사상이 개선되지 않아서'라는 이유로 '감훈교육 연기' 처분을 받아 샤오류추의 직업훈련총대 제3총대로 보내져, 1964년 1월에 타이베이로 돌아왔다. 옌시훙은 타이베이대학 의학부에는 돌아가지 못하고 타이베이의과대학에서 학업을 이어갔다.[106]

또한, 석방 절차에는 공민권을 가진 2명의 보증인이 필요하고 그중 한 사람은 점포를 가진 사람이어야만 했다.[107] 정치범을 백안시하는 분위

103　陳紹英, op.cit., pp.299~300.
104　蔡焜霖(口述), 薛化元・游淑如(記錄撰文), op.cit., p.106.
105　陳紹英, op.cit., pp.300~301.
106　顏世鴻, op.cit., p.343.
107　黃華昌, op.cit., p.333.

기 속에서 점포 보증인을 확보하는 것은 간단한 일이 아니었다. 무엇보다 수난자에게는 장기간 '유폐'된 정치범을 경원하는 사회의 엄혹한 현실이 기다리고 있었다. 정치범은 국민당의 정보와 치안 관계 당국에 의해 감시당했고 공적기관에 취직하는 것도 어려웠으며 사기업에 취직하더라도 관내 경찰의 감시를 받았다.[108] 그래서 사회적으로 고립되고 그 가족도 곤욕을 치르는 것이 일상이었다.

징메이 군법처 구치소와 녹주 산장

천샤오잉이 1961년 타이완 본도의 신뎬 군인감옥에서 뤼다오의 신생훈도처로 다시 되돌아왔을 때 1950년대 초기에 체포된 형기 10년 이하의 정치범은 만기를 맞이했지만 뤼다오에는 여전히 1,000명에 가까운 정치범이 수용되어 있었다.[109] 차이쿤린, 수요우펑, 황화창이 1960년에 출소한 후에도 커기화가 1961년에, 종첸슌이 1962년에 또다시 체포된 것처럼 백색테러는 1960년대에도 맹위를 떨치고 있었다.

하지만 정치범을 무차별적으로 대량 체포하는 데 혈안이 된 '공산주의자 색출'은 시대에 맞지 않게 되고 정치범의 집단적인 수용 기관의 필요성은 저하되어 갔다. 또한, 사상개조를 위한 기관으로서도 1954년에 생산교육실험소가 설치됐기 때문에 사상개조와 집중수용이라고 하는 두 개의 기능을 함께 가지고 있는 신생훈도처의 존재의식도 희박해졌을 것이다. 1965년에 신생훈도처는 폐지되고 정치범은 뤼다오와 바다 건너

---

108 鍾謙順, op.cit., p.180.
109 陳紹英, op.cit., p.301.

마주하는 타이동에 설치된 국방부의 타이동 타이위엔泰源 감훈감옥으로 이감되었다. 이후, 당분간 뤼다오에는 직업훈련총대 제3총대 및 뤼다오 경비 지휘부만 존속했다.

그 사이에 고압적인 국민당 정부의 정치 기반도 안정되고 특무 조직도 정비되었다. 앞서 언급한 바와 같이 1958년에 타이완성 보안사령부는 다른 기관과 통합하여 타이완경비총사령부로 재편되었다. 1967년에는 타이베이의 칭다오동루에 있는 경비총사령부 군법처와 국방부 법무국 등 국방부의 여러 기구가 신뎬의 군법학교 부지로 이전하여 구치소도 설치되었다. 여기가 이른바 징메이 군법처 구치소이다. 정치범을 구속하고 군사재판에 회부해 수많은 젊은이들을 형장으로 보낸 보안사령부 군법처 구치소의 일대는 민간에게 불하되어 현재 그 자리에는 쉐라톤 그랜드 타이베이 호텔이 서 있다.

그런데 1970년 2월에 타이완 독립을 요구하는 타이위엔 감옥의 정치범이 탈주해 산악지대에서 게릴라전을 전개하는 타이위엔 사건이 일어나 당국을 긴장시켰다. 감옥섬의 의의를 재확인한 국방부는 급거 뤼다오의 신생훈도처 터에 높은 담으로 둘러싸인 감옥 건설을 결정해 1972년에 준공했다. 정식 명칭은 국방부 뤼다오 감훈감옥이었지만 일반적으로 '녹주 산장綠洲山莊'으로 불리었고, 타이위엔 감옥 및 그 외 타이완 각지에 산재해 있던 군사 형무소의 정치범을 모두 이곳으로 이감시켰다. '녹주산장'은 신생훈도처와는 다르게 6각형의 중앙대에서 방사형으로 4동의 감방이 전개되는 전형적인 폐쇄식 형무소이다.[110]

이 장에서 거론하는 '녹주 산장'을 경험한 수난자는 커기화와 종첸슌이다. 1961년에 다시 체포된 커기화는 뤼다오에서 신생훈도처가 폐쇄되자 타이위엔 감옥으로 이감되었다. 1972년 4월에 '녹주 산장'으로 보내졌는데, 1973년 10월에 형기가 만료되었지만 석방되지 못하고 예비감찰 기관인 신생감훈대로 보내졌다. 당국은 신생훈도처가 있던 자리에 신생감훈대를 설치하고, '녹주 산장'에서 출소한 정치범은 왼쪽로 가면 석방, 오른쪽으로 가면 신생감훈대에 수감되는 운명이 기다리고 있었다. 오른쪽으로 향하게 됐던 커기화는 1976년 6월에 석방될 때까지 뤼다오에서 지냈다.

종첸순은 두 번째 복역 중에 보안사령부 군법처 구치소나 안컹安坑 군인감옥 일부를 빌려 설치한 안컹분소에 수감되었으나 신설된 징메이 군

〈그림 24〉 구 징메이 군법처 구치소 (저자 촬영)

법처 구치소에는 이발사 출역으로 자주 방문했었다.[111] 1971년에 석방되고 이듬해 세 번째로 체포되어 산장리張犁 조사참사법 행정부 조사국의 출장소으로 이송돼 본격적으로 취조를 받고, 징메이 군법처에서 재판을 받았다. 징역 15년을 언도받은 종첸순은 뤼다오로

110 國家人權博物館籌備處, op.cit., 2015.

111 대부분의 정치범은 군법처에서 판결을 받고 나서도 감옥으로 보내지지 않고 구치소에 남아서 '감옥을 대신한 감금복역'을 집행당했다. 陳文成博士記念基金會, op.cit., 2007, p.50.

이송되어 석방될 때까지 '녹주 산장'에서 복역했다.

이후 1987년에 계엄령이 해제되자, 국방부 경비총사령 부에 소속된 '녹주 산장'에 민 간인을 수용할 수 없게 되었 다. 행정원 법무부는 별도로

〈그림 25〉 구 국방부 뤼다오 감훈감옥 (저자 촬영)

뤼다오 내에 숭덕사법감옥타이완 뤼다오 감옥을 설치하여 당시 약 40여 명의 정치범을 이곳으로 옮겼다. 정치범이 뤼다오를 떠난 후에 경비총사령부 는 뤼다오 감훈감옥에 직업훈련총대 제3총대를 이전하여 감훈 판결을 받은 폭력단원을 수용하게 된다.[112] 이 직업훈련총대는 1991년에 뤼다오 기능훈련소로 변경되어, 1990년대에는 정치범 수용소로서의 뤼다오의 이미지도 변화해 갔다.

5. 이행기 정의의 장벽을 넘어서

1950년대의 백색테러에 의해 타이완 내 반체제 세력이 일소되었다. 이로 인해 1960년대는 민주화운동이 가장 위축되었지만, 해외에서의 타 이완 독립운동과 연대하여 타이완 내에서도 국민당에 대한 저항운동은

---

112 國家人權博物館籌備處, op.cit., 2015.

멈추지 않았고 정치 사건도 빈발했다. 1970년대에 일련의 탄압과 저항, 충돌을 거쳐 정치운동의 전환점이 된 것이 메이리다오美麗島사건1979이다. 이 사건은 해외의 압력도 있어서 법정에서의 변론이 전면 공개되고 신문 상에도 보도되어 일반 민중은 민주화를 요구하는 정치의식을 강화시켜 가고 있었다. 1980년대가 되어 2·28사건이라고 하는 역사적 기억의 터부가 드디어 깨지게 되었다. 특히 1980년대 후반부터 1990년대 전반까지 2·28사건의 진상규명과 민주화운동의 움직임과는 거의 연동되는 형태로 전개되었다.[113]

1987년에 타이완을 38년에 걸쳐 질곡의 시대로 내몰았던 계엄령이 해제되었다. 하지만 백색테러를 초래한 악법은 그대로 온존하고 있었다. 실제, 1988년 1월에 타이완고등법원은 타이완 독립을 주장하는 정치수난자연의회政治受難者聯誼会 차이유취안蔡有全, 쉬차오더許曹德 양 피고인에게 예비내란죄를 적용해 각각 징역 11년, 징역 10년의 실형판결을 언도했다.[114] 1991년 4월 리덩후이李登輝 총통은 중국 공산당을 반란 단체로 간주한 '동원감란시기임시조관'을 폐지하여 내전 상태의 종결을 선언했다. 이것을 받아 입법원은 같은 해 5월에 잇달아 '징치반란조례懲治叛乱条例' 및 '감란시기검숙비첩조례戡乱時期検粛匪諜条例'를 철폐하는 한편, 이듬해인 1992년에는 내란죄에 대해 정한 형법 제100조의 조문을 삭제함으로써 백색테러 시대에 종지부를 찍었다. 이어 오랜 세월에 걸쳐서 '인권의 살

---

113 何義麟, op.cit., pp.193~196.
114 『朝日新聞』, 1988.1.17(朝刊). 동년 8월 제2심 판결에서 각각 7년 4개월, 4년 8개월로 감형되어 1990년에 리덩후이 총통 취임(제8기)에 맞추어 특별사면으로 석방되어 공민권을 회복했다.

인 청부업자'를 담당해 온 타이완경비총사령부도 폐지되었다.[115]

나아가 2·28사건의 진상규명에도 착수하여 그 결과 사건진상규명 조사보고서가 공표되고 희생자의 명예회복이나 해마다 기념 활동도 정착하게 되었다.[116] 1995년에는 '2·28사건 처리 및 보상조례'가, 1998년에는 '계엄시기 반란 및 비첩부당 심리안건 보상조례이하 부당심판조례'가 각각 성립하여 보상과 배상의 길이 열렸다. 이처럼 인권 운동이 활성화됨에 따라, 2·28사건과 관련하여 요구되어 온 사죄, 배상, 진상 공표, 기념비 건립, 기념일 제정 등의 요구는 현재 대부분이 실현되었다. 한편 백색테러에 관해서는 가장 기본적인 진상조사 마저도 지지부진하여 진전되지 못한 채 남아 있었다.[117]

실제 최근까지 정치 문제로서의 주목도는 2·28사건 쪽이 백색테러보다 더 높았다. 앞에서 언급한 마루카와 데쓰시가 지적하듯이 2·28사건에 대해서는 국공내전이 본격화하기 이전의 중화민국 체제 내부의 모순으로서, 대륙의 내전과 분리된 타이완인 고유의 비극으로 묘사하는 것이 용이했다. 따라서 2·28사건 구조가 국민당 정권에게 역사적 책임을 묻는다는 의미에서 타이완 내부의 문제로 다루기 쉬운 측면이 있었다. 반면, 백색테러의 경우는 어찌 됐든 대륙의 공산당과의 관계를 의식할 수밖에 없고, 내부적으로만 '명예회복'에 관한 처리를 하는 것에는 어려운 측면이 내재되어 있다.[118]

---

115 陳文成博士記念基金會, op.cit., 2007, p.154.

116 何義麟, op.cit., p.195.

117 陳文成博士記念基金會, op.cit., 2007, p.148.

118 丸川哲史, op.cit., 2007, pp.27·44.

백색테러에 희생된 많은 사안이 타이완성공작위원회와 관련된 사건인 것처럼, 공산당에 가입한 리더가 지하 조직을 결성하여 국민당 정권의 전복을 도모한 '반란' 사건도 분명히 있었다. 그러나 타이완으로 철수해 온 국민당 정부가 반체제 인사의 정치 운동을 '반란'으로 규정할 수 있는지에 대한 여부는 차치하고 이러한 사건에 다수의 무고한 사람들이 연루되어 초법적인 폭력에 시달렸다. 이러한 압정에 저항한 사람들마저 '반란자'의 낙인을 찍어 '공산주의자 색출'의 대상으로 삼았던 것이다.

제주4·3사건에서 봉기한 500명만이 아니라 섬 전체에서 수만 명의 사람들이 학살된 것처럼, 타이완에서는 백색테러로 인해 900명의 공산당원보다 훨씬 많은 사람들이 처형되거나, 장기형을 언도받았다. 한국에서는 1999년에 제정된 '제주4·3사건 진상규명 및 희생자 명예회복에 관한 특별법'에 대해서, 헌법재판소는 동법률의 의결 취소를 요구하는 청구에 대해서는 기각했지만 파괴활동을 주도한 무장봉기 지휘관이나 중심적 역할을 한 간부에 대해서는 '희생자로 볼 수 없다'라는 판단을 내렸다.[119] '국민'에 어울리는 '희생자'의 선별이 지역민의 균열과 역사의 공백을 초래했던 것이다. 즉 '과거사 청산'이 국가의 정통성을 훼손하지 않는 내셔널리즘 틀 안에서 추진됨으로써 결국 '명예회복'을 우선시하는 한계를 노정시켰다.[120]

타이완의 백색테러와 관련된 '부당심판조례' 제정에 있어서도 그 대

---

119 헌법재판소, 「제주4·3사건진상규명및희생자명예회복에관한특별법의결행위취소」, 2001.9.27.

120 高誠晚, op.cit., pp.80~81.

상으로부터 '반란범'이나 '공비'를 제외하는 8조 2항과 관련해, 군과 공안 기관의 거센 저항과 피해자 단체의 분열로 인해 정부안을 수정할 수 없었다.[121] 이러한 '반란'이라는 속박으로 인해, '2·28사건 처리 및 보상 조례'의 법률 명칭에서 '보상'을 '배상'으로 수정하는 법안이 2007년 3월 8일에 입법원에서 통과되었지만, '부당심판조례'는 '배상'으로 수정되지 않은 채 현재에 이르고 있다.

2016년에 차이잉원蔡英文 정권이 발족하자 '이행기정의촉진조례'2017 등 이행기정의 관련법제가 정비되었다. 이처럼 타이완에서는 이행기 정의가 순탄하게 진행되고 있는 것처럼 보이지만, 실은 결코 그렇지만은 않았다. 한국에서의 과거사 청산 작업이 정치 지형의 변동에 따라 일진일퇴한 것처럼 2·28사건 그리고 백색테러의 실행자인 국민당과의 정치적 타협은 이행기 정의의 정착을 가로막았다. 그러나 이러한 속박도 국가인권박물관이 설립됨에 따라 다소 풀리게 되어 이행기 정의를 정착시킬 수 있는 조건이 마련되었다.

6. 이행기 정의를 촉진하는 국가인권박물관

2018년 5월 17일 두 곳의 공원으로 이루어진 국가인권박물관이 문을 열었다. 당일은 백색테러 뤼다오 기념공원에서, 다음 날은 백색테러

---

121 徐勝, 「台湾「戒厳時期叛乱暨匪諜不當審判案件補償條例」の研究－その成立と改正をめぐって」, 『立命館法学』271·272号, 立命館大学法学会, 2000, p.455.

징메이 기념공원에서 각각 제막식이 거행되었다. 5월 17일은 뤼다오 차이쿤린, 수요우핑, 천샤오잉, 황화창을 포함하는 첫 본진이 뤼다오 신생훈도처에 도착한 날이다. 이렇게 해서 백색테러에 관해 국가가 공식적으로 독재정권 시대의 국가폭력에 의한 수난자를 기억하고 이행기 정의를 촉진하는 활동에 나서게 되었다. 이를 통해 2·28사건과 백색테러를 차별하는 '과거의 극복'의 단절을 어느 정도 해소했다고 할 수 있다. 그런데 백색테러 시기의 부정적인 유산의 보존과 기념화 작업은 국가인권박물관이 문을 열 당시의 약 20여 년 전부터 시작되고 있었다. 그 경과에 관해 되돌아보는 것으로 이 장을 마무리하고자 한다.

2000년에 타이완 역사상 최초로 정권 교체가 실현되자, 인권과 외교를 슬로건으로 내세운 민진당 정권은 '인권외교'를 추구했다. 2001년 12월에 이전까지 국가폭력의 중심부였던 총통부의 1층 갤러리에서 〈인권으로의 길―타이완 민주인권 회고전〉이 개최된 것은 인권 시대로의 돌입을 강하게 인상 지웠다. 그리고 다양한 인권 정책을 추진하게 되는데 그중에는 인권기념관의 설립도 포함되어 있었다. 이렇게 해서 2002년 5월에는 '국가인권기념관' 설치준비실이 만들어지고, 2003년 3월에는 행정원에 의해 설치준비실 조직조례가 입법원에 송부되었다. 그러나 이후 심의가 이루어지지 않아, 12월 4일에는 법적 근거가 부족하다는 이유로 국민당과 신민당이 중심이 되어 준비실 조직조례 폐지를 의결했다.[122]

이러한 가운데에서도 백색테러 시기에 정치범의 인권을 탄압한 현장

---

122 佐藤和美, 「民進党政権の「人権外交」―逆境の中でのソフトパワー外交の試み」, 『日本台湾学会報』 9号, 日本台湾学会, 2007, p.138.

인 뤼다오의 정치범 수용소와 신뎬 군법처 구치소의 건물 터 보존이 차근차근 진행되었다. 1997년에 입법위원 시밍더施明德 등이 옥사가 남아 있는 '녹주 산장'의 보존을 요구하자, 행정원은 기념관을 설립할 계획을 밝혔다. 1999년에는 백색테러 당시의 정치적 수난자 이름이 새겨진 뤼다오 인권기념비가 세워졌다. 그리고 2002년 1월에 규모를 확대해서 뤼다오 인권기념공원이 개원되었다. 교통부 관광국의 주관으로 신생훈도처와 '녹주 산장'의 건물 터가 인권 교육의 현장으로 보존·재건된 것이다. 또한, 2005년 5월 17일에는 뤼다오 인권기념비 앞에서 정치 수난자들과 그 가족이 모인 가운데 인권 음악회가 개최되었다.

신베이시新北市 신뎬구에 위치한 징메이 군법처 구치소의 구역은 1992년 타이완경비총사령부가 폐지된 이후도 국방부의 군사재판소, 검찰청으로 사용되었는데, 2002년 총통부 인권자문위원회가 보존을 결정해 동원감란시기군법심판기념원구動員戡亂時期軍法審判記念園區로 건설하는 것이 정해졌다. 이후 행정원 문화건설위원회가 국방부와 공원 보존사업에 관한 협의를 계속해 2007년에 타이완 인권징메이공원으로 개원했다. 2008년 5월 2번째 정권교체로 국민당 마잉주馬英九 정권이 들어서자 이듬해 행정원 문화건설위원회는 이를 '징메이 문화공원'으로 개칭했는데, 인권 단체가 반발하여 '인권' 두 글자를 다시 넣어 최종적으로 '징메이 인권문화공원'으로 결정했다.[123]

이 두 공원은 각각 개별적으로 관리되었으나 마잉주 정권은 이전 정

---

123 國家人權博物館籌備處, op.cit., 2015.

권에서 미뤄진 국가인권박물관의 설립을 추진해 그 산하에 징메이, 뤼다오 두 곳의 기념공원를 두고 총괄하게 했다. 그리고 2011년에 세계인권기념일인 12월 10일 잠정 조직으로서 국가인권박물관 준비실이 설치되었다. 그러나 국가인권박물관의 설립 근거가 되는 국가인권박물관 조직법이 의결된 것은 또 한 번의 정권 교체를 거쳐 차이잉원 정권 때인 2017년 11월 28일이었다. 국가인권박물관 조직법이 제정됨에 따라 이어서 정리쥔鄭麗君 문화부부장관이 "국가인권박물관의 개관은 '이행기 정의'를 실현하기 위한 일부분에 지나지 않는다"고 언급한 것처럼[124] 이것은 타이완이 추진하는 이행기 정의의 정착을 향한 첫걸음이었다.

이렇게 해서 2018년 5월 국가인권박물관은 백색테러 뤼다오 기념공원과 백색테러 징메이 기념공원을 산하 조직으로 하는 행정원 문화부 직속기관으로서 공식 활동을 시작했다. 같은 해 10월과 12월에는 백색테러 시기에 반란을 일으켰다고 해서 정권전복죄 등 유죄 판결을 받은 정치적 수난자 각각 1,270명과 1,505명의 판결을 취소하는 행사가 징메이에서 열렸다. 한국에서도 제주4·3사건에서 불법으로 군사재판에 넘겨졌던 수형자의 재심 청구가 받아들여져 무죄판결을 받아 낸 것도 2019년의 일이었다.[125]

중국과 타이완 관계에서의 국공내전 체제와 한반도의 분단체제를 내

---

124 「국가인권관이 개막, 다음은 중정기념당中正記念堂의 전환」, 『中央黃播電臺』(Radio Taiwan International), 2017.11.29, https://jp.rti.org.tw/news/view/id/78580.

125 2021년 2월 제주4·3특별법이 전면 개정되었다. 동 개정법에 따라 군법재판으로 인한 수형자 2,350명의 일괄 재심의 길이 열렸다. 또한, 동월에 내란죄 등으로 수형되어 행방불명되었던 335명의 재심청구소송에서도 제주지방법원은 무죄를 선고했다.

포하고 있는 동아시아의 지정학에서 이행기 정의 / 과거사 청산을 추진하고 있는 양국이 서로의 근현대사에 공감하고 정치문화를 공유하는 것은, 제국·해방·냉전·독재가 교착하는 동아시아에서 '과거 극복'의 보편성과 특수성을 해명하는 작업으로 이어질 것이다. 피해 양상은 다양하지만 그 속에 내재하는 국가주의의 본질을 간파함으로써 경계를 넘어 국가폭력에 이의를 제기하고, 트랜스내셔널로 전개되는 기억과 화해의 비전을 제시할 수 있다. 무엇보다 타이완과 한국은 세계적으로 '이행기 패러다임의 종언'이라고 일컬어지는 가운데 독자적인 이행기 정의 / 과거사 청산의 성과를 거두고 있다.

제국주의와 식민지, 전쟁과 내전, 독재와 억압이라고 하는 국가폭력의 사슬에 휩쓸려 들어간 동아시아의 '기억과 화해'의 정치는 글로벌한 근현대사와 지역적 국제정치의 어떠한 세력에 의해 움직여지고 있는 것일까. 이러한 과제에 대처하기 위해서도, 타이완에서 백색테러 체제의 확립은 동아시아에서의 냉전체제 확립의 일환으로 정위定位되어야만 하며, 이러한 시선으로 파악함으로써 비로소 아직도 사라지지 않는 동아시아의 냉전체제의 극복을 전망할 수 있는 역사서술의 가능성이 열릴 것이다.[126]

그리고 동아시아의 냉전 구조에 의해 규정된 타이완과 한국이 '과거 극복'의 정치문화를 공유할 수 있는 관계의 가능성을 모색하려면, 그것은 '고립무원의 섬'으로서 타이완이 걸어온 '인권으로의 길'을 되돌아보는 것으로부터 시작될 것이다.

---

126 丸川哲史, op.cit., 2003, pp.137~138.

후기를 갈음하며

이 책은『'반일'과 '혐한의 동시대사－내셔널리즘의 경계를 넘어서「反日」と「嫌韓」の同時代史－ナショナリズムの境界を越えて』(벤세이출판勉誠出版, 2016)를 간행한 후에 6년에 걸쳐서 발표한 논문을 가필·수정·재구성한 것이다. 이 책을 집필하기 위해서 새로 쓴 서장 이외의 각 장의 초출은 다음과 같다.

제1장「森崎和江の〈原罪を葬る旅〉－植民者二世がたどるアジア·女性·交流の歴史모리사키 가즈에의 '원죄를 묻기 위한 여행'－식민자 2세가 걷는 아시아·여성·교류의 역사」,『同時代史研究』第11号, 2018.

제2장「在韓日本人女性の戦後－引き揚ずと帰国のはざま재한일본인 여성의 전후－인양과 귀국의 틈새」, 今西一·飯塚一幸 編,『帝国日本の移動と動員』, 大阪大学出版会, 2018.
「在韓日本女性の「遅れてきた"引揚げ"」－戦後日本における帰国政策の誕生재한일본 여성의 '늦어진 '인양'－전후 일본의 귀국정책 탄생」, 蘭信三·松田利彦·李洪章·原祐介·坂部晶子·八尾祥平 編,『帝国のはざまを生きる－交錯する国境, 人の移動, アイデンティティ』, みずき書林, 2022.

제3장「被害と加害を再編する結節点としての「戦後五〇年」－国境を越えてゆく戦後補償の運動と言説피해와 가해를 재편하는 결절점으로서의 '전후 50년'－국경을 넘어서는 전후보상운동과 담론」, 蘭信三·石原俊·一之瀬俊也·佐藤文香·西村明·野上

元・福間良明,『シリーズ戦争と社会 4 言説・表現の磁場』, 岩波書店, 2022.

第4장 「「想起の空間」としての「慰安婦」少女象'상기의 공간'으로서의 '위안부' 소녀상」, 浜井祐三子 編,『想起と忘却のかたち―記憶のメディア文化研究』, 三元社, 2017.

第5장 「韓国映画の「植民地もの」における脱ナショナリズムの隘路―『軍艦島』の「親日派」表象をめぐって한국영화의 '식민지영화'에 있어 탈내셔널리즘의 애로―〈군함도〉의 '친일파' 표상을 둘러싸고」,『国際広報メディア・観光学ジャーナル』26号, 北海道大学院国際広報メディア・観光学院, 2018.

第6장 「「海軍のまち」をつなぐ近代化遺産のストーリー―大和ミュージアムが表象する「戦艦大和」物語해군의 고장'을 잇는 근대화유산의 스토리―야마토 뮤지엄이 표상하는 '전함 야마토' 서사」,『跨境 日本語文学研究』10号, 東アジアと同時代日本語文学フォーラム・高麗大学校日本研究センター, 2020.

第7장 「「祖国志向」再考―韓民統運動と四・三運動から考える'조국지향' 재고―한민통 운동과 4・3운동에서 생각한다」,『在日総合誌 抗路』9号, 抗路舎, 2022.

第8장 「韓国軍のベトナム戦時民間人虐殺を裁く―市民平和法廷の挑戦한국군의 베트남전쟁 민간인학살을 재판한다―시민평화법정의 도전」,『世界』910号, 岩波書店, 2018.7.

제9장 「타이완의 '백색 테러' 시기와 이행기 정의-뤼다오 신생훈도처를 중심으로」, 『동방학지』 195호, 연세대 국학연구원, 2021.

한편 제5장의 글은 홋카이도대학北海道大學 대학원 미디어·커뮤니케이션연구원 부속 동아시아미디어연구센터의 하가 메구미芳賀惠 학술연구원과의 공저논문이다. 논문의 복안을 비롯해서 문제의식과 분석의 기본 골격 설정 및 고찰 등 대부분을 저자가 담당했으나, 한국영화에 정통한 하가 학술연구원이 없었으면 이 기획은 시작하지 못했을 것이다. 이 책에 게재하는 것을 허락해주신 점에 대해서 감사의 말씀을 드린다.

제2차 세계대전 이후 한일 양국 간에 발생한 경계 변동과 사람의 이동, 문화의 공유, 역사·영토 문제에 대해서 '월경越境'을 주제어로 고찰한 한일관계론이 이 책 이전에 간행한 저서이다. 이에 이어서 이 책도 '경계를 넘는 것'에 대한 문제의식은 일관되어 있으나, 두 책 사이에는 대상에 접근하는 시점을 확장한 두 가지 전기轉機가 있다. 하나는 '탈제국'의 개념이 명확해졌다는 점이다. '포스트제국'에 관한 논의의 계보에 대해서는 서장에서 언급했지만, 저자가 이런 논의와 어떻게 관계해왔는지에 대해서 언급하겠다.

'탈제국'이라는 개념에 접하게 된 계기는 2007년에 연세대학교 백영서 선생님 등이 주최하는 서남재단 순회포럼 〈제국의 교차로에서 탈제국을 꿈꾸다〉의 첫 번째 개최지인 오키나와 대회에 참가한 것이었다. 이 포럼은 그 후 베트남, 타이완으로 옮겨가며 개최되었다. 여기서 말하는 '탈제국'은 동아시아에서 제국으로 군림한 중국, 일본, 미국의 제국주의 헤게모니로부터의 탈각을 의미하며, 그 사이에서 주체성 구축을 방해 받아 온 세 지역을 한국 연구자가 방문해서 논의하는 기획이었다. 이 포럼의 기록은『제국의 교차로에서 탈제국을 꿈꾸다－남쪽에서 본 동북아시아』최원식(崔元植) 외편, 창비, 2008로 한국에서 간행되었다. 그 후, '탈제국'의 개념을 다듬어서 발전시킨 천꽝싱陳光興의『탈제국脫帝國』이 일본에서 출판되었다. 천꽝싱 선생님과는 Cultural Studies학회 연례 대회〈Cultural Typhoon〉등의 자리에서 교류할 기회를 얻었다.

그 후, 저자는 앞의 포럼 개최지를 뒤쫓아가듯이 베트남과 타이완을 방문했다. 다만 제국주의 헤게모니라는 구조를 중요시하는 포럼과는 달리, 저자의 발걸음은 베트남전쟁 당시 한국군의 민간인학살, 타이완에서의 백색테러로 인한 상처의 현장으로 향했다. 그곳에는 저자 자신이 제주4·3사건의 피해자 유족으로서 리쓰메이칸대학 서승 선생님이 중심적인 역할을 한 국제심포지엄〈동아시아의 냉전과 국가 테러리즘〉동아시아에서의 인권과 평화의 주제를 쫓고 싶은 마음도 작동했을 것이다. 대학원생 시기에 이러한 일련의 국제심포지엄에 참가하지는 않았으나, 서승 선생님과는 교류를 이어오고 있다.

그러나 '탈제국'에 대한 논의를 이론적인 레벨에서 구체적 사례로 끌어올리기 위해서는 모리사키 가즈에森崎和江를 통해서 '경계'가 '연대'로 확장되는 또 하나의 전기가 필요했다. 모리사키 가즈에에 대해서는 먼저 낸 저서에서도 언급했는데, 그 후, 본격적으로 이 문제에 임하게 되었다.『가라유키상からゆきさん』의 저자가 조선에서 태어난 식민자 2세로서『경주는 어머니가 부르는 소리－식민지 조선에서 성장한 한 일본인의 수기

慶州は母の呼び声』를 펴낸 사실을 이 책을 한국어로 번역하는 작업을 하고 있던 현재 아토미학원여자대학跡見學園女子大學의 마쓰이 리에松井理恵 선생님을 통해서 알게 되었으며, 이후 모리사키 가즈에에게 몰두하게 되었다. 여기서 발견한 '월경하는 연대의 사상'은 저자의 문제의식과 관심사에 있어서 '경계를 넘다'에서 '연대하는 사상'으로 중심축이 이동했음을 함축한다.

2018년에는 한림대학교 일본학연구소서정완 소장이 수행하는 연구프로젝트 "포스트제국의 문화권력과 동아시아"의 전문가초청간담회에 초청되어 강사를 맡았다. 이 책에 게재된 2편의 논문도 한림대 일본학연구소 편, 『문화권력—제국과 포스트제국의 연속과 비연속』소화, 2019 등, 연구소가 수행하는 프로젝트 관련 총서에 수록되었다. 2021년에는 〈동아시아와 동시대 일본어문학포럼〉제8회에 후지노 요헤이藤野陽平, 이미숙, 홍윤신세 명의 연구자와 함께 〈월경하는 「과거의 극복」—오키나와·대만·제주·광주에서 바라보는 '포스트제국' 운동과 담론〉이라고 제목의 패널·세션을 짜서 참가했다. 또한, 한국의 '식민과 냉전연구회'이신철 회장의 〈연속기획학술회의 II '경계'를 식민주의의 연속과 냉전체제—홋카이도·오키나와·대만·제주도·사할린〉에서도 '포스트제국'을 주제로 보고할 기회를 얻었고, 소중한 조언을 받았다.

'포스트제국'을 향한 연구와 실천을 쌓아온 분들과의 교류가 '연대'에 대한 문제의식을 연마하는 데 커다란 자극이 되었다. 이 자리를 빌려 감사의 말씀을 올린다.

이 책에 게재된 글을 집필할 때도 많은 분의 도움을 받았다. 타이완의

차이쿤린蔡焜霖 씨, 궁자오쉰龔昭勳 씨 및 타이베이시 고령정치수난자관회
협회台北市高齡政治受難者關懷協會 여러분, 한베평화재단의 구수정具秀征 상임이
사, '평화의 소녀상'을 제작한 김운성·김서경 부부, 경주 나자레원의 송
미호 원장님, 목포 공생원의 정애라鄭愛羅 원장님, 보도사진가인 구와바라
시세이桑原史成 씨, 작가인 후지사키 야스오藤崎康夫 씨, 사진작가인 김기삼
씨, 고베학생청년센터神戸学生青年センター의 히다 유이치飛田雄一 이사장, '일
본의 전후책임을 확실하게 하는 모임日本の戦後責任をハッキリさせる会'의 우스
키 게이코臼杵敬子 씨, '관부재판을 지원하는 모임関釜裁判を支援する会'의 하나
후사 도시오花房俊雄·하나후사 에미코花房恵美子 부부, 전후보상戦後補償재판
에 관여해 온 야마모토 세이타山本晴太 변호사 등, 많은 분의 도움이 있어
서 이 책의 연구를 수행할 수 있었다.

　재한일본인 여성의 귀국자인 에노모토 미치요榎本三千代 씨가 2021년
10월에 세상을 떠났다. 삼가 명복을 빈다. 장남 부부댁을 방문함에 있어
에노모토 씨가 다닌 재일대한기독교在日大韓基督教 오사카교회大阪教會의 정
연원 목사님, 오사카제일교회大阪第一教會의 송남현 목사님의 도움으로 생
전에 관한 이야기를 들을 수 있었다. 타이완이나 구레, 에다지마에서 조
사를 할 수 있었던 것도 홋카이도대학대학원 미디어·커뮤니케이션연구
센터의 후지노 요헤이 선생님, 와타나베 고헤이渡辺浩平 선생님 덕이다. 이
책의 교정을 도와준 동 대학 대학원 부속 동아시아미디어연구센터 학술
연구원인 시모고오 사키下郷沙季 씨와 하가 메구미芳賀惠 씨에게도 감사의
마음을 전하고 싶다.

　마지막으로, 이 책을 출판함에 있어 세이도샤青土社의 시노하라 잇페

508　'포스트제국'의 동아시아

이篠原一平 씨께서 각별한 노력을 해주셨다. 『현대사상現代思想』의 특집을 비롯해서 동아시아의 탈식민지화, 탈냉전화, 탈제국화에 관련되는 저작을 많이 출판한 세이도사에서 이 책이 간행되는 것을 기쁘게 생각한다. 이러한 출판인에 의한 실천도 '포스트제국'의 연대로 평가하고 싶다.

2022년 3월 28일
현무암

참고문헌

일본어 문헌

アーロン・S・モーア, 塚原東吾 監訳, 『「大東亜」を建設する－帝国日本の技術とイデオロギー』, 人文書院, 2019.

藍谷邦雄, 「戦後補償裁判の現状と課題」, 『季刊戦争責任研究』10, 日本の戦争責任資料センター, 1995.

赤尾覚, 「韓国再訪－三十七年ぶり旧友と奇遇」, 『季刊望郷－北朝鮮引揚者がつづる終戦史』10号, 望郷出版, 1983.

赤澤史朗, 「戦後日本の戦争責任論の動向」, 『立命館法学』274, 立命館大学法学会, 2000.

東浩紀, 『動物化するポストモダン－オタクから見た日本社会』, 講談社現代新書, 2001.

天江喜久, 「台湾韓僑のポストコロニアル－任斗旭・台湾韓僑協会理事長を中心に」, 『立命館アジア・日本研究学術年報』1号, 立命館アジア・日本研究所, 2020.

アライダ・アスマン, 磯崎康太郎 訳, 『記憶のなかの歴史－個人的経験から公的演出へ』, 松籟社, 2011.

＿＿＿＿, 安川晴基 訳, 「トラウマ的な過去と付き合うための四つのモデル」, 『思想』1096, 岩波書店, 2015.8.

アレクサンダー・C・ディナー / ジョシュア・ヘーガン, 川久保文紀 譯, 『境界から世界を見る－ボーダレススタディーズ入門』, 岩波書店, 2015.

栗津賢太, 「集合的記憶のポリティックス－沖縄におけるアジア太平洋戦争の戦没者記念施設を中心に」, 『国立歴史民俗博物館研究報告』126集, 国立歴史民俗博物館, 2006.

安宇植, 「小林勝と朝鮮」, 日本アジア・アフリカ作家会議 編, 『戦後文学とアジア』, 毎日出版社, 1978.

アンリ・ルソー, 剣持久木・末次圭介・南祐三 訳, 『過去と向き合う 現代の記憶についての試論』, 吉田書店, 2020.

石川奈津子, 『海峡を渡った妻たち－ナザレ園・芙蓉会・故郷の家の人びと』, 同時代社, 2001.

石田雄, 『記憶と忘却の政治学－同化政策・戦争責任・集合的記憶』, 明石書店, 2000.

磯貝治良, 『戦後日本文学のなかの朝鮮韓国』, 大和書房, 1992.

板垣竜太・鄭智泳・岩崎稔, 「〈東アジアの記憶の場〉を探求して」, 板垣竜太・鄭智泳・岩崎稔 編, 『東アジアの記憶の場』, 河出書房新社, 2011.

一ノ瀬俊也, 「戦艦大和 戦後作られた最強神話」, 『文藝春秋』92(11), 文藝春秋, 2014.

＿＿＿＿＿,『戦艦大和講義ー私たちにとって太平洋戦争とは何か』,人文書院, 2015.

五木寛之,『風に吹かれて』,角川文庫, 1970a.

＿＿＿＿,『にっぽん漂流』,文藝春秋社, 1970b.

＿＿＿＿,『深夜の自画像』,創樹社, 1974.

＿＿＿＿,『運命の足音』,幻冬舎文庫, 2002.

井出孫六,『中国残留邦人ー置き去られた六十余年』,岩波新書, 2008.

伊藤正子,『戦争記憶の政治学ー韓国軍によるベトナム人戦時虐殺問題と和解への道』,平凡社,
　　　2013.

伊東祐吏,『丸山眞男の敗北』,講談社選書メチエ, 2016

李美淑,『「日韓連帯運動」の時代ー1970~80年代のトランスナショナルな公共圏とメディア』,東
　　　京大学出版会, 2019.

＿＿＿＿,「一九七〇年代から八〇年代の「日韓連帯運動」から考える「連帯」のあり方」,玄武岩・金敬
　　　黙編,『新たな時代の〈日韓連帯〉市民運動』,寿郎社, 2021.

岩崎稔,「ヤン・アスマンの≪文化的記憶≫1」,『未来』,未来社, 1998.5.

上杉和央,「連続と断絶の都市像ーもう一つの「平和」都市・呉」,福間良明・山口誠・吉村和真 編,『複
　　　数の「ヒロシマ」ー記憶の戦後史とメディアの力学』,青弓社, 2012.

上野千鶴子,『ナショナリズムとジェンダー』,青土社, 1998.

＿＿＿＿＿,『〈おんな〉の思想ー私たちは,あなたを忘れない』,集英社インターナショナル, 2013.

内田聖子,『森崎和江』,言視舎, 2015.

内海愛子・大沼保昭・田中宏・加藤陽子,『戦後責任ーアジアのまなざしに応えて』,岩波書店, 2014.

江藤淳,『江藤淳著作集6 政治・歴史・文化』,講談社, 1967.

エドワード・E・W・サイード,大橋洋一訳,『文化と帝国主義1』,みすず書房, 1998.

江宮隆之,『朝鮮を愛し,朝鮮に愛された日本人』,祥伝社新書, 2013.

大熊信行,「日本民族について」,『世界』217,岩波書店, 1964.1

大塚英志,『定本 物語消費論』,角川書店, 2001.

大畑凜,「流民のアジア体験と「ふるさと」という「幻想」ー森崎和江『からゆきさん』からみえるも
　　　の」,『女性学研究』25号,大阪府立大学女性学研究センター, 2018.

岡真里,『思考のフロンティア 記憶・物語』,岩波書店, 2000.

岡本愛彦,「なぜ,日本の旗がたたないの?ー天皇への直訴と在韓日本人妻」,『潮』172号,潮出版社,
　　　1973.10.

奥田博子『原爆の記憶ーヒロシマ/ナガサキの思想』慶應義塾大学出版会, 2010.

小田実 編,『アジアを考えるーアジア人会議の全記録』,潮新書, 1976.

重田園江, 『隔たりと政治ー統治と連帯の思想』, 青土社, 2018.

郭基煥, 『差別と抵抗の現象学ー在日朝鮮人の〈経験〉を基点に』, 新泉社, 2006.

梶山季之, 「ソウルよ わが魂」, 『太陽』, 平凡社, 1965.3.

_____, 「瞼の裏を横切っていく〈京城〉」, 『サンデー毎日』, 毎日新聞出版, 1971.1.17.

綛谷智雄, 「在韓日本人妻の生活世界ーエスニシティの変化と維持」, 『日本植民地研究』 10号, 日本植民地研究会, 1998.

上坂冬子, 『慶州ナザレ園ー忘れられた日本人妻たち』, 中央公論社, 1982.

川端浩平, 「ルーツと越境の現在ーグローバル都市ソウルで生活する在日コリアンの語りから」, 山泰幸 編, 『在日コリアンの離散と生の諸相 : 表象とアイデンティティの間隙を縫って』, 明石書店, 2017.

川村湊, 「解説 梶山季之「朝鮮小説」の世界」, 川村湊 編, 『李朝残影ー梶山季之朝鮮小説集』, インパクト出版社, 2002.

韓国教会史文献研究院編, 鄭晉錫監修, 『朝鮮総督府及所属官署職員録 第16巻 1925』, ゆまに書房, 2009.

姜尚中, 「「在日」の現在と未来の間」, 『季刊三千里』 42号, 三千里社, 1985.

_____, 「方法としての「在日」ー梁泰昊氏の反論に答える」, 『季刊三千里』 44号, 三千里社, 1985.

_____, 「丸山真男と国民の心象地理」, 『空間・社会・地理思想』 4号, 大阪市立大学地理学教室, 1999.

_____, 『反ナショナリズムー帝国の妄想と国家の暴力に抗して』, 教育史料出版会, 2003.

_____, 『在日』, 講談社, 2004.

カン・ジェスク, イ・ダム(絵), ヤン・ユハ / 都築寿美枝 譯, 『終わらない冬ー日本軍'慰安婦'被害者のはなし』, 日本機関紙出版センター, 2015.

姜信子, 「〈解説〉果てしなく血を流し生まれかわり産みなおし書きつづける、旅」, 森崎和江, 『森崎和江コレクション 精神史の旅1 産土』, 藤原書店, 2008.

菊池一隆, 「一九五〇年代の台湾「白色テロ」の実態と特色ー外省人, 本省人に対する弾圧とその狙い」, 『愛知学院大学論叢』 49号, 愛知学院大学文学会, 2019.

北出明, 『釜山港物語ー在韓日本人妻を支えた崔秉大の八十年』, 社会評論社, 2009.

木原滋哉, 「対抗的公共圏の構想と実践ー『サークル村』から大正闘争へ」, 『呉工業高等専門学校研究報告』 68号, 呉工業高等専門学校, 2006.

金應烈, 「在韓日本人妻の貧困と生活」, 『社会老年学』 17号, 東京都老人総合研究所, 1983.

金石範, 「私は見た、四・三虐殺の遺骸たちを」, 済州島四・三事件を考える会・東京 編, 『済州島四・三事件 記憶と真実ー資料集ー済州島四・三事件六〇年を越えて』, 新幹社, 2010.

金泰永, 『アイデンティティ・ポリティクスを超えて』, 社会思想社, 1999.

金賢娥, 安田敏朗 訳,『戦争の記憶 記憶の戦争ー韓国人のベトナム戦争』, 三元社, 2009.

金富子,『継続する植民地主義とジェンダーー「国民」概念・女性の身体・記憶と責任』, 世織書房, 2011.

＿＿＿, 板垣竜太, 日本軍「慰安婦」問題webサイト制作委員会 編,『Q&A朝鮮人「慰安婦」と植民地支配責任ーあなたの疑問に答えます』, 御茶の水書房, 2015.

金英達,「日本の朝鮮統治下における『通婚』と『混血』ーいわゆる「内鮮結婚」の法則・統計・政策について」,『関西大学人権問題研究所紀要』39号, 関西大学人権問題研究所, 1999.

金英琪, 李浩培 訳,『炎よ, わたしをつつめーある韓国青年労働者の生と死』, たいまつ社, 1978.

キャロル・ブラック, 梅崎秀 訳,「記憶の作用ー世界の中の「慰安婦」, 小森陽一ほか 編,『岩波講座 近代日本の文化史 8 感情・記憶・戦争ー1935~55年2』, 岩波書店, 2002.

龔昭勲,『死亡行軍ー従神童到火燒島叛亂犯 蘇友鵬醫師的一生』, 前衛出版社, 2018.

許介鱗, 門田康宏 訳,「帝国主義による植民地支配」,『植民地文化研究』18号, 植民地文化学会, 2019.

栗原俊雄,『戦後補償裁判ー民間人たちの終わらない「戦争」』, NHK出版新書, 2016.

グレアム・ターナー, 松田憲次郎訳,『フィルム・スタディーズー社会的実践としての映画』, 水声社, 2012.

桑原史成,『水俣・韓国・ベトナム』, 晩聲社, 1982.

柯旗化,『台湾監獄島ー繁栄の裏に隠された素顔』, イーストプレス, 2005.

黃華昌,『台湾・少年航空兵ー大空と白色テロの青春記』, 社会評論社, 2005.

高誠晩,『〈犠牲者〉のポリティクスー済州4・3 / 沖縄 / 台湾2・28 歴史清算をめぐる苦悩』, 京都大学出版会 , 2017.

呉叡人, 駒込武訳,『台湾, あるいは孤立無援の島の思想：民主主義とナショナリズムのディレンマを越えて』, みすず書房, 2021.

後藤文利,『韓国の桜』, 梓書院, 2007.

小林孝行,「戦後の在韓日本婦人についての基礎的研究」,『福岡教育大学紀要』第36号, 福岡教育大学, 1986.

小林勝,「フォード・一九二七年」,『小林勝作品集 第1巻』, 白川書院, 1975.

＿＿＿,「私の「朝鮮」ーあとがきに代えて」,『小林勝作品集 第4巻』, 白川書院, 1976a.

＿＿＿,「蹄の割れたもの」,『小林勝作品集 第4巻』, 白川書院, 1976b.

駒込武,『植民地帝国日本の文化統合』, 岩波書店, 1996.

＿＿＿,『世界史のなかの台湾植民地支配ー台南長老教中学校からの視座』, 岩波書店, 2015.

駒尺喜美,『雑民の魂ー五木寛之をどう読むか』, 講談社, 1977.

小山毅,「在韓日本人妻の息衝く叫び」,『現代の目』13(10), 現代評論社, 1972.10.

斎藤純一,『政治と複数性』, 岩波書店, 2008.

齋藤義朗,「軍港呉と進水式－昭和前期の臨時イベント」, 河西英通 編,『軍港都市研究 III 呉編』, 清文堂出版, 2014.

酒井直樹,『ひきこもり国民主義』, 岩波書店, 2017.

_____・米谷匡史,「〈帝国〉批判の視座」,『情況』第2期8(10), 情況出版, 1997.12.

咲本和子,「「皇民化」政策期の在朝日本人－京城女子師範学校を中心に」,『国際関係学研究』25号, 津田塾大学, 1998.

佐々木雅治,「「戦艦」大和」の呉から届ける「海軍さんの麦酒」」,『生物工学会誌』89(5), 日本生物工学会, 2011.

佐藤泉,「共同体の再想像－谷川雁の『村』」,『日本文学』56巻11号, 日本文学協会, 2007.

_____,「からゆきさんたちと安重根たち－森崎和江のアジア主義」,『越境広場』創刊号, 越境広場刊行委員会, 2015.3.

佐藤和美,「民進党政権の「人権外交」－逆境の中でのソフトパワー外交の試み」,『日本台湾学会報』9号, 日本台湾学会, 2007.

沢井理恵,『母の「京城」・私のソウル』, 草風館, 1996.

清水靖久,『丸山真男と戦後民主主義』, 北海道大学出版会, 2019.

鍾謙順, 黄昭堂編訳,『台湾難友に祈る－ある政治犯の叫び』, 日中出版 , 1987.

ジョン・W・ダワー, 三浦陽一 監訳,『戦争の文化－パールハーバー・広島・九・一一・イラク』, 岩波書店, 2021.

_____/ガバン・マコーマック, 明田川融・吉永ふさこ訳,『転換期の日本へ－「パックス・アメリカーナ」か「パックス・アジア」か』, NHK出版新書, 2014.

ジョン・モリッシーほか, 上杉和央 監訳,『近現代の空間を読み解く』, 古今書院, 2017.

ジョン・ボドナー, 野村達郎ほか 訳,『鎮魂と祝祭のアメリカ－歴史の記憶と愛国主義』, 青木書店, 1997.

杉浦清文,「(旧)植民地で生まれ育った植民者－ジーン・リースと森崎和江」,『立命館言語文化研究』24巻4号, 立命館大学国際言語文化研究所, 2013.

杉田敦,『境界線の政治学』, 岩波書店, 2005.

鈴木裕子,「内鮮結婚」, 大日方純夫 編,『日本家族史論集13 民族・戦争と家族』, 吉川弘文館, 2003.

須藤遙子,「「萌え」と「映え」による自衛隊広報の変容」, 蘭信三ほか編,『社会のなかの軍隊 / 軍隊という社会』, 岩波書店, 2022.

薛化元,「二二八事件をめぐる「正義と和解の追求」－名誉回復運動の歴史的考察(一九八七年-一九九七年)」, 財団法人二二八事件紀念基金会著, 陳儀深・薛化元編,『二二八事件の真相と移

行期正義』, 風媒社, 2021.

ゼバスティアン・コンラート, 小田原琳 訳, 『グローバル・ヒストリー－批判的歴史叙述のために』, 岩波書店, 2021.

徐京植, 『半難民の位置から－戦後責任論争と在日朝鮮人』, 影書房, 2002.

徐勝, 「台湾「戒厳時期叛乱暨匪諜不当審判案件補償條例」の研究－その成立と改正をめぐって」, 『立命館法学』 271・272号, 立命館大学法学会, 2000.

徐勝 編, 『東アジアの冷戦と国家テロリズム－米日中心の地域秩序の廃絶をめざして』, 御茶の水書房, 2004.

孫歌・白永瑞・陳光興 編, 『ポスト〈東アジア〉』, 作品社, 2006.

宋斗会・青柳敦子, 『一葉便り－宋斗会＝青柳敦子 往復書簡集』, 早風館, 1987.

_____, 『満州国遺民－ある在日朝鮮人の呟き』, 風媒社, 2003.

高崎宗司, 『植民地朝鮮の日本人』, 岩波新書, 2002.

高橋哲哉, 『戦後責任論』, 講談社, 1999.

高橋香織, 「軍港都市・呉の戦後史－旧軍港都市転換法と自衛隊誘致と中心に」, 『北陸史学』 67号, 北陸史学会, 2018.

竹内好, 「アジア主義の展望」, 竹内好 編, 『現代日本思想体系 9 アジア主義』, 筑摩書房, 1963.

嶽本新奈, 『「からゆきさん」－海外〈出稼ぎ〉女性の近代』, 共栄書房, 2015.

田村志津枝, 『非情城市の人びと－台湾と日本のうた』, 晶文社, 1992.

済州四・三事件真相究明及び犠牲者名誉回復委員会, 済州大学校在日済州人センター 譯, 『済州四・三事件真相調査報告書』(日本語版), 済州四・三平和財団, 2014.

張赫宙, 「(本紙特約・第2報)故国の山河」, 『毎日情報』 6(11), 1951.11.

_____, 「異国の妻」, 『警察文化』, 1952.07.

_____, 「釜山港の青い花」, 『面白倶楽部』, 1952.09.

趙基銀, 「韓国民主化運動への参加に見る在日朝鮮人のアイデンティティー民団系在日朝鮮人を中心に」, 『言語・地域文化研究』 17号, 東京外国語大学大学院, 2011.

趙博, 「「在日論」の現在－極私的運動体験から」, 『現代語学塾 塾報 글방 グルパン』 40, 現代語学塾, 2009.

鄭栄垣, 『忘却のための「和解」－『帝国慰安婦』と日本の責任』, 世織書房, 2016.

鄭栄鎭, 『在日朝鮮人アイデンティティの変容と揺らぎ－「民族」の想像 / 創造』, 法律文化社, 2018.

陳儀深, 「より多くの真相を、より多くの移行期正義を」, 財団法人二二八事件紀念基金会 著, 陳儀深・薛化元 編, 『二二八事件の真相と移行期正義』, 風媒社, 2021.

陳光興, 『脱帝国－方法としてのアジア』, 以文社, 2011.

陳紹英, 『外来政権圧制下の生と死－一九五〇年代台湾白色テロ、一受難者の手記』, 秀英書房, 2003.

陳文成博士記念基金會, 『人権への道－レポート・戦後台湾の人権』(日本語版), 陳文成博士記念基金會, 2007.

塚田修一, 「文化ナショナリズムとしての戦艦「大和」言説－大和・ヤマト・やまと」, 『三田社会学』第18号, 三田社会学会, 2013.

筒井一伸, 「「海軍」・「海上自衛隊」と舞鶴の地域ブランド戦略」, 板根嘉弘 編, 『軍港都市史研究Ⅰ 舞鶴編』, 清文堂, 2010.

テッサ・モーリス＝鈴木, 「偽りのアイデンティティへの権利－あるポスト・コロニアルの権利」, 栗原彬・小森陽一・佐藤学・吉見俊哉 編, 『越境する知 6 知の植民地－越境する』, 東京大学出版会, 2001.

直野章子, 「戦争被害受忍論と戦後補償制度」, 『広島平和研究所ブックレット』5, 広島市立大学広島平和研究所, 2018.

長崎在日朝鮮人の人権を守る会, 『長崎在日朝鮮人被爆者実態調査報告書 第4集 原爆と朝鮮人－飯島の呻き声』, 発掘『端島資料』が問いかけるもの, 1986.

長沼石根, 「(研究会)から「運動体」へ－在韓日本人棄民同胞救援会(サークル歴訪)」, 『朝日アジアレビュー』, 1972.9.

中根隆行, 『〈朝鮮〉表象の文化誌－近代日本と他者をめぐる知の植民地化』, 新曜社, 2004.

中村福治, 『金石範と「火山島」－済州島四・三事件と在日朝鮮人文学』, 同時代社, 2001.

何義麟, 『台湾現代史－二・二八事件をめぐる歴史の再記憶』, 平凡社, 2014.

西岡力, 「「慰安婦問題」とは何だったのか」, 『文藝春秋』70(4), 文藝春秋, 1992.04.

西川長夫, 『国民国家論の射程－あるいは〈国民〉という怪物について』, 柏書房, 1998.

＿＿＿＿, 『植民地主義の時代を生きて』, 平凡社, 2013.

沼崎一郎, 「台湾における日本語の日本文化／日本人論－「ポストインペリアル」な読解の試み」, 桑山敬己 編, 『日本はどのように語られたか：海外の文化人類学的・民俗学的日本研究』, 昭和堂, 2016.

＿＿＿＿, 『人類学者, 台湾映画を観る－魏德聖三部作『海角七号』・『セデック・バレ』・『KANO』の考察』, 風響社ブックレット, 2019.

野家啓一, 「記憶と歴史4 証言者の死」, 『へるめす』, 岩波書店, 1995.11.

野崎充彦, 「記憶の作法：現代韓国映画の地平」, 『韓国朝鮮の文化と社会』第14号, 韓国・朝鮮文化研究会, 2015.

野村浩也, 「日本人という植民者」, 野村浩也 編, 『植民者へ－ポストコロニアリズムという挑戦』, 松籟社, 2007.

朴一,『〈在日〉という生き方－差異と平等のジレンマ』, 講談社, 1999.

朴裕河,『帝国の慰安婦：植民地支配と記憶の闘い』, 朝日新聞出版, 2014.

旗田巍『朝鮮と日本人』, 勁草書房, 1983.

花房俊雄・花房恵美子,『関釜裁判がめざしたもの－韓国のおばあさんたちに寄り添って』, 白澤社,
　　　 2021.

林博史,「戦後50年をどうとらえるか－戦争責任の視点から」,『教育』45(3), 教育 / 教育科学研究
　　　 会, 1995

林房雄,『大東亜戦争肯定論』, 番町書房, 1964.

林美和,「軍港都市呉における海軍受容」,『年報日本現代史』17号,「年報日本現代史」編集委員会,
　　　 2012.

＿＿＿,「呉市における戦後復興と旧港湾都市転換法」, 河西英通 編,『軍港都市史研究III 呉篇』, 清文
　　　 堂, 2014.

＿＿＿,「戦艦大和表象がもたらしたもの－大和ミュージアムにみる博物館コンセプトの変容」,
　　　 『日本史研究』第629号, 日本史研究会, 2015.

早瀬晋三,『すれ違う歴史認識－戦争で歪められた歴史を糺す試み』, 人文書院, 2022.

原佑介,「朝鮮植民者二世作家小林勝と「内なる懐かしさ」への抵抗」,『コリア研究』創刊号, 立命館大
　　　 学コリア研究センター, 2010.

＿＿＿,「「引揚者」文学から世界植民者文学へ－小林勝、アルベール・カミュ、植民地喪失」,『立命館
　　　 言語文化研究』24巻4号, 立命館大学国際言語文化研究所, 2013.

＿＿＿,「「引揚少年」としての西川長夫と韓国」,『立命館言語文化研究』27巻1号, 立命館大学国際言語
　　　 文化研究所, 2015.

ハルモニの絵画展実行委員会編集, 日野詢城, 都築勤,『ハルモニの絵画展－1万5000の出会い』, 梨
　　　 の木舎, 1999.

ハンナ・アーレント, 大島通義・大島かおり 訳,『全体主義の起原2 帝国主義』, みすず書房, 1972.

ピエール・ノラ, 谷川稔 訳,「歴史と記憶のはざまで」,『記憶の場 1 対立－フランス国民意識の文
　　　 化＝社会史』, 岩波書店, 2002.

東アジア文史哲ネットワーク 編,『〈小林よしのり『台湾論』〉を超えて－台湾への新しい視座』, 作
　　　 品社, 2001.

飛田雄一,『極私的エッセイ－コロナと向き合いながら』, 社会評論社, 2021.

「表現の不自由展かんさい」の報告書編集委員会,『「表現の不自由かんさい」の報告書』, ハンマウ
　　　 ム出版, 2022.

玄武岩,「日韓関係の形成期における釜山収容所 / 大村収容所の『境界の政治』」,『同時代の研究』7号,

同時代史学会, 2014.

_____, 『「反日」と「嫌韓」の同時代史ーナショナリズムの境界を越えて』, 勉誠出版, 2016.

_____, 「被害者的優越意識から脱して「日韓連帯」のバージョンアップを」, 玄武岩・金敬黙 編, 『新たな時代の〈日韓連帯〉市民運動』, 寿郎社, 2021.

平井由紀恵, 「映画『青燕』をめぐるポストコロニアル状況ー現代韓国の大衆文化と「記憶」の表象」, 斉藤日出治・高増明 編, 『アジアのメディア文化と社会変容』, ナカニシヤ書店, 2008.

平田照世, 「在韓日本婦人会の立場よりみた日本婦人の状況」, 『親和』 123号, 日韓親和会, 1964.

広瀬玲子, 「植民地支配とジェンダー : 朝鮮における女性植民者」, 『ジェンダー史学』 10号, ジェンダー史学会, 2014.

深沢潮, 『海を抱いて月に眠る』, 文藝春秋, 2018.

藤崎康夫, 「在韓日本人の現状」, 『展望』 116号, 筑摩書房, 1968.8.

_____, 『棄民ー日朝のゆがめられた歴史のなかで』, サイマル出版会, 1972.

フランツ・ファノン, 海老坂武・加藤晴久 訳, 『黒い皮膚・白い仮面』, みすず書房, 1970.

古川美佳, 『韓国の民衆芸術ー抵抗の美学と思想』, 岩波書店, 2018.

白永瑞, 趙慶喜 監訳, 『共生への道と核心現場ー実践課題としての東アジア』, 法政大学出版局, 2016.

法務研修所編, 『在日朝鮮人処遇の推移と現状』, 湖北社, 1975.

ポール・ドゥ・ゲイほか, 暮沢剛巳 訳, 『実践カルチュラル・スタディーズーソニー・ウォークマンの戦略』, 大修館書店, 2000.

堀内純子, 絵・岩崎淑子, 『ソウルは快晴』, けやき書房, 1985.

ホール・スチュアート, 「誰がアイデンティティを必要とするのか?」, ホール・スチュアート/ゲイ・ポール 編, 宇波彰 監訳, 『カルチュラル・アイデンティティの諸問題ー誰がアイデンティティを必要とするのか?』, 大村書店, 2001.

ホワイト・ヘイドン, 岩崎稔 監訳, 『メタヒストリーー九世紀ヨーロッパにおける歴史的想像力』, 作品社, 2017.

本庄十喜, 「日本社会の戦後補償運動と「加害者認識」の形成過程ー広島における朝鮮人被爆者の「掘り起し」活動を中心に」, 『歴史評論』 761, 歴史科学協議会, 2013.

本田靖春, 『私のなかの朝鮮人』, 文春文庫, 1984.

増田肇, 『人びとのなかの冷戦世界ー想像が現実となるとき』, 岩波書店, 2021.

松田康博, 『台湾における一党独裁の成立』, 慶應義塾大学出版会, 2006.

松田素二, 「過去の傷はいかにして癒されるかー被害を物語る力の可能性」, 棚瀬孝雄 編, 『市民社会と責任』, 有斐閣, 2007.

丸川哲史, 「1940年代後半への視座(覚書)ー「冷戦」＝白色テロが台湾の文化構造にもたらした潜在

　　　　　　的意味」,『アジア遊学』48号, 勉誠出版, 2003.

　　　　　　『台湾における脱植民地化と祖国化』, 明石書店, 2007.

マルティネス・マティアス / シェッフェル・ミヒャエル, 林捷・末長豊・生野芳徳訳,『物語の森
　　　　　へ－物語理論入門』, 法政大学出版局, 2006.

丸山眞男,『丸山眞男 第八巻』, 岩波書店, 1996.

　　　　　　『現代政治の思想と行動』(新装版), 未来社, 2006.

三尾裕子,「台湾と旧南洋群島におけるポストコロニアルな歴史人類学の可能性－重層する外来政
　　　　　権のもとでの脱植民地化と歴史認識」,『帝国日本の記憶－台湾・旧南洋群島における外来
　　　　　政権の重層化と脱植民地化』, 慶應義塾大学出版会, 2016.

三木理史,『移住型植民地樺太の形成』, 塙書房, 2012.

水溜真由美,『『サークル村』と森崎和江－交流と連帯のヴィジョン』, ナカニシヤ出版, 2013.

南守夫,「日本における戦争博物館の復活①」,『戦争責任研究』第65号, 日本の戦争責任資料センタ
　　　　　ー, 2009.

　　　　　「「科学・技術」の名による戦争博物館(下)－大和ミュージアムを中心に」,『戦争責任研究』
　　　　　第73号, 日本の戦争責任資料センター, 2011.

文京洙『済州島四・三事件－「島のくに」の死と再生の物語』, 平凡社, 2008.

モーア・アーロン・S, 塚原東吾 監訳,『『大東亜』を建設する－帝国日本の技術とイデオロギ』, 人文
　　　　　書院, 2019.

本橋成一,「七人の引揚げ者－在韓日本人の二十七年」,『母の友』233号, 福音館書店, 1972.10.

森有礼,「ヤマトは二度死ぬ－プロパガンダ映画としての宇宙戦艦ヤマトシリーズの変遷」,『国際
　　　　　英語学部紀要』第14号, 中京大学国際英語学部, 2011.

森崎和江,『第三の性－はるかなるエロス』, 三一書房, 1965.

　　　　　「編集後記」,『アジア女性交流史研究』5号, アジア女性交流史研究会, 1969.

　　　　　「民衆における異集団との接触の思想－沖縄・日本・朝鮮の出逢い」, 谷川健一 編,『叢書
　　　　　わが沖縄第6巻, 日本の思想』, 木耳社, 1970a.

　　　　　「編集後記」,『アジア女性交流史研究』6号, アジア女性交流史研究会, 1970b.

　　　　　『戦いとエロス』, 三一書房, 1970c.

　　　　　『ははのくにとの幻想婚』, 現代思潮社, 1970d.

　　　　　『異族の原基』, 大和書房, 1971.

　　　　　『からゆきさん』, 朝日新聞社, 1976.

　　　　　『ふるさと幻想』, 大和書房, 1977.

　　　　　「竹内先生とのおわかれ」,『日本読書新聞』, 1977.3.21.

＿＿＿＿,『慶州は母の呼び声－わが原郷』, 新潮社, 1984.

＿＿＿＿,『いのちへの旅－韓国・沖縄・宗像』, 岩波書店, 2004.

＿＿＿＿,『森崎和江コレクション 精神史の旅1 産土』, 藤原書店, 2008.

＿＿＿＿,『森崎和江コレクション 精神史の旅3 海峡』, 藤原書店, 2009a.

＿＿＿＿,『森崎和江コレクション 精神史の旅5 回帰』, 藤原書店, 2009b.

＿＿＿＿,「精神史の旅－明日へと生きる」,『環』, 藤原書店, 2009 Summer号.

＿＿＿＿・上野英信・金原左門,「もうひとつの移民論：移民史への視角」,『歴史公論』(第二次)5巻1号, 雄山閣出版, 1978.

＿＿＿＿・中島岳志,『日本断層論－社会の矛盾を生きるために』, NHK出版新書, 2011.

森田芳夫,『朝鮮終戦の記録－米ソ両軍の進駐と日本人の引揚』, 巖南堂, 1964.

安川晴基,「「記憶」と「歴史」－集合的記憶における一つのトポス」,『芸文研究』94号, 慶應義塾大学芸文学会, 2008.

安田常雄,「戦時から戦後へ－ひとつの〈境界〉論の試み」, 安田常雄 編,『シリーズ戦後日本社会の歴史4 社会の境界を生きる人びと－戦後日本の縁』, 岩波書店, 2013.

矢野秀樹,「朝鮮人強制連行・強制労働問題 その課題と展望」, 田中宏・中山武敏・有光健他 編,『未解決・戦後補償問われる日本の過去と未来』, 創史社, 2012.

山口透,『次代の指標海軍文化』, 高文堂出版社, 1996.

山崎朋子,「編集後記」,『アジア女性交流史研究』2号, アジア女性交流史研究会, 1968.

＿＿＿＿,『サンダカン八番娼館－底辺女性史序章』, 筑摩書房, 1972.

＿＿＿＿・上笙一郎 編, アジア女性交流史研究会,『アジア女性交流史研究 全18号 1967.11~1977.02』港の人, 2004.

山下英愛,『ナショナリズムの狭間から－「慰安婦」問題へのもう一つの視座』, 明石書店, 2008.

山本晴太,「関釜裁判の経過と判決」,『季刊戦争責任研究』第21号, 日本の戦争責任資料センター, 1998.

＿＿＿＿,「日韓の戦後処理の全体像と問題点」,『法と民主主義』537, 日本民主法律家協会, 2019.

山本理佳,『「近代化遺産」にみる国家と地域の関係性』, 古今書院, 2012.

＿＿＿＿,「大和ミュージアム設立を契機とする呉市周辺の観光変化」,『国立歴史民俗博物館研究報告』第193集, 国立歴史民俗博物館, 2015.

山本かほり,「ある『在韓日本人妻』の生活史－日本と韓国の狭間で」,『女性学評論』8号, 神戸女学院大学, 1998.

梁泰昊,『부산プサン港に帰れない－「国際化」の中の在日韓国・朝鮮人』, 創生社, 1984

＿＿＿＿,「事実としての「在日」: 姜尚中氏への疑問」,『季刊三千里』, 43号, 三千里社, 1985.

_____,「共存・共生・共感：姜尚中氏への疑問(II)」,『季刊三千里』, 45号, 三千里社, 1986.

ヤン・アスマン, 高橋慎也・山中奈緒,「文化的記憶」(訳者解題),『思想』no.1103, 岩波書店, 2016.3.

尹健次,「植民地日本人の精神構造ー「帝国意識」とは何か」,『思想』778号, 岩波書店, 1989.4.

_____,「脱近代＝脱植民地主義の問題設定」,『現代思想』2001年7月臨時増刊号, 青土社, 2001.7.

_____,『「在日」の精神史1ー渡日・解放・分断の記憶』, 岩波書店, 2015.

_____,『「在日」の精神史2ー三つの国家のあざまで』, 岩波書店, 2015.

_____,『「在日」の精神史3ーイデンティティの揺らぎ』, 岩波書店, 2015.

楊威理,『ある台湾知識人の悲劇ー中国と日本のはざまで 葉盛吉伝』, 岩波書店, 1993.

吉田満,『戦艦大和ノ最期』, 講談社文芸文庫, 1994.

吉田裕,『日本人の戦争観ー戦後史のなかの変容』, 岩波現代文庫, 2005.

吉見義明,『従軍慰安婦』, 岩波書店, 1995.

米谷匡史,「丸山真男と戦後日本ー戦後民主主義の〈始まり〉をめぐって」, 情況出版編集部 編,『丸山
真男を読む』, 情況出版, 1997.

ヨネヤマ・リサ,「記憶の未来化について」, 小森陽一・高橋哲哉,『ナショナルヒストリーを超え
て』, 東京大学出版会, 1998.

_____, 水溜真由美 訳,「「ポスト冷戦」と日本の「人道に対する罪」のアメリカ化」,『現代思想』,
青土社, 2002.7.

_____, 小沢弘明・小田島勝浩・小澤祥子訳,『広島ー記憶のポリティックス』, 岩波書店, 2005.

藍博洲, 間ふさ子・塩森由岐子・妹尾加代訳,『幌馬車の歌』, 草風館, 2006.

リサーチ・アクション 編, 西野美・金富子・小野沢あかね責任編集,『「慰安婦」バッシングを越え
てー「河野談話」と日本の責任』, 大月書店, 2013.

李春喜,「物語理論と翻訳」,『外国語学部紀要』第7号, 関西大学外国語学部, 2012.

レオ・チン, 菅野敦志 訳,『ビカミングへ〈ジャパニーズ〉ー植民地台湾におけるアイデンティテ
ィ形成のポリティクス』, 勁草書房, 2017.

_____, 倉橋耕平監訳,『反日ー東アジアにおける感情の政治』, 人文書院, 2021.

若林正丈,『台湾の政治ー中華民国台湾化の戦後史』, 東京大学出版会, 2008.

_____・家永真幸 編,『台湾研究入門』, 東京大学出版会, 2020.

渡辺浩平,『吉田満 戦艦大和学徒兵の五十六年』, 白水社, 2018.

和田春樹,「韓国の民衆をみつめること 歴史のなかからの「反省」」, 青地晨・和田春樹 編,『日韓連帯
の思想と行動』, 現代評論社, 1977.

한국어 문헌

강성률, 「일제 강점기 배경 영화의 탈식민주의적 독해-파농으로 〈마이웨이〉와 〈암살〉 분석」,
『씨네포럼』 제22호, 동국대 영상미디어센터, 2015.12.

국방부전사편찬위원회, 『파월한국군전사』(전11권), 국방부전사편찬위원회, 1985.

권숙인, 「식민지 조선의 일본인-피식민 조선인과의 만남과 식민의식의 형성」, 『사회와역사』
80호, 한국사회사학회, 2008.12.

권은선, 「〈청연〉-'신여성' 재현에서의 민족주의와 페미니즘의 경합」, 『영상예술연구』 11호, 영
상예술학회, 2007.11.

김경렬, 『기항지』, 청우출판사, 1958.

김민환, 「동아시아의 평화기념공원 형성과정 비교연구-오키나와, 타이페이, 제주의 사례를 중
심으로」, 서울대 박사논문, 2012.2.

김웅렬, 「재한일본인 처의 생활사」, 『한국학연구』 8호, 고려대 한국학연구소, 1996.

김지영, 「정념과 근대-영화 〈기담〉의 식민지 시대 재현방식 연구」, 『한국문학이론과 비평』 54
호, 한국문학이론과비평학회, 2012.3.

김창후, 『4·3으로 만나는 자이니치』, 진인진, 2017.

박강배, 「[동향]타이완 사람들의 기억과 기념-대만2·28기념관」, 『민주주의와 인권』 5권 2호,
전남대 5.18연구소, 2005.10.

박명진, 「식민지의 기억, 또는 낯선 독법(讀法)들에 대하여」, 『황해문화』 59(여름호), 새얼문화
재단, 2008.6.

박영실, 「타이완행을 선택한 한국전쟁 중공군 포로 연구」, 『아세아연구』 59권 1호, 고려대 아세
아문제연구소, 2016.3.

박유하, 『제국의 위안부』, 뿌리와이파리, 2015.

서지영, 「식민지 도시 공간과 친밀성의 상품화」, 『페미니즘 연구』 11권 1호, 한국여성연구소,
2011.4.

신호, 「식민지 향수의 역설-「나쓰카시이 조선」 담론을 통한 "식민자 의식"의 부정」, 『한일민족
문제연 구』 30호, 한일민족문제학회, 2016.6.

안태호 외, 「[토론회]소녀상의 예술학-'평화의 소녀상'을 둘러싼 정치·사회·예술적 의미」,
『문화+서울』, 서울문화재단, 2016.4.

양조훈, 『4·3 그 진실을 찾아서』, 선인, 2015.

오성숙, 「재조일본여성 '조센코' 연구-쓰다 세쓰코, 『녹기』 그리고 청화여숙」, 『일본언어문화』
27호, 한국일본언어문화학회, 2014.4.

이경분, 『수용소와 음악-일본의 포로수용소, 트레지엔슈타트, 아우슈비츠의 음악』, 성균관대

출판부, 2021.

이수열, 「재조일본인 2세의 식민지 경험－식민 2세 출신 작가를 중심으로」, 『한국민족문화』 50호, 한국민족문화연구소, 2014.0.

이승환, 「'식민지 근대'의 영화적 재현을 통한 한국 사회의 인식－〈청연〉과 〈기담〉을 중심으로」, 『영화연구』 41호, 한국영화학회, 2009.9.

이영진, 「'공포의 문화'에서 벗어나기－타이완 현대사와 기억의 장소」, 『아시아리뷰』 20, 서울대 아시아연구소, 2020.12

정나이웨이, 「타이완 2·28사건의 재조명 과정」, 『4·3과 역사』 18, 제주4·3연구소, 2018.12.

정영권, 「탈냉전시대 영화 〈역도산〉이 말하지 않은 것들－'세계인'의 균열과 트랜스／내셔널리즘」, 『영화연구』 72호, 한국영화학회, 2017.6.

정창훈·정수완, 「식민지시기 배경 영화들의 상품미학 이데올로기 비판－〈암살〉, 〈밀정〉, 〈아가씨〉를 중심으로」, 『인문콘텐츠』 제45호, 인문콘텐츠학회, 2017.6.

조기은, 「민단계 재일조선인의 한국민주화운동－민단민주화운동세력과 김대중의 '연대'를 중심으로」, 『한국학연구』 75집, 고려대 한국학연구소, 2020.12.

_____, 「한민통의 한국민주화운동－1970~80년대 활동을 중심으로」, 『동방학지』 194호, 연세대 국학연구원, 2021.3.

주윤탁, 「영화사회학 연구 서설」, 『영화교육연구』 Vol.2, 한국영화교육학회, 2000.

한림대 일본학연구소 편, 『문화권력－제국과 포스트제국의 연속과 비연속』, 小花, 2019.

한지은, 「타이완에서 장소를 둘러싼 정체성과 기억의 정치」, 『문화역사지리』 26권 2호, 한국문화역사지리학회, 2014.8.

현무암, 「'중국잔류 일본인'을 둘러싼 포섭과 저항－'본국 귀국자'라는 다중적 아이덴티티의 가능성」, 『일본연구』 8호, 서울대 일본연구소, 2013.2

영어／중국어문헌

Kevin Michael Smith, "Vicarious Politics : Violence and the Colonial Period in Contemporary South Korean Film", *Japan Focus* Vol.15 No3, 2017.

Tessa Morris-Suzuki, "Un-remembering the Massacre : HowJapan's "History Wars" are Challenging Research IntegrityDomestically and Abroad", *Geographic Journals of InternationalAffairs*, October 25, 2021. https://gjia.georgetown.edu/2021/10/25/un-remembering-the-massacre-how-japans-history-wars-are-challenging-research-integrity-domestically-and-abroad.

顔世鴻, 『青島東路三號－我的百年之憶及台灣的荒謬年代』, 啟動文化, 2012.

曹欽榮·林芳微他,『流麻溝十五號－綠島女生分隊及其他』, 書林出版, 2012.

促進轉型正義委員會,『台灣轉型正義資料庫中之政治案件統計圖表』, 2021.

陳文成博士記念基金會,『綠島人權記念園區展示影片 白色見證』, 2003.

國家人權博物館籌備處,『國家人權博物館籌備處簡介』, 2015.

_____,『醫人治世－白色恐怖醫師群像』, 2017.

蔡焜霖(口述), 薛化元·游淑如(記錄撰文),『逆風行走的人生－蔡焜霖的口述生命史』, 玉山社, 2017.

_____(口述), 蔡秀菊(記錄撰文),『我們只能歌唱－蔡焜霖的生命故事』, 玉山社, 2019.

寮宏明,「國家人權博物館籌備處綠島人權文化園區 新生訓導處公墓(一三中隊) 清查案 報告書」,
　　　國家人權博物館, 2014.

신문/잡지 자료

『朝日新聞』

『朝日ジャーナル』

『産経新聞』

『The Asahi Shimbun Globe』

『東京新聞』

『日本読書新聞』

『日本経済新聞』

『毎日新聞』

『読売新聞』

『경향신문』

『노컷뉴스』

『동아일보』

『데일리안』

『오마이뉴스』

『조선일보』

『중앙일보』

『한겨레』

『한겨레21』

『한국경제신문』

인터넷자료

베트남전 한국군 민간인학살 시민평화법정 : 네이버 블로그 https://blog.naver.com/tribunal4peace.

피스보트 홈페이지 : https://peaceboat.org/about.html.

〈한·일 양국 외무부장관 공동기자 발표〉, 2015.12.28. 외무성 홈페이지 참조. http://www.mofa.go.jp/mofaj/a_o/na/kr/page4_001664.html.

「植民と冷戦研究会」ホームページの学会紹介を参照. https://accskr.wordpress.com

関釜裁判を支援する会「映画『허스토리』(ハーストーリー)の製作者に抗議する！」, 2018.09.14. http://kanpusaiban.bit.ph/PDF/20181002ja.pdf.

外務省,「平成31年度行政事業レビューシート」, 2019, https://www.mofa.go.jp/mofaj/ms/fa/page22_003249.html

厚生労働省,「中国残留邦人の状況」, 2020.07.31. 現在, https://www.mhlw.go.jp/stf/seisakunitsuite/bunya/bunya/engo/seido02/kojitoukei.html

高森直史,「町おこしになった海軍グルメ」『Ocean Newsletter』, 454号, 2019. 〈https://www.spf.org/opri/newsletter/454_3.html〉.

戸高一成,「戦艦大和と武蔵は,日本人の「魂」と「技術力」の結晶だった！」,『WEB歴史街道』, 2015.07.08. 〈https://shuchi.php.co.jp/rekishikaido/detail/2406?〉.

「海軍さんのコーヒーについて」,『広島・呉でコーヒー屋!!にいやんのブログ』, 2013.01.19. 〈https://ameblo.jp/subarucoffee/entry-11452490129.html〉.

後藤文昭,「旧軍港市日本遺産活用推進協議会フォーラム連携事業の深化へ歴史物語の再構築など課題」,『旬間旅行新聞』, 2018.12.07. 配信. https://www.ryoko-net.co.jp/?p=46373

사료

海上自衛隊第一術科学校,「自衛艦旗制定の由来」

アジア局北東アジア 課,「在外邦人保護謝金について(在韓困窮邦人引揚問題関係資料)」, 1972.1.7, 外務省外交史料館所蔵,『在外困窮邦人(引揚等諸問題)』

外務省,「わが外交の近況」, 1970~1977年版.

外務省外交資料館所蔵,『在韓困窮邦人(引揚等諸問題)』(2014~6035).

外務省領事移住部長より厚生省社会部長あて,「元日本人と正式婚姻した生活保護を要する韓国籍夫の入国について」, 1971.12.3, 外務省外交史料館所蔵,『在外困窮邦人』.

外務大臣より在大韓民国大使あて,「家族ぐるみ入国」, 1971.11.9, 外務省外交史料館所蔵,『在外困窮邦人』.

外務大臣より在外公館長あて, 「身元引受人のいない困窮帰国希望者の東京都受入れについて」, 1971.5.7, 外務省外交資料館所蔵, 『在外困窮邦人』.

外務大臣官房領事移住部長より労働省職業安定局長あて, 「元日本人と正式婚姻した韓国籍夫及び成年に達した韓国籍の男子の入国について」, 1972.1.21, 外務省外交史料館所蔵『在外困窮邦人』.

外務大臣官房領事移住部長より法務省入国管理局長あて, 「在韓困窮邦人の家族ぐるみの帰国について」, 1971.9.11, 外務省外交資料館所蔵, 『在外困窮邦人』.

外務省管理局引揚課, 「在朝鮮日本婦女子引揚に関する件」, 1951.3.1, 外務省外交史料館所蔵, 『引揚関係 第1巻』.

外務省管理局引揚課, 「在朝鮮日本婦人引揚に関する件・経緯」, 1951.5.11, 外務省外交資料館所蔵, 『引揚関係 第1巻』.

韓国引揚者同胞親睦会, 『会報』, 第3号, 1971.11.

援護局, 「在韓日本人の引揚手続きについて」, 1972.8.10, 外務省外交史料館所蔵, 『在外困窮邦人』.

厚生省, 『続々・引揚援護の記録』, 1963.

厚生省援護局長より外務大臣官房領事移住部長あて, 「引揚者収容施設の増設について」, 1971.9.28, 外務省外交資料館所蔵, 『在外困窮邦人』.

日本赤十字社, 『日本赤十字社社史稿 第7巻(昭和31年–昭和40年)』, 1986.

法務省入国管理局長より外務大臣官房領事移住部長あて, 「在韓困窮邦人の家族ぐるみの帰国について(回答)」, 1971.12.21, 外務省外交史料館所蔵, 『在外困窮邦人』

法務省入国管理局長より外務大臣官房領事移住部長あて, 「在韓困窮邦人の家族ぐるみの帰国について」, 1972.4.11, 外務省外交史料館所蔵, 『在外困窮邦人』

作成者不明, 「鮮籍元日本婦人の入国及び就籍の問題について」, 外務省外交資料館所蔵, 『太平洋戦争終結による在外邦人保護引揚関係 韓国残留者の引揚関係 第1巻』, (K-7-1-0-15) / 韓国国家記録院所蔵 引揚援護庁援護局長より各都道府県知事あて, 「引揚者等の取扱に関する出入国管理庁と引揚援護庁との業務協定について」, 1950.12.21, 外務省外交資料館所蔵, 『引揚関係 第1巻』.(CTA0003364)

作成者不明, 「在韓困窮邦人帰国希望者調査票」, 1971.8.30, 外務省外交資料館所蔵, 『在外困窮邦人』.

作成者不明, 「在韓国の元日本人に関する身元調査に関する件」, 1951.2.17, 外務省外交資料館所蔵, 『引揚関係 第1巻』.

参議院在外同胞引揚問題に関する特別委員会, 1951.3.17, 国会議事録検索システム.

在大韓民国大使より外務大臣あて, 「在韓困窮邦人の本邦帰国に関する大使館への陳情に対する措置について」, 1971.8.30, 外務省外交資料館所蔵, 『在外困窮邦人』

在韓引揚者同胞親睦会,「私たちの生きてきた道,私たちは生き続ける°ー結成総会に当たってのアッピール」,外務省外交史料館所蔵,『在外困窮邦人』.

内部資料,「在韓困窮邦人の本邦帰国に関する大使館への陳情について」,作成年月日不明,外務省外交資料館所蔵,『在外困窮邦人』.

入国管理庁下関出張所門司[不明]より外務省亜細亜局第二課あて,「韓国内の諸情勢に関する件」,1952.1.11,外務省外交資料館所蔵,『韓国残留者の引揚関係雑件 第2巻』(K-7-1-0-15) / 韓国国家記録院所蔵(CTA0003365)

釜山市草梁洞日本人引揚者一同より外務大臣あて,「在釜山引揚待機者の帰国促進嘆願書」,1951.3.7,外務省外交資料館所蔵,『引揚関係 第1巻』.

領事課,文書名不明,1973.1.25,外務省外交史料館所蔵,『在外困窮邦人』.

領事課,「在外邦人保護謝金取扱要領」,1969.1.22,外務省外交資料館所蔵,『在外困窮邦人』.

領事課,「在韓困窮邦人及び元日本人の家族ぐるみ入国に対する関係各省連絡会議議事録」,1972.01.29,外務省外交史料館所蔵,『在外困窮邦人』.

領事移住部領事課長より北東アジア課長あて,「韓国引揚者同胞親睦会の要望書について」,1971.8.13,外務省外交資料館所蔵,『在外困窮邦人』

和田アジア局第5課長より大韓民国釜山市草梁洞小林寺収容者内在韓国戦災日本人引揚者委員会山内モヨあて,「韓国在住日本婦女子の帰国又は入国に関する陳情に対する回答」(別添「嘆願書」),1952.9.30,外務省外交資料館所蔵,『太平洋戦争終結による在外邦人保護引揚関係雑件 韓国残留者の引揚関係 第三巻』(K-7-1-0-15) / (CTA0003366).

第60回国会外務委員会(第1号),1968.12.17,帆足計衆議院議員の質疑,国会議事録検索システム.

第61回国会内閣委員会(第27号),1969.6.5,足立篤郎衆議院議員の質疑,国会議事録検索システム.

第71回衆議院予算委員会第3分科会(第2号),1973.3.3,「引き揚げ者の問題」に関する横路孝弘衆議院委員の質疑(国会議事録検索システム).

「公式陳謝賠償請求訴訟」(東京地裁, 1990.10.28)

「アジア太平洋戦争韓国人犠牲者補償請求訴訟一審判決」(東京地裁, 2001.3.26)

「関釜裁判一審判決」(山口地裁下関支部, 1998.4.27)

「金順吉裁判一審判決」(長崎地裁, 1997.12.2)

「日鉄大阪製鐵所元徴用工損害賠償請求訴訟一審判決」(大阪地裁, 2001.3.27).

「関釜裁判控訴審判決」(広島高裁, 2001.3.29)

「不二越二次訴訟一審判決」(富山地裁, 2007.9.19)

「ハッキリニュース」43号, 1995.9.12

「ハッキリニュース」57号, 1997.12.10

「関釜裁判ニュース」1号, 1993.4.30

「関釜裁判ニュース」3号, 1993.9.30

「関釜裁判ニュース」8号, 1994.12.17

「関釜裁判ニュース」10号, 1995.6.3

「関釜裁判ニュース」12号, 1995.10.7

「第二回 朝鮮人・中国人強制連行・強制労働を考える全国交流集会 報告集」1992, (神戸学生青年セ
　　　ンター所蔵).

「第一〇回 朝鮮人・中国人強制連行・強制労働を考える全国交流集会 in きゅうしゅう参加者のみな
　　　さんへ」(神戸学生青年センター所蔵),

「「強制動員真相究明ネットワーク」への加入のお願い」2005.6.2(神戸学生青年センター所蔵)

福留範昭より山本直好あて「Re：真相究明ネットについて」2005.4.22,『強制動員真相究明ネット
　　　ワーク ①』(神戸学生青年センター所蔵).

第121回参議院予算委員会(第二号), 1991.8.27,「日韓請求権協定」に関する柳井俊二外務省条約局長
　　　答弁(国会議事録検索システム)

一個人,「近代化の先端を歩んだ海軍の本拠地 鎮守府を訪ねる」, 2017.

旧軍港市日本遺産活用推進協議会,「鎮守府 横須賀・呉・佐世保・舞鶴~日本近代化の躍動を体感でき
　　　るまち」, 2017.

海風クラブ編,「「海風の国」佐世保・小値賀 観光ガイド・テキストブック」, 2016.

佐世保観光情報センター,「SASEBO MAP海軍さんのビーフシチュー 入港ぜんざい」, 2018.

文化庁,「日本遺産(Japan Heritage)」, 2019.

カレーの街よこすか推進委員会,『よこすか海軍カレー』(ガイドブック), 2020.

横須賀集客促進実行委員会,『ヨコスカネイビーバーガー / ヨコスカチェリーチーズケーキガイ
　　　ドブック』(ガイドブック), 2018,

내무부가 외무부장관에게,「재한일본인상황조사회보」, 1969.3.14, 한국국립국회도서관소장,
　　　『재한일본인귀환문제 1969』(CI-0032).

보건사회부 부녀과,「사회단체규약변경」, 1965.8.31(기안), 한국국가기록원소장,『법인등록대
　　　장(부용회 / 가사원) 1964~1965』(BA0760182).

부경역사연구소,『사하구지』, 부산광역시 사하구청 2012.

작성자불명,「재한일본인 귀국문제」, 한국국립국회도서관소장,『재한일본인 귀환문제 1968~
　　　69』.

주일대사가 외무부장관에게, 문서번호 JAW12053, 1968.12.3, 한국국립국회도서관소장,『재한
　　　일본인 귀환문제 1968~69』(C-0025).

주일대표부가 외무부장관에게, 「제7차 한일전면회담 법적지위위원회 제4차회의록」, 1964.
12.21, 한국동북아역사재단소장, 『제7차 한일회담법적지위위원회회의록 및 훈령』,
Vol.1, 동북아넷사료라이브러리.

총무처장에게서 대통령 및 국무총리에게, 「국무회의록 보고에 관한 건」, 1951.1.26, 한국국가기
록원 온라인검색(BG0000007).

헌법재판소, 「제주4·3사건진상규명및희생자명예회복에관한특별법의결행위취소」, 2001.9.27.

찾아보기